Arnold Benz
Samuel Vollenweider

Würfelt Gott?

Arnold Benz
Samuel Vollenweider

Würfelt Gott?

Ein außerirdisches Gespräch zwischen Physik und Theologie

Patmos Verlag

Für Betty und Elisabeth, die uns mit ihren guten Wünschen und gespannten Erwartungen so manches Mal in die Abgeschiedenheit der Sphäre Saturns begleiteten.

Die Deutsche Bibliothek – CIP-Einheitsaufnahme

Benz, Arnold:
Würfelt Gott? – Ein außerirdisches Gespräch zwischen Physik und Theologie /
Arnold Benz : Samuel Vollenweider. – Düsseldorf : Patmos-Verl., 2000
ISBN 3-491-72439-2

Umschlaggestaltung: Groothuis & Consorten, Hamburg
Satz: Typo Fröhlich, Düsseldorf
Druck und Bindung: Wiener Verlag, Himberg
ISBN 3-491-72439-2

INHALTSVERZEICHNIS

VORWORT DER AUTOREN

Liebe Leserin, lieber Leser,
Sie halten ein ungewöhnliches Buch in den Händen. Es erzählt von einer Weltraummission, die sich überraschend auf eine Spurensuche nach Gott begibt. Zwei Astronauten, die im fernen System des Planeten Saturn und seines Mondes Titan gestrandet sind, tauschen darin ihre Gedanken über Gott und das Universum aus.
Dabei wollten wir Autoren, ein Physiker und ein Theologe, ursprünglich ein nüchternes Sachbuch schreiben. Als wir uns vor mehr als fünfzehn Jahren kennen lernten, verblüffte und verwirrte uns die Verschiedenheit unserer beiden Wissenschaftskulturen. Der einstige Konflikt zwischen Theologie und Naturwissenschaft, der sich mit den Namen Galilei und Darwin verbindet, ist im 20. Jahrhundert einer zunehmenden Entfremdung gewichen. Umso mehr hat uns die Neugier auf das ganz Andere gepackt.
Unsere Gespräche kreisten immer wieder um eine grundlegende Frage: Lassen sich im Universum der heutigen Naturwissenschaften Gottes Spuren entdecken? Gibt es Brücken von der alten theologischen Kosmologie zu den modernen physikalischen Theorien über Geschichte und Strukturen des Weltalls? Oder noch knapper formuliert: Was bedeutet es heute, vom Universum als Schöpfung zu reden?
Nur zu bald mussten wir uns die Unmöglichkeit eingestehen, auf diese Fragen mit einer fachübergreifenden Theorie zu antworten. Physik und Theologie unterscheiden sich erheblich in ihrem Wirklichkeitsverständnis und in ihren Methoden. Dieser eigentümlichen Lage möchten wir durch eine besondere literarische Form Rechnung tragen: Der Kern unseres Buches besteht nicht aus einer systematischen Abhandlung, sondern aus einem weit ausgreifenden Gespräch zwischen einem Physiker und einem Theologen. Beide lassen sich auf einen intensiven Lernprozess ein, auch wenn sie oft nicht zu gemeinsamen Positionen finden. Diesen Dialog haben wir in eine Erzählung eingebettet, die auf ihre Weise eine Grenzwanderung mit offenem Ende inszeniert. Präsentiert wird das Ganze schließlich von einer fiktiven Redaktion,

welche die einzelnen Gesprächsgänge mit der Rahmenhandlung verknüpft.
Entstanden ist so ein Sachbuch im Gewand einer Science-fiction-story! Es verlangt von Ihnen als Leserin und Leser immer wieder, zwischen Fiktivem und Wirklichem zu unterscheiden. Erzählung und Redaktion sind selbstverständlich erfunden, allerdings nicht ohne augenzwinkernde Blicke auf den heutigen Wissenschaftsbetrieb. Dagegen orientieren sich die Dialoge samt den eingestreuten Exkursen und Meditationen durchwegs an unserer zeitgenössischen Realität und Wissenschaft. Die fortlaufenden Anmerkungen vermitteln hier die elementarsten Informationen; sie sind natürlich so wenig Teil des fiktionalen settings wie die beigegebenen Abbildungen. Wir hoffen, dass die Lust, am Abenteuer dieser kosmischen Spurensuche teilzunehmen, im Lauf der Lektüre auch auf Sie übergreift …
Herzlich danken möchten wir Olaf Waßmuth und Elisabeth Benz für viele wertvolle Verbesserungsvorschläge. Wir danken auch den Biologen Prof. Dr. Thomas Seebeck und Dr. Hans Peter Weinmann für ihre kritische Lektüre einzelner Teile unseres Buches.

AB/SV, Zürich, Ostern 2000

DIE SATURNMISSION HERMES: REDAKTIONELLES GELEITWORT

Im Frühling des Jahres 2021 erreichte die Mission HERMES mit sieben Astronautinnen und Astronauten den Planeten Saturn in den äußeren Regionen unseres Sonnensystems. Die auf insgesamt sieben Jahre konzipierte interplanetare Expedition sollte sich vor allem der Erforschung des Saturnsystems mit seinen spektakulären Ringen und seinen Monden Titan und Japetus widmen.
Bereits zuvor hatten unbemannte Sonden die Saturnwelt eingehend erkundet, unter ihnen Cassini-Huygens im Jahr 2004. Besondere Aufmerksamkeit galt Titan als dem einzigen Mond innerhalb unseres Sonnensystems, der von einer dichten Atmosphäre umgeben ist und die Ausmaße eines kleineren Planeten erreicht. Trotz der enormen Kälte scheinen auf ihm zahlreiche organische Moleküle zu existieren und chemische Reaktionen abzulaufen, wie sie auf der frühen Erde vor rund vier Milliarden Jahren eine Voraussetzung zur Entstehung des Lebens waren.[1] Obschon die wissenschaftlichen Betreuer der bemannten Expedition jegliche Erwartungen, in diesem präbiotischen Laboratorium auf archaische Lebensformen zu stoßen, entschieden zurückwiesen, hat sich das öffentliche Interesse doch hartnäckig an diesem Punkt entzündet. Andere Zielsetzungen, wie etwa die Abklärung einer möglichen Ausbeutung der riesigen Vorräte an Kohlenwasserstoffen auf Titan und bodennahem flüssigem Wasser auf dem Eismond Japetus, verbunden mit der späteren Einrichtung einer permanenten Station, traten dahinter ganz zurück.

Eine ungewöhnliche Astronautencrew

Ungeachtet des Einsatzes leistungsstarker Ionentriebwerke dauerte der Flug von der Erde bis zum Saturn fast drei Jahre. Angesichts dieser enormen Distanz mussten die Astronauten anders als bei den früheren Mond- und Marsflügen in der Lage sein, völlig selbstständig zu handeln. Die IASA (*International Aeronautical and Space Administration*) hatte deshalb die sieben jungen, technisch gut ausgebildeten Wissenschaftler, zwei Frauen und fünf Männer aus verschiedenen Ländern, ausnehmend strengen und langwierigen Eignungstests unterworfen. Neben Physikern, Biochemikern und Informatikern zählte zur Crew auch ein Theologe. Die IASA akzeptierte nämlich ein von der *Participatory Experimental Perception* (PEP) *Society* in San Francisco vorgeschlagenes religionspsychologisch-theologisches Forschungsprojekt, das die zahlreichen Berichte über angebliche religiöse Erfahrungen im Weltall seit den Anfängen der Astronautik testen wollte.[2] Der vehemente Einspruch des naturwissenschaftlichen Ausschusses der IASA gegen dieses als inexakt apostrophierte Projekt erzwang allerdings eine gruppenpsychologische Erweiterung des Auftrags: Der humanwissenschaftlich ausgebildete Theologe wurde auch als Kommunikationsspezialist eingesetzt, da auf einer derart langen Reise mit enormen zwischenmenschlichen und psychischen Problemen zu rechnen war. Die internationale Presse hat diese zweite Aufgabe des Astronauten zum Ärger des Ausschusses kaum zur Kenntnis genommen.

»Houston, we have a problem«

Als die Raumfahrer endlich das Saturnsystem erreichten, schwenkte das Hauptschiff, die HERMES TRISMÉGISTOS (HTM), mittels komplizierter Bahnmanöver in eine Warteposition am Librationspunkt zwischen Saturn und Titan ein, wo die Schwerkräfte beider Himmelskörper entgegengesetzt sind und sich zusammen mit der Fliehkraft die Waage halten. Gemeinsam mit dem Mond kreiste es nun in 16 Tagen um den riesigen Gasplaneten. Anfang April starteten fünf der Besatzungsmitglieder mit einem Abstiegsmodul zum Titan, um eine Bodenstation zu errichten, während die restlichen zwei auf dem Mutterschiff zurückblieben.
Nachdem der lange interplanetare Flug weitgehend störungsfrei verlaufen war, begannen sich nun die Probleme zu türmen. Zunächst zögerte sich die Landung wegen der schwierigen Feinerkundung der Mondoberfläche erheblich hinaus. In der Folge erlitt der Kontakt zwischen dem Hauptschiff und dem Kontrollzentrum auf der fernen Erde eine empfindliche Beeinträchtigung. Schließlich geriet die auf Titan gelandete Expeditionscrew infolge eines Defekts an der primären Energieversorgung in eine gefährliche Situation. Ihre letzten Signale gaben Anlass zu den ernsthaftesten Befürchtungen. Die beiden zurückgebliebenen Besatzungsmitglieder stiegen deshalb am 22. Mai mit einem zweiten Landegefährt auf Titan ab, ohne die Zustimmung der IASA abzuwarten. Das baldige

Verstummen auch ihrer Lebenszeichen schien den Schluss unausweichlich zu machen, dass ihre Rettungsaktion nicht erfolgreich verlaufen war. Am 4. Juni fasste die Bodenkontrolle den Beschluss, die *black box* und alle Computerspeicher der HERMES TRISMÉGISTOS vollständig zu kopieren, um so weitere Informationen über das Schicksal der Saturnexpedition zu erhalten. Die Auswertung dieses Materials ist derzeit noch im Gang.

Gesprächsfragmente mitten in kosmischer Einsamkeit

Unter den zahllosen bordtechnischen und wissenschaftlichen Daten fanden sich auch längere digitale Gesprächsaufzeichnungen und Tagebücher jener zwei Astronauten, die während des Fortgangs der Titanmission an Bord des Mutterschiffs geblieben waren. Ihre Wartezeit vertrieben sich die beiden, der Theologe und ein Physiker, unter anderem mit theoretischen Gesprächen, die auf einen interdisziplinären *Dialog* zwischen ihren Wissenschaften hinauslaufen. Themen wie die Entstehung des Universums aus dem »Nichts«, die Schöpfertätigkeit Gottes, die Evolution des Lebens, aber auch die Dimensionen der Zeit, die Bedeutung des menschlichen Bewusstseins im Kosmos und mögliche Zukunftsszenarien kommen darin eingehend zur Sprache.

Die routinemäßig vom Bordcomputer aufgezeichneten Gesprächsgänge zwischen den beiden Astronauten haben natürlich durch die schicksalhaften und bis heute noch weitgehend ungeklärten Vorkommnisse auf Titan an dokumentarischem Wert gewonnen. Angesichts des regen Interesses einer breiteren Öffentlichkeit hat uns die IASA vor einem Jahr mit der Aufgabe betraut, die Aufzeichnungen zu publizieren. Durch unsere redaktionelle Bearbeitung – Glättung der Syntax, Eliminierung von Sprachmüll und Redundanz – ist aus den spontanen Diskussionen ein literarischer Dialog geworden, den wir hier als Buch vorlegen.

Bei den beiden Astronauten, deren Namen wir im Folgenden abgekürzt wiedergeben, handelt es sich um den Naturwissenschaftler *Niek van der Wielen* (*NW*) aus Amsterdam und um den Theologen *Thomas Haubensak (TH)* aus Berlin. Ihre Gesprächsfragmente haben wir durch unsere eigenen Kommentare in den jeweiligen Kontext an Bord des Raumschiffs eingebettet: Oft waren es äußere Anlässe, welche bestimmte Gesprächsthemen angeregt haben. So führte etwa die Beobachtung eines Wirbelsturms auf Saturn zu einem Diskurs über Selbstorganisation und Ostern, während der plötzliche

Verlust einer Mond-Erkundungssonde zur Erörterung von Katastrophentheorien einlud.
Nicht selten beziehen sich die Gesprächspartner auf bestimmte Sachzusammenhänge oder Problemstellungen, die wir bei der Leserschaft nicht ohne weiteres voraussetzen zu können glauben. In solchen Fällen haben wir *Experten* gebeten, in gedrängter Form die hierfür notwendigen Sachkenntnisse zu vermitteln. Manchmal kommt in diesen Exkursen auch eine Reserve gegenüber den interdisziplinären Brückenschlägen der Astronauten zum Ausdruck, wofür wir den Experten ausdrücklich Raum gelassen haben. Sie signalisieren der Leserschaft, wo Einsichten, die im exotischen Kontext der Sphäre Saturns plausibel scheinen, in physikalischen Laboratorien und akademischen Seminaren der irdischen Nordhalbkugel für Diskussionsstoff sorgen.
Dialoge sind nicht die einzige Form der »naturphilosophischen« Hinterlassenschaft der Astronauten. Besonderes Interesse verdienen ihre persönlichen elektronischen *»Nacht-« bzw. »Tagebücher«*, deren Einträge wir in größerem Umfang abdrucken. Ihre Diktion kommt manchmal poetischer Sprache nahe und arbeitet mit vielen mythologischen Elementen – ein Hinweis darauf, dass naturwissenschaftliche Erkenntnisse durch das freie Spiel der Metaphern für religiöse Aussagen transparent werden können.
Die Konzentration auf das Sachthema hält uns verständlicherweise davon ab, auf die Privatwelt der Astronauten näher einzugehen. Die Boulevardpresse hat so delikate Angelegenheiten wie *sex in space*, Beziehungsdramen, persönliche Konflikte, Verdauungsbeschwerden, Machtkämpfe mit der Bodenstation und ergreifende Ferngespräche mit Angehörigen bereits ausgiebig dokumentiert. All dies wollen wir hier nicht wieder ausbreiten. Unsere Aufzeichnungen vermitteln deshalb das Bild einer mönchischen Klause draußen in der kosmischen Wüste, wo sich Einsiedler über Gott, Welt und Seele ihre Gedanken machen. Umso mehr weisen wir die Leserschaft darauf hin, dass uns eine stattliche Anzahl von bezaubernden poetischen Texten erhalten ist, die von beiden Astronauten für ihre auf der fernen Erde zurückgebliebenen Lebens- bzw. Lebensabschnitt-Partnerinnen (LAPs) geschrieben wurden. Diese Liebesgedichte aus dem Reich der Sterne werden, nachdem die Einwilligung der LAPs nunmehr vorliegt, auf Büttenpapier separat veröffentlicht.

Bei der Auswertung der vom Bordcomputer abgerufenen Datenmenge zeigte sich recht deutlich, dass die letzten Lebenszeichen der Expeditionsmitglieder in zumindest indirektem Zusammenhang mit den aufgezeichneten Gesprächen stehen. Das Herausgeberkomitee hat es deshalb für sinnvoll erachtet, dem noch immer gelegentlich aufflackernden Bedürfnis der Öffentlichkeit nach einer Klärung dieser letzten Stunden und Minuten so weit nachzukommen, als es der Vermeidung ausufernder Spekulationen über die nach wie vor rätselhaften Vorkommnisse auf Titan dienlich ist. Das Redaktionsteam schließt sich in der Beurteilung dieser Frage dem jüngsten Ausschussbericht der IASA vorbehaltlos an: Es gibt nur ein einziges akzeptables Modell, das die seltsamen Botschaften hinreichend erklären kann, welche die beiden Weltraumfahrer während der letzten Minuten ihres Abstiegs auf Titan übermittelten: die *Visionshypothese*. Sie besagt, dass die Astronauten infolge von extremen Außenbedingungen und Überreizung einer Wahrnehmungsstörung zum Opfer fielen. Allein diese Hypothese kann den gemeinhin anerkannten wissenschaftlichen Standards genügen. Sämtliche weiteren phantastisch anmutenden Schlüsse, welche die Schlagzeilen der Presse dominiert haben, tragen nur zur Vernebelung des Geschehenen bei. Die Sensationsmeldung, wonach die Saturnmission intelligentes Leben auf Titan entdeckt habe, muss als unseriöse Berichterstattung bezeichnet werden.
Mehr Recht kann die Frage einiger nüchterner Beobachter beanspruchen, ob die beiden Astronauten in ihrer offenkundigen Verwirrung unbewusst den Schlussteil von Stanley Kubricks Filmklassiker *»2001 – A Space Odyssey«* aus dem Jahr 1968 inszeniert haben könnten.[3] Hier wie dort gerät eine Weltraum-Expedition in enorme Schwierigkeiten und »produziert« ein symbolträchtiges offenes Ende. Der in die Jahre gekommene Film wurde zwar von den Verantwortlichen für *Wellness and Gaiety at IASA* (WAGI) ziemlich gedankenlos in die umfangreiche elektronische Videothek des Raumschiffs aufgenommen. Mittlerweile ist aber bekannt geworden, dass er wenige Stunden vor dem Start aufgrund einer dringlichen Intervention des renommierten Astropsychiatrischen Verbands der USA wieder diskret gelöscht worden ist. Der Film hat unseren beiden Titanauten also die fraglichen Visionen nicht suggeriert.

Wir wissen bis heute nicht wirklich, was sich im Jahr 2021 auf dem Saturnmond Titan zugetragen hat. Nur eine Erkundung vor Ort könnte eine Klärung der seltsamen Vorfälle versprechen. Insofern möchte unsere Publikation auch ein kleines Stück Aufklärung betreiben und die Planungsstäbe der IASA ermutigen, eine neue Mission in das Saturnsystem zu projektieren, um Titans Geheimnis zu lüften.

San Francisco, den 17. Juli 2022
Das Redaktionsteam: Peggy, Astraia, Eric

ERSTES BUCH: FRÜHLING AUF SATURN

Das dreiteilige Hauptschiff der Saturnexpedition, die HERMES TRISMÉGISTOS, befindet sich seit dem 26. März 2021 am Librationspunkt zwischen Saturn und seinem Mond Titan. Am Freitag, 2. April, 15:00 WZ (Weltzeit), hatte das große Landegefährt ORPHEUS mit fünf Besatzungsmitgliedern das Mutterschiff verlassen, um am Sonntag eine tiefe Umlaufbahn um Titan zu erreichen. Die in der Einsamkeit des Saturnsystems zurückgebliebenen beiden Astronauten nutzten die Zeit zunächst zum Aufbau eines optischen Großteleskops von 30 Metern Durchmesser, des *Arrayed Reflector Geometry for Optical Studies* (ARGOS). Daneben oblagen ihnen Aufgaben im Zusammenhang mit zwei ferngesteuerten Erkundungssonden im Saturnsystem und mit Routinearbeiten.

Ihre Freizeit verbrachten die beiden Astronauten gern mit dem Kochen von Menüs, die zum Teil recht ausgefallen anmuten, aber meist nur in Kombinationen von bordgezüchteten Nahrungsmitteln und hochkonzentriertem Proviant bestanden. Das Essen war oft begleitet von angeregten, ausführlichen Gesprächen. Koch-, Ess- und Aufenthaltsraum war die »Aussichtskuppel«, eine fensterreiche, ziemlich aufwendig ausgestaltete Kabine im sonst sehr funktionellen Raumschiff. Der dunkel getäfelte Boden, die hellen Wände, die Halogenlampen und das kuppelförmige Panoramafenster an der Decke gaben der Crew ein Gefühl für »oben« und »unten«. Astronauten schweben ja in völliger Schwerelosigkeit und in beliebigen Positionen wie Embryos im Mutterleib. Gelegentlich halten sie sich beim Essen an einem Fußgriff fest. Die Luft ist angenehm warm, sodass die Raumfahrer lockere Kleidung tragen. Die gelöste Esshaltung und der freie Blick ins All haben ihre Gespräche bestimmt beflügelt.

EIN ORKAN AM OSTERFEST

Saturn wartete den irdischen Besuchern gleich bei ihrer Ankunft mit einer sensationellen Überraschung auf: Seit dem 28. März hatte sich ein Großer Weißer Fleck zu bilden begonnen. Auf der gasförmigen Oberfläche des Riesenplaneten tobte ein gewaltiger, auf über 20'000 Kilometer Durchmesser anwachsender Wirbelsturm![4] Die blendend weiße Farbe stammt von Eiskristallen aus gefrorenem Ammoniak. Sie werden von einer kräftigen Aufwärtsströmung weit über die gelbliche Dunstschicht, die scheinbare Saturnoberfläche, hinaus getragen. Das unerwartete Phänomen war Anlass zu einem morgendlichen Gespräch der beiden Besatzungsmitglieder über das Entstehen von Neuem.

Abb. 1: Im Jahre 1994 bildete sich auf Saturn ein Großer Weißer Fleck aus Eiskristallen von Ammoniak, der etwa den Durchmesser der Erde hatte. Im Bild des Hubble-Teleskops liegt er genau in der Mitte des Planeten, etwas links unterhalb des Rings. (Foto: NASA)

NW: »Der weiße Wirbelsturm auf der Saturnoberfläche zieht mich gewaltig in seinen Bann. Vorhin habe ich ihn durch unser Bordteleskop bewundert. Welch ein Schauspiel! Jedes Mal wenn ihn die rasche Umdrehung des Planeten wieder ins Gesichtsfeld bringt, begrüße ich ihn wie einen Hauch von Frühling in der Winterkälte.«

TH: »Zumal wir einen exzellenten Logenplatz haben. Der Orkan muss ungeheure Kräfte entfesseln. Auch mir kommt er vor wie ein Lebenskeim in einer Welt des Todes.«
NW: »Am meisten fasziniert mich die Geschwindigkeit, mit der sich der Sturm vor unseren Augen aufbaut. Hier ist fast schlagartig etwas Neues entstanden. Eine dynamische Struktur bildet sich plötzlich heraus.«
TH: »Was löst ein derartiges Wirbelsystem in der Saturnatmosphäre so unverhofft aus? Wie kann eigentlich etwas Neues entstehen?«
NW: »Auf diesem Planeten gibt es keine Meere, Berge oder Vulkane, ja überhaupt keine eigentliche Oberfläche. Sein fester Kern ist verschwindend klein. Saturn besteht praktisch nur aus Gas, das viel gleichförmiger ist als etwa die irdische Luft. Trotzdem ist seine Atmosphäre kein geschlossenes, im Gleichgewicht ruhendes System. Das Innere des Planeten ist viel wärmer als die äußere Schicht. Kleine, zufällige Strömungen in der Atmosphäre können dieses gewaltige Energiepotenzial anzapfen und sich selbst verstärken. Ammoniakreiches Gas aus der Tiefe wird in große Höhen geschleudert und gefriert dort zu weißen Eiskristallen aus, die wie eine irdische Eiswolke den Weißen Fleck erzeugen. Ein Orkan ist entstanden – ein typisches Beispiel von Selbstorganisation in der Natur.[5] Weil sich eine zufällige Anfangsfluktuation im Gewoge der Wärmebewegungen laufend verstärkt, bildet sich von selbst ein Wirbel.«
TH: »Ich staune darüber, dass eine scheinbar tote Wolkenschicht die Fähigkeit hat, spontan einen großflächigen Wirbelsturm hervorzubringen. Aus einem brodelnden Meer bilden sich geordnete Strukturen heraus. Nicht einmal ihr Physiker könnt es voraussagen.«
NW: »Die Naturwissenschaft hat sich tatsächlich dafür sensibilisieren lassen, dass das Morgen ganz anders sein kann als das Gestern und Heute, obwohl durchweg die Gesetze von Ursache und Wirkung gelten. Es war eine große Entdeckung des 20. Jahrhunderts, dass gerade aus einer thermischen Unordnung Strukturen entstehen können, wenn sie durch einen Rückkoppelungseffekt aufgeschaukelt werden.«
TH: »Eine neue Ordnung entsteht aus dem Chaos! Die Schöpfung ist nicht auf den Anfang beschränkt, sondern geht noch heute weiter.«
NW: »Ich kann deine Begeisterung teilen. Aber mir ist es dabei nicht ganz geheuer. Ich befürchte, dass du nun dem Zauber des Neuen verfällst. Wirklich ›neu‹ ist in der Welt der Physik gar nichts. Wirbelsysteme bilden sich auf Saturn in ziemlich regelmäßigen Zeitab-

ständen. Sie entstehen keineswegs aus dem Nichts. Kein Atom ist neu, keine zusätzliche Energie tritt auf.«
TH: »Jetzt schreckst du vor dem Neuem zurück und ebnest es wieder in die Vergangenheit ein. Alles ist schon einmal da gewesen.«
NW: »Der Begriff ›neu‹ erscheint in keiner physikalischen Formel. Es ist aber durchaus sinnvoll, dort von Neuem zu sprechen, wo sich spontan ein bestimmtes Muster bildet; ganz besonders dort, wo es zum ersten Mal in der Geschichte des Universums geschieht. Nur: All dies entsteht durch selbst organisierende Prozesse. Ich vermute aber, du jagst dem Neuen nach, weil du in ihm die Hand des Schöpfergottes suchst.«
TH: »Dein Verdacht trifft zu. Wenn ich nach dem Ursprung des Neuen frage, geht es mir um einen Berührungspunkt von Physik und Religion.«
NW: »Das Neue, das die Naturwissenschaft beobachtet, bedarf aber keiner speziellen Anfangsbedingungen, keiner externen Kräfte und schon gar keiner extraphysikalischen Faktoren. Die Kausalität wird nicht unterbrochen, und wenn der Zufall mitspielt, ist er ziellos.«
TH: »Ich bin jetzt gar nicht auf unerklärliche Mirakel aus. In ganz ›natürlich‹ verlaufenden Prozessen geschieht etwas Neues und Wunderbares. Ein Kind wird geboren. Ein Mensch erfährt unerwartet Rettung aus Todesgefahr. Es gibt Tage, an denen man die Welt wie am ersten Schöpfungsmorgen sieht. Offenbar bekommt hier eine andere Art der Wahrnehmung Raum.«
NW: »Ich befürchte, wir sprechen nicht mehr vom selben. Das Neue, das du im Sinn hast, ist doch ganz subjektiv.«
TH: »Das ist die Frage. Du selbst gibst zu, dass es im streng physikalischen Sinn kein Neues gibt. Der Begriff impliziert ein Subjekt, das einem Neuen, noch nie Dagewesenen begegnet. Im Neuen durchdringen sich ›Subjektives‹ und ›Objektives‹. Dies macht seinen enormen Reiz verständlich. Aber lass uns später darauf zurückkommen. Jetzt bin ich gespannt, was uns in der Biozone alles an Neuem erwartet. Ich glaube, wir können heute die ersten Früchte der Ambrosia, unserer neuen Kreuzung von Passionsfrucht und Granatapfel, ernten.«

Anscheinend wandten sich die Astronauten den üblichen landwirtschaftlichen Arbeiten in der *Experimental Division for Ecology and Nutrition* (EDEN), der Biozone des Raumschiffs, zu. Gern wüßten wir, ob sie auch in dieser künstlichen Lebensoase mitten im Weltraum ihre Gedanken über das Entstehen von Neuem und von göttlichen Kräften hinter dem Pflanzenwachstum weiterverfolgt haben. Immerhin erinnert ein vereinzeltes Nachtbuchfragment von TH daran, dass im weitgehend automatisierten EDEN das Goldene Zeitalter unter Saturns Herrschaft wiederkehre, wo »ganz von selbst die kornspendende Erde Frucht in Hülle und Fülle trug«.[6]

Am achten Schöpfungstag

Zum Mittagessen genehmigte sich das Team offenbar einen Fruchtcocktail aus der nur in Schwerelosigkeit züchtbaren Ambrosia-Frucht. Die Bereicherung des kulinarisch eher eintönigen Speisezettels aus den Aquakulturen scheint etwas Feststimmung erzeugt zu haben. Der Stimmenrekorder hielt die folgende Aufzeichnung fest.

TH: »Heute wird auf der Erde das Osterfest gefeiert. Da steigt in mir eine eigenartige Assoziation zu unserem Gespräch über Saturns Wirbelsturm auf. Mich erinnert diese aus dem Chaos spontan entstehende Ordnung an die Osterbotschaft vom Leben, das aus dem Tod hervorgeht.«
NW: »Ein wahrhaft kühner Sprung von der Atmosphärenphysik in die Theologie! Wie kommst du darauf?«
TH: »Ich möchte etwas irdische Osterstimmung in unsere Raumschiffkabine zaubern und taste nach einem inneren Zusammenhang: Zur Ostersymbolik gehört seit alters der Übergang vom Karfreitag zum Ostermorgen, vom Tod zur Auferstehung, von der Finsternis zum Licht.«
NW: »Leider weiß ich kaum etwas über Ostern. Was du andeutest, klingt reichlich vage. Gibt es überhaupt objektive Fakten?«
TH: »Die Evangelien erzählen davon, dass die Anhänger einer religiösen Gruppe durch die Hinrichtung ihres Meisters und Lehrers in eine tiefe Krise stürzen. Mitten in dieser Krise machen sie eine überwältigende Grenzerfahrung, die ihnen eine tragende Hoffnung und eine dauerhafte neue Orientierung schenkt. Ihrer Aussage zufolge ist der gekreuzigte Jesus auferstanden; das Leben hat damit den Tod unwiderruflich überwunden.«
NW: »Die Beobachtungslage erscheint mir, gelinde gesagt, etwas dürftig. Unser Teleskop ARGOS kann zwar in die Vergangenheit des Universums, aber leider nicht in jene der Erde zurückblicken. Sonst

hätte ich unser Gespräch gern durch einige Messungen präzisiert.«
TH: »Die Ostergeschichte übermittelt keine Beobachtungsdaten. Aber sie zeugt von intensiven Erfahrungen, die einen prägenden Einfluss auf das künftige Leben dieser Menschen hatten. Auch dies ist Wirklichkeit! Aus der zerstreuten Schar wurde eine lebendige Gemeinschaft, aus der Verzweiflung bildete sich Hoffnung.«
NW: »Dies sind die subjektiven Erfahrungen einer antiken Sekte. Es lässt sich darin beim besten Willen keine objektive Wahrheit finden.«
TH: »Religiöse Erfahrungen entziehen sich deinen Kriterien von Objektivität. Dies gilt aber auch für viele andere menschliche Erfahrungen. So lebt die Kunst von Wahrnehmungen, die auf ein Subjekt angewiesen sind und die Grenzen des Objektivierbaren sprengen. Auch religiöse Wahrheiten erschließen sich nur, indem Menschen bestimmte Erfahrungen miteinander teilen. Sie stehen uns auch heute offen.«

Das Gespräch wurde kurz durch das Aufwärmen des Hauptgerichts unterbrochen. Die Astronauten essen zur Vermeidung von wegschwebenden Krümeln im schwerelosen Zustand ohne Besteck. Sie drücken sich die in Portionenbeutel abgefüllten Speisen und Getränke direkt in den Mund. Ihren Bemerkungen zufolge steigert diese Rückkehr zur frühkindlichen Nahrungsaufnahme den Essgenuss, nachdem einmal die ersten Widerstände überwunden sind – möglicherweise als mütterliches Gegengewicht zur Kälte und Funktionalität ihrer Raumstation. Ob die Stille der entvölkerten HERMES TRISMÉGISTOS oder das festliche Essen NW gesprächiger als sonst machten, wissen wir nicht. Anscheinend kam ihm das ungewöhnliche Gesprächsthema in der neuen Zweisamkeit sehr gelegen.

NW: »Schau! Die Sonne geht in der feinen, blauen Dunstschicht über der orangen Sichel von Titan wie ein Brillant auf. Wie du sagst: Wir gelangen aus der Finsternis ins Licht. Ich kann aber nicht verstehen, welche Brücke du nun zwischen Ostern und dem Wirbelsturm in Saturns Atmosphäre schlagen willst.«
TH: »Betrachte es als ein Experiment, entstanden unter den außerordentlichen Bedingungen im Reich Saturns. Voraussetzung meines Gedankenspiels ist eine urchristliche Überzeugung: Die Ereignisse von Kreuz und Auferstehung haben eine kosmische Dimension. Mitten in der alten Welt ereignet sich überraschend eine Neuschöp-

fung.[7] Taucht dieses Muster nicht wieder auf in jenen Naturvorgängen, wo sich inmitten von wachsenden Turbulenzen sprunghaft ein neuer, relativ stabiler Zustand etabliert? Das Kreuz steht für den Prozess der Auflösung von Strukturen; die bestehende Ordnung zerfällt oder zerbricht. Dagegen markiert die Auferstehung eine neue Struktur, eine Ordnung, die sich spontan aus dem Chaos heraus bildet.«

NW: »Du versuchst also, alte religiöse Überzeugungen und modernes Wissen aufeinander zu beziehen. Kannst du schon eine Hypothese formulieren?«

TH: »Meine Vermutung ist die folgende: Die Ostergeschichte gibt uns wie durch einen schmalen Spalt, wie durch ein Schlüsselloch einen Blick frei auf das Wirken Gottes in der Welt. Sie zeigt sozusagen die Innenseite der Welt, das Geheimnis ihrer Herkunft und ihrer Zukunft. Im Kreuz versinkt die alte ›Raumzeit‹, in der Auferstehung spannt sich die neue ›Raumzeit‹ auf. Wenn man sich von diesem Gedanken leiten lässt, so wird man überall im Universum wieder auf österliche Spuren stoßen. Die Bewegungen des gesamten Kosmos spiegeln dann jenes einzigartige Geschehen wider.«

NW: »Lassen sich von der Ostergeschichte her überhaupt kosmologische Aussagen formulieren? Hier geht es doch eher um Fragen des menschlichen Heils und der Erlösung. Dies war jedenfalls mein Haupteindruck von der christlichen Verkündigung.«

TH: »Tatsächlich verfolge ich eine Linie abseits des Hauptstroms theologischen Denkens. Immerhin haben bereits die antiken Christen Kreuz und Auferstehung als zentrale kosmische Sinnbilder gedeutet. So erkannten die ersten christlichen Philosophen das Kreuz in Platons Weltseele wieder, die sich in Form eines X um die Erde spannt, nämlich in den zwei Kreisen der Ekliptik und des Äquators.[8] Um Golgatha drehte sich der Kosmos, das Kreuz reichte vom höchsten Himmel bis in die Unterwelt und verband alle Dimensionen der Welt. Noch viel offensichtlicher verwiesen die rhythmischen Vorgänge in der Natur auf die Auferstehung. Diese umfassende Symbolik ist für uns neuzeitliche Menschen leider nicht mehr leicht zu verstehen. Wenn ich auf die Thermodynamik und die Evolution ausgreife, versuche ich, den alten Impulsen ein neues Feld aufzutun.«

NW: »Deine Deutung von Ostern erinnert mich daran, wie der Kreislauf der Natur von vielen Religionen rituell und mythisch vergegenwärtigt wird: Aus dem Tod entspringt neues Leben, etwa mit dem Ende des Winters oder in heißen Gegenden nach der alles versengenden Sommerhitze.«

TH: »Sicher: Karfreitag und Ostern greifen die universale Symbolik des Stirb und Werde auf. Aber zugleich setzt die Auferstehungsbotschaft einen besonderen Akzent: Es geht hier um etwas fundamental Neues, das vordem noch nicht da war. Der Durchbruch des Lebens aus dem Tod hat endgültigen Charakter; er führt aus dem unaufhörlichen Kreislauf von Tod und Leben heraus. In dieser Hinsicht unterscheidet sich das Ostergeschehen von den zyklischen Vorstellungen vieler alter Religionen. Für die Christen wird Jesu Auferstehung zum Brennpunkt eines neuen Schöpfungsgeschehens mitten in der Geschichte: An Ostern ereignet sich der achte Schöpfungstag!«[9]
NW: »Der achte Tag? Ich kann dir so weit folgen, als in der Evolution des Universums und des Lebens immer wieder neue Strukturen entstehen, die es zuvor nicht gegeben hat. Insofern hat die Wissenschaft die alten zyklischen Vorstellungen hinter sich gelassen. Aber damit sind wir noch längst nicht bei deiner wunderbaren unvergänglichen Welt angelangt, die du offenbar mit Ostern assoziierst.«
TH: »Zugegeben: Die Neuschöpfung, die mit Ostern beginnt, weist über die gegenwärtige Raumzeit hinaus. Aber zugleich sensibilisiert sie mich für all die Prozesse in der Natur, wo sich neue Strukturen und Ordnungen herausbilden. Bereits in der gegenwärtigen Welt schafft Gott immer wieder Unerwartetes und Neues.«
NW: »Ostern scheint für dich also so etwas wie ein Musterfall für das neue Schöpfungswirken Gottes zu sein. Als empirischer Wissenschaftler bin ich mit einem einzigen Test nicht zufrieden. Kannst du mir noch andere Stichproben anbieten?«
TH: »Ostern steht nicht isoliert: Die Geschichte Jesu verdichtet nämlich die gesamten Geschichtserfahrungen Israels. Das Alte Testament gibt davon Zeugnis, wie sich Gott gerade in kritischen Situationen immer wieder neu wahrnehmen lässt. So führt er Israel aus Ägypten in eine ungewisse Zukunft hinaus, mitten in die Wüste hinein. Später wird das Gottesvolk im Elend des babylonischen Exils überrascht vom Erlass des Perserkönigs, der ihm die Heimkehr ermöglicht.[10] Immer wieder stellen die Propheten Israel vor seinen drohenden Untergang und versuchen seine Augen dafür zu öffnen, dass Gott in einer gänzlich unerwarteten und neuen Weise Leben und weiten Raum gibt. Es kommt mir sehr gelegen, dass Saturn, unser Gastgeber, in der Antike auch als Stern der Juden galt.«[11]
NW: »Mit dem Entstehen von Neuem in der Natur hat das alles aber nichts zu tun.«
TH: »Du hast zwar Recht: Die biblische Tradition nimmt das Neue

primär im Feld der menschlichen Geschichte wahr. Aber man erkennt hier das Wirken desselben Gottes, der die Welt ins Sein rief und fortan erhält. Die Rettung Israels aus Babylon wird gefeiert, als hätte sich eine neue Schöpfung ereignet.«
NW: »Auch wenn sich bestimmte geschichtliche Ereignisse mit den dynamischen Entwicklungssprüngen des Universums vergleichen lassen, bleibt die Frage: Was bringt es, religiöse Vorstellungen bis in die Natur hinein auszudehnen? Der Erfolg der modernen Naturwissenschaften besteht doch gerade im Verzicht darauf, die Natur von mythologischen Mustern her zu deuten. Wir müssen diese Diskussion ein anderes Mal fortführen. Eben sehe ich, dass sich unsere Kollegen wieder melden. Sie schwenken jetzt in eine Umlaufbahn um Titan ein.«

Das Stichwort der Mythologie gibt uns Anlass zu einer Bemerkung über die Doppelnamen vieler Weltraumgefährte. Das Hauptschiff der Saturnmission heißt sowohl HERMES TRISMÉGISTOS, nach dem griechisch-ägyptischen »Dreimalgrößten Hermes-Thot«, dem Gott der Schrift, der Zahlen und der Bücher, wie auch *Human Transfer Module* (HTM). Die doppelte Namengebung spiegelt einen denkwürdigen Generationenkonflikt in der IASA-Abteilung für Öffentlichkeitsarbeit. Die älteren *technocrats* verfechten konsequent Akronyme, d.h. Abkürzungen funktionaler Bezeichnungen. Sie wollen damit an die Begeisterung der Steuerzahler für Neuentwicklungen in der Weltraumtechnik appellieren. Die *neoclassicals* machen demgegenüber auf das abnehmende Technikinteresse aufmerksam. Sie empfehlen Namen aus der griechischen Mythologie, um an die Urbilder der menschlichen Psyche anzuknüpfen. So galt der Götterbote *Hermes* als Schutzherr der Reisenden, als Erfinder der Astronomie, als geflügelter Geleiter in die Unterwelt und schließlich als Offenbarer verborgener Weisheit. Die *technocrats* wiederum stemmen sich mit aller Kraft gegen diese angeblich verstaubten Relikte aus der antiken Mottenkiste. Die IASA als weltanschaulich neutrale und durch Geldknappheit arg bedrängte Institution entschied sich schließlich, mittels Doppelnamen ein größtmögliches Publikum anzusprechen.
Unterdessen hatten die beiden Astronauten ihr Mittagessen beendet und ließen sich für einige Zeit schwerelos in der Aussichtskuppel herumtreiben. Obschon sie sich längst an den ungewöhnlichen Zustand gewöhnt hatten, scheint ihr absichtsloses Gleiten, befreit von der Erdgravitation, öfter einen intensiven Zustand körperlicher

und emotionaler Entspannung ausgelöst zu haben, der mit den während ihres langen Flugs häufig auftauchenden Empfindungen von Monotonie und Verlassenheit markant kontrastierte.

NW: »Du hast von der Auferstehung gesprochen. Mir ist ziemlich schleierhaft, was an Ostern wirklich geschah. Außer den Jüngern schien den meisten Bewohnern von Jerusalem an diesem Tag nichts Nennenswertes aufgefallen zu sein.«
TH: »Historisch gesehen wissen wir leider fast nichts über die Oster-Erfahrungen des Jesuskreises. Aber so viel lässt sich erschließen: Während der Passion Jesu geraten seine Anhängerinnen und Anhänger zunehmend in eine tiefe Krisenerfahrung. Alles scheint für sie zusammenzubrechen; verstört kehren sie in ihre Heimat zurück, nach Galiläa. Dort aber geschieht etwas Umstürzendes: Viele von ihnen werden von einer einzigartigen Vision überrascht, in der sich ihnen Jesus in einem Leib aus Licht offenbart, strahlend in himmlischer Herrlichkeit. Dies verändert ihre Perspektiven und ihr Leben völlig. Der vordem so hoffnungslos verriegelte Raum steht offen.«
NW: »Offenbar gehst du nicht davon aus, dass Jesus nach seiner Kreuzigung sein Grab wieder verlassen hat, sondern sprichst vorsichtiger von einer Vision. Ich habe vor vielen Jahren einmal mit einem Gläubigen eine heftige Diskussion darüber geführt, ob ein wirklich Verstorbener wieder körperlich in unsere Welt zurückkehren kann. Das wäre ja ein besserer Vampir! Vor allem konnte mir mein Gesprächspartner damals nicht erklären, wohin denn der Wiederbelebte auf seiner Himmelfahrt gereist sei. Als Astronaut wollte ich darüber etwas Präzises wissen!«
TH: »An diesem Punkt rennst du bei mir offene Türen ein! Eine Videokamera hätte den auferstandenen Jesus nicht filmen können. Mit dem Leib aus Licht meine ich keine Photonenwolke. Bei den Erscheinungen muss es sich also um eine besondere Art von Vision gehandelt haben.«
NW: »Visionen?! Hier stellt sich für mich ein Problem: Warum bekommen ausgerechnet Halluzinationen eine derartige Bedeutung für eine ganze Weltreligion? Das Muster ›Strukturbildung aus dem Chaos‹ lässt sich ebenso gut auf psychotische Zustände anwenden. Auch Geisteskranke haben sich schon in einem derartigen Ordnungsmuster situiert. Halluzinationen können hier eine gewisse Rolle spielen. Haben die Jesusjünger ihre Krise mit Hilfe von Halluzinationen verarbeitet?«

TH: »Ich ziehe es vor, von Visionen anstatt von Halluzinationen zu sprechen, auch wenn es von außen gesehen fast unmöglich ist, sie zu unterscheiden. In einer echten Vision kommt es zu einer Art von *Wahrnehmung*, worin sich eine sonst verborgene Dimension der Wirklichkeit enthüllt. Eine Vision verdankt sich der Öffnung eines inneren Auges, entsteht also in einem höheren Bewusstseinszustand.«
NW: »Du differenzierst mit Hilfe fragwürdiger Wertungen. Ich kann weder mit dem ›Höheren‹ noch mit der ›verborgenen Dimension‹ etwas anfangen. Visionen und Halluzinationen sind für mich dasselbe.«
TH: »Wahrscheinlich gibt das Leben selbst ein hilfreiches Kriterium für ihre Unterscheidung an die Hand: Visionen können Erleben und Verhalten von Menschen tief greifend beeinflussen, während Halluzinationen längerfristig kaum wirksame Folgen zeitigen. ›An ihren Früchten werdet ihr sie erkennen‹![12] Außerdem sind höhere Bewusstseinszustände nicht um ein letztlich defensives psychisches Muster organisiert wie bei manchen Psychotikern, sondern öffnen eine Fülle von Erfahrungsräumen, die in gewöhnlichen Bewusstseinszuständen nicht zugänglich sind. Der neue psychische Zustand, von dem ich gesprochen habe, gerinnt dann nicht zu einer starren Struktur, sondern bleibt im Fluss; er ist von Dynamik und Offenheit gezeichnet.«
NW: »Nun gut, die extremen und zugleich monotonen Außenbedingungen hier draußen versetzen auch mich manchmal in eigenartige Stimmungen. Vor den Gefahren von Wahrnehmungsstörungen und Realitätsverlust haben uns die astropsychiatrischen Trainer oft gewarnt.«
TH: »Was Wirklichkeit eigentlich ist, lässt sich bekanntlich sehr verschieden beurteilen. Sicher sensibilisiert uns dieser exotische Aufenthaltsort für die Möglichkeit von anderen Bewusstseinszuständen und für Grenzerfahrungen. Die Frage, ob es sich dabei um krankhafte Phänomene handelt oder um echte Wahrnehmungen dessen, was die Welt in der Tiefe trägt, können wir nicht an die Psychiatrie delegieren. Religion lässt sich nicht auf Psychopathologie reduzieren.«
NW: »Warum nicht? Du selbst hast von absonderlichen Bewusstseinszuständen und von Visionen gesprochen.«
TH: »Religion hat es nicht primär mit Derartigem zu tun. Sie gibt im alltäglichen Leben Orientierung und Sinndeutung, sie hat therapeutische und kulturelle Funktionen. Diese integrierende Kraft aber schöpft sie aus Grenzerfahrungen und Bewusstseinserweiterungen, wie sie besonders für Prophetie und Mystik typisch sind.«
NW: »Gewiss macht fast jeder Mensch Erfahrungen, in denen er etwa

einer Harmonie innewerden kann, die im gesamten Kosmos widerhallt und die dem eigenen begrenzten Leben einen tieferen Sinn verleiht. Für mich ist die Empfindung der Schönheit und der Dynamik, die das Universum auszeichnet, eine elementare Triebkraft für mein wissenschaftliches Arbeiten und meine langen Ausflüge ins All. Offenbar verstehst du die Visionen der Jesusanhänger in einem ähnlichen Sinn.«

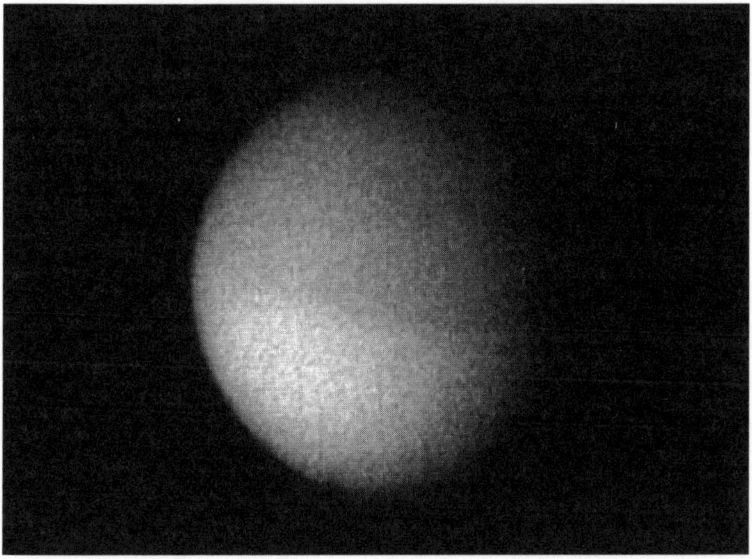

Abb. 2: Ein Bild von Titan im optischen Licht aufgenommen, hier von Voyager 1, zeigt wenig Strukturen. Ein undurchsichtiger, orangefarbiger Schleier von Aerosolen umgibt den Mond auf einer Höhe von einigen hundert Kilometern. Es ist noch unklar, warum die Nordhemisphäre etwas dunkler ist. Titan ist der einzige Mond im Sonnensystem mit einer dichten Atmosphäre. (Foto: NASA)

Mit kosmischen Stimmungen hat auch der folgende Text zu tun. Seit der Trennung von den Titanauten pflegte TH vermehrt am späten Abend persönliche oder reflektierende Beiträge seinem digitalen »Nachtbuch« anzuvertrauen.

In der Sphäre Saturns: Aus dem Nachtbuch von TH (4. April)

Eben habe ich mich vom Observatorium in das Hauptmodul des Raumschiffes herübergehangelt. Durch das Bordfenster leuchtet Titan, eine scheinbar unbewegliche, orangefarbene Kugel, über zehnmal so groß wie unser irdischer Mond von der Erde aus gesehen. Er ist von einer dichten Atmosphäre umhüllt, die dem menschlichen Auge keine wahrnehmbaren Strukturen bietet. Auf welche Geheimnisse mag die Expedition dort drüben wohl stoßen? Die ferne heimatliche Erde vermag ich kaum noch auszumachen, und auch die Sonne gleicht nur noch einer hellen Glühbirne in tiefer, dunkler Nacht. Kein Laut dringt von außen in unsere geschützte Welt, nur das Lüftungssystem summt, und der Funkverkehr mit Titanlander ORPHEUS, gelegentlich auch mit der Erde, durchbricht das tiefe Schweigen.

Der etwas kleiner wirkende, ringgeschmückte Kugelkörper Saturns scheint durch das gegenüberliegende Bordfenster. Innert zehn Stunden dreht er sich um seine eigene Achse. Das Ringsystem mit seinen Millionen von Felsbrocken, das beim Anflug einen imposanten Anblick bot, sehen wir hier leider nur von der Seite. Da wir in derselben Ebene wie die Ringe und Monde kreisen, sind wir zu einem Teil des Saturnsystems geworden. Hell und glänzend schwebt der Riesenplanet im Raum, umstrahlt von einer kalten, eisigen Schönheit. So weit haben wir uns von der Erde entfernt, dieser von Leben geradezu überquellenden Insel inmitten einer gähnenden lebensfeindlichen Leere! Immer wieder staune ich, wie sich das Leben seinerzeit auf der Erde, einer abgelegenen Nische des tödlich kalten Weltraums, eingenistet hat, wie es dem Reich des Todes seine fragile Existenz immer wieder findig abtrotzen muss, ständig bedroht vom Vergehen. Die Lebensformen als kurz aufblitzende Funken mitten in den kosmischen Abgründen von Raum und Zeit …

Ich kann es noch kaum fassen, dass wir in der Sphäre Saturns weilen, also in jener Region, die für Antike und Mittelalter die Grenzzone bildete zwischen der planetaren Welt und derjenigen der Fixsterne und des Feuerhimmels, der höchsten Himmelskugel. Saturn – Hüter der Schwelle und Prinzip der Materie, Herr des Todes und Engel des Schicksals, Wächter über die Zeit und die karmischen Gesetze! Jenseits dieser Schwelle tat sich den Menschen einstmals die Sphäre des höchsten Gottes auf. Uns aber schwindelt angesichts der schieren

Unermesslichkeit der Räume außerhalb unseres Sonnensystems, der Sternhaufen und der Galaxien. Die Ewigkeit des Himmels ist der Unermesslichkeit von Raum und Zeit gewichen.

Ein gestürzter Gott

Die Erinnerung an die wechselhafte Geschichte *Saturns*, des griechischen Gottes *Kronos*, steigt in mir auf.[13] Seinem Vater, dem Himmelsgott Uranos, hatte er die Weltherrschaft entrissen, wurde dann aber zusammen mit seinen Brüdern, den Titanen, durch seinen eigenen Sohn Zeus entmachtet und in den finsteren Tartaros eingekerkert. Einer anderen Überlieferung zufolge herrscht er jetzt über die Inseln der Seligen, einen paradiesischen Ort

> »an den sprudelnden Tiefen des Weltenstroms,
> wo die nahrungsspendende Erde honigsüße Früchte
> dreimal im Jahr sprießen lässt«.[14]

Manchmal meine ich hier draußen beides zu spüren: den Tartaros – die sogar in der warmen Kabine fast körperlich fühlbare Kälte des kosmischen Abgrunds – und die geheimnisvollen Inseln der Seligen – die erdferne ätherische Saturnwelt mit ihren Geheimnissen, die zu lüften wir uns anschicken.

Treffpunkt Staunen

Laut älteren Berichten in der astronomischen Fachliteratur treten Große Weiße Flecken in der Saturnatmosphäre ungefähr alle 30 Jahre auf, zum letzten Mal im November 1990[15] und in etwas kleinerer Form im Dezember 1994. Da das Intervall etwa der Umlaufzeit Saturns um die Sonne entspricht, ist in jedem Hochsommer der Nordhemisphäre mit ihnen zu rechnen. Interessierte Wissenschaftler haben den riesigen Fleck als ›target of opportunity‹ für Beobachtungen mit dem Instrumentarium der Hermes Trismégistos ausgewählt. NW nahm hierfür erstmals das Großteleskop Argos in Betrieb. Zur Beobachtung wurde das Teleskop vom HTM abgetrennt, um Erschütterungen durch die Bewegung der Astronauten zu vermeiden. Argos sammelt das Licht in 27 kleinen Hohlspiegeln, die in Y-Form befestigt sind und zusammen dieselbe Vergrößerung ergeben wie ein Spiegelteleskop von 30 Metern Durchmesser. Die beiden Astronauten nahmen für Testzwecke den Großen Weißen Fleck ins Visier und ließen sich begeistern von der neuen Struktur, die sich unerwartet an ihrem Aufenthaltsort im unwirtlichen äußeren Sonnensystem entwickelte. Die intensiven Beobachtungen dieser Erscheinung müssen Anlass zu folgendem Gespräch nach dem Abendessen gewesen sein.

TH: »So schrecklich der große Wirbelsturm auf Saturn auch toben mag, mich fasziniert seine Schönheit aus unserer sicheren Perspektive. Es ist ein unerwartetes Geschenk, dass wir dieses Phänomen aus der Nähe mitverfolgen können. Seit sich die Titanexpedition verabschiedet hat, ist es hier recht eintönig geworden.«
NW: »Der Sturm hat mehr als die doppelte Größe der Erde! Seine Energie entspricht der jährlichen Stromproduktion einer Million großer irdischer Kraftwerke, die Windgeschwindigkeit übertrifft an manchen Stellen 600 km/h. Ununterbrochen bilden sich Wolken aus verschiedenen Molekülen, aus Eiskristallen oder Tröpfchen und lösen sich wieder auf.«
TH: »Es erstaunt mich, dass etwas so Großes immer wieder nach den gleichen, einfachen Gesetzen der kleinsten Teilchen entstehen kann.«
NW: »Mir geht es ebenso! Unsere Empfindung hat vielleicht mit der komplexen Ordnung dieses Orkans zu tun. Elementare Kräfte wirken zwischen den zahllosen beteiligten Teilchen, und deren Wechselwirkungen erzeugen ein sich selbst organisierendes System. Anstelle eines chaotischen Durcheinanders kommt es zu einer ganzheitlichen Ordnung.«
TH: »Ich finde es bemerkenswert, dass du von ›Ganzheitlichem‹ und von Komplexität sprichst.[16] Sonst habe ich meist den Eindruck, die Naturwissenschaften suchten danach, das Komplexe in möglichst einfache Teile zu zerlegen. Wollen die Physiker nicht gerade alles auf einfache Gesetze und elementare Verhältnisse zurückführen?«
NW: »Es ist in der Tat typisch, dass früher die wichtigsten physikalischen Entdeckungen an sehr einfachen Systemen gemacht wurden, etwa am Planetensystem oder am Wasserstoffatom. Der Erfolg der Naturwissenschaften beruht auf dem Prinzip der Reduktion, das heißt auf der Erklärung von Kompliziertem durch Einfacheres.[17] Man spricht von der *bottom up*-Perspektive. Die Forscher sind daher auf der Suche nach den grundlegendsten, allgemeinsten Gesetzen des Universums und nach seinen einfachsten Bausteinen.«
TH: »Diese Sichtweise hat alte Wurzeln. Bereits die antiken Naturphilosophen fragten nach den elementaren Größen, welche der Vielfalt des sichtbaren Kosmos zugrunde liegen. Es gab viele Antworten:

einzelne Elemente wie das Wasser oder das Feuer, die Atome als ›unteilbare‹ Bausteine, kosmische Zahlen oder das ›Sein‹ schlechthin. Dabei hatte das Einfache gegenüber dem Vielfachen eine höhere Seinswürde. Für die Anhänger der Schulen von Pythagoras und Platon gründeten alle Erscheinungen letztlich im ›Einen‹. Die wissenschaftliche Perspektive mündete dabei in eine religiöse Schau ein: Das Eine ist das Göttliche, die Urquelle des ganzen Kosmos. Dem menschlichen Geist war es im Erkennen möglich, sich dieser göttlichen Einheit anzugleichen. Das Vorgehen der modernen Naturwissenschaften steht hier also im Bann einer ehrwürdigen abendländischen Tradition.«[18]

NW: »Die Methode änderte sich aber grundlegend: Spekulation wurde durch Empirie, Meditation durch das Experiment abgelöst. Erst auf diesem Weg gelangen der Naturwissenschaft spektakuläre Erkenntnisdurchbrüche. Das Prinzip der Reduktion hat etwa unser physikalisches und biologisches Wissen in einem für frühere Generationen unvorstellbaren Maß vermehrt. Die Entwicklung der Technik hat unser gesamtes Leben revolutioniert.«

TH: »Gerade wenn du diese Revolutionen, die Kernspaltung und die Gentechnologie nennst, wächst in mir das Misstrauen gegenüber dem Prinzip der Reduktion. Du hast ja selbst von Ganzheit und komplexer Ordnung gesprochen. Damit gibst du zu, dass auf dem Weg der Reduktion etwas Entscheidendes verloren gehen kann. Bekanntlich ist ein Ganzes mehr als die Summe seiner Teile.«

NW: »Die Naturwissenschaft ist nicht grundsätzlich blind für diese Zusammenhänge. Tatsächlich hat man in den letzten Jahrzehnten die nichtlinearen Wechselwirkungen zwischen vielen Objekten als eigenes Forschungsgebiet entdeckt. Früher war das Komplexe für die Wissenschaftler etwas im Grund Bedrohliches, das man in Einfacheres aufzulösen suchte. Aber die Organisation eines Wirbelsturms lässt sich nicht auf einzelne Elementarteilchen reduzieren. Moderne Methoden wie die Computersimulation können nachweisen, dass einfache Gesetze nicht nur einfache Muster hervorbringen, sondern auch kompliziertes, unvorhersehbares Verhalten und geordnete Komplexität.«[19]

TH: »Die Empfindung von Schönheit angesichts so komplexer Strukturen wie dem Wirbelsturm auf Saturn oder seinem Ringsystem bekommt offensichtlich in der Naturwissenschaft wieder mehr Raum.«

NW: »Die Entdecker von physikalischen Gesetzen staunten seit je darüber, wie elegant die Natur ist. Die Grundgleichungen der Physik sind überraschend einfach und klein an der Zahl. Noch immer vermuten wir, dass es eine einzige Weltformel gibt. Man könnte nun daraus schließen, dass das Universum ebenfalls einfach sei, vergleichbar einer mechanischen Uhr mit ihren Zahnrädermechanismen. Aber nein! Im Allgemeinen sind die Folgen komplizierter als die Gesetze. Die einfachen kosmischen Grundgesetze erlauben eine immense Fülle von überraschenden Möglichkeiten und verleihen dem Universum eine erstaunliche Entwicklungsfähigkeit, bei der sich immer wieder Strukturen zu neuen Gebilden noch höherer Ordnung aufbauen.«

TH: »Nach Platon und Aristoteles hat die Philosophie mit dem Staunen ihren Anfang genommen.[20] Aber auch Naturwissenschaft und Religion scheinen sich im Staunen zu berühren. Ich denke jetzt nicht an Wunder und an außerordentliche Geschehnisse, die in den Religionen allezeit besondere Aufmerksamkeit fanden. Es ist das Elementarste, das religiöse Menschen immer wieder mit Staunen erfüllt: die Gabe des Lebens, die Fülle des Seins, die gewaltigen Dimensionen der Welt. Man könnte Religion geradezu als eine Kultur des Umgangs mit dem Staunenswerten bezeichnen. Im Unterschied zur Wissenschaft arbeitet sie nicht darauf hin, sich des Staunenswerten durch Erklären zu bemächtigen und somit das Staunen aufzuheben.«

NW: »Da muss ich dir widersprechen. Wissenschaftliches Erklären will das Staunen nicht beseitigen. Jeder Erkenntnisfortschritt bringt zahllose neue Fragen mit sich und ruft neues Staunen hervor. Vor allem aber begleitet das Staunen die Forschenden auch im Umgang mit jenen Gegenständen, von denen sie glauben, die Erklärung zu kennen. Je mehr ich verstehe, desto mehr überkommt mich das Staunen. Ich bin immer wieder davon beeindruckt, wie wir die kurzfristigen Bewegungen der Himmelskörper unvorstellbar genau berechnen können. Ohne diese Kenntnisse hätten wir das Saturnsystem im riesigen interplanetaren Raum niemals finden können. Ich staune darüber, wie sich viele Phänomene dieser bizarren Regionen, in die wir jetzt gelangt sind, korrekt voraussagen lassen. Und ich weiß nicht, was ich mehr bewundern soll: die mathematische Gesetzmäßigkeit in der Natur selbst oder die Fähigkeit unseres Geistes, diese zu erkennen.«

Das Gespräch wurde unterbrochen durch den Aufruf der Bodenkontrolle zu einer Bahnkorrektur. Die HERMES TRISMÉGISTOS war zu weit vom Librationspunkt abgedriftet. Die Triebwerke mussten für einen genau berechneten Schub kurz gezündet werden.

TH: »Ich habe den Eindruck, dass die Wissenschaftler als Personen zwar sehr wohl zu staunen vermögen, aber ihren Erkenntnisbegriff davon freihalten: Das Staunen bleibt als etwas Subjektives und Emotionales außerhalb des Wissens. Derjenige Affekt, der das Erforschen so entscheidend begleitet, wird ausgeblendet. In der Religion kommt ihm dagegen eine zentrale Bedeutung zu. Im Staunen tut sich den Menschen eine verborgene Dimension auf. Es ist eine Form der Resonanz mit dem Geheimnis der Welt und ihrem göttlichen Grund. Die Erkenntnis als solche ist nicht trennbar vom Weg, der zu ihr führt. Religiöse Aussagen leben geradezu davon, dass sie diesen Affekt mittransportieren und mitthematisieren. Von Gott als dem Schöpfer des Universums zu reden, heißt auch immer, Staunen zu erwecken. Eine religiöse Aussage, welche diese Einstellung nicht hervorruft, bleibt unverständlich. Eine mathematische Gleichung kann auf die Erzeugung von Resonanz verzichten. Man versteht sie auch ohne innere Bewegung und Anteilnahme.«

NW: »Das scheint darauf hinauszulaufen, dass nur Religion dem Staunen gerecht würde. Gegen diese Vereinnahmung muss ich mich entschieden zur Wehr setzen. Staunen und Neugier haben auch für die Wissenschaft eine richtunggebende und anspornende Bedeutung. Ja, eigentlich bleibt hier das zentralste Moment des Staunens, die Offenheit des Fragens, weit besser gewahrt. Die Religion verstellt diese Offenheit mit ihren Antworten.«

TH: »Nun unterliegst du einem ähnlichen Missverständnis wie ich zuvor. In der Religion geht es gerade darum, die Tür zu einem weiten Raum aufzuschließen und das menschliche Bewusstsein für die Gegenwart des Göttlichen in der Welt zu sensibilisieren.«

NW: »Willst du dies sogar für den Großen Weißen Fleck behaupten?«

TH: » Was sich naturwissenschaftlich als komplexe Ordnung beschreiben lässt, erscheint in religiöser Perspektive als etwas zutiefst Unselbstverständliches, als ein Werk göttlicher Weisheit. Ich werde den Anblick des brodelnden, leuchtend weißen Wirbelsturms auf Saturn nie mehr vergessen. Etwas vom Geheimnis der Schöpfung blitzt auf. Das Staunen ruft nach dem Danken. Es ist eben alles andere als selbstverständlich, dass es im Universum zu immer höher organisierten Seinsformen gekommen ist. Dieser Reichtum entspringt für die Religion der geradezu verschwenderischen göttlichen Kreativität.«

NW: »Hochorganisierte Komplexität hat noch nichts Heiliges an sich. Die Steuerungssysteme unseres Raumschiffs sind sehr komplex. Die

Erbsubstanz von Viren ist im Vergleich dazu nicht weniger komplex gebaut, wenn wir die Zahl der unabhängigen Komponenten betrachten. Bist du da auch erfüllt von Staunen und Ehrfurcht? Gewisse Phänomene wecken in uns Staunen, andere aber Gleichgültigkeit, Angst oder Abscheu. Ich glaube, die Wissenschaft tut gut daran, subjektive Einstellungen nicht in ihre Wissensbestände zu überführen.«
TH: »Mich beschäftigt noch mehr ein anderer Aspekt: Von unserem sicheren Raumschiff aus ist der Anblick des Orkans beeindruckend. Wie fürchterlich wütet aber ein Sturm, der von denselben Gesetzen gesteuert wird, auf der mit Leben bevölkerten Erde. Staunen schlägt da um in Entsetzen, Preisen in Wehklagen, Danken in Verfluchen!«

Wir nehmen diesen Satz über den ambivalenten Charakter der Ordnung zum Anlass, daran zu erinnern, dass diese im Bordleben höchste Priorität genießt. Infolge der Schwerelosigkeit müssen sämtliche Speisereste samt Ess- und Trinkbeuteln an den für sie vorgesehenen Orten befestigt oder eingeschlossen werden. Kein Gegenstand darf liegen bleiben, da er nach einer Bahnkorrektur des Raumschiffs frei durch die Kabine fliegen würde. Der zeitraubende Küchendienst, der deshalb das Essen jeweils abzuschließen pflegt, entlockte NW einen sarkastischen Kommentar zum Lob der Ordnung, das im vorherigen Gespräch anklang: Was im weiten Universum Staunen und Ehrfurcht auslöse, verkomme in den Niederungen der Bordküche zum elenden Knechtsdienst unter einer pedantischen Gouvernante. TH scheint darauf etwas von der Allgewalt der Entropie gemurmelt zu haben.

Saturns abgründige Weisheit: Aus dem Nachtbuch von TH (5. April)

Diesen Abend habe ich mich in die großartigen Bilder vertieft, die uns das ARGOS-Teleskop beschert. Die Kontemplation bekommt Raum in dieser kalten Sphäre, fernab vom Gewimmel und Getümmel der Erde. Saturn hängt scheinbar schwerelos im All. Der weißlich-gelb schimmernde Kugelkörper bildet einen harten Kontrast zum tiefschwarzen Weltraum. Die majestätischen Ringe werfen messerscharfe Schatten auf seine Wolkenformationen. Die Schönheit dieses Planeten ist atemberaubend. In immer neuen Wogen wird mein sinnender Geist von Staunen erfüllt. Es vermischt sich mit dem leisen, nie ganz abklingenden Grauen vor der grimmigen Kälte des Raums

und seiner tödlichen Strahlen, vor denen uns die dünne Wand unseres Raumschiffs so verlässlich schützt.
Die antike Tradition schrieb Saturn, dem griechischen Kronos, eine doppelte Natur zu. Auf der einen Seite waltet er als düsterer Himmelsherrscher über Alter und Schwermut, Schicksal und Vergeltung. Eine alte gnostische Lehre deutet ihn geradezu als den Stern der Entropie:[21]

> »Dem Kronos kann niemand, der im Kreislauf des Werdens ist, entfliehen. Kronos wacht darüber, dass ein jedes Werden wieder dem Vergehen verfällt, und es gibt kein Werden, dem Kronos nicht entgegentritt.«

Auf der anderen Seite gilt Saturn auch als Schutzherr der Philosophen und Propheten.[22] Für die damaligen Himmelsbeobachter war er ja nicht nur der sonnenfernste, sondern auch der langsamste Planet, würdevoll und gravitätisch in seiner Bahn um die Sonne kreisend. Weil seine Sphäre die höchste war, suchten die Philosophen in ihm den Geist der erhabenen Schau und der vollkommenen Weisheit. Er stand noch über Jupiter, dem Stern der aktiven königlichen Herrschaft. Die abgeschiedenen Denker und Einsiedler waren Saturns Kinder. Nicht umsonst war er Patron der platonischen Akademie von Florenz.

Abb. 3: Saturn und seine Tierkreiszeichen, 1470. Zürich, Zentralbibliothek

Hier draußen kann ich die Doppelnatur Saturns staunend nachempfinden. Auf dem eiskalten Riesenplaneten tobt ein ungeheurer Orkan, der von fern die tastenden Bewegungen des werdenden Lebens ankündigt. Tod und Leben begegnen sich in seiner Sphäre.

VOM ALTEN KOSMOS ZUM MODERNEN UNIVERSUM

Die Zeit hat an Bord der HERMES TRISMÉGISTOS nur wenig Struktur. Es gibt weder Tag noch Nacht. Die einzige natürliche Periode, die sechzehntägige Umlaufzeit um Saturn, ist für menschliche Bedürfnisse unangemessen. Die Astronauten haben daher den irdischen Kalender und Tagesrhythmus beibehalten, was auch die Arbeit der Bodenstation auf der Erde erleichtert. Die Uhren auf HTM zeigen »Weltzeit« (WZ) an, früher bekannt als *Greenwich Mean Time*, die Lokalzeit eines unbedeutenden Vorortes auf einem kleinen Planeten. Zur Nachtruhe ziehen sich die Weltraumfahrer in ihre persönlichen Schlafkojen zurück, lassen sich von einem Schlafnetz sanft zur gepolsterten Wand drücken und löschen das Licht. Der Schlaf in Schwerelosigkeit wird von Astronauten als besonders erholsam geschildert, besser als der normale Schlaf auf der Erde.

Die Zeit hat zwei Töchter

Am folgenden Tag knüpfte das Gespräch der beiden HERMES-Astronauten – gelegentlich pflegten sie sich ironisch »Hermetiker« zu nennen – wieder am Thema des Aufbaus von komplexer Ordnung in der Evolution des Universums an.

TH: »Ich habe beim Hinflug unseren *crash course* in Physik von der Videothek geladen und versucht, das rätselhafte Gesetz von der Zunahme der Entropie zu verstehen.[23] Der *course jockey* hat es als die unaufhaltsame Tendenz zum *Zerfall* von Ordnung gedeutet. Nun hast du mir gestern genau das Gegenteil, nämlich eine sich stufenweise aufbauende *Ordnung* vor Augen geführt. Schließt die Zunahme der Entropie nicht den Verlust von organisierter Komplexität mit ein?«
NW: »Für das Saturnsystem als Ganzes gesehen stimmt das, aber *lokal* ist eine Struktur, eine neue Ordnung, auf Kosten der Unordnung in der Umgebung entstanden. Die globale Entropie hat zugenommen.

Natürlich spielt sich dies nicht nur in Wirbelstürmen ab, sondern an vielen Orten im Universum, von der Entstehung der Galaxien bis hin zu menschlichen Gesellschaften. Die Zunahme der Entropie des Universums ist eine sehr grundlegende, globale Eigenschaft: Sie bedeutet, dass ein geordnetes, abgeschlossenes System sich nicht weiterentwickeln kann und schlussendlich zerfallen wird.«

TH: »Dies deutet darauf hin, dass die Zeit eine fundamentale Rolle bekommt. Sie wird sowohl zur Quelle von geordneter Komplexität wie von Ordnungszerfall. Mutter Zeit hat Zwillingstöchter, eine schöne und eine hässliche: Ordnung und Entropie!«

NW: »Jede komplexe Ordnung hat in der Tat eine wichtige zeitliche Komponente, sie kann nur durch unumkehrbare Prozesse entstehen. Sogar wenn sie zerfällt, kehrt sie nicht einfach in den Anfangszustand zurück. Komplexe Systeme zeichnen sich durch eine verschlungene evolutionäre Geschichte aus. Die kosmische Evolution erscheint als Prozess, bei dem aufgrund früherer Entwicklungen lokal eine neue komplexe Ordnung entsteht, die dann wieder zum Ausgangspunkt einer weiteren Entwicklung wird. So türmt sich die Komplexität stufenweise immer weiter auf.[24] Am markantesten zeigt sich dies in der Frühzeit der Erde: Die Entstehung von Lebewesen steigerte den bisher erreichten Ordnungsgrad noch einmal in unvorstellbare Dimensionen. Das primitivste Eubakterium ist komplexer gebaut als ein riesiger Stern.«

TH: »Das gibt mir zu denken. In manchen traditionellen Religionen, etwa in der Antike, kam den Gestirnen mit ihrem Lichtleib eine göttliche Seinsstufe zu. Nun rücken die erhabenen Weltkörper unter das Niveau eines Pantoffeltierchens! In alten jüdischen Überlieferungen gibt es allerdings ein Wissen um die besondere Würde immerhin der *menschlichen* Lebensform. Als Gott Adam erschaffen hatte, forderte er die mit einem Leib aus Feuer bekleideten Engel auf, sich vor dem Geschöpf aus Lehm niederzuwerfen. Die Weigerung des stolzesten der Geister, Satans, soll bereits am Schöpfungsmorgen zum Engelsturz geführt haben.[25] Auch später waren die lichtgeborenen Engel neidisch auf die Menschen, die nur aus Erde gebildet und von Gott doch bevorzugt wurden. Die Analogie bleibt allerdings von beschränktem Wert, weil für die Wertschätzung Adams allein die göttliche Erwählung maßgeblich war, während wir heute Bakterien und Einzeller aufgrund ihres qualitativ komplexen Bauplans den quantitativ so unvergleichlich größeren Gebilden der Sterne und Planeten vorordnen.«

NW: »Dies ist eine hübsche Geschichte. Darf ich weiter daran stricken? Gerade unser Organismus, der Leib aus Erde, den die Engel verachten, ist ein gutes Beispiel für das Miteinander von lokal akkumulierter Ordnung und global zunehmender Unordnung. Während unserer Diskussion schaffen die Erkenntnisprozesse einerseits Ordnung, während andrerseits der Körper strukturierte Substanzen wie zum Beispiel Ambrosia-Früchte zu amorpher Materie umwandelt und Wärme an die Umwelt abgibt. Das bedeutet, dass jede Ordnungszunahme ihren Preis zahlen muss. Der Preis besteht in der globalen Zunahme von Unordnung und Zerfall.«

Das Gespräch wurde hier ohne ersichtlichen Grund unterbrochen. Offenbar schwebte NW entschlossen davon und machte sich für einige Minuten am Fäkalientank zu schaffen, wo seit geraumer Zeit eine Pumpe Probleme bereitet hatte. Da in der Schwerelosigkeit Flüssigkeiten durch Luftströme in Zirkulation gebracht und mit Filterschwämmen abgefangen werden müssen, sind solche Pumpen kompliziert und für Störungen anfällig. Kleinere Reparaturen gehören zu den Routinearbeiten von Astronauten.

TH: »Wenn du vorhin vom hohen Preis sprachst, den jeder Aufbau von Ordnung kostet, erinnerst du mich wieder an das gestrige Osterfest. Ich frage mich, ob Jesu Tod am Kreuz und seine Auferstehung nicht eine Entsprechung zu dieser kosmischen Gesetzmäßigkeit bilden. Es ist gerade der Tod, der die Auferstehung erst ermöglicht. Der vollständige Zerfall, versinnbildlicht im Kreuz, lässt es zu neuer Ordnung, zu einer erhöhten Komplexität kommen, versinnbildlicht in der Auferstehung.«
NW: »Ich bin überrascht, wie du Entropiezunahme und Kreuz ineinander blendest. Die Menschen der Antike hatten doch keine Ahnung von den Erkenntnissen der neueren Physik. Und was hat eine Hinrichtung mit Entropie zu tun?«
TH: »Selbstverständlich waren die alten Theologen keine Wegbereiter der modernen Thermodynamik. Aber das Marterwerkzeug des Kreuzes spiegelte für sie das menschliche Leiden schlechthin wider. Der Christus soll am Kreuz stellvertretend für die ganze Menschheit gelitten haben. Manchmal hat die religiöse Tradition im Kreuz das Leiden der Kreaturen überhaupt, also auch der Tiere als Geschöpfe Gottes, wieder erkannt. In der kosmologischen Symbolik des frühen Christentums nahm das Kreuz sogar den Untergang der alten Welt

vorweg. Zeichen dafür waren etwa eine weltweite Finsternis und ein Erdbeben beim Tod Jesu.«[26]

NW: »Damit sind wir aber noch längst nicht bei der Entropiezunahme als einer physikalischen Erscheinung angelangt.«

TH: »Vielleicht sind wir ihr schon bis auf Sichtweite nahe gekommen. Auch in unseren Lebenserfahrungen sind wir hautnah mit der Entropiezunahme konfrontiert durch das fortschreitende Altern und das Sterben, also letztlich durch die voranschreitende Zeit. Das Kreuz stellt ein Sinnbild dar für diese vielfältigen Negativerfahrungen der Menschen. Dieses Sinnbild leistet nun etwas Entscheidendes: Es *deutet* das Leiden. Die Christen glauben, dass die Nacht des Kreuzes die Verheißung des Ostertages in sich birgt. Ich möchte von diesen alten Überzeugungen eine Brücke zu der von dir beschriebenen kosmischen Gesetzmäßigkeit schlagen. Ähnlich wie eine komplexere Struktur um den Preis erhöhter Entropie erkauft wird, setzt die österliche Neuschöpfung das Geschehen am Kreuz voraus.«

NW: »Vorsicht! In der Physik ist Strukturbildung keineswegs eine *notwendige* Folge von Entropiezunahme. Die Wahrscheinlichkeit, dass offene Systeme zerfallen, ist sogar weit größer als ihre Evolution zu erhöhter Ordnung.«

TH: »Es kommt meinem Gedanken sogar entgegen, dass das Entstehen von Neuem nicht zwingend ist. Das Kreuz führte überhaupt nicht notwendig zur Auferstehung. Das Osterwunder war gerade das gänzlich Unerwartete, mit dem niemand rechnen konnte.«

NW: »Gesetzt, ich könnte dir in diesem Punkt folgen, welche Bedeutung hat denn dieses Bilden von Analogien für dich? Was erbringt es für die Physik und was für die Religion?«

TH: »Zur Physik trägt die Analogie nichts bei. Anders steht es mit den Physikern, die ihren Ort in dem von ihnen naturwissenschaftlich beschriebenen Universum bestimmen möchten. In ihren menschlichen Erfahrungen kehrt der besagte Sachverhalt in zahlreichen Zusammenhängen wieder. In sozialen und psychischen Prozessen sind neue Formen oft nur um den Preis einer Krise zu erreichen. Stabile Gleichgewichtszustände lassen keine Entwicklung mehr zu. Das Risiko, eine wohl gefestigte Struktur aufzubrechen und einer ungewissen Zukunft entgegenzugehen, kann hingegen einen neuen Kontinent erschließen.«

NW: »Du entdeckst das Modell der Herausbildung von Ordnung aus dem Chaos also auch im psychischen und sozialen Bereich. Der Autor eines Kultbuchs meiner Jugendzeit bekannte von sich selbst, bereits neun dynamische Lebensformen hinter sich zu haben und immer wieder durch unerwartete Fluktuationen über Instabilitätsschwellen hinweg in neue Strukturen zu gelangen. Aber warum zentrierst du diese Dynamik ausgerechnet in Karfreitag und Ostern?«

TH: »Karfreitag und Ostern haben für mich paradigmatische Bedeutung. Das Moment des ›Preises‹, den die Geburt von Neuem kostet, wird hier ausdrücklich thematisiert. Die christliche Tradition hat die Kreuzigung Jesu oft im Sinne des Abtragens einer Schuld gedeutet:[27] Der Gottessohn übernimmt stellvertretend die Folgen des Tuns der Menschen, er lädt sich gleichsam deren ›Karma‹ auf, um ihnen neues Leben zu ermöglichen. Wenn ich diesen alten Glaubenssatz spielerisch variiere, könnte ich sagen: Der Christus lässt es zu, dass sich der Ordnungszerfall an ihm selbst kumuliert, um eine höhere Ordnung zu etablieren. Der Auferstandene stellt die Spitze des Eisbergs einer neuen Welt dar, die sich dank seinem Durchstehen der Krise am Kreuz realisiert. Der hohe Preis, den er dafür bezahlt, sein Leben, kommt allen Menschen zugute.«

NW: »Dein Gleichnis kehrt die übliche Verteilung von Entropie und Ordnung gerade um: In der Entwicklung des Universums und der Lebewesen wird *lokale* Entstehung von Ordnung mit einer *globalen* Zunahme von Entropie erkauft. Du siehst im Christusereignis dagegen eine im Prinzip global zu verstehende Ordnung, die durch eine lokale Steigerung von Entropie, durch Zerfall und Tod, erwirkt wird.«

TH: »Das Ostergeschehen stimmt auch mit dem von dir genannten Verhältnis überein: Im Sinnbild des Kreuzes zeigt sich der umfassende Zerfall der alten Welt. Das Auferstehungswunder geschieht hingegen an einem eng umgrenzten Ort, nämlich an Jesus und im kleinen Kreis seiner Anhänger. Diese verstehen sich zugleich als Keim eines neuen Seins, als Anfang einer neuen Menschheit. Dieses einzigartige, singuläre Entstehen einer neuen Ordnung ist potenziell auf die Durchdringung des Ganzen hin angelegt.«

NW: »Man könnte an eine Fluktuation in einem Ungleichgewichtszustand denken, die sich in der Folge verstärkt und zur Keimzelle einer neuen Struktur wird. So bildet sich im kalten Wasser ein Kristallisationspunkt, von dem aus das Wasser schließlich gefriert. Potenziell könnte er aus jeder Schwankung entstehen, und in gewissen Fällen pflanzt sich daher das Neue lawinenartig weiter fort. Auch in der biologischen Evolution kann sich eine einzelne Mutation als zukunftsträchtig erweisen. Mittlerweile ist es allerdings Zeit geworden für eine Kontaktnahme mit der Titanexpedition. Wir sollten später unbedingt noch einmal über die Frage diskutieren, welcher Stellenwert eigentlich all den Analogien zukommt, mit denen wir uns beschäftigt haben. Ich habe den Verdacht, sie sind für dich mehr als reine Gedankenspiele.«

Im Anschluss an das Gespräch über die kosmischen Dimensionen von Ostern findet sich in den Aufzeichnungen von TH ein längerer lehrhafter Eintrag, der seinen Ausgangspunkt von einem neutestamentlichen Text nimmt. Den Astronauten wird von der IASA dringend empfohlen, sich aus psychohygienischen Gründen wissenschaftlich zu betätigen. Psychologen ist nämlich aufgefallen, dass selbst in engste Studierstuben eingeschlossene Forscher nie von Klaustrophobie befallen werden, solange sie anspruchsvolle Denkarbeit leisten. Dies mag erklären, warum der Eintrag von TH die Form einer hermeneutisch ausgerichteten Reflexion annimmt, auch wenn Fachkollegen wissenschaftliche Defizite signalisiert haben.

Ein Hymnus auf den kosmischen Christus: Aus dem Nachtbuch von TH (6. April)

Das heutige Gespräch hallt in mir nach: Welch ein ungeheurer Gedanke, dass der ganze Kosmos vom Sterben und Leben des Christus zeugt! Die Erinnerung an einen frühchristlichen Hymnus taucht in mir auf. Der Gottessohn wird hier mit den Farben der jüdischen »Weisheit«, der *Sophia*, gezeichnet, die das Schöpfungswerk Gottes vom Uranfang an begleitete.[28] Ich lade mir den Text[29] von meiner treuen elektronischen Bibliothek auf das Display. Die erste Strophe lautet:

»Er ist das Bild des unsichtbaren Gottes,
der Erstgeborene der ganzen Schöpfung,
denn in ihm wurde alles erschaffen
in den Himmeln wie auf Erden,
Sichtbares und Unsichtbares,
Throne und Herrschaften,
Mächte und Gewalten;
alles ist durch ihn und auf ihn hin geschaffen.
Und er ist vor allem
und alles hat in ihm Bestand.
Er ist das Haupt des Leibes, der Kirche.«

Erscheint der Christus als »Bild Gottes«, so tun sich zwei große Fenster auf. Das eine: Der erhabene Gott, der Schöpfer dieses großen Weltalls, hat sein Herz in der Gestalt des Christus offenbart. Genauer: im *Weg* Jesu, der aus Liebe zu den Menschen bis in den Tod gegangen ist. Was Gott in seinem eigenen Wesen ist, könnten wir nicht wahrnehmen, wäre es nicht bildhaft manifestiert im Leben und Sterben Jesu. Das andere: Die gesamte Schöpfung hat teil an diesem Bild, zu dem der Schöpfergott den Christus gemacht hat. Der Strahl der Liebe, der vom unsichtbaren Gott zum sichtbaren Christus reicht, gelangt bis tief in die Weiten des Kosmos hinein. Alles ist durchdrungen und getragen vom göttlichen Christus – die himmlischen Reiche der Engel wie die irdischen Reiche der Menschen mit ihren widerspenstigen Machthabern. Alles, selbst das Gottfernste, spiegelt auf seine Weise die in Christus offenbare Güte des Schöpfergottes.
Griechische Seher und Philosophen sprachen bewundernd vom kosmischen Logos als dem Himmelsgott Zeus, dessen Leib das ganze All bildet – »Zeus ist der Erste und Zeus ist der Letzte, [...] Zeus ist Haupt, Zeus ist Mitte, aus Zeus ist alles geschaffen...«[30] Die Christen legten dem Allgott den Namen von Jesus Christus bei. Wenn der Hymnensänger den Christus bedeutungsvoll als »Haupt« bezeichnet, der die »Kirche« zu seinem »Leib« hat, spielt er mit dem pantheistischen Gottesglauben der Philosophen. Indem der Gottessohn den ganzen Kosmos durchdringt, macht er diesen zu seinem eigenen lebendigen Leib. Alle Geschöpfe sind dazu geschaffen und bestimmt, auf ihre Weise Gott, den Schöpfer, zu preisen und zu verherrlichen – nicht nur die Menschen der ganzen Erde, sondern auch Engel und Sterne, Elemente, Pflanzen und Tiere.[31] Sie alle einen sich zu *einer* großen kosmischen Gemeinschaft, zur »Kirche«.

Licht vom Licht

Mein Blick verliert sich in den nachtschwarzen Tiefen des Alls, die sich mir im Bordfenster auftun. Myriaden von fernen Sternen gleißen und funkeln. Ihr Licht bringt uns zwar die Botschaft von unvorstellbaren Räumen und Zeiten. Vom göttlichen Schöpfer und seiner abgrundtiefen Liebe weiß es uns modernen Menschen aber nichts mehr zu künden. Es atmet Kälte und Einsamkeit. Erst wenn ein anderes Licht aufstrahlt, wird das Licht unseres Weltalls warm und empfangend. Fällt das Licht des lebendigen Christus in das Universum, spiegelt dieses tausendfach sein Licht zurück.
Die wundervolle Vision von einem im Leben Christi pulsierenden

Universum ergreift mich. Gewiss, der Hymnensänger wusste nichts von den mächtigen Räumen, an deren Küste wir hier draußen im System Saturns zelten. In seiner Zeit aber war er kein rückständiger Bauerndichter, sondern ein souveräner Kenner der avancierten philosophischen Kosmologien. Er versteht sich auf das raffinierte Spiel der Präpositionen – »in ihm«, »durch ihn«, »auf ihn hin« –, mit denen die damaligen Meta-Physiker die Struktur des Kosmos zu umschreiben suchten. Für seine Zeit hat er es meisterhaft verstanden, das Universum im Licht des Christus als Schöpfung zu begreifen. Sein Vermächtnis ruft auch heute wieder nach Aneignung, so ungleich schwerer die Aufgabe im Zeichen der neuzeitlichen Wissenschaften geworden ist.

In der Tiefe

Der eiskalte Planet Saturn tritt wieder in mein Sichtfeld ein, vor dessen riesiger Kugel gerade die beiden Monde Rhea und Dione lautlos und zeitlupenartig vorbeischweben. Sie kreisen gleichförmig in wenigen Tagen um ihren Mutterplaneten, wie seit Milliarden von Jahren. Beide Monde sind in einen dicken Panzer von Eis gehüllt. Meine fesselnde Vision vom kosmischen Christus verflüchtigt sich angesichts dieser titanischen Todeswelt. Ich kehre ernüchtert zu jenem Text zurück, der mich in lichte Höhen emporgeleitet hat.
Der Hymnus lässt seine zweite Strophe erklingen:

»Er ist der Ursprung,
der Erstgeborene von den Toten,
damit er in allem der Erste sei.
Denn es gefiel der ganzen Fülle, in ihm zu wohnen,
und durch ihn alles auf ihn hin zu versöhnen,
Frieden schaffend durch das Blut seines Kreuzes,
auf Erden wie in den Himmeln.«

Was vorher nicht im Blickfeld war – Streit und Krieg, Leiden und Tod, Blut und Kreuz –, dominiert jetzt das Bild. In der ersten Strophe spiegelt der Kosmos in jedem seiner Partikel die göttliche Herrlichkeit des Christus. Da waltet eine himmlische Perspektive; der Sänger schaut mit Engelsaugen in eine Welt, die zeitlos in Gott zu ruhen scheint. Die zweite Strophe aber lenkt den Blick auf ein blutiges Drama in den Tiefen der Erde, auf Karfreitag und Ostern! Der Kosmos ist nicht mehr von Harmonien und Symmetrien durchwaltet, sondern wird von Katastrophen und Erschütterungen heimge-

sucht. Alles dreht sich jetzt um das vereinzelte Geschehen auf einem entlegenen Planeten, eine Episode im langen Verlauf der Erdgeschichte. Jesus stirbt und wird wieder zum Leben erweckt, um das in sich zerrissene All zu versöhnen. In der ersten Strophe wird die kosmische Ewigkeit zelebriert, hier in der zweiten eine dramatische irdische Geschichte erzählt, die schließlich den gesamten Kosmos erfasst.
Welch ein gewaltiges Diptychon! Schaut man beide Bilder *in eins*, gewissermaßen simultan, so wird der leidende und auferstehende Christus zum zentralen Muster, das aller Schöpfung innewohnt. Der Gottessohn ginge dann nicht nur ein einziges Mal in die Tiefe der irdischen Welt ein, sondern wäre immer neu in Leiden und Auferstehen begriffen. An jeder Auflösung, an jedem Sterben hätte er Anteil, und er stünde am Ursprung allen neuen Werdens. Seine Geschichte umgreift die zahllosen Geschichten, die hinter der Bildung von Ordnungen und Strukturen stehen. Was die Jesusgeschichte als einmaliges Ereignis erzählt, wäre ein Geschehen, das den Kosmos immer neu bewegt. Und *zugleich* deutet diese Geschichte voraus auf eine Fülle von Leben, das die Schöpfung dereinst ganz durchdringen und verwandeln wird. So ist Jesus Christus der Prototyp sowohl des gegenwärtigen *wie* des kommenden Äons: »Ich bin das Alpha und das Omega, der Erste und der Letzte, der Anfang und das Ende.«[32]

Wurzelkontakte

Der Ausblick aus meiner Kabine lässt mich den gewaltigen Dimensionen nachspüren, die der Schöpfer aufgespannt hat. In meinen Gedanken habe ich mich ebenso weit vom Palästina der Zeitenwende wegbewegt, wie wir die Erde hinter uns gelassen haben. Die unvorstellbaren Maße der Räume und Zeiten des Universums haben den Boden unter meinen Füßen hinweggefegt. Wie armselig wirken hier die Erzählungen von Galiläa und Jerusalem – und wie sehr drängt es mich doch, dort wieder Fuß zu fassen. Meine Seele gleicht einem Baum: Seine Krone spannt sich aus in weite Räume, seine Wurzeln aber suchen festen Halt im Erdreich.
Bei aller Begeisterung für die kosmischen Dimensionen des gekreuzigten und auferstandenen Christus kann ich es nicht vergessen: Das Kreuz war ein Galgen und ein Folterwerkzeug, das einem verlassenen und schwachen Menschen das Leben raubte. Diese Erinnerung schützt mich davor, Jesu Leidensweg in den Turbulenzen physikalischer Prozesse aufgehen zu lassen. Seine Geschichte wirft Licht auf die ruhelosen Bewegungen des Alls, aber sie verblasst nicht zu einer zeit-

losen kosmologischen Symbolik. Universale Ausblicke bleiben Perspektiven, die sich auf den Stationen eines irdischen Wegs auftun. In diesem Fall ist es die einmalige Geschichte Jesu, an der ich teilnehmen kann und die mir einen Blick auf das Geheimnis der Schöpfung freigibt. Die Naturwissenschaften pflegen ein anderes Verständnis von Erkenntnis. Man braucht hier keine Geschichten zu erzählen, um der Wahrheit zu begegnen. Die mathematischen Formeln gelten unabhängig von Zeit und Ort. Ob ich es NW wohl verständlich machen kann, warum sich mein alter Hymnus nicht mit der ersten Strophe begnügen kann?

Im Schatten Babylons

Die ORPHEUS befand sich nunmehr in einer stabilen Umlaufbahn um den Saturnmond Titan. Ihre Besatzung, die sich bereits auf die Landung vorbereitete, übermittelte dem Mutterschiff laufend sensationelle Infrarot-Aufnahmen bizarrer Eisgebirge. Unterdessen hatte das Zweierteam der HERMES TRISMÉGISTOS zahlreiche Routineaufgaben zu erledigen. Während der Physiker mit der Steuerung der in das Saturnsystem ausgesandten Sonden beschäftigt war, oblag dem Theologen die Wartung der Biokulturen für die Frischnahrung. Ein fürstliches Abendessen leitete den Abend des 7. April ein, des Dreijahres-Jubiläums der Hermes-Mission seit ihrem Start aus der Erdumlaufbahn: mit etwas Lebermoos garnierter Purpurtang, Bohnenalgen und weich gekochte symbiotische Flechtenpilze. Es mag mit dem festlichen setting zusammenhängen, dass sich das Feierabendgespräch weit über die von der IASA verfügte Nachtruhestunde hinauszog.

NW: »Du hast vorhin bei unserem Rundgang in EDEN erwähnt, dass für manche Philosophen des Altertums das Weltall einen riesigen Organismus bildet, der von einem göttlichen Geist belebt wird. Damals lag es nahe, so poetisch zu denken. Weshalb greifst du nun aber zu modernen naturwissenschaftlichen Konzeptionen, die sich durch einen hohen Abstraktionsgrad auszeichnen? Die überlieferten Sinnbilder nähren sich ja vom unmittelbaren Augenschein. Mit wissenschaftlicher Analyse, die hinter die primären Empfindungen dringen will und ihnen sogar misstraut, hat dies nichts zu tun.«
TH: »Vorsicht! Kosmologie war in der Antike eine integrale Disziplin; in ihr verbinden sich Naturbeobachtungen mit philosophischer Re-

flexion und religiösen Anschauungen. Die biblischen Texte und die altchristlichen Theologen haben ihrerseits kosmologisch orientierte Weltbilder in die Ausgestaltung ihrer Botschaft integriert. Sie gehen also nicht einfach vom oberflächlichen ›Augenschein‹ aus. Der berühmte Schöpfungsbericht am Anfang des Alten Testaments arbeitet beispielsweise mit priesterlichen Weltschöpfungslehren aus Babylon.«
NW: »Begebt ihr euch damit nicht in eine fatale Abhängigkeit von den jeweils gerade in Mode stehenden Weltbildern? Weil sich die Theologie im Mittelalter an den Kugelkosmos des Ptolemäus gefesselt hatte, vermochte sie die Kopernikanische Wende nur mit großer Mühe zu akzeptieren.«
TH: »Ihren Bezug auf die Weltbilder einer jeweiligen Epoche sollte man der Theologie nicht zum Vorwurf machen. Sie arbeitet mit Denkformen, die dieser oder jener jeweils plausibel erscheinenden Weltsicht entstammen. Ihr ureigenes Anliegen aber lässt sie sich nicht von dort geben. Sie darf die gängigen Weltanschauungen nicht einfach absegnen. So hat sie im Altertum die babylonischen und später die griechischen Weltbilder tief greifend uminterpretiert. Man extrapolierte die neuen Gotteserfahrungen bewusst in die jeweils anerkannten Kosmologien hinein. In diesem Licht zeigt der Kosmos dann ein neues Gesicht.«
NW: »Wie soll ich mir dies vorstellen?«
TH: »Die göttlichen Gestirne der babylonischen Priesterlehre werden im biblischen Schöpfungsbericht beispielsweise zu Leuchtkörpern degradiert. Dafür gewinnt die Zeit im ersten Kapitel der Bibel eine herausragende Bedeutung. Später haben die christlichen Theologen gegenüber der platonischen und aristotelischen Kosmologie die Ewigkeit der Welt bestritten. In ihrer Sicht hat Gott die Welt sogar aus dem Nichts erschaffen.«

Da die biblische Urgeschichte in der Auseinandersetzung zwischen Naturwissenschaft und Theologie seit alters eine überragende Rolle spielt, haben wir Professorin Claudia Osterfrau aus Heidelberg gebeten, unsere Leserschaft mit den wichtigsten Informationen aus der modernen Bibelwissenschaft bekannt zu machen.

Report Sechstage-Werkstatt

Die erste Schöpfungserzählung der Bibel (Genesis 1,1-2,4a) entstammt dem 6. Jahrhundert v. Chr., also der Epoche des Babylonischen Exils, und ist das ausgesprochen systematisch gearbeitete Präludium eines umfangreichen Geschichtswerks priesterlicher Herkunft. Davon zu unterscheiden ist der wahrscheinlich ältere zweite Schöpfungsbericht (Gen 2,4b-25), der nur von der Erschaffung der Menschen handelt und in den größeren Zusammenhang der Paradieserzählung gehört (Gen 2,4b-3,24). Im priesterschriftlichen Bericht werden in den ersten drei Tagen die Lebensräume (Himmel, Meer, Luft und Erde), in den folgenden drei Tagen die diesen Bereichen zugeordneten Lebewesen erschaffen. Besonderes Gewicht ruht auf der Setzung der Zeitordnung: Das erste Schöpfungswerk, das Licht, ermöglicht die Folge der Schöpfungstage; die am vierten Tag erschaffenen Gestirne regulieren Tage, Wochen und Jahre. Entgegen einem verbreiteten Missverständnis ist nicht der Mensch die Krone der Schöpfung: Erst mit dem siebten Tag wird die Schöpfung vollendet, worauf Israel mit seiner Sabbatpraxis und seinem Kult antwortet.
TH hat Recht mit seinem Hinweis darauf, dass Genesis 1 in hohem Maß mit verbreiteten Vorstellungen altorientalischer Kosmologien arbeitet, worunter besonders die babylonische herausragt. Allerdings tendiert TH infolge seiner kosmologischen Obsession dahin, die Kontinuität zwischen altorientalischem und biblischem Weltbild zu überschätzen. Die Priesterschrift ist ausschließlich theologisch und nicht kosmologisch interessiert. Der Schöpfergott ruft die Dinge beispielsweise so souverän ins Sein, dass sich die urweltliche Chaosmaterie nahezu verflüchtigt. Speziell hinzuweisen ist auch darauf, dass es in Texten dieser Art nicht darum geht, spekulative Fragen des Ursprungs zu klären, sondern lebensweltliche Probleme der Gegenwart zu bewältigen. Die Schöpfung wird als geordnetes Lebenshaus präsentiert, das auf einem verlässlichen Fundament erbaut ist und in dessen Räume die Menschen mitsamt den übrigen Geschöpfen eingewiesen werden. Deshalb stehen moderne physikalische Kosmologien und der biblische Schöpfungsbericht überhaupt nicht in einem Konkurrenzverhältnis; sie versuchen auf gänzlich verschiedene Fragen Antwort zu geben.
Kritisch muss ich schließlich Stellung nehmen zu einer schöpfungstheologischen Engführung von TH: Er konzentriert sich so stark auf Ostern als *Neu*schöpfung, dass die ganze Breite alttestamentlicher Schöpfungstraditionen über Gebühr aus dem Gesichtsfeld gerät. Die Verlässlichkeit gewährten Lebens und die Kraft des Segens, der Fruchtbarkeit und Fülle verleiht, fristen in seiner theologischen Sichtweise ein Schattendasein. Vielleicht hat dieses Defizit mit dem extraterrestrischen »Sitz im Leben« der Theologie von TH zu tun.

NW: »Die Theologie müsste also immer wieder versuchen, die religiöse Erfahrung mit dem gegenwärtigen Wissen zu harmonisieren.«
TH: »Hier sprichst du einen entscheidenden Punkt an. Einerseits sollte das empirische Wissen, das für die Menschen einer bestimmten Zeit zugänglich ist, in seiner Bedeutung für die Religion aufgearbeitet werden.[33] Die naturwissenschaftlichen Theorien von den Ursprüngen der Materie und des Lebens stellen fundamentale religiöse Glaubenssätze vor eine große Herausforderung. Andrerseits geht es nicht einfach um Harmonisierung und Synthese. Theologie sollte ebenso sensitiv sein für die Schattenseiten der jeweiligen Weltbilder, für dasjenige also, was in deren totem Winkel liegt. Das Licht, worauf sich die Religion beruft, leuchtet gerade auch in die Zwielichtszonen der Wissenssysteme einer Zeit hinein. In der religiösen Erfahrung kann sich dasjenige gebieterisch zu Wort melden, was der Zeitgeist zu verdrängen sucht. Die Theologie versucht, diese Ausblendungen zu benennen. Diese kritische Funktion teilt sie etwa mit der Kunst oder auch mit der Philosophie.«[34]
NW: »Glaubst du im Ernst, dass die Naturwissenschaft einen bedeutenden Teil der Wirklichkeit übersieht?«
TH: »Und wie! Ihr seid geradezu Spezialisten in der dämonengleichen Kunst, die Wirklichkeit so zu präparieren, dass sie ohnmächtig verstummen muss.«
NW: »Kannst du hierfür auch nur ein konkretes Beispiel nennen?«
TH: »Ich denke jetzt vor allem daran, dass die Naturwissenschaft das Leiden auf ihrem Erkenntnisweg völlig ausklammert. Methodisch gesehen besteht zwischen einem physikalischen Experiment und einer Vivisektion am Tier kein Unterschied. Dazu kommt ein Problem, über das wir schon früher einmal gesprochen haben: Das Resultat des Erkenntnisprozesses, das gewonnene Wissen als solches bringt nichts mehr davon zum Ausdruck, um welchen Preis es erkauft worden ist. So faszinierend sich die Fortschritte in der Hirnphysiologie etwa ausnehmen, ich kann doch nicht davon absehen, dass sie nur zu oft um den Preis des namenlosen Leidens unzähliger Tiere erkauft worden sind. Im Schatten unserer Rationalität blutet die Schöpfung. Die distanzierte Haltung der Wissenschaft wird aus religiöser Perspektive in Frage gestellt.«
NW: »Viele naturwissenschaftliche Experimente basieren auf einem destruktiven Akt. Hier liegt in der Tat ein ethisches Problem vor, das spätestens dort aufbricht, wo Menschen selbst zu Versuchsobjekten werden. Dieses Problem stellt sich aber bereits angesichts der Natur-

geschichte, oder wenn du so willst, angesichts der Konstruktion der Schöpfung. Nicht erst der von dir gescholtene gefühllose Experimentator, sondern schon der Schöpfer scheint Zerstörung und Leiden kühl in die Organisation seiner Welt eingeplant zu haben. Planeten konnten sich nur aus der Asche früherer Sternsysteme bilden. Wir Menschen und unsere Zivilisation konnten uns nur entwickeln, weil Milliarden von Lebewesen auf grausamste Weise ausgetrickst, umgebracht und gefressen wurden.«

TH: »Du rührst an ein tiefes Problem in der Theologie, nämlich an die Frage, warum Gott in seiner Schöpfung Böses zulassen kann. Fast alle Antworten auf diese Fragen sind davon bedroht, billig zu werden, weil Abstraktionen die konkreten Formen des Leidens neutralisieren. Ich gestehe dir sogar zu, dass uns gerade die Naturwissenschaft sensibilisiert für den mörderischen Stress, der die Evolution der Lebewesen begleitet. Katastrophen, Konkurrenz und verschärfter Kampf um Lebensräume stehen oft am Ursprung neuer Lebensformen. Der alte griechische Weise Heraklit hat Recht behalten: ›Kampf ist der Vater aller Dinge‹.[35] Dieses tragische Moment findet seine Resonanz in der Ostergeschichte, wenn Jesus leidet, und mit ihm Gott selbst. Hier wird eine andere Seite von Gott sichtbar als diejenige des hoch über allem thronenden Weltenherrschers, der unberührt auf die Irrwege seiner Geschöpfe herunterblickt. Der Gottessohn teilt das Leiden mit den Kreaturen, und er nimmt es sogar stellvertretend auf sich.«

Das Gespräch brach abrupt ab, weil das notorisch hartnäckige medizinische Überwachungsprogramm der IASA-Ärzte unsere Astronauten energisch zur Nachtruhe aufrief. In offener Auflehnung gegen die »Iatrokratie« nahm sich TH dennoch Zeit für einen essayistischen Eintrag in sein Nachtbuch, den er vermutlich zur Veröffentlichung im *Ecumenical GospelNet* vorgesehen hatte. Eine uns unbekannte Hilfskraft des Seminars für Patristik an der Universität Fribourg i.Ü. hat freundlicherweise das von einem eigenartigen Virus verunstaltete File restituiert und die Zitate vervollständigt.

Gekreuzigt im Kosmos: Aus dem Nachtbuch von TH (7. April)

Die wahrhaft kosmische Schau aus den Fenstern unseres Raumschiffs löst in mir ein Feuerwerk von Assoziationen aus. Sollte der tiefere Sinn von Ostern weit über die Region der Erde und ihrer Bewohner hinaus bis in die unheimlichen und doch so anziehenden Tiefen des Alls reichen? Wie seltsam! In meinem Geist strahlen die peripheren Ereignisse in einer entlegenen Provinz während der längst vergangenen Zeit des römischen Reichs hinaus bis in die Furcht erregenden Stürme tief unten auf einem riesigen gasförmigen Planeten weit draußen am Rand unseres Sonnensystems.

Das Vermächtnis von Mani

Ich erinnere mich an eine Konzeption der alten *Manichäer*, einer eigentümlichen Religion der späten Antike, die in erheblichem Ausmaß gnostische Ideen rezipiert hat. Jesus Christus wurde hier zu einem kosmischen Wesen, das in allen Dingen und Lebewesen gegenwärtig ist. Schon das frühe apokryphe Thomasevangelium ging entschieden in diese Richtung:[36]

> »Jesus sagte: Ich bin das Licht, das über allem ist.
> Ich bin das All. Aus mir ist das All hervorgegangen,
> und das All ist zu mir gelangt.
> Spaltet ein Stück Holz – ich bin da.
> Hebt den Stein auf, und ihr werdet mich dort finden.«

In einem manichäischen Psalmenbuch verschmilzt das Ich des Betenden mit dem kosmischen Christus, der das All erfüllt:[37]

> »Ich bin im All; ich trage die Himmel;
> ich bin der Grund; ich trage die Erde;
> ich bin das Licht, aufstrahlend zur Freude der Seelen;
> ich bin das Leben der Welt; ich bin die Milch in allen Bäumen;
> ich bin das süße Wasser tief unter den Kindern der Materie.«

Faszinierend an dieser pantheistisch anmutenden Schau ist der Einbezug auch des Leidens: Der Christus ist leidend in allen Lebewesen, zumal den Pflanzen, und überhaupt in den Elementen gegenwärtig. Die Manichäer dachten dabei an göttliche Lichtfragmente, die in die Welt der dunklen Materie zerstreut sind und ihrer Rückkehr in die Fülle der Lichtsphäre harren. Wer die Erde aufgrabe und pflüge, wer

Kräuter ausreiße und Früchte pflücke, quäle die Glieder des Gottes. So sei Christus gekreuzigt im ganzen Kosmos. In jeder Pflanze werde Christus täglich geboren, täglich leide und sterbe er; an jedem Baum hänge er bis zum Ende der Welt:[38]

> »... diese lebendige Kraft, die angeheftet, gemäht, geschnitten, verschlungen und unterjocht wird in den fünf Welten des Fleisches.«

In diesem Zusammenhang bekam das Essen eine herausgehobene Bedeutung. Die Mitglieder der manichäischen Gemeinschaft ließen durch ihr rituelles Essen von Früchten, Gemüse und Brot die Lichtfunken wieder in die obere Welt zurückkehren. Ihr Körper wurde zu einer alchemischen Destillationsmaschine. Jedes Gericht wurde zu einem heiligen Mahl, zum Aufnehmen von Fleisch und Blut des leidenden Christus. Dadurch würde Jesus jedes Mal von seinem Kreuz befreit.

Die Manichäer stellten ihre Lehre vom leidenden Christus in den Zusammenhang einer streng dualistischen Konzeption: Der lichten Welt des Geistes war das Reich der finsteren Materie entgegengesetzt. Aufgrund einer uranfänglichen Katastrophe wurden Lichtpartikel in das Gefängnis der irdischen Welt gewirbelt. In der Erlösung durch Christus werden diese Fragmente gesammelt und auf dem Weg über den Mond und die Sonne in das Lichtreich zurückgebracht. Diese schneidend scharfe Zweiteilung der Wirklichkeit stößt sich zwar mit den Grundgedanken unserer heutigen Zeit. Wir können und wollen das Universum nicht mehr als Kerker für geistige Wesen verstehen. Dennoch stimmt mich die von den Manichäern ausgebildete Vorstellung eines im Kosmos leidenden Gottes nachdenklich.

Sympathie: Mit-Leiden

In anderen, zur Welt viel positiver eingestellten Denksystemen der antiken Philosophie, zumal in der Stoa, gab es zwar auch die Konzeption einer den ganzen Kosmos durchdringenden »Sympathie«, einer weiten Gemeinschaft des Empfindens. Die kosmische Sympathie reichte von den erhabenen göttlichen Gestirnen bis zu den bewusstlosen Elementen herab. Aber das Bild einer heiteren Harmonie, eines vielstimmigen, vollendet gefügten Chores, dominierte alles. Das Leiden hatte in dieser luziden Weltschau keinen Platz, es störte die Harmonie, es scherte aus dem großen Einklang aller Wesen aus, es provozierte die Vereinzelung. Philosophische Aufklärung versuchte, die Leidensempfindungen aufzulösen, sie als Nichtiges zu übersteigen. Antike Erlösungsreligionen zeigen an diesem Punkt weit mehr Sensibilität für die Realität des Leidens. Im frühen Christentum taucht die Vorstellung auf, dass die gesamte Schöpfung bis zum heutigen Tag »seufzt und in Geburtswehen liegt«; ohnmächtig harrt sie auf die Verwandlung der Menschen.[39] Eine jüdische Apokalypse aus der Zeitenwende verkündet, dass beim Weltgericht alle Seelen der Tiere den Menschen anklagen, der sie schlecht geweidet hat.[40] Die Manichäer, selbst in vielfacher Bedrängnis und durch ihren Dualismus für Leidenserfahrungen sensibilisiert, haben solche Stimmen zu einem großartigen Bildnis des im Kosmos leidenden Christus ausgebaut und für ihre Ethik des Verzichts fruchtbar gemacht.

Abb. 4: Die Voyager-1-Sonde schoss dieses Bild von der Nachtseite des Saturns her am 13. November 1980 etwa aus der Distanz seines Mondes Titan. Deutlich ist der Schatten der Ringe auf Saturns Wolkendecke zu sehen. Die horizontale dunkle Cassini-Lücke trennt den äußeren A-Ring vom halb transparenten B-Ring. (Foto: NASA)

WAHRNEHMEN ALS MITSPIELEN

Das Gespräch in der HERMES TRISMÉGISTOS wurde nun für einige Tage unterbrochen durch Aufgaben mit der Ringsonde *Penetrating Automatic Navigator* (PAN), die am 9. April zum ersten Mal den Saturnring durchquerte. Wir nehmen an diesem Abenteuer teil durch den Abdruck des *public outreach*-Beitrags von NW. Er ist zwar vielen bereits bekannt aus der CyberSchool-Sendung »Kartengrüße vom Saturn«, wo die Öffentlichkeitsarbeiten der Astronauten regelmäßig und weltweit zu sehen und zu hören sind. Ihre Abfassung gehört zum wöchentlichen Pflichtprogramm jedes Astronauten. Oft überfordern die zumeist technischen Beiträge die Aufnahmebereitschaft der jungen Zuhörerinnen und Zuhörer, aber der abgedruckte Text pulsiert geradezu von der Begeisterung eines Augenzeugen. Wir vermuten, dass die vorangehenden Gespräche den staunenden Blick des Naturwissenschaftlers geschärft haben.

Pan taucht aus der Finsternis auf: Ein Kartengruß

Hallo Erde!

Die Saturnexpedition hat am 22. März 2021 die robotische Sonde PAN zum Ringsystem entsandt. Sie arbeitet größtenteils automatisch und meldet ihre Beobachtungen direkt zur Erde. Lediglich bei der Durchquerung des B-Rings[41] *haben wir hier in der HERMES TRISMÉGISTOS die Oberaufsicht übernommen, da die Funkzeit vom Saturn zur Erde und zurück rund drei Stunden dauert.*

PAN hat sich dem Ring von der sonnenabgewandten Seite genähert. Im Schatten des Rings war es nicht leicht, die ersten Gesteinsbrocken in unserer Großbildprojektion auf der Kabinenwand zu erkennen. PANS Bordradar hielt die Distanzen unter Kontrolle, die Sonde bremste automatisch ihre Geschwindigkeit ab. Dann tauchte sie in den Ring ein wie in ein Daunenkissen. Die Ringpartikel schwebten schmutzigen Schneeflocken gleich im Raum und verdeckten das Sonnenlicht. Sie prallten am Schutzschild der sich langsam bewegenden Sonde ab. Hin und wieder glitten größere Felsbrocken ins Bild, und pechschwarze Eisklumpen kamen uns gespenstisch entgegen. Schwebte einer im Weg, wurde er von den intelligenten Greifarmen der Sonde behutsam zur Seite geschoben und dabei kurz durch Sensoren untersucht. So tastete sich die Sonde selbsttätig durch den zwei Kilometer dicken Ring.

Unsere Aufgabe war es, große Hindernisse, welche die Sonde nicht wegräumen konnte, zu erkennen und PAN daran vorbeizusteuern. Wir verfolgten die Durchquerung auf der Großprojektion in höchster Konzentration wie Autofahrer eine Straße im Schneesturm. Auf einer Strecke von 800 Metern wurde der Ring außerordentlich dicht. Große Brocken reihten sich aneinander, und die Zwischenräume waren ausgefüllt mit den Trümmern früherer Kollisionen. Mehrmals tauchten plötzlich erschreckende Kolosse aus der Düsternis auf. Mit der ferngesteuerten Kamera von PAN nahmen wir sie ins Visier und wichen ihnen aus.

Nach drei Stunden höchster Spannung wurde es heller. Die Sonne zeichnete sich matt im zunehmend dünner werdenden Nebel ab und ermöglichte eine bessere Orientierung. Um das Zentrum des hellen Flecks begann ein ringförmiges Farbenspiel zu sprühen, verursacht durch Lichtbrechung und Spiegelungen an frisch gebrochenen Eiskristallen und kleinen Eispartikeln, welche die Masse des Rings wie leichten Flaum einhüllen. Ein flackernder, rötlicher Kreis, umgeben von bläulichem Licht, umrundete den diffusen Lichtfleck der Sonne. Der Anblick glich einem fransigen, verschwommenen Regenbogen mit umgekehrter Farbenfolge. Schneekristalle blitzten auf und Bruchstellen von Eisklumpen begannen bläulich zu schimmern.

Schlagartig gelangen wir ins Freie. Wir sind über dem Saturnring, auf der anderen Seite der Scheibe aus Eis, Staub und bedrohlichen Felsen, mitten im gleißenden Sonnenlicht. Eine lichte Weite hat sich plötzlich aufgetan, wie wenn ein Flugzeug aus der Nebeldecke auftaucht. Die Kamera kann die Kontraste kaum wirklichkeitsgetreu übermitteln. Grell steht die Sonne am nachtschwarzen Himmel. Der B-Ring dehnt sich hinter uns blendend weiß und scheinbar unendlich aus. Es glänzt und glitzert, wo sich die Sonne spiegelt. In weiter Ferne unterbricht ein gekrümmtes schwarzes Band die Ebene, durch das Sterne funkeln: die Cassinische Lücke. Dahinter liegt der A-Ring, eine noch unerforschte, lichtvolle Welt. Wir schwenken die Kamera auf die Gegenseite und sehen riesengroß den Planeten Saturn. Er erscheint weiß wie eine perfekte himmlische Sphäre. Nur beim genauen Hinsehen zeigt seine helle Wolkendecke leicht gelbliche Strukturen, die seine Rotation verraten. Wie ein schwerelos im Ring hängender Kreisel dreht er sich majestätisch um seine Achse. Alles ist hell und weit.

Vom Saturn mit freundlichen Grüßen, NW

Room with a View

Das folgende Gesprächsfragment wirft die Frage auf nach den verschiedenen Wahrnehmungsweisen in Wissenschaft und Religion. Einzelne Fäden dieser Thematik werden später wieder aufgenommen und weitergeknüpft.

TH: »Aus unseren Gesprächen habe ich den Eindruck gewonnen, dass sich die Art der Wahrnehmung in Naturwissenschaft und Religion grundlegend unterscheidet. Hier liegt wahrscheinlich der Schlüssel zu zahlreichen Missverständnissen. Wir sprechen oft nicht vom Gleichen, auch wenn es vielleicht ähnlich klingt.«

NW: »Wenn ich im College Darwinisten und Kreationisten miteinander streiten hörte, beschlich auch mich immer das Empfinden, dass dem modernen Evolutionsverständnis eine völlig andere Sichtweise zugrunde liegt als dem biblischen Schöpfungsbericht. Von daher gesehen war die Kontroverse von Anfang an absurd.«

TH: »Mir leuchtet das Bild ein, wonach die Wissenschaft die Welt von außen zu sehen sucht, während es in der Religion um eine besondere Art der Innenperspektive geht.«[42]

NW: »Die meisten von uns Naturwissenschaftlern dürften die Dinge ähnlich beurteilen: Ihre Forschungen suchen größtmögliche Objektivität zu gewinnen, während es sich bei der Religion um eine subjektive Angelegenheit handelt, der die einen zustimmend, die anderen distanziert gegenüberstehen.«

TH: »So meinte ich das nicht! Mit der Aufteilung von ›subjektiv‹ und ›objektiv‹ kann ich mich nicht anfreunden. Du leihst zwar einem gesellschaftlich längst akzeptierten Sachverhalt die Sprache: Religion ist zur Privatsache geworden; sie bietet anscheinend keinen allgemeinverbindlichen Beitrag mehr zur Wahrheitsfindung. Religion verfällt so der Beliebigkeit. Sie steht aber in Wirklichkeit quer zum Schema von Subjektivität und Objektivität. Sie ortet den Menschen gleichsam noch vor dieser Dualität.«

NW: »Was meinst du mit einer derartigen Position außerhalb von Subjektivität und Objektivität? Du selbst hast ja von einer Innenperspektive gesprochen.«

TH: »Mit Innenperspektive meinte ich so etwas wie eine Wahrnehmungsweise, worin sich der Wahrnehmende selbst als von einem Ganzen getragen erfährt. In religiöser Sprache meinen ›Himmel und Erde‹ dieses Ganze. Der wahrnehmende Mensch trennt sich dabei

nicht ab, sondern bleibt ein Teil dieses Ganzen. Eine derartige Perspektive lässt sich niemals von außen gewinnen, da sie von der Beziehung zwischen Teil und Ganzem bestimmt ist.«
NW: »Meinst du nun mit dem ›Ganzen‹ Gott selbst?«
TH: »An diesem Punkt gibt es sehr verschiedene religiöse Antworten. Himmel und Erde können selbst göttliche Wesen sein, oder sie gelten als das Werk eines Schöpfergottes. In jedem Fall hat es das Ganze mit einem als wunderbar erfahrenen Grund zu tun, dem die Menschen auch ihr eigenes Dasein verdanken. An diesem Ganzen teilzuhaben wird als Geschenk empfunden; aus Distanz lässt es sich nicht erfahren. Die Arbeitsweise der neuzeitlichen Naturwissenschaften ist ganz anders. Ich bezweifle, dass sich diese ihren eigenen Standort, von dem aus sie die Welt beschreiben, bewusst machen.«
NW: »Du suchst offenbar den blinden Fleck in der naturwissenschaftlichen Optik. Der Standort spielt für die Naturwissenschaften überhaupt keine Rolle. Ich bin sicher, dass intelligente Lebewesen in anderen Planetensystemen – falls es sie gibt – dieselbe Lichtgeschwindigkeit messen und den gleichen Benzolring finden. Aber bleiben wir noch bei der Religion. Mir ist nicht klar, was du eigentlich mit religiöser Wahrnehmung meinst. Offenbar geht es dir um mehr als um bestimmte Ansichten über die Welt und das Leben, die notwendigerweise subjektiv bleiben müssen.«
TH: »Ich gehe davon aus, dass sich in religiösen Traditionen eine ganz besondere Art, die Welt wahrzunehmen, niedergeschlagen hat. In dieser Art der Wahrnehmung wird die Welt transparent für ihren schöpferischen Grund. Ein ›drittes Auge‹ wird aufgetan. Wir schauen mit neuen Augen in die Welt, und diese zeigt sich in einem Licht, das vorher nicht geleuchtet hat. Die Religionen reden von Erleuchtung oder Offenbarung, und sie drücken diese geschenkhaft erlebten Wahrnehmungen der Welt in ganz verschiedenen sprachlichen Formen aus.«
NW: »Deine Beschreibung erinnert mich an die Entwicklung der dreidimensionalen Bildtechnik. In den beiden vergangenen Jahrzehnten hat man die Simulation der Raumdimension im Multimediabereich erfolgreich gemeistert. Könnte man sagen, dass durch dein ›drittes Auge‹ die gewöhnliche Wahrnehmung um eine Raumdimension erweitert wird, ähnlich wie ein flächiges Bild plötzlich Tiefe gewinnen kann?«
TH: »Es geht genau um diese Mitwahrnehmung einer Art von Tiefendimension. In meiner Kindheit schenkte mir eine gütige Tante neuartige Bilderbücher, in denen sich die Abbildungen durch eine be-

stimmte Sehtechnik ins Räumliche weiten ließen. Man konnte förmlich mitverfolgen, wie sich eine neue Dimension aufzubauen begann. Die religiöse Wahrnehmung der Welt lässt sich durchaus damit vergleichen. Die Welt gewinnt Höhe und Tiefe. Insbesondere in einer mystischen Ekstase kommt diese Wahrnehmung einer Tiefendimension zum Zug.«

NW: »Ich frage mich dann nur, warum wir mit den naturwissenschaftlichen Methoden diese Wirklichkeit nicht wahrnehmen. Das in der Religion Wahrgenommene hat nichts mit dem Emissionsmechanismus der Photonen zu tun.«

TH: »Die Photonen lassen sich hier nicht durch mathematisch formulierbare Gesetze den wahrgenommenen Inhalten zuordnen. Der Visionär verdankt sein Sehen dem ›Auge seiner Seele‹, einem besonderen Empfangsorgan.«

NW: »Das führt uns wieder in die Nähe von psychischen Zuständen mit verändertem Wachbewusstsein, über die wir vor einigen Tagen gesprochen haben. Die Sache bleibt mir allerdings suspekt. Für uns Naturwissenschaftler ist ja gerade das nüchterne, rationale Bewusstsein die feste Grundlage aller Forschungstätigkeit. Mystische Eingebungen haben hier keinen Platz.«

TH: »Gewiss, Religion hat es auch mit anderen und weniger spektakulären Erfahrungen zu tun. Die Grenzen aber bleiben fließend. In der Ekstase verdichtet sich nur, was auch in gewöhnlicheren Zuständen offen steht. In der Religion geht es darum, die Perspektiven, die sich speziell in Grenz- und Gipfelerfahrungen auftun, auch in alltäglichen Zusammenhängen einzuüben. Ich vermute, dass sogar im strengen naturwissenschaftlichen Arbeiten Eingebungen, blitzartige Einsichten und selbst Träume einen erheblichen Stellenwert haben.«

NW: »Eingebungen sind für unsere Wissenschaft gewiss wichtig, aber das Entscheidende kommt doch erst in der empirischen oder theoretischen Aufarbeitung, die von jedermann überprüft werden kann. Hinsichtlich der Religion scheint es anders zu stehen. Ich kann dir so weit folgen, als das Aufgehen eines ›dritten Auges‹ eine andere Art von Wahrnehmung der Welt ermöglicht. Offenbar geht es dann nicht mehr um das Registrieren von elektromagnetischen Wellen. Ob es sich dabei um Wirklichkeit oder um eine Täuschung, um ein ›Wunschsehen‹, handelt, haben wir noch nicht ausdiskutiert.«

Neue Signale von der Ringsonde PAN riefen unsere Astronauten von ihren visionären Aussichten über Wissenschaft und Religion zurück

zur alltäglichen Arbeit. Die Sonde wurde nun auf eine Bahn in Richtung A-Ring gelenkt. Infolge der hohen Geschwindigkeit und der möglichen Kollisionsgefahr bedurfte sie einer besonders umsichtigen, manuellen Steuerung.
Wir schieben an dieser Stelle eine Expertise zum eigentümlichen Charakter der von den Hermenauten praktizierten Interdisziplinarität ein. Zusätzlich erinnern wir daran, dass uns kaum alle Gespräche erhalten sind und sich deshalb aus Lücken keine weit reichenden Schlußfolgerungen ziehen lassen. Außerdem enden die Gesprächsgänge meist nicht in zusammenfassenden Bilanzen, sondern brechen aufgrund äußerer Einwirkungen ab. Den nachstehenden Beitrag verdanken wir der Interdisziplinären Arbeitsgemeinschaft für mehrdimensionale Wahrnehmung der Wirklichkeit, Zürich, an der Dozierende der Natur- wie der Geistes- bzw. Humanwissenschaften beteiligt sind.

Ein Gutachten zum Problemfeld des interdisziplinären Dialogs

Für das Verhältnis zwischen Naturwissenschaften und Theologie (bzw. christlichem Glauben) lassen sich, etwas holzschnittartig gezeichnet, wenigstens vier Modelle namhaft machen: *Konflikt, Unabhängigkeit, Dialog* und *Integration*.[43] Obschon alle vier Ansätze in der Diskussion aus der Saturnwelt gut zu beobachten sind, genießt der Dialog hier offenkundig die höchste Priorität. Unsere Arbeitsgemeinschaft nimmt mit Befriedigung davon Kenntnis, dass der Physiker NW und der Theologe TH nicht auf eine umfassende Supertheorie abheben, sondern eine Kultur des *offenen Gesprächs* pflegen. Die einzelnen Gesprächsgänge entfalten deshalb ihre Thematik nicht systematisch, sondern umkreisen und vertiefen sie in wiederholten Anläufen. Das Gespräch schafft einen Raum für *Wechselwirkungen* zwischen den jeweiligen Perspektiven, die je nach Problemstellung in Aporien, Konflikten oder Konvergenzen resultieren. Dabei fällt auf: Die beiden Partner finden vielfach nicht zu einer gemeinsamen Erkenntnis, sondern bleiben bei unterschiedlichen Positionen stehen – Positionen, die meist nicht als konträr, sondern als *kontaktlos* zu charakterisieren sind. Dies ist kein Zufall. Die Hauptschwierigkeit des Dialogs zwischen zwei so verschiedenen Disziplinen besteht unseres Erachtens gegenwärtig eher darin, dass Aussagen auf gänzlich verschiedenen, nur schwer vermittelbaren Ebenen angesiedelt sind, als dass es zu eindeutigen Antithesen kommt.
Wir haben damit bereits die *Grenzen* der hier vorgelegten Brückenschläge zwischen zwei Wissenschaftskulturen berührt. Vier Punkte sind besonders hervorzuheben:

1. Vielleicht am empfindlichsten macht sich die weitgehende Absenz von anspruchsvolleren wissenschaftstheoretischen Perspektiven bemerkbar. Die Gesprächsverläufe unserer Saturnfahrer haben etwas Unbekümmertes an sich, das immer wieder die Gefahr von *Horizontverengungen* und *Kurzschlüssen* provoziert. Dieses perspektivische Defizit ist unseres Erachtens freilich nicht nur negativ zu werten. Die komplizierten Überlegungen von Wissenschaftstheorie und analytischer Philosophie führen den Dialog zwischen Naturwissenschaft und Theologie nur zu oft in Aporien hinein. Wo sich die Probleme haushoch türmen, verlieren die meisten Partner die Lust am Gespräch, und der Berg hat schließlich nicht einmal eine Maus geboren. Die blinden Flecken, welche die Astronauten aufgrund ihrer spezifischen Ausbildung und Interessen mit sich tragen, erleichtern demgegenüber manchen bedenkenswerten Brückenschlag.

2. Mit einigem Unbehagen haben etliche Mitglieder unseres Arbeitskreises die marginale Platzierung der *ethischen Fragestellung* zur Kenntnis genommen, zumal im Blick auf die drängenden Probleme von Biotechnologie und Fortpflanzungsmedizin. Wahrscheinlich macht die kontemplative Situation im äußeren Bereich des Sonnensystems, fern von allen irdischen Tagesaktualitäten, hier ihren Einfluss geltend. Die beiden Gesprächspartner scheinen sich zudem in der Annahme weitgehend einig zu sein, dass ethische Orientierungen auf ein ontologisches Fundament angewiesen sind, dass sich also die Frage nach dem *Guten* nicht von der Frage nach dem *Wahren* dispensieren kann. Die Mehrheit unserer Arbeitsgemeinschaft hält diese Position für überholt, da sie sich nicht mit den Bedingungen moderner und pluralistischer ethischer Diskurse verträgt.

3. Vertiefter Reflexion bedarf das *Methodenproblem*. Die eher empirisch und mathematisch arbeitenden Naturwissenschaften haben sich seit längerer Zeit von der hermeneutisch orientierten Philosophie und Theologie weit wegbewegt. Die beiden Astronauten kreisen zwar verschiedene Male um diese Fragestellung, aber gelangen kaum über die herkömmlichen Kontrastbestimmungen hinaus, wonach etwa die Naturwissenschaften das »Erklären«, die Geisteswissenschaften das »Verstehen« zur Aufgabe haben. Überlegungen zur jeweiligen Grammatik der so unterschiedlichen spezifischen Sprachen beider Disziplinen könnten hier weiterführen.

4. Von theologischer Seite wurde schließlich die Deutung von Ostern als Grundmuster für die »zentrale Ordnung der Welt« scharf kritisiert. TH mache Halt bei der Entstehung vergänglicher Strukturen, die für die gegenwärtige Weltzeit charakteristisch sind, wo doch Ostern eine scharfe Antithese zum evolutionären Paradigma darstelle.

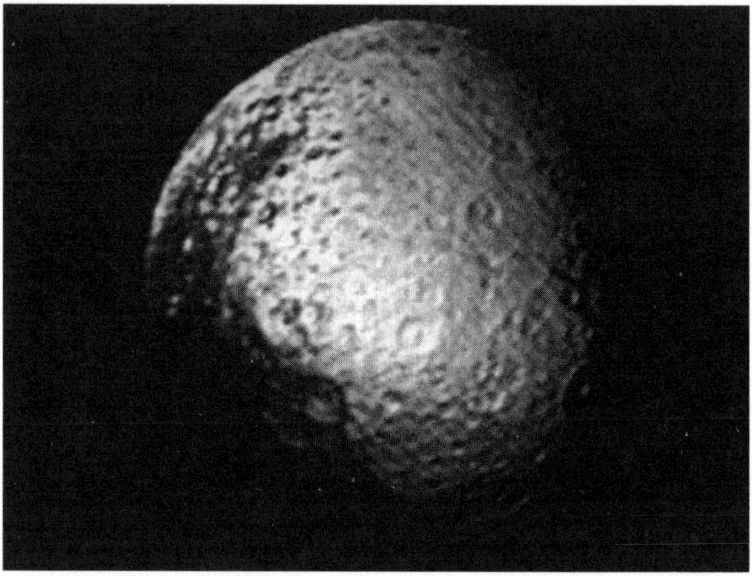

Abb. 5: Der geheimnisvolle Saturnmond Japetus zeigt seinem Planeten immer die gleiche Seite. In Bahnrichtung vorwärts (links unten) ist er pechschwarz und reflektiert nur wenige Prozente des Sonnenlichts. Seine mittlere Dichte ist nur das 1,2-fache jener von Wasser. Wahrscheinlich enthält Japetus eine immense Menge von Wassereis. (Foto: NASA)

VORSTOSS IN EINE MYTHISCHE VERGANGENHEIT

Ein zweites unbemanntes Aufklärungsraumschiff, das *Orbiting Device for Yearlong Saturnian System Exploration and Unrestrained Studies* (ODYSSEUS), war Teil der zum Saturn ausgesandten Flotte und wurde bereits kurz vor der HERMES TRISMÉGISTOS von der Erde aus auf die lange Reise in die unbekannten Gefilde gestartet. Die Sonde näherte sich nach einem ausgeklügelten Plan den so verschiedenartigen Monden Saturns und führte automatisch vielfältige Forschungsaufgaben durch. Ihre Überwachung war eine der wichtigen Tätigkeiten der Astronauten des Mutterschiffs, die in kritischen Momenten ohne Zeitverzögerung Entscheidungen treffen und eingreifen mussten. Mit bloßem Auge betrachtet sind die meisten Monde von der HERMES TRISMÉGISTOS aus nur gerade winzige Lichtpunkte. Umso mehr stieg jedes Mal die Spannung, wenn die Kameras der ODYSSEUS aus unmittelbarer Nähe die bizarren Welten in die Kabine zauberten. Wir geben hier einmal mehr einen kosmischen Kartengruß von NW wieder. Wahrscheinlich hat TH den Bericht zu lesen bekommen und einem mythologischen *upgrade* unterzogen.

Ein Ungeheuer regt sich! Ein Kartengruß

Hallo Erde!

Heute möchte ich von der unbemannten Sonde ODYSSEUS berichten. Wir verfolgen ihre Erkundungsmission von der HERMES TRISMÉGISTOS aus und können auf ihren Kurs stets Einfluss nehmen. Die Sonde hat genügend Treibstoff und Instrumentierung, um jedes Objekt im Gefolge Saturns, insbesondere alle Monde, zu umkreisen und detailliert zu beobachten. Durch komplizierte Bahnmanöver und mit Hilfe der Schwerkraft der Monde turnt sie sich durch das Reich Saturns und besucht die meisten seiner Trabanten. Eine Kommission der Internationalen Astronomischen Union hat im vergangenen Jahrhundert beschlossen, dass fast alle einundzwanzig Monde Namen aus dem alten, vorolympischen Göttergeschlecht der Titanen tragen sollen. So wird vor unseren Augen eine längst versunkene mythische Vergangenheit lebendig.
Zuinnerst kreisen Atlas, der zur Strafe für seinen Kampf gegen die Götter am Ende der Welt den Himmel tragen muss, Prometheus, der listenreiche Erschaffer und Freund der Menschen, sein einfältiger Bruder Epimetheus und endlich Pandora, die der Menschheit so viele verhängnisvolle Gaben bescherte. Aus dem Geschlecht der frevlerischen Giganten stammen Mimas und Enceladus, auch sie wurden in einer entsetzlichen Schlacht von den olympischen Göttern besiegt. In lieblichere Gefilde fühlen wir uns angesichts der Titanin Tethys versetzt, ist sie doch eine alte Meergöttin und die Mutter aller Flüsse. Zurückgezogene ehrwürdige Damen sind auch Dione, die Mutter der entzückenden Liebesgöttin, und Rhea, Schwester und Gemahlin des gestürzten Götterkönigs Kronos-Saturn.
Wehmütig verlassen wir das bergende vorweltliche Reich der Mütter und stürzen uns in die Morgendämmerung der abendländischen Geschichte: Die Monde Helena und Kalypso erinnern an die trojanische Epoche und an den viel duldenden Odysseus, der unserer Sonde seinen Namen geliehen hat. Weit außen kreisen schließlich noch andere Titanengötter um Saturn: Neben Titan der alte Sonnengott Hyperion, dann Japetus, der Vater des Prometheus, und zuäußerst die angeblich schöne, »goldbekränzte« Phoebe.

Die Totenmaske eines Titanen

Als die Sonde im März die Bahn von Japetus kreuzte, stellten ihre Massenspektrometer eine erhöhte Gasdichte in seiner Umlaufbahn um Saturn fest. Deshalb bringen wir ODYSSEUS mittels swing-bys an Titan und Rhea in eine nahe Umlaufbahn um den eigenartigen Mond. Japetus ist eines der rätselhaftesten und unbekanntesten Objekte hier in der äußeren Region des Saturnsystems. Trotz seiner mit Rhea vergleichbaren Größe wirkt er wie ein Fremdling unter den Saturnbegleitern. Bei einer Dichte von 1,2-mal jener von Wasser muss Japetus neben Eis noch andere Bestandteile enthalten. Wir wissen noch nicht, worum es sich handelt. Wahrscheinlich besitzt er einen Kern aus sehr schweren Elementen.
Sein augenfälligstes Kennzeichen ist eine tiefschwarze Region, die fast die Hälfte seiner gesamten Oberfläche ausmacht.[44] Sie ist so dunkel, dass man von der Erde aus mit den besten Teleskopen keine Strukturen darin erkennen kann. Da sich Japetus ähnlich wie der Erdmond einmal pro Saturnumlauf um sich selbst dreht, zeigt das dunkle Gebiet immer in die gleiche Bahnrichtung, nämlich vorwärts. Der alte Gott trägt allezeit ein finsteres Antlitz zur Schau. Ist es nur eine Maske? Was verbirgt sich hinter dem Totengesicht?
Während wir noch über dem abgründigen Geheimnis des Mondes brüten, bricht die versunkene titanische Urwelt ungestüm in unser heutiges kybernetisches Zeitalter ein: Japetus überrascht uns am 15. April mit einer gewaltigen Vulkaneruption inmitten des Dunkelgebietes. Auf den sensationellen Bildern von ODYSSEUS, die wir mit Großbildprojektion auf unsere Kabinenwand projizieren, regt er sich wie ein urweltliches Ungeheuer. Der Vulkan schleudert nicht glühende Lava aus, sondern eine schwarze, staubartige Flüssigkeit. Diese wälzt sich wie eine träge Wolke im Zeitlupentempo ein Viertel Mondradius in die Höhe und sinkt aufgrund der geringen Schwerkraft in wallenden Bewegungen auf den Mond zurück. Dort strömt sie dem Boden entlang vom Vulkan herab, in dunklen, gespenstischen Wogen. Jetzt endlich hat uns Japetus einen Blick in das brodelnde Leben hinter seiner Totenmaske erhaschen lassen!

Saturns Wasserschloss

Die optischen Spektrometer zeigen neben organischen Verbindungen[45] auch flüssiges Wasser und Methan an. Die Spektralbänder im Infrarotbereich gleichen denen von Teerpartikeln. Wir vermuten, dass das Wasser mit Methan reagiert und sich unter dem Einfluss der Sonnenstrahlung zu Azetylen und Wasserstoffzyanid umwandelt. Die Kohlenwasserstoffe kondensieren zu teerartigen, gefrorenen Teilchen, welche die Strömung mitreißt. Noch im Flug muss das Wasser in der eisigen Kälte auf Japetus erstarren. Allein schon die Tatsache,

dass es auf diesem Mond mit einer Oberflächentemperatur von minus 210°C flüssiges Wasser gibt, ist eine Sensation. Im Kern muss es eine geheimnisvolle Energiequelle geben. In der Antike vermutete man eingekerkerte Monstren unter den irdischen Vulkanen. Der titanische Japetus, der seit jener epochalen Niederlage gegen die Olympier im dunkeln und kalten Tartaros schmachtet, scheint noch voller Leben zu sein.
Aber Japetus hat auch ein helles Antlitz. Auf der rückwärts gewandten Oberflächenhälfte lassen sich Gebiete ausmachen, die im Sonnenlicht prächtig glänzen. Vermutlich handelt es sich um hunderte von Kilometern dicke Schichten aus Wassereis mit großer Reinheit. Beim Gedanken an dieses kostbare Gut in einer künstlichen Welt, wo wir uns mit schalem, schon hundertfach rezykliertem Wasser begnügen müssen, überkommt mich heftiger Durst. Und ich hätte große Lust auf eine Rennfahrt mit einem Schlittenjet auf den weiten Eisplatten! Wir fiebern unserer zweiten bemannten Exkursion zu diesem großen Mond schon jetzt entgegen. Welches Gesicht wird uns der geheimnisvolle Japetus zeigen?

Vom Saturn mit freundlichen Grüßen, NW

Die Sprache der Bilder

In der Mittagspause des 15. April luden NW und TH die neuesten Daten vom Superteleskop Argos, das während eines besonders günstigen Fensters zwischen Sonne, Saturn und Titan für die Beobachtung des sonnenfernen Uranus-Systems eingesetzt wurde, in den Parallelrechner. Der bläuliche Uranus, benannt nach dem griechischen Namen für den Himmelsgott, ist der von Saturn aus gesehen nächstäußere Planet. Er wurde erst 1781 entdeckt. Vor den Augen der schwebend tafelnden Astronauten bildeten sich aus den zunächst strukturlosen Rohdaten durch Fourier-Transformation und komplexe Phasenoptimierungsprogramme nach und nach plastische Aufnahmen dieses noch wenig bekannten Himmelskörpers, der wie Jupiter und Saturn von zahlreichen Monden und Ringen umgeben ist. Besonders beeindruckend waren anscheinend die neuen Bilder des Mondes Miranda, der in seiner Frühzeit eine massive Streifkollision erlitten hatte.

NW: »Es fasziniert mich immer wieder, wie wir mit Hilfe einer raffinierten mathematischen Umformung aus zunächst ganz amorphen Datenmengen Bilder erzeugen können, die dank gigantischen Computerprogrammen der Realität immer näher kommen. Die spekta-

kulären Bilder von Uranus und Miranda erinnern mich an deine unablässigen Versuche, aus unseren kalten wissenschaftlichen Fakten religiöse Gleichnisse zu schmieden. Ich werfe diese Frage ja nicht zum ersten Mal auf: Was bedeuten dir eigentlich diese Entsprechungen?«
TH: »Für mich handelt es sich um Deutungsmuster. Ich komme von religiösen Erfahrungen der Krise und Neuwerdung her und mache die überraschende Entdeckung, dass diese Muster oft in Vorgängen des außermenschlichen Lebens und in den Weiten des Universums wiederkehren.«
NW: »Du sprichst vom Erkennen von Mustern. Was ist gemeint? Mustererkennung spielt in der Robotik und Computerwissenschaft eine enorme Rolle. Die Treffsicherheit, mit der unser Gehirn bekannte Gesichter erkennt, ist ein anderes Beispiel. Auch zeitliche Abläufe können Muster bilden. So laufen in der Physik alle Instabilitäten nach einem Muster aus der Wellentheorie ab: Wenn freie Energie vorhanden ist, können sich kleine Störungen durch Rückkoppelung verstärken. Sie wachsen, bis das Energiereservoir erschöpft ist oder ein nichtlinearer Folgeprozess die Bedingungen verändert. Ist die Instabilität gesättigt, bleiben die Wellen stationär und zerfallen schließlich wieder. Voraussetzung zum Erkennen von Mustern ist immer die Gleichheit der Ebenen: Vorlage und Probe sind von der gleichen Art. Das ist aber bei deiner österlichen Deutung evolutionärer Prozesse überhaupt nicht der Fall. Es gibt partielle Übereinstimmungen, aber auch markante Unterschiede. Vor allem handelt es sich um ganz unterschiedliche Ebenen. Mir kommt es eher so vor, dass du verschiedene Begriffe vermengst und wie ein Dichter redest.«
TH: »Dein Eindruck trügt nicht. Wenn ich den Entsprechungen zwischen religiöser Erfahrungswelt und kosmischer Wirklichkeit auf der Spur bin, überschreite ich den strengen Rahmen der Begriffe. Ich mache mir die metaphorische Kraft der Sprache zunutze.«[46]
NW: »Was meinst du damit? Diese Art von Sprache ist ungenau, subjektiv und für mich der Inbegriff von Unwissenschaftlichkeit.«
TH: »In der klassischen Rhetorik handelt es sich bei ›Metaphern‹ um bildhafte Sprachformen, die einen unmittelbar einleuchtenden Vergleich von eigentlich ganz Ungleichem zur Voraussetzung haben. ›Ich bin im siebten Himmel‹ ist ein schönes Beispiel für eine geglückte Metapher. Wenn ein verliebter Mensch dies sagt, wäre es absurd, zu denken, dass er buchstäblich irgendwo in der Höhe weilt. Und doch bringt der Satz das Hochgefühl von Glück treffend zum Ausdruck.

Nur bei uns Astronauten hätte die Aussage eine halbwegs realistische Bedeutung, zumal hier in der Sphäre Saturns, des siebten Planeten der antiken Astronomie.«

NW: »Verstehe ich dich recht, dass Metaphern wie mathematische Gleichungen funktionieren, die zwei oder mehrere physikalische Parameter miteinander in Beziehung bringen?«

TH: »Nein, Metaphern sind keine Formeln. Sie funktionieren so, dass das Muster eines gut bekannten Sachverhalts auf einen unbekannteren Sachverhalt übertragen wird. Die Metapher spielt dabei mit unseren Assoziationsfeldern, mit dem Reichtum unserer alltäglichen Erfahrung. Wenn sie gelingt, bringt sie das Unbekanntere in einer Weise zum Ausdruck, wie es die begriffliche Sprache nie leisten könnte. Die Metapher vollzieht so etwas wie einen kleinen Schöpfungsakt, sie zieht uns in ihr Sprachspiel hinein und schenkt uns eine sonst nicht zugängliche Teilhabe an dem, was sie beleuchten will. Deshalb haben Metaphern in der Poesie und in der Religion eine so große Bedeutung.«

NW: »Was heißt das nun für Ostern? Was ist das Bild und was die zu erhellende Sache?«

TH: »In den letzten Tagen hat uns das spontane Entstehen von Neuem in der Saturnatmosphäre mit Begeisterung erfüllt. Ich deute es als ein Gleichnis für das göttliche Schaffen von Neuem. Dabei muss ich zugeben: Aus irdischer Perspektive wäre die Analogie zwischen Ostern und einem sich aufbauenden Hurrikan nicht nur abseitig, sondern sogar abstoßend – eine gründlich missglückte Metapher! Anders steht es hier an Bord der HERMES TRISMÉGISTOS: Unser entrückter Logenplatz über einem Planeten, auf dem keine Lebewesen zu Schaden kommen, lädt zu einem derartigen Brückenschlag förmlich ein.«

NW: »Welche Brücke willst du eigentlich schlagen? Du hast nicht nur das Muster ›Entstehung von Neuem‹ auf Karfreitag und Ostern übertragen, sondern umgekehrt auch das Paradigma ›Ostern‹ auf kosmische Vorgänge angewandt.«

TH: »Du beobachtest scharf. Tatsächlich habe ich beides versucht: ›Ostern‹ von kosmischen Phänomenen her zu beleuchten *und* das Umgekehrte, den Kosmos im Osterlicht wahrzunehmen. Was im Universum spontan neu entsteht, wird dann zu einer Widerspiegelung des göttlichen Erschaffens.«

NW: »Mir kommt dein Gleichnis wie eine Gleichung mit mehreren Unbekannten vor. Dir fällt so etwas leichter, weil du mit Ostern viele persönliche Erfahrungen und theologische Überzeugungen verbindest.«

TH: »In der Sphäre Saturns bekleiden sich die Gedanken mit mächtigen Flügeln. Ich spiele hier bewusst mit einem wichtigen Element religiöser Sprache: In Metaphern und Gleichnissen versucht diese, das eigentlich unsagbare Göttliche mit Bildern aus der vertrauten Welt zur Darstellung zu bringen; die Bewegung läuft vom bildspendenden Begriff, der Welt, zum bildempfangenden Begriff, zu Gott. Dieser Vorgang kann nun einen interessanten Effekt zur Folge haben, sozusagen eine Rückkoppelung: Durch die metaphorische Verbindung fällt ein neues Licht auf die vertraute Welt *zurück*. Die Richtung verläuft also auch umgekehrt: vom Bildempfänger zum Bildspender.«
NW: »Das klingt für mich noch reichlich dunkel.«
TH: »Betrachten wir eine verbreitete religiöse Metapher: ›Gott ist Licht‹.[47] Das Unbekannte, Gott, wird hier mit etwas Vertrautem, dem Licht, veranschaulicht. Dabei wird Gott aber nicht mit dem Licht identifiziert. Das Bild wahrt Gottes Unsichtbarkeit, bringt aber all das zur Sprache, was dessen Gegenwart ausmacht: Helligkeit, Wärme, Orientierung, Erkenntnis und Schönheit. Das Licht ist die Lebenskraft schlechthin. Zugleich kann es in seiner Überfülle blenden und sogar töten. Auch dies gehört zu Gottes Wesen.«
NW: »Du weckst in mir die Sehnsucht nach einem Bad in der flutenden Karibiksonne. Wie schwach und wie klein ist sie hier draußen in der Kälte des Weltalls!«
TH: »Ich teile deinen Drang nach der Sonne. Damit hast du bereits die Umkehrbarkeit des metaphorischen Redens angesprochen: Auch die Wahrnehmung des Wohlvertrauten kann sich darin verändern. So wird unsere Erfahrung des Sonnenlichts durch seine Assoziation mit dem Göttlichen bereichert. Was wir am Rand der kosmischen Finsternis nur zu schmerzlich erfahren: Warmes, lebensfreundliches Licht ist ein elementares köstliches Geschenk. Auf der Erde nehmen wir es für viel zu selbstverständlich. Ohne Licht verkümmert unsere Seele. Licht spiegelt etwas von Gottes Schöpfergüte wider. Es gewinnt eine Art von Tiefendimension.«
NW: »Du denkst jetzt sicher an diese besondere Art von religiösen Wahrnehmungen, über die wir uns an Ostern unterhalten haben. Es spricht alles dafür, dass sogar ich als Sonnenanbeter auf die Erde zurückkehren werde!«
TH: »Ähnlich verhält es sich mit den schönen alten Bildern, die das Geheimnis von Ostern zur Sprache bringen: Ein wunderbarer Frühlingstag nach einem kalten Winter, die Geburt eines Kindes, das Sprossen einer Pflanze aus dem Erdreich. Beides erhellt sich gegen-

seitig: Ostern, das ist der große Frühling – und: über einem schönen Frühlingstag, über der Geburt eines Kindes glänzt das Osterlicht auf. Metaphern dieser Art sind Bausteine für eine umfassende Theologie der Schöpfung.«

NW: »Natürlich sprechen mich diese Bilder unmittelbar an. Aber sie haben nichts mit der Wirklichkeit zu tun, der ich in meiner Wissenschaft begegne. Wir schreiben das Jahr 2021 und bewegen uns in der künstlichen Biosphäre einer komplizierten Maschine durch das eisige Mondsystem Saturns. Alle Bilder aus unserem irdisch vertrauten Nahbereich verlieren hier ihre Evidenz. Du sprachst von Gott als Licht. Für mich als Physiker haben die Gesetze der elektromagnetischen Strahlung nichts an sich, das mit Gott auch nur entfernt vergleichbar wäre. Dies ist auch der Fall bei vielen andern religiösen Metaphern, die mir bekannt sind.«

TH: »Du wirfst die Frage auf, ob die alten Schöpfungsmetaphern unter den Bedingungen der Moderne ihre Kraft nicht eingebüßt haben. Genau dieses Problem treibt mich zu meinen Freibeuterzügen in Physik und Biologie. Was bedeutet es, wenn wir versuchen, die metaphorische Sprache der Religion in eine Beziehung mit der beschreibenden, objektivierenden Sprache der Naturwissenschaften, mit ihren Gleichungen und Formeln zu bringen? Hier befinden wir uns ja nicht mehr im Bereich der alltäglichen Sprache und ihrer vertrauten Bilder.«

NW: »Nun hast du mir endlich den geheimen Teil des Projekts verraten, den du an Bord unseres Raumschiffs zu verfolgen suchst!«

TH: »Für viele Zeitgenossen öffnet sich eine immer größere Schere zwischen religiöser Erfahrungswelt und naturwissenschaftlicher Erkenntnis. Die kosmischen Ausblicke unserer HERMES-Mission überzeugen mich fast täglich vom Gegenteil. So vertieft die von den modernen Naturwissenschaften entdeckte chaotische Entstehung von Neuem sogar mein Verständnis von Ostern.«

NW: »Werfen wir nochmals einen Blick in die irdische Sphäre. Ich versuche mich in dich hineinzuversetzen und lege es mir so zurecht: Ostern ist wie die Entstehung des Lebens auf der durch Asteroiden und Kometen bombardierten und von Vulkanen verwüsteten frühen Erde.«

TH: »Das ist eine schöne Veranschaulichung, weil uns das Bild der noch jungen Erde inmitten von katastrophalen Ereignissen unmittelbar anspricht. Es zehrt noch von unserem Erleben des Frühlings oder der Geburt eines Kindes. Schwieriger wird es dort, wo wir derarti-

ge menschliche Grunderfahrungen hinter uns lassen und es mit unanschaulichen komplexen Prozessen, die von Physik und Chemie beschrieben werden, zu tun haben.«
NW: »Dies ist tatsächlich der Normalfall in unseren Wissenschaften. Denk nur an die mathematisch rekonstruierten Prozesse der Sternentstehung und Wirbelsturmbildung. Im Reich der Naturwissenschaft versagt die Kraft der Metapher. Sie hat höchstens noch einen didaktischen Wert.«
TH: »Du trennst zu scharf zwischen Alltagserfahrung und Wissenschaft. Auch unsere Erlebniswelten sind von modernem Wissen zutiefst bestimmt. Kopernikus, Darwin, Einstein und Planck haben unser Leben grundlegend verändert. Auch dein Bild der noch jungen Erde bleibt ohne moderne naturkundliche Kenntnisse unverständlich. Im Reden vom ›siebten Himmel‹ wirkt sogar noch die antike Kosmologie nach.«
NW: »Ich will nicht bestreiten, dass es Übergänge zwischen alltäglicher und wissenschaftlicher Welterfahrung gibt. Früher griff ich in populärwissenschaftlichen Vorträgen gern zu Bildern und Gleichnissen, um die abstrakten Gleichungen der physikalischen Modelle verständlich zu machen. Erstaunt stellte ich dann aber fest, wie das Publikum diese Bilder auf Alltagssituationen übertrug und mit eigenen Erfahrungen anreicherte. Seither ist mein Misstrauen gegenüber der Bildersprache gewachsen.«
TH: »Auch du lebst nicht nur in der Sphäre mathematischer Formeln. Um dich im Leben orientieren zu können, entwirfst du mittels deines naturkundlichen Wissens Deutungsmuster, die mit Bildern und Vergleichen arbeiten. Als denkfähige Lebewesen können wir gar nicht existieren, ohne uns mit Hilfe solcher Deutungsmuster in einem umfassenden Horizont zu orten und zu orientieren. Das Problem besteht also nicht darin, dass du deine abstrakten Formeln in größere Weltbilder und Lebensdeutungen übersetzt, sondern darin, dass du es nicht reflektiert und damit nicht kritisch tust.«
NW: »Sicher hat die Evolution Orientierungsleistungen dieser Art gefördert. Ob sie irgendetwas Wahres enthalten, ist eine andere Frage. Deinen Verdacht, dass ich die Physik unbewusst zu einer Religion mache, muss ich abweisen. Gerade die Naturwissenschaft hat es ermöglicht, auf religiöse Weltbilder zu verzichten. Du bist hingegen noch immer im Gespinst der alten Mythen verfangen.«
TH: »Du spielst mir mit den Mythen ein bedeutsames Stichwort zu. Wo immer wir uns in umfassenden Zusammenhängen orten, greifen

wir nämlich auf letztlich mythische Denkformen zurück. Ich vermute, dass auch die Bilder, von denen unsere Sprache und unser Denken leben, im archaischen Reich von Mythos und Magie wurzeln. So kommen mir Metaphern vor wie Inseln, die aus einem längst versunkenen, mächtigen Kontinent heraufragen. Die Dichter verstehen es noch, deren abgründige Kraft zu aktualisieren; sie sind die letzten Hüter eines uralten Erbes.«

NW: »Dein Gedanke verschärft mein Misstrauen gegenüber den Bildern, zu denen wir Naturwissenschaftler nur aus Not greifen. Unter der Hand entstehen daraus neue Mythen.«

TH: »Vorsicht! Mythen und Metaphern sind nicht identisch. Der Mythos erhebt einen weit reichenden Anspruch. Er erzählt, wie die konkrete Welt der von ihm angesprochenen Menschen entstanden ist. Damit ermöglicht er nicht nur eine Orientierung im Leben, sondern transportiert auch ein umfassendes Weltbild. Metaphern leisten viel weniger: Sie stiften lediglich Zusammenhänge zwischen verschiedenen Bereichen unserer Welterfahrung. Aus diesem Grund haben sie sich auch in der aufgeklärten Moderne behauptet.«

NW: »Trotzdem scheinen mir Mythen und Metaphern viel gemeinsam zu haben. Beide verwenden eine bildliche und nicht eine begriffliche Sprache.«

TH: »Ich behaupte, dass es sich bei religiösen Metaphern um Platzhalter für mythische Dimensionen handelt. Nehmen wir die Metapher von Gott als Licht. Alte religiöse Traditionen identifizieren die Quellen des Lichts, die Gestirne, ganz selbstverständlich mit göttlichen Mächten. In der Evolution religiöser Vorstellungen hat sich dies geändert, zumal im griechischen und israelitischen Bereich. Licht verweist hier auf das Göttliche, ohne mit ihm identisch zu sein. Philosophie und Theologie problematisieren die Identifizierung von Göttlichem und Weltlichem. Sie verzichten aber trotz ihrer begrifflichen Sprache nicht auf Bilder. Metaphern stellen nämlich einen bedeutungsvollen Zusammenhang zwischen Gott und Welt her, obschon diese verschieden sind. Sie können diese Leistung aber nur vollbringen, weil sie noch von der mythischen Dimension, die den Bildern ursprünglich eigen war, zehren.«

NW: »Die moderne Naturwissenschaft ist hier entschlossen weitergegangen. Sie versucht nicht nur die Götter, sondern auch die Bilder durch mathematische Formeln zu überwinden.«

TH: »Ich nehme es ernst, dass sich die modernen Wissenschaften zunehmend von den unmittelbaren Erfahrungsräumen, die sich unseren

Sinnen erschließen, entfernen. Umgekehrt sehe ich aber, dass du spätestens, wenn du deinen Computer ausschaltest und wieder in deine Lebenswelten eintrittst, auf Bilder und Gleichnisse angewiesen bist – ungern zwar und nur als Notbehelf. Lass mich aus deiner Not eine Tugend machen! Stimmige Bilder sind nicht willkürlich und künstlich. Die Sprache der Metaphern stiftet einen bedeutungsvollen Zusammenhang zwischen unseren Lebenswelten und unserem Wissen. Sie setzt einen umfassenden Horizont voraus, den ich als mythisch bezeichne und in dem sich für mich das Göttliche darstellt.«

NW: »Mir kommen eure Sprachspiele wie verzweifelte Anstrengungen vor, euch in einem chaotischen, kalten Universum, in dem wir nur eine flüchtige Episode darstellen, etwas wohnlicher und behaglicher zu fühlen.«

TH: »Dein Bild des Universums als einer lebensfeindlichen Eiswüste ist genau so mythologisch wie dasjenige eines behüteten Gartens oder eines lebendigen Organismus.«

NW: »Mein Verdacht gegen die Bildersprache erhält durch diese Aussage wieder neue Nahrung. Du kehrst zu einer mythologischen Kosmologie zurück, die sich mit naturwissenschaftlichen Versatzstücken schmückt.«

TH: »Ich möchte nicht wieder ein mythologisches Universum beschwören. Aber mich interessiert die Wechselwirkung zwischen Mythos und Rationalität. Der Rand der Welt, ihr Hintergrund, ihre Tiefendimension lässt sich gar nicht anders als in mythischen Kategorien erfassen. Gerade indem ich dies anerkenne, schaffe ich im Vordergrund der Welt Raum für die Wissenschaft mit all ihren Konsequenzen für unser Alltagsverhalten. Probleme entstehen dort, wo diese Bereiche vermengt werden. Religion verkommt dann zur Pseudo-Wissenschaft, Wissenschaft zur Para-Religion.«

NW: »Mir liegt die Beschränkung auf meine Wissenschaft näher. Ich kann auf Mythen ganz verzichten.«

TH: »Bist du da so sicher? Was treibt dich eigentlich in die Tiefe des Alls hinaus? Wir sind hier in einer Region angelangt, die nicht zufällig von mythischen Namen wimmelt. Die Weltraumfahrt ist trotz ihres hoch technisierten Instrumentariums ein mythisches Unternehmen. Sogar unser Raumschiff trägt einen Götternamen. Provoziert er nicht geradezu die Frage nach der Hermeneutik, die sich mit der Auslegung von Texten und ihren Bildern beschäftigt?«

NW: »Unsere HERMES-Mission mag für dich ein Vorstoß in das mythische Reich der Götter sein. Für mich handelt es sich um das

Gegenteil: Die Naturwissenschaft erobert unwiderruflich ein weiteres Terrain, das früher mit magischen und phantastischen Vorstellungen verbunden war. Auch hier muss der Mythos der Wissenschaft weichen. Aber wir sollten unser Gespräch unterbrechen. Eben hat sich ORPHEUS gemeldet.«

Die Titanauten meldeten in diesem Moment erneut Schwierigkeiten mit der Kartierung von Titan. Die aus den Radarmessungen gewonnenen Daten konnten nicht zu konsistenten Bildern verarbeitet werden. Mit den neuen, zusätzlichen Beobachtungen wurden die Bilder entgegen allen Erwartungen unschärfer und stellenweise gar mehrdeutig. Unsere beiden Hermenauten nahmen rege an dieser Diskussion teil und steuerten Lösungsvorschläge bei.

An den Grenzen der Welt: Aus dem Nachtbuch von TH (15. April)

Das berauschende Gefühl, an einer einzigartigen Entdeckungsreise teilzunehmen, hat mich auf dieser langen Raumschifffahrt noch nicht verlassen, auch wenn es oft von der täglichen Routine überlagert wird.

Diesseits von Atlantis

Ähnliches wie wir müssen einst auch die großen Weltentdecker empfunden haben. Ich fühle mich besonders an die antiken Entdeckerfahrten erinnert, wo man bis in legendäre und mythische Gegenden vorgedrungen sein wollte. Und wieder stößt man auf die geheimnisvolle Gestalt des Kronos-Saturn! Nicht zufällig galten die Säulen des Herakles bei Gibraltar, die Grenzmarkierung der damaligen Welt überhaupt, auch als Säulen des Kronos.[48] Der Karthager Hanno soll um 500 v. Chr. einen Vorstoß tief in das jenseits von Gibraltar gelegene unbekannte westliche Meer, in den Atlantischen Ozean, unternommen haben, um dann der Küste Afrikas entlang bis vielleicht hinab nach Kamerun zu segeln. Von dieser Reise berichtete eine Weihe-Inschrift im Kronostempel Karthagos.[49]
Eine andere merkwürdige Erzählung handelt von einer fern im nördlichen Ozean gelegenen Insel des Kronos, die von antiken Seefahrern besucht worden sei. Das Gewässer hieß deshalb auch »Meer des Kronos«.[50] Im 1. Jahrhundert n. Chr. hat der griechische Forschungsreisende Demetrios, unterstützt von einer kaiserlichen Eskorte, eine

Entdeckungsfahrt zu den als heilig geltenden Ozeaninseln unternommen.[51] Er berichtete dabei von einer merkwürdigen, von Wohlgerüchen erfüllten Insel, auf welcher Kronos in einer Höhle schlafend eingekerkert sei, bewacht vom urweltlichen Ungeheuer Briareos. Von den Menschen, die noch weiter weg wohnten (Atlantis?!), würden in regelmäßigen Abständen Gesandtschaften zu jener heiligen Insel geschickt. Kronos werde bedient von guten Dämonen, die prophetisch begabt seien und seine Träume verkündigten. Alles, was Zeus vorausplane, das träume Kronos. Der Zauberschlaf habe seine königliche Natur von den aufrührerischen titanischen Leidenschaften gereinigt.

Jetzt sind wir also in Saturns Reich angekommen, nicht auf einer mythischen Insel, sondern in der Tiefe des Weltraums! Da draußen träumt er vor sich hin, der uralte Gott, gefesselt von Zauberbanden. Er träumt das voraus, was Zeus-Jupiter dann als Weltgeist wirken wird. Vielleicht lohnt es sich, über meine Träume sorgfältig Buch zu führen, wo ja Kronos' Träume als Enthüllungen des Künftigen gelten …! Nicht umsonst war er der Schutzherr derer, die aus verborgenen Büchern prophezeien und um die geheimen Riten der Mysterien wissen.[52]

Streitpunkt Astrologie

Diesen Nachmittag habe ich NW während der Arbeit in EDEN auf die Astrologie angesprochen. Er reagierte ausnehmend schroff. Meine verzagten Hinweise auf kosmische Felder, die von den Planetenbewegungen beeinflusst würden und eine nicht zu verachtende Wirkung auf das organische Leben der Erde haben könnten, wies er sichtlich verärgert zurück. Jeder Kasten und jedes Gebäude in der näheren Umgebung habe eine erheblich größere gravitationelle Wirkung auf uns Menschen als die weit entfernten Himmelskörper. Mir selbst ist die Horoskopstellerei zwar bald nach meiner jugendlich-enthusiastischen Phase im Zeichen der Astro-Software suspekt geworden. Und doch mag ich die Astrologie nicht auf den Komposthaufen der Geistesgeschichte werfen. Ihr bleibender Wert liegt in ihrer differenzierten psychologischen Typologie, die von einem reichen mythologischen Erbe zehrt, und nicht in der Zukunftsweissagung. Mein Pate pflegte in erregten Diskussionen zum Thema das geistreiche Wort eines großen deutschen Naturphilosophen anzuführen: »Die Astrologie ist eine so alte Wissenschaft, dass sie gar nicht ganz falsch sein kann.« Die Planetennamen selbst halten die Erinnerung wach an die alten Götter, an die Mächte und Gewalten zwischen Himmel und Erde. Unsere aufgeklärte Vernunft hat sie zu Hirngespinsten erklärt – aber sind sie im Schattenkegel unseres unstet flackernden Erkenntnislichtes während der letzten hundert Jahre nicht umso gewaltiger wieder erstanden?

ZWEITES BUCH: UND EWIG WOGT DER QUANTENOZEAN

JENSEITS VON NEWTON

Am 17. April 2021 um 11:52 WZ brechen die Funksignale der Hermes Trismégistos plötzlich ab. Die IASA-Bodenstation auf der Erde sendet weiterhin Informationen und Anweisungen in der Hoffnung, dass der Defekt nur den Sender betrifft. Der Fehler scheint im Hauptsender des Raumschiffs zu liegen, einem optischen Übermittlungsgerät mit modernstem Quantenwall-Laser. Der Verdacht richtet sich speziell auf die Leistungsdiode, die möglicherweise nicht mehr pumpt. Die IASA behauptet, dass sie ein sonst äußerst zuverlässiges Modell aus einer Zink-Kadmium-Selen-Verbindung eingesetzt und den besten Halbleiter aus einer hart geprüften, großen Zahl ausgewählt habe. Peinlich berührt der dilettantische Versuch von NW, die Diode auszuwechseln. Er hat sich wahrscheinlich bei seiner Tätigkeit selbst elektrisch aufgeladen und mit einer ungeschickten Berührung die Ersatzdiode zerstört. Leider hat die Titanexpedition das andere Ersatzstück mitgenommen. Die Medien auf der Erde haben erwartungsgemäß wieder einmal die Frage nach dem Sinn der bemannten Raumfahrt aufgeworfen, wo doch die IASA diese gern mit den unersetzbaren menschlichen Fähigkeiten zu Reparaturen begründet.

Auf der Hermes Trismégistos wird der Notsender aufgestartet. Die Vorbereitungen ziehen sich in die Länge, weil die Astronauten wenig instruiert sind und nach Handbüchern arbeiten müssen. Da die Kommunikation mit der Erde erschwert ist, wird das Leben auf dem Raumschiff noch eintöniger als vorher. Die Euphorie, welche die Ankunft im Saturnsystem und die Beobachtung des Orkans begleitet hatte, ist einer ernüchterten Stimmung gewichen. Die Gespräche nehmen ihren Ausgangspunkt von praktischen Dingen und kreisen vermehrt um Themen aus den modernen Naturwissenschaften. Das erste Mittagessen nach dem Verstummen der Hermes Trismégistos steht natürlich im Zeichen des defekten Senders.

Die Schattenwelt wird wirklich

TH: »Wir sind jetzt wahrhaft zu Saturnkindern geworden, zu Eremiten! Ich muss an die neunte Tarotkarte mit dem Einsiedler denken: alt, einsam und verlassen.«
NW: »Einige Mädchen meiner Schulklasse waren von den Tarotkarten begeistert. Ihre Zukunftsweissagungen erwiesen sich aber durchweg als falsch; so falsch, dass ich schon gar nicht mehr an Zufall glauben konnte ... Ich bin froh, dass wenigstens unser Empfänger problemlos funktioniert. Wir können so vernehmen, was sich auf der Erde zuträgt.«
TH: »Ich verstehe nicht, warum der Laser nicht mehr arbeitet. In einer Diode bewegt sich nichts, und im Vakuum des Weltraums gibt es keinen Rost. Ob hier kosmische Strahlen eingewirkt haben?«
NW: »Diesen Verdacht hege ich auch. Ein sehr energiereicher Treffer kann Defekte in der Gitterstruktur der Atome verursachen. Liegen diese in der Nähe der aktiven Schicht, verringert sich der Strom durch den Quantenwall, was zum Aussetzen des Lasers führen kann.«
TH: »Was soll ich mir unter einem Quantenwall vorstellen?«
NW: »Er ist jene Schicht der Diode, welche die Elektronen nach der klassischen Physik nicht durchqueren können. Dank dem Tunneleffekt gelingt es trotzdem einigen von ihnen. Sie lösen dabei eine Lichtlawine aus. Da es sich um einen quantenmechanischen Effekt handelt, darf man sich die Elektronen nicht als kleine Kügelchen, sondern eher wie diffuse Wölkchen oder wie Wellenpakete vorstellen. Auch das sind natürlich nur Bilder, hinter denen sich die Unschärfe der Quantenwelt verbirgt.«

Auf die Gefahr hin, unserer Leserschaft Altbekanntes vorzusetzen, fügen wir einen Abschnitt über Unschärfe aus dem NEUEN LEXIKON DER PHYSIK bei.

Isaac Newton vereinfachte 1687 in seinen *Philosophiae naturalis principia mathematica* materielle Körper zu Punkten im Raum. Seine Mechanik beschreibt die Bewegung dieser Materiepunkte unter dem Einfluss von Kräften. In der Mikrophysik wurde Newtons klassische Mechanik in den 1920er Jahren von der Quantenmechanik abgelöst. In der neuen Mechanik können die Körper zwar immer noch Punkte sein, aber ihre Lage ist nicht genau bekannt. Sie ist nur mit einer Wahrscheinlichkeit in Raum und Geschwindigkeit gegeben. Die Quantenmechanik be-

schreibt die zeitliche Entwicklung dieser Wahrscheinlichkeit infolge von Kräften.
Eine der wichtigsten Erkenntnisse der Quantenmechanik ist die *Unschärfe* aller physikalischer Größen. Diese lassen sich nicht alle gleichzeitig exakt messen. Zum Beispiel lässt sich der Ort eines Elektrons, dessen Geschwindigkeit auf ein Prozent der Lichtgeschwindigkeit genau bekannt ist, aus Prinzip nicht genauer als etwa einen Atomdurchmesser bestimmen. Der Grund der Unschärfe ist die von Niels Bohr und Werner Heisenberg entdeckte Unbestimmtheit der quantenmechanischen Wirklichkeit. Infolge der Unschärfe ist für uns die Entwicklung eines Quantensystems nur in Form einer Wahrscheinlichkeit voraussagbar. Man hat früher die Rolle der Unschärfe vorwiegend im Bereich der Elementarteilchen erwartet. Zunehmend weiß man um ihre Wichtigkeit auch im alltäglichen Leben. Sie bestimmt zum Beispiel die chemischen und physikalischen Eigenschaften von Molekülen, wirkt bei der Weitergabe der Erbinformation von Lebewesen und erlaubt technische Anwendungen in elektronischen Komponenten.

TH: »Die kleinsten Elemente der Natur scheinen uns hinter einem Vorhang verborgen zu bleiben. Hinter diesem Quantenschleier wirkt alles nebelhaft und unscharf. Ich verstehe aber immer noch nicht, wie denn Wolken einen Wall durchdringen.«
NW: »Die Wolke, von der ich sprach, ist nicht wirklich. Sie stellt nur die Wahrscheinlichkeit dafür dar, das Elektron an einem bestimmten Ort zu finden. Manchmal verhält sich diese wie eine Welle, die über einen Wall schwappt. Gerät das Elektron an einen solchen Wall, fliegt ein Teil der Verteilung weiter, der andere wird reflektiert. In unserer makroskopischen Welt deuten wir es als reinen Zufall, ob das Elektron weiterfliegt oder nicht.«
TH: »Das Elektron kann sich offenbar auch wie ein Teilchen, das heißt wie eine kleine Kugel verhalten. Was entscheidet, ob es sich nun eher wie eine Welle oder wie eine Kugel verhält?«
NW: »Der Beobachter entscheidet, wie genau das Elektron lokalisiert wird. Wird das Teilchen nicht beobachtet, verhält es sich wie eine Welle im dreidimensionalen Raum. Bei bestimmten Beobachtungen bricht die Wahrscheinlichkeitswelle auf einen Punkt zusammen und das Elektron manifestiert sich als Teilchen. Niels Bohr sprach von Komplementarität angesichts der Doppelnatur des Elektrons sowohl als Welle wie als Teilchen. Mathematisch und sachlich schließen sich die beiden Beschreibungen gegenseitig aus. Das Wesen des

Elektrons wird erst bei seiner Beobachtung bestimmt. Die Beobachtung ist ein irreversibler Eingriff in die Welt und macht sie erst zur Wirklichkeit.«
TH: »Wie seltsam! Blicke ich nicht hin, spielt das Elektron die Rolle einer Nebelwolke, aber sobald ich hinschaue, verwandelt es sich augenblicklich in eine kleine feste Kugel oder eine Welle. Wie steht es nun mit all den Prozessen, die nicht menschlicher Beobachtung unterliegen? Die Natur hat doch kaum auf den Experimentalphysiker gewartet, um die Komplementarität ihrer Bausteine zu enthüllen. Auch ohne Menschen muss es doch derartige Prozesse geben, in denen die Wahrscheinlichkeitswolke zu einem festen Teilchen ausfriert.«
NW: »Du rührst an eine ungeklärte Frage der Quantentheorie. So gut ihr Formalismus bekannt und unzählige Male experimentell bestätigt worden ist, so dunkel bleibt ihre Deutung. Wir Wissenschaftler verhalten uns wie gewöhnliche Computerbenützer, die mit der Rechenmaschine umgehen können, ohne zu wissen, wie sie eigentlich funktioniert. Die Rolle des Beobachters ist umstritten.«
TH: »Einer meiner ergrauten Theologieprofessoren hat einmal die kühne Behauptung vertreten, wie im Kleinen der Mensch, so sei im Universum Gott selbst der große Beobachter. Er lasse die Vielzahl möglicher Welten durch sein Sehen zu *einer* realen Welt kristallisieren, ähnlich wie der Physiker durch seine Beobachtung die Wahrscheinlichkeitswolke zu einem Teilchen kollabieren lasse.[53] Durch sein schöpferisches Sehen habe er nicht nur das Universum aus dem Nebelreich der Möglichkeiten erschaffen, sondern wirke auch allgegenwärtig in der Welt.«
NW: »Eine kühne Vorstellung! Solange wir aber nicht verstanden haben, was beim beobachtenden Menschen eigentlich vor sich geht, sollten wir nicht schon auf die Schöpfertätigkeit Gottes schließen. In der Physik beobachten wir die kleinsten Bausteine der Materie. Dabei ist es unvermeidlich, dass in der subatomaren Welt die physikalischen Instrumente dasjenige, was sie beobachten, auch beeinflussen. Es gibt schon aus rein technischen Gründen keine Beobachtung ohne aktive Manipulation. Das Instrument arbeitet ja auch mit Teilchen oder Wellen, die auf die zu beobachtenden Teilchen notwendig einwirken. Hinzu kommt, dass das Messinstrument selbst dem Unschärfegesetz der Quantenmechanik unterliegt.«
TH: »Dennoch bleibt es aufregend, dass ausgerechnet die objektivste und exakteste Wissenschaft behauptet, die Wahrnehmung wirke schöpferisch mit an der Konstruktion der Welt.«

NW: »Dies ist ja auch im Bereich des Zentralnervensystems der Fall, wo etwa bestimmte Hirnareale die ziemlich diffusen Signale aus der Netzhaut zu klaren optischen Wahrnehmungen ausbauen.«
TH: »Die Naturwissenschaften scheinen hier eine Brücke zu den ›deutenden Wissenschaften‹ zu schlagen, wo der Gedanke längst bekannt ist, dass unser Wahrnehmen immer zugleich auch ein Konstruieren ist. Um einen alten Text auszulegen, muss ich ihn mit Worten unserer Zeit neu formulieren. Zwischen dem Text und mir entspannt sich ein Dialog. Auch wenn ich ein Kunstwerk deute, trete ich mit ihm in einen Kommunikationsprozess ein.«

In diesem Moment wurde das Gespräch durch besorgte Funksprüche von der Erde unterbrochen, die allerdings noch nicht beantwortet werden konnten. Wir weisen aber eigens auf die paradoxe Situation hin, dass unsere Hermenauten um den Gedanken eines konstruktiven Dialogs mit der Natur kreisen, während sie nicht mehr in der Lage waren, mit der Außenwelt zu kommunizieren! Wir drucken als Ergänzung einen Beitrag von Professor Harald Doberman, New York, ab.[54]

Zur Deutung der Quantenmechanik

Mein lieber Kollege NW scheint die Quantenmechanik nach klassischer ›Kopenhagener Art‹ zu deuten, wie das heute immer noch viele Physiker aus purer Bequemlichkeit tun. Sie postuliert, dass die Wirklichkeit erst in dem Augenblick entsteht, wo ein Mensch das Resultat einer Beobachtung bewusst zur Kenntnis nimmt. Niels Bohr in Kopenhagen und Werner Heisenberg haben diese Lesart vorgeschlagen, um die quantenmechanische Unbestimmtheit selbstkonsistent zu machen. Diese Deutung ist aber dermaßen anthropozentrisch, dass sie heute nicht mehr allgemein akzeptiert wird. Sie ist brauchbar, um Laborexperimente zu erklären. Auf das Universum angewandt würde sie aussagen, dass alles, was nicht von Menschen beobachtet wird, nicht existiere. Dies führt zu absurden Konsequenzen. Der Mensch und sein Bewußtsein hätten sich unter solchen Umständen gar nicht entwickeln können. Der Beobachter kann nicht der Hervorbringer der Wirklichkeit sein, wenn er nicht selbst schon wirklich ist.
Der Deutungsprozess in der Quantenmechanik ist bei weitem nicht so wichtig, wie die Esoteriker, TH eingeschlossen, immer noch glauben.[55] Die Theorie kann ohne jede Deutung angewandt werden und produziert exakte Resultate, wie im Fall von Quantenwall-Dioden. Nach heutiger

Ansicht braucht es auch keinen Beobachter, um die Wahrscheinlichkeitsverteilung zum Kollabieren zu bringen. Es genügt, wenn zum Beispiel der Teilchenort durch einen Vorgang irreversibel und makroskopisch manifest wird. Dies geschieht beim Zähler eines Detektors, bei der Schwärzung eines Filmkörnchens oder bei der Mutation eines Gens. Ein bewusster Beobachter ist nicht nötig, wohl aber kann er im Nachhinein die Manifestation aufspüren und ablesen. Jedes Ausfrieren der Wirklichkeit ist ein irreversibler Akt, der wie ein Stroboskop die wirklichen Dinge aufleuchten lässt. Jedes neue Bild hält die Wirklichkeit fest und enthüllt einen zeitlich gerichteten Ablauf. Es ist nicht das menschliche Bewusstsein, das die Wirklichkeit hervorbringt, sondern die Summe dieser fortwährenden, irreversiblen Prozesse in der Zeit.[56]

Im Speicher der HERMES TRISMÉGISTOS haben wir eine ganze Reihe weiterer *public outreach*-Artikel von NW gefunden, die in dieser Zeit entstanden sind. NW benutzte die durch den Defekt frei gewordene Arbeitszeit zum Verfassen längst fälliger Kartengrüße. Vermutlich wollte er auf diese Weise seinen eintönigen Alltag ein Stück weit bereichern. Wir drucken hier einen der Artikel ab, da er sich gut einfügt in die Gespräche über die Quantenphysik.

Quanten klopfen an: Ein Kartengruß

Hallo Erde!

In meiner Freizeit schließe ich manchmal die Augen und versuche mir meinen Ort im Sonnensystem vorzustellen. Saturn und Titan, die sich so mächtig durch unser Bordfenster ausnehmen, werden klein angesichts des unermesslich großen und leeren Raums um uns herum. Mehr als eine Lichtstunde trennt uns von der Erde.
Ausgerechnet wenn ich die Augen schließe, kann ich sehen, dass der Raum nicht ganz leer ist. In letzter Zeit zucken selbst bei geschlossenen Lidern des öfteren Lichtblitze auf und explodieren lautlos in hellen Farben. Schon die alten Mondfahrer der 1960er Jahre kannten diese Erscheinung und erklärten sie mit Elementarteilchen, vorwiegend Protonen, die von der Sonne beschleunigt oder aus den Tiefen des Weltraums daherrasend die Kabinenwand durchschlagen und auf der menschlichen Netzhaut Lichteffekte auslösen.
Ich vermute, dass der Defekt in der Diode mit der Zunahme dieser Ereignisse zusammenhängt. Wir befinden uns ja inmitten der starken Magnetosphäre Saturns. Seine Magnetfelder reichen weit über die Bahn von Titan hinaus und

bilden in der Verlängerung der Ringebene eine Stromschicht, in der ein elektrischer Strom kreisförmig um Saturn fließt. Die HERMES TRISMÉGISTOS *schwimmt inmitten dieses Stroms. Magnetfelder umgeben unser Raumschiff und elektrische Felder beschleunigen in unmittelbarer Nähe Elementarteilchen zu enormen Energien. Der Gedanke beunruhigt uns, dass solche Teilchen vielleicht die Diode zerstört haben.*

Das Lichtspektakel in unseren Augen ist befremdend. Wir nehmen ein Bild wahr, das nicht der Wirklichkeit entspricht. Die zuckenden Blitze gibt es nur in der eigenen Netzhaut. Wenn ich dann ausrufe: »Hast du das gesehen?«, schaut mich TH verwundert und sorgenvoll an.

Dass wir einzelne Elementarteilchen »sehen«, zeigt, wie nahe uns die Welt der Quanten ist. Der Raum draußen ist nicht leer, Heerscharen von Teilchen ziehen ihre Bahn. Um uns herum wogen Felder von gewaltigen elektrischen und magnetischen Kräften.

Vom Saturn mit freundlichen Grüßen, NW

Im Quantenozean

Das folgende Gespräch findet während des täglichen Fitness-Programms der Astronauten statt, das ihrer schwerelosen und bewegungsarmen Lebensweise entgegenwirkt. Es wird von den in der HERMES TRISMÉGISTOS Zurückgebliebenen seit ihrer unfreiwilligen Verstummung mit vermehrter Ausdauer und Verbissenheit praktiziert. TH läuft in lockeren Sprüngen einen Looping um den Wohnraum. Mit Haftschuhen an den Füssen stößt er schräg zur runden Wand ab und trifft etwas weiter wieder auf. Die Fliehkraft bringt ihn immer wieder zur runden Wand zurück. Als früherer Stabhochspringer bringt er es auf die beachtliche Leistung von zehn Umläufen pro Minute. Der Loopinglauf erzeugt eine Fliehkraft, welche die normale Erdanziehung übertrifft und TH wahrscheinlich das Gefühl gibt, wieder einmal auf festem Boden zu stehen. NW betätigt sich unterdessen am Fitness-Workplace mit Gummiseilen.

TH: »Soeben hatte ich wieder eine jener Fata Morganas im Auge. Früher habe ich mir den Weltraum völlig leer vorgestellt. Nun scheint er voller Teilchen und Quanten zu sein.«

NW: »Es gibt in der Physik eigentlich gar keinen wirklich leeren Raum. Selbst das *Vakuum*, wie man diesen leeren Raum nennt, ist ein ›Tohuwabohu‹. Ununterbrochen entstehen und vergehen in ihm Elementarteilchen und Feldquanten.«

TH: »Wie können elementare Teilchen entstehen und vergehen? Sie sind doch die stabilen Grundbausteine der Materie.«
NW: »Sie sind nicht fundamental: Energie ist noch elementarer als die Teilchen.«
TH: »Aber kann es denn Energie geben im leeren Raum?«
NW: »Das Vakuum stellt definitionsgemäß den niedrigsten Energiezustand dar.[57] Die Energie ist nach der Quantentheorie allerdings unscharf und muss dauernd um den Minimalwert, die so genannte Nullpunktsenergie, fluktuieren. Diese wogenden Quantenfluktuationen sind lokale und kurzlebige Energiefelder. An Orten erhöhter Energie verhalten sie sich wie Teilchen, die für kurze Zeit entstehen und wieder vergehen.«
TH: »Die antiken Philosophen hatten also Recht: Es gibt keinen völlig leeren Raum! Wie soll ich mir ein solches Pseudo-Nichts vorstellen?«
NW: »Die Energieschwankungen gleichen den chaotischen Fluktuationen auf einer unruhigen Wasseroberfläche, also etwa den Wellen auf dem Meeresspiegel. Für unsere alltäglichen, makroskopischen Verhältnisse sind die Fluktuationen des Vakuums natürlich unvorstellbar schnell. Selbst für die Energie der winzigen Masse eines Elektrons dauern sie nur einige 10^{-21} Sekunden. Ihre Größe beträgt weniger als ein Milliardstel Millimeter.«
TH: »Das Bild des Ozeans mit seinen Wellen ist beeindruckend! Entstehen Energie und Materie aus diesem ozeanischen Grund?«
NW: »In gewisser Weise ja. Innerhalb der zeitlichen Unschärfe müssen diese Teilchen allerdings wieder verschwinden, um dem Gesetz der Energieerhaltung Genüge zu tun. Ihr Leben dauert so kurz, dass sie sich prinzipiell nicht nachweisen lassen. Man spricht deshalb von *virtuellen* Teilchen. Sie gleichen Delphinen, die im Meer spielen: Sobald man die Kamera schussbereit hat, sind sie bereits wieder verschwunden. Ein kosmischer ›Zensor‹ sorgt dafür, dass man nie ein virtuelles Teilchen fotografieren kann. Je größer die Energie eines virtuellen Teilchens, desto kürzer ist seine Lebensdauer. Es borgt sich gleichsam seine Energie, die es zur Erzeugung braucht, aus dem Vakuum, muss sie aber zurückerstatten, bevor ihr Fehlen bemerkbar wird.«
TH: »Ein wahrhaft bemerkenswertes Phänomen am Fundament der Wirklichkeit! Es sind nicht erst die modernen Menschen, die eine virtuelle Realität erschaffen. Weiß man Genaueres über die Natur dieser gespensterhaften Teilchen? Ist dieses brodelnde Chaos von

Energie, Teilchen und Feldquanten überhaupt noch etwas Reales? Wirkt es in unsere Welt hinein?«

NW: »Und wie! Seit langem kann man in Spektrallinien von Atomen direkt nachweisen, wie die Bahn der Elektronen um den Atomkern durch die Präsenz virtueller Teilchen leicht gestört wird.[58] Ihr schattenhafter Tanz hat reale Folgen.«

TH: »Er ist also messbar und somit ein fassbarer Ausläufer des großen Quantenozeans. Dennoch handelt es sich um einen winzigen Effekt, der nur mit großem Aufwand an Messapparaten nachzuweisen ist.«

NW: »Wahrscheinlich handelt es sich beim Quantenvakuum um eine Wirklichkeit, die noch weit mehr umfasst. Die Nullpunktsenergie bewirkt einen Druck im ganzen Universum und bläht den expandierenden Weltraum weiter auf. Sie wirkt wie eine Antigravitation und treibt die Galaxienhaufen zu immer höherer Geschwindigkeit und schnellerer Expansion.«

TH: »Ein überwältigender Effekt! Und doch spüren wir davon auffallend wenig.«

NW: »Am unmittelbarsten zeigen sich Quantenfelder, wenn von außen Energie zugeführt wird. Virtuelle Teilchen können dann schlagartig zu wirklichen, freien Teilchen werden, die nicht mehr an die zeitliche Unschärfe des Vakuums gebunden sind. Auf diese Weise entstehen aus virtuellen Teilchen reale Teilchen. Dringt etwa ein kosmisches Proton mit hoher Geschwindigkeit in unsere Kabinenwand, dann absorbiert es dauernd virtuelle Photonen, welche die Atomkerne der Wand wie eine Wolke umgeben. Dadurch wird die Bewegung des kosmischen Teilchens verzögert. Kommen sich das Teilchen und ein Atomkern in der Wand genügend nahe, kann ein virtuelles Photon Energie aufnehmen und die Wolke der anderen virtuellen Teilchen verlassen. Diese Photonen nennt man Bremsstrahlung, du hast sie soeben als Lichtblitz in deinen Augen gesehen.«

TH: »Unser Gesichtssinn kann also die Geburt von Elementarteilchen mitverfolgen! Wie aber steht es mit der Stabilität realer Teilchen? Lösen sie sich auch ständig in das Reich des Virtuellen auf?«

NW: »In der Tat hat auch ein reales Teilchen Eigenschaften, die an das Vakuum erinnern. Es kann für kurze Zeit in mehrere Teilchen oder Feldquanten zerfallen. Diese neuen Teilchen sind nur virtuell und vereinen sich bald wieder zum ursprünglichen Teilchen, wenn ihre Gesamtenergie die Anfangsenergie übersteigt. Das Gesetz der Energieerhaltung wirkt dabei wie ein kosmischer Rechnungs-

revisor, der immer dafür sorgt, dass die Schlussabrechnung stimmt.«
TH: »Da muss ich an einen gestrengen hohen Erzengel denken, der über den göttlichen Büchern, in denen die Naturgesetze niedergeschrieben sind, sitzt und über deren Einhaltung wacht. Aber immer, wenn er mit den Augen blinzelt, eröffnet die Welt der realen Teilchen einen wundersamen Elfentanz. Schaut der Engel wieder hin, fügt sich alles wieder in die geordnete Welt ein.«
NW: »Dein Erzengel übt ein grundlegendes Geschäft aus. Wenn er mit eiserner Hand virtuelle von realen Teilchen trennt, wacht er über das fundamentale Gesetz der Energieerhaltung. Virtuelle Prozesse müssen die Energie nicht erhalten, was für die realen Teilchen dagegen ein striktes Gebot ist.«

Die aufgezeichneten Geräusche legen nahe, dass das Gespräch wegen besonders qualvoller Kraftübungen zur Stärkung von Bauch- und Rückenmuskulatur versandete. Wir wissen nicht, ob die lauten Beifallsausrufe, die TH in der Folge mehrfach von sich gab, der Vakuumtheorie oder aber den athletischen Leistungen von NW galten. Der Dialog wurde während der Stretching-Phase wieder aufgenommen.

TH: »Eines ist mir noch ganz dunkel: Verdankt die feste, ›reale‹ Materie ihre Existenz ganz dem Aufwogen und Zurückebben dieses virtuellen Ozeans? Inwieweit hat sie überhaupt ein eigenes, dem Ozean gleichsam abgetrotztes Sein? Schwimmt sie in ihm wie ein Eisberg?«
NW: »Das Bild der realen Welt als Eisberg ist ergänzungsbedürftig, da die Oberfläche dieser Gletscherinsel selbst wie ein See fluktuiert und von virtuellen Teilchen durchsetzt ist. Das Reich des Virtuellen durchdringt nicht nur das Vakuum, sondern auch die Welt der realen Teilchen, die dem Vakuum nur aufgesetzt sind. Materie ist also nicht starr, sondern quirlige Energie. Sie existiert in Form von Wellenfeldern, entweder in Form des niedrigsten Energiezustandes, nämlich als Vakuum, oder als höherer, angeregter Zustand, nämlich als Teilchen.[59] Dauernd probiert sie sämtliche Zustände aus, die ihr durch die Grundgesetze und Symmetrien möglich sind, und hält sich im Versteckten nie so genau an die Regel der Energieerhaltung.«
TH: »Das Reich des Virtuellen durchdringt also das Reich des Realen so sehr, dass sich dieses immerfort in jenes zurückbildet und wieder neu daraus hervorgeht.«
NW: »Die reale und virtuelle Welt sind sich in der Tat sehr nahe. Reale

und virtuelle Elektronen haben auch die genau gleiche Masse und Ladung. Es braucht nur eine Prise Energie und schon wird ein Teilchen aus dem unendlichen virtuellen Vorrat real. Umgekehrt nehmen ununterbrochen reale Teilchen für kurze Zeit virtuelle Zustände ein.«

TH: »Die Abkehr vom Modell der Weltmaschine, das im 19. Jahrhundert so dominierend war, könnte nicht beeindruckender sein. Mehr noch, ich frage mich, inwieweit die Schau der Quantenphysiker nicht in manchem auch als eine Wiederkehr uralter *mythischer Kosmologien* zu deuten ist – Kosmologien, in denen das Seiende einem schöpferischen Urgrund aufruht, der es hervorgebracht hat, es zugleich aber auch stetig bedroht. So war für die alten Ägypter die vorfindliche Welt allseitig in die Grenzenlosigkeit des präkosmischen Chaos eingebettet. Jeden Abend kehrt die Sonne in diesen schöpferischen Grund zurück, um am Morgen erneuert im Osten aufzugehen. Im Schlaf oder auch im Rausch lassen sich die Geschöpfe von der regenerierenden Kraft des Urozeans, der die ganze Schöpfung trägt, durchdringen. Sinnbild hierfür war die Nilüberschwemmung, die alljährlich die Urflut über das Land zurückbringt, um ihm neue Fruchtbarkeit zu schenken.«

NW: »Die reale Welt verschwindet tatsächlich immer wieder im Virtuellen und taucht sofort wieder auf. Insofern hat sie etwas Chaotisches an sich. Wenn du vom mythischen Chaos sprichst, stellen sich bei mir aber vor allem negative Assoziationen ein.«

TH: »Zu Recht! In den alten Kosmologien war der Urgrund ambivalent: Das Chaos bringt nicht nur Erneuerung und Segen, sondern auch Tod und Vernichtung über die Schöpfung: Flutwellen, Krankheiten, politische Feinde bedrohen die Menschen. Leben und Tod waren hier untrennbar ineinander verschlungen.«

NW: »Deine Analogie versagt an diesem Punkt. Das Chaos der virtuellen Welt ist überhaupt nicht positiv oder negativ zu werten. Werte treten erst mit den Menschen ins Blickfeld. Ich kann zwar nachfühlen, wie dir diese allgegenwärtige Energie unheimlich und bedrohlich erscheinen mag. Sie mit dem mythologischen Urgrund gleichsetzen zu wollen kommt mir ziemlich gewaltsam vor.«

TH: »Etwas Gemeinsames bleibt aber bestehen: Alles Seiende ruht auf einem von ungeheurer Potenzialiät erfüllten Grund, es kristallisiert sich ständig neu aus ihm heraus.«

Ein Funkspruch von der Erde bestätigte, dass die Verbindung zwischen ihr und dem Zentralcomputer der HERMES TRISMÉGISTOS mittels

des Notsenders wiederhergestellt war. Diese freudige Nachricht unterbrach das Entspannungsprogramm gerade zur rechten Zeit. Die Ingenieure der IASA konnten jetzt wieder Diagnostikprogramme durchführen und die Tätigkeit der Astronauten mitverfolgen. Zur Kommunikation im Sprechfunkverkehr war der konventionelle Radiosender aber ungeeignet, da er nicht über die Übertragungskapazität des optischen Quantenwall-Lasers verfügt. Meldungen der Astronauten konnten nur in beschränktem Umfang übermittelt werden.
Da uns die Ausführungen des Physikers zur Quantentheorie der Felder reichlich vage, um nicht zu sagen spekulativ, erscheinen, haben wir Professor Curt Schuhschnabel von der UCB Berkeley um nähere Auskünfte gebeten.

Die Energie des Vakuums
Ich bin mit meinem Physikerkollegen durchaus einig, dass in jedem Raum Energie vorhanden ist – eine der merkwürdigsten und unverständlichsten Aussagen der Quantenfeldtheorie. Selbst im Vakuum, dem minimalen Energiezustand eines Raumes ohne reale Teilchen, und selbst wenn die Temperatur der Wände auf dem absoluten Nullpunkt ist, bei -273 Grad Celsius, bleibt dem Vakuum noch eine gewisse Energiedichte, ein fast gleichmäßiger, konstanter Wert, der nicht null zu sein braucht. Diese Nullpunktsenergie kann nicht genutzt werden. Sie bildet einen Hintergrund auch in unserem Lebensraum, der kein Vakuum ist. Das Meer der Nullpunktsenergie wurde durch Labormessungen bestätigt, aber es enthält noch viel Geheimnisvolles. Wir sind wie in einem Ruderboot auf dem Meer. Das Meer ist durchaus spürbar, aber wir wissen nichts über seine Tiefe.
Überraschend ist nicht nur, dass die Dichte der Nullpunktsenergie nicht einfach null ist. Meinem Kollegen war der Hinweis darauf wohl allzu peinlich, dass unsere Gleichungen sogar eine unendlich große Energiedichte ergeben, was völlig unmöglich ist. Für andere Felder resultiert minus unendlich. Entweder heben sich die Unendlichkeiten gegenseitig exakt auf oder es steckt noch ein Mangel in den sonst gut bewährten Gleichungen. Es ist auch möglich, dass die Nullpunktsenergie mit den virtuellen Teilchen oder deren Strahlungen zu tun hat. Vielleicht stammt sie aus der Anfangszeit des Universums. Die Quantenfluktuationen der Urzeit sind zwar längst wieder verschwunden, aber ihre virtuellen Kräfte könnten eine Spur in Form von fluktuierenden Feldern und Energie hinterlassen haben.
Die Nullpunktsenergie hat vielleicht sogar kosmische Bedeutung. Seit

gut zwanzig Jahren mehren sich die Anzeichen dafür, dass sich die Ausdehnung des Universums beschleunigt.[60] Wir vermuten, dass sich darin der Druck der Nullpunktsenergie auf das Raum-Zeit-Kontinuum des Universums manifestiert. Anscheinend übertrifft er die entgegengesetzte Schwerkraft der Galaxien, sodass sich ihre Expansionsbewegung verstärkt.
Auf äußerst spekulative Pfade geraten die beiden Astronauten jedoch dort, wo sie das Vakuum in direkte Verbindung mit dem Universum bringen und es damit zum Urgrund allen Werdens machen. Es gibt natürlich die bekannte Hypothese der Entstehung des Universums aus dem Vakuum. Das Urvakuum vor der Entstehung des Universums würde sich von heutigen Vakua darin unterscheiden, dass es keine umgebende Materie gab, welche als Referenz für Ort und Zeit dienen konnte. Ohne Teilchen oder Photonen lassen sich Raum und Zeit nicht definieren. Wir können also nicht von Symmetrien oder Entwicklungen sprechen. Es gab daher noch keine Physik im heutigen Sinne. Die ersten Teilchen spannten erst Raum und Zeit auf. Trotzdem wäre die Entstehung des Universums bereits nach den uns heute bekannten Gesetzen erfolgt: durch eine Fluktuation, welche gewisse Quantenzahlen wie die Ladung konstant hielt und Erhaltungsgrößen (z.B. die Energie) innerhalb ihrer Unschärfe konservierte. Das Urvakuum enthielte also schon alle Physik des späteren Universums, nach deren Gesetzen dann die Entstehung der Materie abliefe. Auch wenn mir keine bessere Spekulation über den Anfang unseres Universums bekannt ist, halte ich diese Art der Physik für eine reine Spielerei. Wie können wir hoffen, diese Aussagen je im Experiment überprüfen zu können?

Der nachstehende Nachtbucheintrag macht die enorme Anziehungskraft des an sich abstrakten physikalischen Vakuumbegriffs auf den Theologen deutlich. Während der Hauptsender der HERMES TRISMÉGISTOS anderthalb Milliarden Kilometer von zu Hause entfernt verstummte und sich die Menschen auf der ganzen Erde um die Astronauten sorgten, hat ihm diese Panne das Fenster zu einer neuen Wirklichkeit geöffnet.

Tanz mit den Fluten: Aus dem Nachtbuch von TH (19. April)

Welch ein faszinierendes Tor, das sich mir heute aufgetan hat! Am Fundament des Kosmos stoßen wir nicht auf feste, in ein starres Gitter gekettete Atome, sondern auf einen wirbelnden Tanz von Teilchen,

die von einem Wächterengel wieder und wieder unter das hehre Gesetz der Notwendigkeit, unter den Satz von der Erhaltung der Energie, gezwungen werden. Dieses Spiel einer überschäumenden Kreativität am Grund allen Seins ist überwältigend. Es vollzieht sich in einem Reich des Virtuellen, das nicht mehr Wirklichkeit zu heißen verdient und doch mehr ist als das Gespensterreich bloßer, irrealer Möglichkeiten. Die Gestalten der manifesten, makroskopischen Welt erheben sich dann Eisbergen gleich aus der Unendlichkeit des wallenden Ozeans virtueller Materie und Energie.
Ungeordnete Gedankenfragmente beim Erwachen, beim Assoziieren oder in Entscheidungsprozessen erinnern mich an den Nullpunktsozean in meinem eigenen Gehirn. Wie Eisschollen im virtuellen Meer tauchen Gedankenfetzen auf und versinken sofort wieder. Da blitzt eine inspirierende Idee, ein Hauch von Euphorie, eine schattenhafte Erinnerung auf – und schon ist alles wieder entschwunden im zerebralen Gewoge. Selbst die klaren Gedanken des Tages: Pflegen nicht auch sie sich kurzfristig aufzulösen und wieder neu zu bilden? Brandet das Urmeer selbst an die Felsen meiner alltäglichen Wirklichkeiten? Maritime Bilder spielen bei William James eine wichtige Rolle.[61] Ihm zufolge ruhen unsere individuellen Seelen wie Inseln in einem weiten Meer, einem Kontinuum von kosmischem Bewusstsein, mit dem sie in besonderen Bewusstseinszuständen denn auch kommunizieren. James hat sich hiervon zu einer ›panpsychistischen‹ Auffassung des Universums führen lassen. Unsere heutigen Gespräche haben mich weit in diese Richtung getrieben. Zwar lässt sich mein Argwohn, die Gleichungen der Physiker würden eigentlich etwas sehr anderes als das mythologische Chaos oder die Tiefe des subliminalen Bewusstseins meinen, nicht beschwichtigen. Gleichwohl zieht mich die Vision eines Universums in Bann, das sich in seinen Strukturen und Gestalten aus einem unendlichen Ozean von flutender Energie erhebt, die sich noch nicht zu zeitlich und räumlich wohlbestimmter Wirklichkeit auskristallisiert hat.

»Gigantenschlacht um das Sein«[62]

Die Abkehr von der klassischen Auffassung der alteuropäischen Metaphysik kommt mir geradezu revolutionär vor. Die von der griechischen Philosophie bestimmte Kosmologie ging von einem in sich geschlossenen System des Seienden aus, das allem Werden zugrunde liegt. Das Sein erschien als älter und mit größerer ontologischer Würde ausgestattet als das Werden. Immerhin wirkt dieser Sichtweise zufolge im Kosmos auch noch ein anderes Reich mit, das Reich des »Nichtseienden«, eine Art blinder, ungeordneter Materie, die von den höheren Kräften und Strukturen in Formung genommen wird. Platon sprach vom »Raum«, von der »Amme« der Welt, Aristoteles von der ersten Materie. Die Naturwissenschaften unserer Tage stellen gerade dieses negative Prinzip der griechischen Kosmologie in das Zentrum und kehren sich damit von der traditionellen philosophischen Privilegierung des Seins ab. Die Strukturen auf der atomaren wie auf der kosmischen Skala sinken zu Episoden im Lauf eines unaufhörlichen kosmischen Prozesses herab, der einem wallenden Grund entstammt. Ruheloses Werden geht den Gestalten und Formen des Seienden voran.

Allerdings wandelt sich dabei auch das Bild dieses basalen Chaos. Es steht nicht mehr unter dem negativen Vorzeichen einer dunklen Macht. Nicht ein blinder, dumpfer, von unseligem Drängen erfüllter Urstoff, sondern eine gleißende, alles verzaubernde Energie waltet im Wurzelgrund des Seienden; nicht stumpfe Trägheit, sondern ein dynamisches, verspieltes Tanzen. Dieser strahlende Ozean, der alles Sein trägt und durchdringt, ist nicht amorph und diffus. Er ist von genau bestimmbaren Gesetzen durchwaltet, die seine Manifestationen in der großräumigen Welt steuern: die Symmetrien von Raum und Zeit, die Erhaltungsgesetze von Energie, Impuls, Ladung und anderer Quantenzahlen. Und wie enorm ist seine Wirkung: Mit seiner unermesslichen Kraft dehnt er das Universum zu immer Schwindel erregenderer Größe aus. Das basale Chaos birgt in sich die Wurzeln der eskalierenden Mächte von Raum und Zeit!

Die neue Lust am Werden

Es fasziniert mich, dass die uns vertraute Materie, die sich so kompakt und strukturiert ausnimmt, in einem virtuellen Quantenozean förmlich schwimmt. Ihre Teilchen sind nicht so fest geschmiedet, wie es den Anschein hat: In sehr kurzen Zeitabschnitten zerfallen sie, lösen sich im Ozean auf, um dann sogleich wieder neu zu entstehen. Die kristallharte Fassade der Materie trügt: Sie bildet sich fort und fort neu. Von unserem lebenden Organismus wussten wir es längst: Ständig regeneriert er seine Bestandteile. Der alte Weise aus Ephesus, Heraklit, winkt mir wieder einmal zu: »Es ist unmöglich, zweimal in denselben Fluss zu steigen«.[63] Selbst die elementaren Bestandteile der Materie sind diesem Werden und Vergehen unablässig ausgesetzt.

Viele Fragen bedrängen mich angesichts dieser übervollen Leere.

Jedes Seiende scheint von einer dichten Wolke vielfacher Möglichkeiten umhüllt zu sein, aus der es sich immerfort neu aktualisiert. Wirken sich die Wellenschläge dieses Ozeans auf unsere großräumige Welt aus? Oder wehrt der erhabene Erzengel, der über den strengen kosmischen Energiegesetzen des Universums wacht, dem Übergreifen des zauberischen Quantentanzes auf unsere Welt? Können wir mit diesem wallenden Ozean kommunizieren? Gibt es menschliche Erfahrungen, in denen wir zum Tanz in diesem kosmischen Reigen eingeladen werden? Sind Meditation, Gebet, Kunst oder Liebe Pforten zu diesem bewegten Seinsgrund?

GRENZVERKEHR MIT DEM NICHTS

Am 20. April hat sich Titan unter der kreisenden Landefähre ORPHEUS bereits einmal vollständig um seine Achse gedreht. Die Landung wurde erneut verschoben, da noch kein genügend sicherer Landeplatz auszumachen war. Während die ORPHEUS-Crew mit der Erde ungetrübt kommunizieren konnte und durch neu entdeckte Formationen auf der Titanoberfläche immer wieder die Aufmerksamkeit der irdischen Medien zu wecken wusste, geriet die HERMES TRISMÉGISTOS etwas in den Schatten des Rampenlichts. Die durch die Senderstörung erzwungene Ruhe scheint die Gespräche unserer Astronauten wieder vermehrt zu den Dingen des Geistes und des Himmels hingezogen zu haben. Das folgende Gespräch zeigt aber in besonderem Maß die Schwierigkeit, von kosmo-theologischen Gedanken der Antike eine Brücke zu neuzeitlichen Erkenntnissen der Wissenschaft zu schlagen.

Schöpfung ohne Unterbrechung

NW: »Eben habe ich auf deinen Wunsch hin deinen gestrigen Nachtbucheintrag gelesen. Du scheinst von der maritimen Metaphorik fasziniert zu sein. Obschon ich auch ein Liebhaber des Meeres und ganz speziell des Indischen Ozeans bin, kann ich mich in die philosophische Dimension deiner Begeisterung nicht ganz einfühlen. Warum ist dir als Theologe der ›Quantenozean‹ so wichtig?«
TH: »Die Anziehungskraft der ozeanischen Bilder hängt bei mir mit ihrer Bedeutung im Raum der Mythologie zusammen. Bereits als Student hat mich das alte babylonische Weltentstehungsepos in Bann

geschlagen, worin die Schöpfung der Welt durch die Tötung der chaotischen Urschlange Tiamat erfolgt. Aus ihrem entzweigeteilten Leib bildet der Gott Marduk Himmel und Erde samt allen Dingen. Neben Tiamat war auch Apsu, der unterirdische Süßwasserozean, eine uranfängliche Größe. Noch Homer nennt den Titanengott Okeanos bedeutungsvoll den Ursprung von allem; von ihm stammen alle Meere, Flüsse, Quellen, die kühlenden Winde und sogar die Götter ab. Thales, der erste ›moderne‹ Philosoph, greift dies auf, wenn er im Wasser den Urstoff identifiziert.«[64]

NW: »Gewiss beruht seine spekulative Welttheorie noch weit mehr auf mythischen Bildern als auf Naturbeobachtungen. Die moderne Kosmologie distanziert sich vehement von derartigen Spekulationen. Ich möchte dich aber mit den modernen Theorien zur Entstehung des Universums nicht verunsichern.«

TH: »Ich hoffe, wir werden noch ausgiebig über die Kosmogonie debattieren. In den antiken Schöpfungstexten fällt allerdings auf, dass es in ihnen nicht nur um die Anfänge, sondern vor allem um den Bestand und das Wesen der gegenwärtigen Welt geht. Man erfuhr den mythischen Ozean mit seiner schöpferischen und seiner bedrohlichen Macht im alltäglichen Leben, im Geheimnis der Fruchtbarkeit und im Schrecken der Überflutung. Ursprungsmythen zielen auf die Gegenwart, sie legen die Ordnung der Welt aus und weisen den Menschen ihren Ort zu.«

NW: »Es mag ein archivarisches, ein romantisches oder gar ein belletristisches Interesse sein, das dich bei den alten Mythen anzieht. Aber wir sind heute im dritten Jahrtausend! Die moderne Kosmologie gibt zwar durchaus Antworten auf alte Fragen, doch hat sie sich von ihren vorwissenschaftlichen Formen weit entfernt. Die heutige empirisch-mathematische Verfahrensweise unterscheidet sich grundsätzlich von den früheren Intuitionen. Zwischen der Quantentheorie und den Chaoswassern der alten Ägypter und Babylonier klaffen Abgründe!«

TH: »Gewiss, jedes Mal, wenn ich aus dem Bordfenster schaue, wird mir von neuem der Abstand der Zeiten bewusst. Wie hat sich der mittelalterliche Sphärenkosmos in die Unendlichkeit des Universums hinein aufgelöst! Aber es gibt neben dieser Diskontinuität auch das Phänomen der Wiederkehr alter Einsichten. Die klassische griechische Verneinung des leeren Raumes, der *horror vacui*, wird heute wieder bestätigt. So glaube ich, dass auch ältere Sichtweisen von der göttlichen Erhaltung der Welt heute wieder mehr Beachtung verdienen.«

NW: »Erhaltung der Welt? Gehst du davon aus, dass es äußerer, transzendenter Größen bedarf, um das Universum oder die Materie zu erhalten?«
TH: »Ich gehe zunächst von einem historischen Befund aus. Zahlreiche mythologische Kosmologien kreisen um Bewahrung der Welt vor Chaos und Zerfall, die durch göttliche Mächte fortgesetzt geleistet wird. Im Lauf der antiken Religionsgeschichte beginnt sich dies zu ändern. Bereits im priesterlichen Schöpfungsbericht der Bibel ist der Weltbestand durch die unerschütterliche, kontinuierliche Präsenz Gottes gewährleistet: Gott hat ein für allemal die Fundamente der Welt gelegt, und es bedarf keiner unablässigen Zurückdämmung chaotischer Mächte mehr. In der platonischen Philosophie hat der Kosmos an der göttlichen Ewigkeit und Beständigkeit teil. Die Naturwissenschaft der frühen Neuzeit kommt schließlich ganz ohne Gott aus.«
NW: »Allerdings! Laplace soll Napoleon auf die Frage, welche Rolle Gott in seinem Weltsystem spiele, geantwortet haben, dass er dieser Hypothese nicht bedürfe. Die Welt erhält sich selbst. Wie die Trägheit unseres Raumschiffs seine momentane Bewegung fortführt, geht der Prozess der kosmischen Entwicklung von selbst weiter.«
TH: »Immerhin hat gerade Newton, der Begründer der modernen Physik, Gottes Wirksamkeit in der Gravitation geortet. Die heutige Physik bindet die Gravitation an die Raumkrümmung. Newton postuliert dagegen die Notwendigkeit einer ständigen Erhaltung der Schwerkraft, damit das Universum nicht in chaotische Unordnung und Unbeweglichkeit zerfällt. Gott wirke unablässig in Raum und Zeit. Das Uhrwerk der Schöpfung müsse immer wieder gewartet werden.«
NW: »An diesem Punkt ist die Wissenschaft deutlich über Newton hinausgekommen. Spätestens das 19. Jahrhundert hat erkannt, dass die Weltenuhr exzellent funktioniert und keiner weiteren Eingriffe von Seiten des kosmischen Uhrmachers bedarf. Das 20. Jahrhundert hat schließlich auch das mechanistische Modell einer Uhr verworfen und gelernt, dass komplexe Gebilde wie Wirbelstürme, Sterne, chemische Muster, Lebewesen und Gesellschaften sich selbst bilden können ohne äußere Ordnungsmacht.«
TH: »Am Faktum der Selbsterhaltung der Welt lässt sich offenbar trotz der Autorität Newtons nicht rütteln. Mein Interesse an der Entdeckung des Quantenozeans ist ein anderes. Anscheinend lebt unsere makroskopische Welt aus einer geradezu unendlichen Quelle, die allem realen Sein zugunde liegt.«

NW: »Willst du diesen Hintergrund mit Gott gleichsetzen?«
TH: »In diese Falle begebe ich mich bei aller Sympathie für pantheistische Ideen nicht freiwillig. Die Dinge verhalten sich komplizierter. Ich bin einmal mehr auf der Jagd nach bedeutungsvollen Analogien. Ein guter alter Strom theologischer Tradition versucht die Welt als Gleichnis Gottes zu lesen.[65] Gibt es eine kosmologische Spielart dieser Lektüre? In derselben Weise, wie das Universum auf einem Ozean virtueller Energie ruht und von ihm durchdrungen ist, wird die Schöpfung von Gott getragen und durch ihn erhalten.«
NW: »Die Gleichung geht nicht auf: Das Vakuum *ent*hält zwar das Universum, aber *er*hält es nicht. Das Universum braucht keine Existenzsicherung von außen. Der Erste Hauptsatz der Thermodynamik besagt, dass die Energie nicht untergehen kann.«
TH: »Zugestanden! Stell dir aber nun einen extrakosmischen Dämon vor, der das gesamte Vakuum austrinkt. Könnte das Universum dann noch für sich existieren?«
NW: »Nein, es müsste mit dem Vakuum zusammen sogleich auch verschwinden.«
TH: »Insofern ergibt sich eben doch eine interessante Analogie. In der theologischen Kosmologie bewahrt Gott die Schöpfung als ganze durch sein fortgesetztes Erschaffen von Raum und Zeit. Ohne seine unaufhörliche Arbeit zerfiele die Welt augenblicklich. In der physikalischen Kosmologie ist das Universum in das wogende Vakuum als seinem Nährboden eingelassen. Lass mich die beiden Perspektiven ineinander blenden. Der wallende Ozean an den Fundamenten des Universums spiegelt die überschäumende Kreativität des göttlichen Grundes wider, aus dem die Schöpfung ihr Sein fortwährend empfängt.«
NW: »Du fischst im Quantenozean wieder nach Analogien! Aber Vorsicht: Der scheinbar wilde Tanz der Quanten unterliegt überaus strengen Gesetzen. In der makroskopischen Welt der Teilchen, der Atome, Moleküle und Lebewesen wirkt sich dieses Fluktuieren kaum aus. In unserem Raumschiff schlägst du im schwerelosen Gleiten deinen Kopf nur an Verstrebungen aus realen Teilchen an. Die virtuellen Teilchen spielen in unserer Wirklichkeit ein Schattendasein.«
TH: »Das kommt meiner Intention sogar entgegen. Das fortgesetzte göttliche Schöpfungswirken ist in der Welt ja auch nicht direkt greifbar. Die Substanz der Dinge mutet kompakt an. Zukunft, Gegenwart und Vergangenheit scheinen so fest verkettet zu sein, dass nirgendwo eine geheimnisvolle Lücke für Gottes Wirken auszumachen ist. Und

doch klafft in religiöser Perspektive unter dem scheinbar straffen Gewebe des Wirklichen das Nichts, in das hinein Gott die Fäden ständig auflöst, um sie wieder neu zu verknüpfen. Gott erhält seine Schöpfung durch fortgesetztes neues Schaffen. Wenn nun bereits die harte Materie der Physik einem unablässigen Fluktuieren unterliegt, ohne dass sie ihre Identität verliert, um wie viel mehr gilt dies für die von Gott fortlaufend erhaltene Schöpfung!«

NW: »Das ist ein starkes Stück! Einerseits greift Gott in deiner Sichtweise nicht mehr so in die Welt ein, dass ihn die Wissenschaft zu fassen bekäme. Du verriegelst also freiwillig die Hintertüren, die man ihm bisher noch offen gehalten hat. Andrerseits führst du ihn dreist wieder durch das Hauptportal des Weltganzen ein, wenn du ihn zum unverzichtbaren Welterhalter erkürst, und berufst dich dabei erst noch auf die neueste Physik.«

TH: »Es wäre schlechte Theologie, würde sie Gott nur noch diejenigen Orte zuweisen, in denen die Wissenschaft noch keine hinreichenden Erklärungen anzubieten hat. Gott geriete zum Lückenbüßer und sein Spielraum würde mit jedem Fortschritt der Wissenschaft enger. In religiöser Perspektive verhält es sich umgekehrt: Gott erfüllt alles; sein Glanz manifestiert sich gerade auch dort, wo die Wissenschaft nichts davon zu sehen bekommt, sondern jegliches mit natürlichen Gesetzmäßigkeiten erklären kann.«

NW: »Wozu bemühst du dann die Physik?«

TH: »Mir geht es um die Wahrnehmung der Welt als Schöpfung. In dieser Innenperspektive auf den Kosmos rückt auch das ins Gesichtsfeld, was die Naturwissenschaften aus ihrer Außenperspektive zu beschreiben versuchen.«

NW: »Da sind wir wieder bei deinem ›dritten Auge‹ angelangt. Aber was hat es denn nun mit den Gleichnissen zu tun? Sieht das ›dritte Auge‹ mittels Analogien?«

TH: »Du spielst mir ein schönes Bild zu, sozusagen ein weiteres Gleichnis. Auch das ›dritte Auge‹ bekommt Gottes Wirken nicht unmittelbar zu sehen. Aber die Schöpfung ist voll von Spiegeln, in denen das göttliche Licht aufblitzt. Vielleicht war die Welt am Anfang ein einziger vollkommener Spiegel, der dann in tausend Fragmente zerbrach. Sie alle reflektieren in ihrer Weise das eine göttliche Licht. Die Entsprechungen, nach denen ich fische, sind solche Spiegelstücke.«

NW: »Auch hier könntest du wieder auf modernste Kosmologie zurückgreifen. In den ersten Sekundenbruchteilen des Ursprungs herrschten perfekte Symmetrien zwischen den elementaren Naturkräften, die alsbald zerbrachen. Aber ist es wirklich sinnvoll, derart abstrakte Theoriengebilde wie die Quantenfeldtheorie oder die Symmetriegesetze als Gleichnisse zu bemühen? Jesus hat meines Wissens von einfachen Dingen gesprochen.«

TH: »Gewiss, seine Welt war die der Bauern und Fischer Palästinas. Die vergängliche, so schnell dahinwelkende Schönheit der wilden Lilien spiegelte für ihn etwas von der überströmenden Herrlichkeit Gottes.[66] Aber warum sollte sich diese Gleichnisfähigkeit der Schöpfung für Gott nicht auch auf die wunderbaren Einblicke erstrecken, die uns komplizierte Teilchenbeschleuniger und im Weltall stationierte Teleskope ermöglichen? Mich haben die Bilder von NGXT, dem Nachfolger des Hubble-Teleskops, schon früh begeistert. Ich habe die Reserve gegenüber naturwissenschaftlichen Erkenntnissen, die manche meiner theologischen Lehrer an den Tag legten, nie verstanden. Sie wollten nur dem alltäglichen Augenschein trauen, nicht aber der distanziert verfahrenden Wissenschaft. Diese Aufspaltung der Wirklichkeit ist mir suspekt.«

NW: »Andrerseits bist auch du an Anschaulichkeit und Vorstellbarkeit unserer Erkenntnisse interessiert. Das Problem besteht ja darin, dass es ein langer und verschlungener Weg ist, der von technisch anspruchsvollen Versuchsanordnungen und von komplizierten mathematischen Beschreibungen zu illustrativen Weltbeschreibungen führt. Das Bild des kosmischen Quantentanzes ist wirklich nur eine Annäherung an das, was sich kaum in Sprache und Bilder übertragen lässt.«

TH: »Das Problem stellt sich auch in der Theologie. Will sie von Gott reden, sieht sie sich mit den unüberschreitbaren Grenzen der begrifflichen Sprache konfrontiert. Dennoch will sie Gott nicht einfach im Unsagbaren und Undenkbaren versinken lassen. Mit Hilfe von Metaphern und Gleichnissen wagt sie es, vom unsagbaren Gott zu reden. Mir liegt hier viel daran, dass diese Sprachformen mehr sind als nur rohe Krücken und dürftige Ersatzmittel.«

Das Gespräch endet leider mit diesen grundsätzlichen Bemerkungen beider Hermenauten über die Unanschaulichkeit ihrer wissenschaftlichen Objekte. Da das Gespräch vorher auf eine klassische wissenschaftsgeschichtliche Auseinandersetzung angespielt hat, fügen wir im Folgenden einen knappen Abriss der Debatte zwischen Newton und Leibniz an.[67]

Der Gott des Werktages und der Gott des Sabbats

Im frühen 18. Jahrhundert kam es zu einem Kampf zwischen zwei Titanen des Geisteslebens, zwischen Sir Isaac Newton, dem Begründer der klassischen Physik, und Baron Gottfried Wilhelm Leibniz, dem Universalgelehrten und Philosophen. Beide gelten als Erfinder der Infinitesimalrechnung, um deren Entdeckerprimat sie einen erbitterten Streit führten. Zwei scharf geschiedene theologische Ansätze treffen dabei aufeinander: Newtons Gott arbeitet in der Welt wie der biblische Schöpfer im Sechstagewerk, Leibnizens Gott aber hat sein Werk vollendet, indem er die beste aller möglichen Welten erschuf, und ruht am siebten Tag (allerdings erhält und bewahrt auch er sie noch als ganze). In einem Brief an die Prinzessin von Wales äußert Leibniz sein Missfallen über die Lehre des Herrn Newton und seiner Anhänger, wonach Gott die Weltuhr von Zeit zu Zeit säubern und neu aufziehen müsse, da er ihre Funktionsweise nicht von Anfang an vollkommen zu machen verstand. Newton regt daraufhin seinen getreuen Anhänger Samuel Clarke, Hofprediger in London, zu einem Gegenangriff an. Es kommt zu einem ausgedehnten, immer heftiger werdenden Briefwechsel, der auch auf das Freiheitsverständnis, auf die Wunderproblematik sowie auf das Verhältnis Gottes zu Raum und Zeit ausgreift. Clarke, der Sprecher Newtons, unterstellt Leibnizens Konzeption einer vollkommen geordneten Welt, dass Gott damit aus der Welt verabschiedet und dem Atheismus ein Tor aufgetan werde. Die Auseinandersetzung konzentriert sich besonders auf den Stellenwert der Gravitation. Für Newton ist die Ursache der Schwerkraft nicht in der Materie selbst, sondern in einer nicht-physikalischen, geistigen Kraft zu suchen. Verhüllt deutet er an, was seine Anhänger dann lautstark verkünden: Die Gravitation ist ein Beweis für das Dasein Gottes. Gott müsse dereinst in ferner Zeit den Zerfall des Sonnensystems verhindern. Leibniz stellt demgegenüber fest, dass es dem Newton'schen Gott offenbar so sehr an Voraussicht gebreche, dass er »von einem Tag zum andern lebt«, wo er doch in Wirklichkeit für alles im Voraus gesorgt hat.

Das Spannende an der Debatte ist eine seltsame Verkehrung der Fronten, die sich in der Folge einstellen sollte: Newton bekam zwar mit seinem mechanischen Verständnis der physikalisch beschriebenen Welt Recht, während Leibniz noch mit antiken und scholastischen Denkfiguren arbeitete. Sobald aber die Gravitation zu einer rein physikalischen Größe wurde, musste sich der werktätige Gott Newtons in diejenige überweltliche, untätige Position zurückziehen, die ihm Leibniz reserviert hatte. Fortan bedarf die Weltenuhr keiner weiteren göttlichen Serviceleistung mehr!

Warum so unbestimmt?

In den persönlichen Dateien von NW hat die IASA-Untersuchungskommission auch ein seltsames Fragment zum Thema der quantenmechanischen Unbestimmtheit gefunden. Vielleicht ist es der abgebrochene Versuch eines Kartengrußes. Als Tagebucheintrag wirkt es zu unpersönlich, doch scheint sich NW intensiv mit diesen Fragen auseinander gesetzt zu haben. Das Textfragment verstehen wir als Protokoll einer physikalischen »Meditation«.

Die klassischen Physiker des beginnenden 20. Jahrhunderts, allen voran Einstein, empfanden die Unschärfe der Quantentheorie als groben Makel. Die Unbestimmtheit verhindert exakte Voraussagen und zerstört das Bild des kosmischen Uhrwerks. Warum ist die Welt so wie sie ist? Hat die Unbestimmtheit vielleicht einen Zweck? Was wäre das Universum ohne die Unbestimmtheit der Quantenwelt? Gibt es dahinter einen kosmischen Plan? Physiker interessieren sich meistens nur für das *Wie*. Fragen wir doch einmal, *warum* erst eine Messung die Wirklichkeit hervorbringt!

Zur Quantenmechanik gehört auch die ebenso verrückte Eigenschaft der Nichtlokalität der Quantenwelt. Betrachten wir zum Beispiel ein Pion, ein subatomares Teilchen, das in ein Elektron und sein Antiteilchen, ein Positron, zerfällt. Beim Zerfall fliegen die beiden Partikel in entgegengesetzte Richtungen, und beide rotieren um sich selbst. Ihr Spin muss sich zu null summieren, weil ein Pion immer den Spin null besitzt und dieser erhalten bleibt. Ist also der Spin des Elektrons bezüglich einer bestimmten Richtung im Uhrzeigersinn, muss jener des Positrons im Gegenuhrzeigersinn sein, wo immer im Universum es sich befindet. Die beiden Teilchen sind »verschränkt«, und ihre Wahrscheinlichkeiten sind ineinander verzahnt. Kenne ich die Eigenschaft des einen, dann auch die des andern. Elektron und Positron bleiben auf eine rätselhafte Art miteinander verbunden und bilden eine *nichtlokale* Einheit.

Wie jede Quantenzahl ist der Spin nun aber unbestimmt, bis man ihn misst. Beobachte ich hier bei Saturn den Spin des einen Teilchens, kollabiert dessen Wahrscheinlichkeitsverteilung auf einen bestimmten Wert. Im selben Augenblick wird aber auch der Spin des Zwillings, der sich zum Beispiel auf der Erde befindet, festgelegt. Ob man ihn nun gerade misst oder nicht, sein Spin wird in diesem Augenblick aus der Quantenunbestimmtheit befreit. Von diesem Augenblick an ist der Spin »scharf«, und das irdische Teilchen verhält sich entsprechend. Meine Messung hier hat demnach eine Wirkung auf der Erde, die sich schneller als das Licht dorthin begeben hat.

Telekommunikation in Überlichtgeschwindigkeit?

Wie praktisch wäre es doch, wenn wir uns mit den Erdbewohnern unterhalten könnten, ohne immer zweieinhalb Stunden auf die Antwort warten zu müssen. Die Hoffnungen, die Quanteneigenschaft der Nichtlokalität für die Kommunikation anzuwenden, haben sich leider zerschlagen. Es wäre zu schön.
Oder vielleicht auch nicht! Im kosmischen Spiel von Ursache und Wirkung spielen Kräfte die Hauptrolle. Sie werden durch Feldquanten, also Photonen, Gluonen, W- oder Z-Bosonen, übertragen, die sich höchstens mit Lichtgeschwindigkeit bewegen. Sogar die Gravitation hält sich an diese Regel. Die Kausalität des ganzen Kosmos beruht auf der begrenzten Signalgeschwindigkeit. Mit sofortigen Wechselwirkungen wären Ursache und Wirkung gleichzeitig und könnten nicht unterschieden werden. Es ist der Kern von Einsteins Relativitätstheorie, dass Kausalität nicht möglich ist, wenn für einen Beobachter zwei Ereignisse gleichzeitig sind. In einem Raumschiff, das sich mit Überlichtgeschwindigkeit bewegt, könnte sich sogar die Abfolge von Ursache und Wirkung umkehren. Das wunderbare Spiel der kosmischen Entwicklung würde mit instantaner Informationsübertragung arg durcheinander gebracht und wäre nicht denkbar. Die Verbindung durch die Verschränkung ist jedoch so schwach, dass sie das Kausalitätsprinzip nicht zu stören vermag.
Es ist nun genau die Unbestimmtheit der Quantenmechanik, welche verhindert, dass die nichtlokale Ganzheit zur Kommunikation missbraucht werden kann. Ich könnte zum Beispiel im Saturnsystem versuchen, den Spin des Elektrons zu beeinflussen, um damit eine Botschaft auf das verschränkte Positron auf der Erde zu übermitteln. Dazu müsste ich das Elektron irgendwie manipulieren und in eine gezielte Richtung bringen. Mit meiner Einflussnahme verliert sowohl das Elektron wie auch sein Zwilling die Quantenunbestimmtheit. Sie sind nicht mehr miteinander verschränkt und zur Kommunikation unbrauchbar geworden. Die nichtlokale Ganzheit des Zwillingspaars besteht nur unter dem Mantel der Unbestimmtheit.

Die quantenmechanische Unbestimmtheit muss ein zentraler Teil des kosmischen Designs sein. Infolge der *Relativitätstheorie* und der endlichen Ausbreitung der Kraft löste sich in unserem Weltbild das Universum in einzelne Partikel auf, die voneinander isoliert sind, aber in Wechselwirkung stehen. Die *Quantenverschränkung* verbindet diese individuellen Einzelpunkte wieder zu einem Ganzen. Beides ist nur vereinbar dank der quantenmechanischen *Unbestimmtheit*.
Nichtlokalität kann nicht nur zwischen zwei Teilen vorkommen. Der typische Quantenzustand einer Gruppe von vielen Teilchen hat meistens nichtlokale Eigenschaften. Man könnte sich nun fragen, welche Teile des Universums verschränkt sind und eine Einheit bilden. Doch die Reduktion auf Einzelteile war in der Physik bisher sehr erfolgreich und kann nicht völlig falsch sein.
Vor kurzem hat TH nach den quantenmechanischen Grundlagen von mystischen Ganzheitserfahrungen gefragt. Ich bin ihm ausgewichen, da die Esoterikerinnen und Telekineten schon seit Jahrzehnten darüber phantasieren. Wer weiß aber schon genau, was sich alles in den hochmolekularen Vorgängen des menschlichen Gehirns abspielt? Den weiten Weg von der Verschränkung zweier Elementarteilchen zu den neurophysiologischen Prozessen der Biophysik hat die Naturwissenschaft noch fast ganz vor sich.
Wunderbar genug erscheint mir, wie subtil die Unbestimmtheit der Quantenwelt die harten Gegensätze von endlicher Lichtgeschwindigkeit und Nichtlokalität versöhnt und einen Widerspruch verhindert. Deshalb also die Unbestimmtheit! Die Koexistenz von Relativität und Quantenverschränkung folgt zwar nicht zwingend aus den Grundgleichungen, aber nur so ergeben die beiden physikalischen Fundamentaltheorien einen Sinn.

Physik oder Mystik?

Das folgende Fragment eines abendlichen Gesprächs kreist wie der anschließend verfasste Nachtbucheintrag um den Zusammenhang von religiöser Erfahrung und neuerer Physik. Zwar scheinen sowohl der Theologe wie der Physiker der »weichen« Auslegung quantenphysikalischer Sachverhalte, wie sie seit den 70er Jahren des 20. Jahrhunderts in New Age und Esoterik aufkam, distanziert gegenüberzustehen. Dennoch ist die verhaltene Sympathie von TH für eine »mystische« Interpretation der Quantenphysik schwer zu übersehen, während NW seine Distanz überaus deutlich markiert.

NW: »Nun haben wir uns weit von den Gleichungen der Quantenphysik entfernt! Seinerzeit war es mir höchst unbehaglich zumute, als New Age-Begeisterte kühn ein Gemisch von fernöstlicher Weltschau und ausgewählten Elementen der damaligen Teilchenphysik zum ›Tao der Physik‹ emporstilisierten. Man ließ sich hier verführen von einem recht zufälligen Gleichklang zweier Konzeptionen, die ganz verschiedenen Zusammenhängen entstammen.«[68]
TH: »Mir waren die Jünger des Quanten-Taos auch suspekt. Für einen Augenblick möchte ich mich aber doch zum Anwalt ihrer Sache machen. Ist es nicht denkbar, dass die Weisen des Fernen Ostens kraft ihres durch jahrzehntelange Meditation geschulten Geistes zu einer unmittelbaren Einsicht in die Tiefendimension der Wirklichkeit gelangten, die heute von der neuzeitlichen Wissenschaft auf ganz anderem Weg entdeckt wird? Wenn man vom Axiom einer Einheit der Wirklichkeit ausgeht, dann darf man grundsätzlich mit derartigen Konvergenzen rechnen.«
NW: »Gewiss, wenn der tibetanische Eremit, der tanzende Derwisch und der experimentelle Physiker ein und dieselbe Wahrheit zelebrieren, so ergibt sich ein wunderschönes Bild. Wäre es wahr, könnten wir uns viel Geld und Mühe sparen. Die enorm teuren Teilchenbeschleuniger der jüngsten Generation wären ganz unnötig gewesen! Man hätte anstelle des ›Large Hadron Collider‹ des CERN in Genf ein Meditationszentrum bauen können. Ich fühle mich durch diese vorschnelle Verbrüderung vereinnahmt. So wenig ein Botaniker je einen Planeten finden wird, so wenig dürfte ein Yogi das Vakuum mit seinen virtuellen Teilchen entdecken.«
TH: »Es geht bei den Erfahrungen von Mystikern sicher nicht um objektivierbares Wissen. Insofern zielt dein Einwand der überflüssigen Teilchenbeschleuniger ins Leere. Aber ich frage nochmals: Warum sollte der menschliche Geist nicht in einen unmittelbaren Kontakt treten können mit dem, was der Wirklichkeit zugrunde liegt? Ich denke an ein intuitives Gewahrwerden des Seins, das die Wirklichkeit noch nicht aufspaltet in voneinander separierte Gegenstände. Kommt die heutige Physik nicht zum Schluss, dass sich die Natur letztlich nicht in isolierte Objekte auftrennen lässt? Die Versenkungspraxis fernöstlicher Buddhisten zielt auf eine nichtdiskursive Kommunikation mit dem Sein, die hinter die Dualität von Subjekt und Objekt zurückführt.«

NW: »Man sollte sich bei der Deutung quantenmechanischer Sachverhalte hüten vor begrifflicher Vernebelung. Es ist zwar richtig, dass im Experiment das beobachtete Objekt und der Beobachter ein zusammenhängendes System bilden. Unser Gegenstand ist nicht die Natur an sich, sondern die Natur, die einer bestimmten Fragestellung ausgesetzt ist. Aber die so gewonnenen Beobachtungen erfolgen in einer bestimmten Messanordnung mit raffinierten Apparaten, und sie werden durch einen äußerst präzisen Formalismus interpretiert. Das alles hat kaum etwas zu tun mit poetischen Aussagen religiöser Texte und gar nichts mit diffusen Behauptungen holistischer Schwärmer. Im Übrigen hat mich die Begeisterung für östliche Spiritualität, die in regelmäßigen Wellen den Westen ergreift, nie gepackt. Umso weniger kann ich begreifen, warum du dich als traditionsbewusster Abendländer in diesen Zaubergarten begibst.«
TH: »Bleiben wir bei der Kosmologie. Ich habe dafür plädiert, dass Gott den Fortbestand der Welt und ihrer Gesetze in einem ununterbrochenen Erschaffen aus dem Nichts gewährleistet. Alles sinkt fortlaufend in das Nichts zurück und wird aus ihm erneut ins Sein gerufen. In der meditativen Versenkung berührt mich ein Hauch von diesem unablässigen Schöpfungsgeschehen. In jedem Atemzug habe ich teil am großen Zerfallen und Neuwerden. Vordergründig scheint die Welt zwar stabil und fest gefügt zu sein. In der Übung des konzentrierten ›Sitzens‹ verflüssigt sie sich.«
NW: »Läuft das nicht darauf hinaus, die Welt überhaupt zur Illusion zu erklären? Ist sie denn nur Schein? Die Quantenphysik schränkt die Instabilität der Teilchen auf extrem kleine Zeitabstände ein, und zwar umso kürzer, je größer die Energie der Fluktuation ist. Die reale Wirklichkeit großräumiger Objekte, also unserer makroskopischen Welt, wird davon überhaupt nicht tangiert.«
TH: »Mir liegt gar nichts daran, die relative Stabilität unserer Welt zu leugnen. Ich bin zu sehr Abendländer, als dass ich sie nur noch als Blendwerk und als Schleier erfahren würde. Rütteln möchte ich aber an der Stumpfheit, mit der wir der Wirklichkeit begegnen. Wir geben dieser ganz selbstverständlich den Status eines fraglos Vorhandenen. Wir sperren sie in das Gefängnis isolierter Objekte und kompakter Substanzen ein und behandeln sie dementsprechend. Zwischen der Wirklichkeit und uns selbst senkt sich tatsächlich ein Schleier nieder.«
NW: »Da will ich nur hoffen, dass du nicht auch noch den Schleier bemühst, der die Quantenwelt verhüllt. Ein enthusiastischer Feuille-

tonredaktor hat diesen sogar einmal mit der altindischen *Maya*, dem illusionären Blendwerk der Erscheinungswelt, gleichgesetzt.«
TH: »Nicht einmal die entrückte Sphäre Saturns könnte mich zum Quantenchaoten machen, der kopflos nach allem hascht, was aus der Ferne ähnlich aussieht!«
NW: »Ich bin froh, dass wir uns beide zur aufgeklärten Rationalität bekennen. Mir fällt aber auf, dass du dich auf persönliche Erlebnisse berufst, in die ich mich nicht einfühlen kann. Wie gelangst du von meditativen Zuständen zu kosmologischen Hypothesen? Versuchst du, subjektive Erfahrungen zu extrapolieren in Weltbilder, die objektive Geltung beanspruchen?«
TH: »Diesmal ist mein Anliegen bescheidener. Mir schwebt das Bild zweier Bohrmannschaften vor, die sich von den entgegengesetzten Seiten des Berges in das Innere vorarbeiten und sich in der Mitte treffen. Da ist der nach innen führende Weg des spirituellen Übens: In der Versenkung erfahre ich mich als gehalten über einem Abgrund. Mit Hingabe und Bewusstsein nehme ich teil an einer unablässigen Bewegung von Entwerden und Neuwerden. Darin erfahre ich Wirklichkeit. Dort ist der auf die äußere Welt gerichtete Weg der experimentellen Physik. Mit Erstaunen und Freude nehme ich zur Kenntnis, dass man auf beiden Wegen zu ähnlichen Einsichten gelangt. Ob sich die Bohrmannschaften nun wirklich treffen oder ob sie aneinander vorbeigraben, weiß ich nicht.«
NW: »Ich befürchte, sie verfehlen sich nicht nur um eine Handbreite. Vielleicht graben sie in verschiedenen Bergen. Vom naturwissenschaftlichen Standpunkt aus gesehen gibt es nicht die geringsten Anzeichen für eine andauernde Instabilität des Universums, die durch externe Faktoren jeweils zu beheben wäre. Das Universum ist sogar im Hinblick auf die fundamentalen kosmischen Konstanten erstaunlich stabil. Die Werte der elementaren Kräfte scheinen sich seit frühester Zeit kaum nennenswert geändert zu haben. Dasselbe gilt für die Grundwerte im ganzen Kosmos. Die Trägheitsbewegung von Körpern bedarf keiner außerkosmischen Stützung, sondern gehorcht allein den Gesetzen der klassischen Mechanik. Etwas ganz anderes ist natürlich die persönliche Einstellung zur Welt und zum eigenen Leben. Hier hat Staunen sicher seine Berechtigung. Die Frage ist lediglich, ob man aus dieser Haltung weit reichende spekulative Schlüsse ziehen darf.«
TH: »Immerhin hat auch der Weg des mentalen Trainings mit Quantenprozessen im Gehirn zu tun. Kosmische und psychische Welt greifen ineinander.«

NW: »Ich fühle mich äußerst unangenehm. Merkst du es auch: Es ist in der Bordmesse fast so feucht geworden wie in einem türkischen Bad. Offenbar funktioniert der Hygrostat nicht richtig. Ich muss ihn dringend justieren.«

Normalerweise wird die Luftfeuchtigkeit in den Wohn- und Biozonen der HERMES TRISMÉGISTOS automatisch reguliert. Ein Raumschiff stellt ein nahezu geschlossenes System dar. Menschen und Pflanzen verdunsten Wasser, das fortlaufend aus der Kabinenluft entfernt und anschließend rezykliert wird. Ein langer Nachtbucheintrag von TH führt die offenkundig festgefahrene Diskussion mit NW auf eine eigenartige Weise weiter.

Unsere Mutter, die du bist in der Tiefe: Aus dem Nachtbuch von TH (21. April)

Manchmal bin ich schon etwas neidisch auf unsere Kolleginnen und Kollegen, die jetzt den Saturnmond Titan umkreisen und das Landungsmanöver hoffentlich bald einleiten werden. Den eigenen Fuß auf einen anderen Himmelskörper zu setzen, muss ein ungeheures Erlebnis sein. Ich male mir gern die Exkursionen aus, welche die Gruppe mit ihrem Raupenfahrzeug unternehmen wird. Einige markante Aussichtspunkte stehen auf dem Programm. Welch exotisches Abenteuer: Bergsteigen auf dem größten Saturnmond! Gespannt warte ich auf die Fahrt an die Küste, wo unseren Kollegen vielleicht die Brandung des Methanozeans entgegendonnern wird – ein Ozean mit bizarren Äthaneisbergen, unter einem dunkelroten Himmel, an dem die Sonne nur als schwacher, diffuser Leuchtkörper auszumachen ist.

Saturns Tränen

Das Unbekannte lockt mit Sirenenklängen! Die Bilder von ORPHEUS haben den orangen Dunstschleier, der über dem geheimnisvollen Mond ausgebreitet ist, nur streckenweise lüften können. Tief unter uns träumt eine verborgene Welt. Regt sich in ihr schon der Keim eines urtümlichen Lebens?
Meine angeregte Einbildungskraft gleitet von Titans dichtem Dunstschleier zum unauflöslichen Schleier, der über die gesamte Quantenwelt gebreitet ist. Unsere letzten Gespräche über den Quantenozean und die seltsamen Gesetze, die in dieser basalen Welt herrschen, hal-

len in mir nach. Antiker Überlieferung zufolge soll das Meer aus Saturns Tränen entstanden sein.[69] Eine alte gnostische Schule identifizierte Kronos-Saturn mit der Kraft des Abgrunddunkels und dem Wallen der Urwasser – eine Kraft, »die das Bleibende trägt, das Zitternde zusammenhält, das Kommende entbindet«.[70]

Und der Atem Gottes bewegt sich über den Wassern

Ich hole tief Atem. Wie gut, dass die Biozone der HERMES TRISMÉGISTOS frische, sauerstoffreiche Luft erzeugen kann! Erinnerungen an zahlreiche Retraiten werden in mir wach, worin ich zusammen mit anderen Wahrheitssuchern von einem alten japanischen Zenmeister in die Technik der Meditation, des ›Sitzens‹, eingeführt wurde. Wir übten es, die Aufmerksamkeit wegzulenken von den unstet umherschwirrenden Gedanken hin zu jener Urbewegung des Lebens, die da unablässig in unserem Leib vor sich geht: zum Atmen. In ihm sei die ganze Fülle des Lebens gegenwärtig. Vor allem machte uns der Meister auf das Mysterium des Ausatmens aufmerksam, auf die bewusste Bewegung des Loslassens, hinunter in die Leibestiefe. Im Entlassen des Atems würden wir in den Ursprung einkehren. Ausatmen – entwerden, sich der Tiefe anvertrauen, Verflüssigung der kristallisierten Formen.
Wie eigenartig: Die Mühen unserer Expedition, das beschwerliche Aufsuchen Titans und seines Meers, all dies Suchen in der Ferne lenkt den Blick weg vom Allernächsten, von der Bewegung, in der ich ständig mit der Großen Tiefe kommuniziere: dem Atmen! Ausatmend gebe ich mich in ein Nichts hin, einatmend empfange ich mich wieder aus einem Nichts. Im ›Sitzen‹ lasse ich mich ein auf eine Bewegung des Sterbens und Auferstehens.

Go East

Es ist immer wieder aufgefallen, dass sich die modernen quantenphysikalischen Beschreibungen mit Denkformen des Fernen Ostens vergleichen lassen. Bereits Niels Bohr hat sich bei seiner Adelung das chinesische Symbol der beiden komplementären Urkräfte von Yin und Yang für sein Wappenschild ausgesucht. Andere denken bei der Unschärferelation an das buddhistische Prinzip der Nichtobjektivierbarkeit. Vor allem erinnert das physikalische Vakuum an die grundlegende buddhistische Konzeption der ›Leere‹, wonach den vielfältigen bunten Erscheinungen der Welt ein ›Nichts voller Fülle‹ zugrunde liegt. Gibt es einen verborgenen Zusammenhang mit der Erkennt-

nis der Physik, wonach Materie und Energie als Anregungszustände des allgegenwärtigen Vakuums zu gelten haben?
Vor einer Woche habe ich mit NW über den Stellenwert der Analogien zwischen religiösen Erfahrungen und naturwissenschaftlichen Sachverhalten gesprochen. Ich fühlte mich geradezu an den mittelalterlichen Universalienstreit erinnert (*in dem es um den Realitätscharakter der allgemeinen Begriffe des menschlichen Denkens ging; Red.*). Dabei sympathisiere ich mit einer ›realistischen‹ Deutung: Diese Entsprechungen haben es mit dem Wirklichen zu tun, weil sie nicht erst von uns konstruiert werden, sondern gleichsam den Bauplan der Welt abbilden. Der gesamten Wirklichkeit liegt eine gemeinsame Grammatik zugrunde. NW nimmt demgegenüber die ›nominalistische‹ Position ein: Die Analogien gelten lediglich als mehr oder weniger geistreiche Spielereien. Sie verhalten sich zum Wirklichen wie willkürliche Namen zu den Dingen. Sie wären nichts als bloße Chiffren. NW würde mit Goethe sagen: Es ist »*nur* ein Gleichnis«.[71] Ich aber halte ihm das Wort eines meiner theologischen Lehrer entgegen: Es ist *sogar* ein Gleichnis! Hat die Gottheit selbst dem Kosmos Bilder und Gleichnisse ihres eigenen Wesens eingestiftet? Verdanken sich Ent*sprech*ungen dem schöpferischen Sprechen Gottes?

IM ANFANG WAR DAS VAKUUM

Angesichts der langwierigen Kartierungsarbeiten der Titan-Expedition richtete die HTM-Crew ihr Augenmerk vermehrt auf die unbemannte ODYSSEUS-Sonde. Seit Wochen durchstreifte sie die Welt der Saturnmonde und sammelte Informationen über deren Oberflächenstrukturen, vulkanische Aktivität, chemische Zusammensetzung und inneren Aufbau. Die Medien haben bisher sehr ausführlich über die Entdeckung neuer Rohstoffe berichtet und ihre mögliche Nutzung diskutiert. Trotz der zweifellos utilitaristischen Bestimmung der Sonde spornte die IASA ihre Astronauten an, vermehrt über die Resultate ihrer Grundlagenforschung zu berichten. Als öffentliche Institution muss die IASA bekanntlich Breitenwirkung erzielen und die Emotionen der Steuerzahler ansprechen. Die Begeisterung, die in den Berichten der Astronauten mitschwingt, gibt aber auch Anlass zur Vermutung, dass sich diese von den neuen Erkenntnissen mehr beeindrucken ließen als von der Aussicht auf milliardenträchtige Bodenschätze. Wir wissen nicht, ob Pflicht oder Begeisterung den Anlass zu folgendem *public outreach*-Artikel gegeben haben.

Titanengeburt: Ein Kartengruß

Hallo Erde!

Unsere Mission zum Saturn vermittelt uns unerwartete, faszinierende Blicke in die Urgeschichte des Sonnensystems. Die ODYSSEUS-Sonde hat bereits etliche der 21 Saturnmonde mit einer Auflösung von wenigen Metern abgelichtet. Die Farben und Formen geben uns einen guten Eindruck von der Geschichte der Oberfläche und lassen uns auch die Aktivität im Innern erahnen.[72] *Aus der Bahnablenkung der Sonde berechnen wir den Aufbau der Monde. Einschlagskrater zeugen von äußeren Einflüssen. Das Bild, das bei der Synthese dieser Details entsteht, zeigt uns eine uralte Eiswelt aus der Entstehungszeit des Sonnensystems, auch wenn die vier Milliarden Jahre seither manche Spuren hinterlassen haben.*

Wir blenden kurz das gesamte Sonnensystem ein: Als sich vor 4,56 Milliarden Jahren ein Materiewirbel um eine kleine Verdichtung in einer Dunkelwolke des interstellaren Raums bildete, zwang der Drehimpuls die Gas- und Staubmassen in die Form einer rotierenden Scheibe. Je mehr die Schwerkraft den gewaltigen Wirbel zusammenzog, desto mehr verstärkte er sich und desto heißer wurde es im Zentrum, wo bald die Sonne entstehen sollte. Zu dieser Zeit gab es auch kleine Verdichtungen in der Scheibe, die aus ähnlichen Fluktuationen der Dunkelwolke entstanden waren, dabei aber das Rennen gegen die schneller wachsende Ursonne verloren hatten. Aus diesem kleinen Nebenwirbel entstand die Welt Saturns.

Im Abstand Saturns von der Sonne blieben die Temperaturen niedrig genug, sodass die Eiskristalle im Staub nicht verdampften im Licht der Ursonne und nicht vom starken Wind weggetragen wurden. Die Oberflächentemperatur der Saturntrabanten erreichte den Siedepunkt des Wassers nicht und ersparte ihren Eisschichten so das Schicksal des Verdampfens – ganz im Unterschied zu den inneren Planeten, wo am Schluss fast nur noch die festen Kerne aus Silikat und Eisen übrig blieben. Im Gegensatz zu Jupiter blieb die Welt Saturns so kalt, dass selbst die eingefrorenen Methan- und Ammoniakmoleküle nicht ins All sublimierten, sondern im Eis der Monde gefangen blieben und uns heute zur Verfügung stehen. Dem Saturnwirbel blieben rund 10 Millionen Jahre zur Bildung des Planeten und der Monde. In der innersten Region konnten sich wegen der starken Schwerkraft Saturns keine Monde bilden. Dort sammeln sich noch heute Bruchstücke und Vulkanstaub des ganzen Saturnsystems zum be-

kannten Ring. Mit Ausnahme von Phoebe liegen alle Monde ziemlich genau in der Ebene des Saturnrings. Daher sind sie wahrscheinlich zusammen entstanden. Nur Phoebe, die außerhalb der Ebene und in verkehrter Richtung kreist, gehört nicht zur Familie und wurde vermutlich später eingefangen. Auch die anderen Monde unterscheiden sich erheblich voneinander; jeder scheint seine eigene Geschichte zu haben.

Titans Jugend

Titan überragt alle seine Mondgeschwister an Größe. Auch er bildete sich aus einer Materieansammlung im Umkreis seiner Bahn.[73] Durch die Kontraktion stieg die Temperatur an, sodass sich Wasser, Methan und Ammoniak verflüssigten. Die schwereren Staubteilchen aus Silikat, Eisen und anderen Elementen sanken zum Zentrum ab und bilden heute einen festen Kern. Er enthält vielleicht auch radioaktive Elemente, die wie in der Erde den Kern erwärmen. Der größte Teil der Masse Titans aber muss aus Wasser bestehen! Im Innersten ist es vielleicht flüssig, darüber türmt sich eine hunderte von Kilometern dicke Eisschicht. Unter Umständen könnten dann die aufgestauten, leicht schmelzenden Substanzen wie Methan oder Ammoniak zu Vulkanausbrüchen führen, bei denen sie wie Wasser in irdischen Geysiren ausgespien werden.

Nach der Abkühlung gefror das Wasser zu einem mehrere Kilometer dicken Eispanzer, der den ganzen Mond überdeckt. Das leichte Ammoniakgas bildete zunächst eine dichte Atmosphäre – mit einem unerträglichen Gestank! Zum Glück für unsere Titanauten hat das Ultraviolettlicht der Sonne die Ammoniakmoleküle über Jahrmilliarden hinweg fast vollständig aufgespalten. Der Wasserstoff verdampfte in den Weltraum, der Stickstoff blieb infolge Titans großer Schwerkraft erhalten und bildet den Hauptteil der Atmosphäre, genau wie auf der Erde. Wassereis bildet das »Grundgestein« der Titanoberfläche und wohl den Stoff, aus dem die mit Methanschnee bedeckten Gebirge bestehen. Über dem Wassereis froren Methanhydrate aus, darüber sammelte sich in den Niederungen flüssiges Methan und Äthan zu Meeren und Seen an. Wir können die Szenerie der Titanoberfläche überhaupt nicht vorhersagen. Ihre Landschaften müssen unvorstellbar verschieden sein von allem, was wir auf der Erde kennen. Kometen schlugen in frühen Zeiten sehr häufig ein. Die Oberflächen der anderen Monde, die nicht durch eine Atmosphäre verhüllt sind, sprechen eine nur zu deutliche Sprache. In den ersten 500 Millionen Jahren muss es zehnmal mehr Einschläge gegeben haben als in der gesamten Zeit seither. In Sekundenabständen prasselten Eiskörnchen und Kometentrümmer auf die jungen Monde nieder. Etwa einmal pro Jahrtausend krachte ein mehrere Kilometer großer Komet herab, der die Monde mehrmals beinahe zum Zerbersten brachte. Auch Titans Oberfläche ist wahrscheinlich von Kratern zerklüftet; als Relikte der

Vorzeit blieben vielleicht Gebirge aus Eisfelsen zurück, die schroff aus den Methanseen und Äzetylensümpfen herausragen.
Interstellare Dunkelwolken enthalten etwa gleich viel Kohlenmonoxid wie Stickstoff. In der Atmosphäre Titans ist Kohlenmonoxid aber stark untervertreten. Wir können uns nur vorstellen, dass sich dieses mit flüssigem Wasser zu organischen Stoffen verbunden hat. Dieser indirekte Hinweis auf flüssiges Wasser an der Oberfläche deckt sich sehr gut mit den eben erwähnten Kometeneinschlägen, die selber Wasser mitbrachten und Bodeneis zum Schmelzen brachten. Mit seinen vielen Möglichkeiten zur präbiotischen Chemie fasziniert uns das kostbare Nass Titans weitaus am meisten!

Vom Saturn mit freundlichen Grüßen, NW

Das Epos vom Ursprung

Die Landung der Titanexpedition war ursprünglich auf einen Termin kurz nach dem 11. April 2021 vorgesehen. Während das Abstiegsgefährt ORPHEUS auf seiner Bahn um den Titan kreiste, tastete das Radarsystem die Oberfläche ab, um einen geeigneten Landeplatz zu suchen. Die Kartierung der Mondoberfläche hätte eigentlich nur acht Tage dauern müssen, die halbe Rotationsperiode Titans. Wie mittlerweile bekannt wurde, traten aber Widersprüche in den Messungen auf, die zunächst nicht erklärbar waren. Die IASA wollte das Risiko einer unsicheren Landung infolge ungenauer Karten nicht eingehen. Wie die offiziellen Stellen den Tag der Landung mit zum Teil fadenscheinigen Argumenten immer wieder hinausschoben, wurde in den Medien heftig kritisiert. Der verzögerte Zeitplan schaffte Freiraum für ausführliche Gespräche und neue Themen auf der HERMES TRISMÉGISTOS.

TH: »Schon längst wollte ich einmal mit dir über den Ursprung des Universums sprechen. In den altorientalischen Weltbildern wird der Kosmos aus dem Chaos gebildet. Dies wirkt noch in der biblischen Schöpfungsgeschichte nach, wo die finstere Urflut alles erfüllte, bevor Gott das Licht ins Sein rief. Wäre es möglich, dass das ganze Universum aus dem Quantenozean entstanden ist? Konnte sich ein reales Universum aus dem Meer der virtuellen Teilchen bilden?«
NW: »Vielleicht ist das Universum so entstanden, dass zwei virtuelle Teilchen in einer Quantenfluktuation aus dem Urvakuum auftauchten, sich infolge eines Tunnelprozesses voneinander zu entfernen begannen und schließlich real wurden.[74] In quantenmechanischen

Tunneleffekten bleiben letztlich alle Erhaltungsgrößen konstant. Trotzdem war das Resultat ein neuer Quantenzustand mit unvorstellbarer Energiedichte. Dieses subatomare Mini-Universum bildete den Grundstock der Materie im Universum. Es ging nach weniger als 10^{-31} Sekunden vielleicht durch eine Inflationsphase und expandiert seither.«

TH: »Früher hast du aber darauf insistiert, dass Energie nicht zunehmen kann. Woher taucht diese immense Energie nun so plötzlich auf?«

NW: »Die Energie der Gravitation ist negativ. Sobald die beiden Teilchen ihre gegenseitige Anziehung spürten, entstand sofort auch viel negative Energie. Sie steht den positiven Energien der Massen und der Expansion gegenüber. In der Tat beobachten wir, dass die Summe aller Energien im Universum ungefähr null ist. Dies scheint ein starker Hinweis darauf zu sein, dass das Universum aus dem Nichts entstanden ist. Es brauchte keinen Input. Das Universum ist eine spontane Fluktuation des Urvakuums. Physikerkollegen haben von einem *›ultimate free lunch‹* gesprochen, von einem unverhofften Gratisessen, weil kein Energiepreis bezahlt werden muss.«[75]

TH: »Ein gefundenes Fressen zumal für die Theologie! Dass die Schöpfung eine Gestalt von göttlicher Zuwendung und Gnade sei, gehört zu ihren Grundannahmen.«

NW: »Und nicht nur dies. Im BCC *(Bible Chat Course, Red.)* hat uns die Pfarrerin einmal von der Schöpfung aus dem Nichts erzählt. Ist es nicht beachtenswert, dass die moderne Physik diesen Vorgang rein naturwissenschaftlich erklären kann?«

TH: »Die Lehre von der Schöpfung aus dem Nichts, auf die du anspielst, hat sich in der christlichen Theologie erst allmählich herausgebildet, in ihrer entwickelten Gestalt eigentlich nicht vor dem späten Mittelalter. Genau besehen steht sie aber quer zur Hypothese der Entstehung des Universums aus einer Quantenfluktuation. Das Urvakuum der Physiker mit all seinen Symmetrien und Erhaltungssätzen ist gerade nicht das Nichts, aus dem Gott souverän seine Schöpfung heraufrief.[76] Dein Vakuum ist bereits etwas Seiendes, ein brodelndes Chaos voller Möglichkeiten, in dem spontan Elementarteilchen entstehen und wieder vergehen. In historischer Perspektive entspricht es eher dem Urstoff der älteren Kosmogonien, aus dem der Kosmos auftaucht.«

NW: »Dann entspräche die moderne Konzeption eher dem vorchristlichen Orient?«

TH: »Nicht nur der Alte Orient, sondern auch griechische Kosmologien gehen von ähnlichen Annahmen aus. Selbst die antiken Juden und Christen haben einen Urstoff lange Zeit nicht ausgeschlossen. Als sie den Schöpfungsbericht philosophisch auslegten, begannen sie zwar, von der Schöpfung aus Nichts zu sprechen, ohne aber damit ein reines Nichts zu meinen. Neben der Genesis griffen sie auch auf Platon zurück, der dem ursprünglichen ›Raum‹, einer Art präkosmischer Materie, kein eigentliches Sein zuschreiben wollte.«[77]

NW: »Es ist denkbar, dass im Urvakuum schon alle Physik des späteren Universums bereitlag. Nach diesen Gesetzen lief dann die Entstehung der Materie ab. Doch gab es keine Materie und somit keine Uhren und Messlatten, womit man Zeit und Raum messen oder überhaupt erst definieren konnte. Über Zeit und Raum kann in der Physik erst nach dem Anfang des Universums sinnvoll gesprochen werden. Diese Grundelemente der Wirklichkeit entstanden im Augenblick des Anfangs.«

TH: »Schon vor dem Urknall fluktuierte also das Vakuum, es stürmte der Ur-Ozean und die Symmetrien regierten das Hin und Her der Wogen! Dann setzten Entstehen und Vergehen dieser Schaumkronen aber bereits sporadische Formen von Raum und Zeit voraus.«

NW: »Dazu kann die Physik nicht das Geringste sagen, denn von diesen präkosmischen Fluktuationen blieb absolut nichts übrig. Es gab früher einmal Spekulationen, dass einige winzige Schwarze Löcher aus dem Urvakuum entstanden und sich unter dem Einfluss der gegenseitigen Schwerkraft lawinenartig vermehrten. Die Zeit kam als eine Instabilität ins Rollen, öffnete den Raum und riss ihn mit sich zu einer Entwicklung ungeheuren Ausmaßes.«[78]

TH: »Du scheinst die eigentliche Entstehung der kosmischen Grundelemente immer mehr in die Vorgeschichte zu verlagern. Man müsste also folgerichtig die Schöpfung aus dem Nichts schon vor dem Urvakuum platzieren.«

NW: »Vor dem Urknall scheint es mir ziemlich sinnlos zu sein, von ›Vorher‹ oder ›Nachher‹ zu sprechen.[79] Derartige Spekulationen führen zu nichts.«

TH: »Meinetwegen. In der Theologie hat man gern die Zeit auch erst mit dem Entstehen der Schöpfung beginnen lassen.[80] Nicht zufällig hebt in der Genesis die Schöpfung mit der Erschaffung des Lichts an. Das Licht bringt die Zeitordnung mit sich, den Wechsel von Tag und Nacht. Aber zurück zum Urknall und den Folgen! Ich halte es für sehr bedeutsam, dass du davon ausgehst, das Universum habe sowohl einen Anfang wie eine Geschichte.«

NW: »Der Beobachtungsbefund für eine kosmische Entwicklung ist wirklich überwältigend. Schau dir den Himmel aus dem Bordfenster an. Er ist vor allem darum schwarz, weil die Galaxien nicht unendlich alt sind. Weiter entfernt als etwa dreizehn Milliarden Lichtjahre gibt es keine sichtbaren Objekte mehr, denn der Blick fällt zurück in die Zeit kurz nach dem Urknall, in der noch keine Sterne existierten. Hätte es schon immer Galaxien mit strahlenden Sonnen gegeben, wäre der Nachthimmel leuchtend hell, ähnlich wie der Sehstrahl in einem Schneesturm letztlich immer auf eine helle Schneeflocke fällt. Der dunkle Nachthimmel zeigt hingegen, dass die Sphäre der Galaxien relativ klein ist.«

Zur Übersicht über die nachfolgende Diskussion fügen wir ein Schema ein, das die im Dialog erwähnten Modelle aus der zweiten Hälfte des 20. Jahrhunderts in eine systematische Ordnung bringt. Es bietet bei weitem keine vollständige Auflistung aller modernen Weltmodelle, aber skizziert die Ausgangspunkte für alle Weiterentwicklungen seit der Wende zum 21. Jahrhundert.

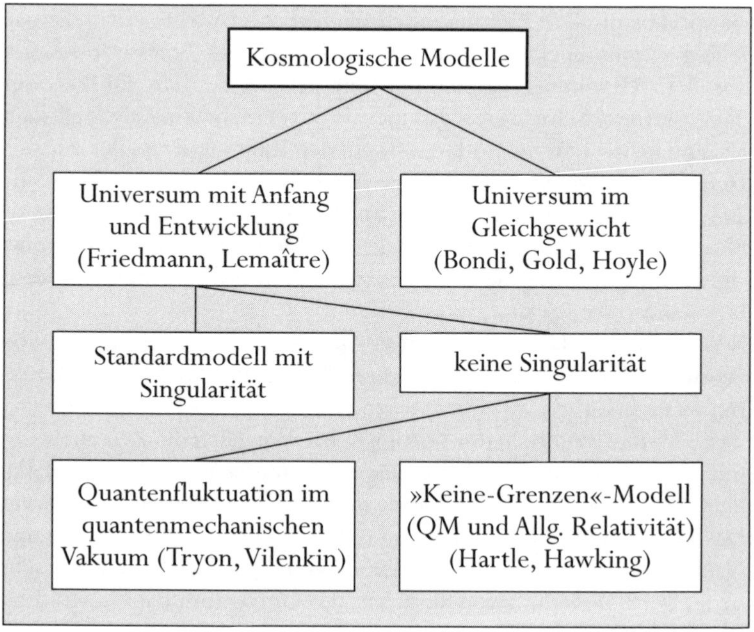

TH: »Kürzlich habe ich aus unserem Sciencetainment-Speicher einen Film über eine *Post-modern Steady State Theory* (PSST) heruntergeladen, nach dem sich das Universum in einem ewigen Gleichgewicht befindet. Die neue Theorie basiert auf dem altehrwürdigen Modell von Bondi, Gold und Hoyle, die in den fünfziger Jahren des vergangenen Jahrhunderts die Idee eines unendlich alten Universums entwickelten. Es soll in allen Richtungen, in Raum und Zeit, gleichförmig sein. Nach diesem Modell ändert sich im Großen nichts. Es entsteht dauernd neue Materie im intergalaktischen Raum und liefert Nachschub für immer neue Galaxien und Sterne.«

NW: »Natürlich gibt es solche eher exotischen Versuche immer noch und vielleicht nehmen wir sie zu wenig ernst. Sie erinnern uns nämlich daran, dass alle naturwissenschaftlichen Aussagen Theorien sind, die falsch sein können. Wenn auch die Beobachtungen immer aussagekräftiger werden, ihre Interpretation ist jeweils Sache von sich oft irrenden Menschen.«

TH: »Nehmen wir an, das Universum hatte einen Ursprung. Dann interessiert mich natürlich der eigentliche Anfangspunkt. Hier scheint das uranfängliche Schöpfungswerk Gottes fast zu einem physikalisch beschreibbaren Ereignis zu werden.«

NW: »Betrachten wir zunächst das *Standardmodell* des Urknalls. Es handelt sich um eine der vielen Lösungen, welche die Allgemeine Relativitätstheorie von Raum und Zeit zulässt. Und zwar ist es genau jene Lösung, welche der heute beobachteten Expansion des Universums entspricht. Daher beschreibt es die Wirklichkeit auch in frühen Zeiten recht gut, sofern das Universum damals nicht wesentlich verschieden war von seinem jetzigen Zustand. Der Punkt Null ist im Standardmodell nun aber ein Sonderfall, eine so genannte Singularität. Zu diesem Zeitpunkt wäre das Universum auf unendlich kleinem Raum konzentriert gewesen. Der Wert für die Materiedichte wird somit unendlich groß. An diesem singulären Punkt der Geschichte des Universums ist keine Physik mehr möglich, denn die Gleichungen haben dort keine Lösung.«

TH: »Die Singularität als Ende der Physik! Das ruft ja geradezu nach einer metaphysischen oder eben theologischen Deutung.«[81]

NW: »Vorsicht, da droht eine Falle! Ich halte eine derartige Singularität für ganz unwahrscheinlich. Sicher gelten unter den genannten Bedingungen die Einstein'schen Gleichungen des Standardmodells nicht mehr. Sie sind erst in großen Systemen wie zum Beispiel bei Sternen nachgeprüft worden. In der extremen Situation des Urknalls waren die Dimensionen unvorstellbar klein, und quantenmechanische Effekte kamen ins Spiel, sodass die Grundgleichungen des Standardmodells nicht mehr gelten. Das Extrapolieren in die Singularität hinein ist unerlaubte Spekulation.«

TH: »Unser Wissen kann also nicht beliebig zurückgehen und hört einen winzigen Sekundenbruchteil vor dem Urknall auf. Die Physik hat für den eigentlichen Anfangspunkt nicht die nötige Sprache und muss kapitulieren.«

NW: »Du läufst wieder Gefahr, einen Trugschluss zu ziehen. Eben wegen besagter Probleme sind auch Modelle vorgeschlagen worden, die keine Anfangssingularität voraussetzen. Die Theorie der *Quantenfluktuationen* habe ich schon angesprochen. Einen anderen Vorstoß der Kombination von Quantenmechanik und Allgemeiner Relativitätstheorie haben James Hartle und Steven Hawking gegen Ende des 20. Jahrhunderts unternommen.[82] In ihrem Modell wird durch die Einführung einer imaginären Zeit die Singularität des Anfangs umgangen.«

TH: »Meinst du damit, dass die Zeit keinen Anfang hatte?«

NW: »Die imaginäre Zeit hat im Punkt Null keinen Rand, sondern krümmt sich zusammen mit dem Raum, sodass beide ineinander übergehen. Es verhält sich wie mit dem Polargebiet der Erde. Gehst du gradlinig nach Norden und überschreitest den Nordpol, merkst du plötzlich, dass du ja gegen Süden gehst. Stell dir vor, du stellst an deiner Uhr die abnehmende imaginäre Zeit ein. Dann könntest du bis zum Urknall zurückgehen, durch ihn hindurch schreiten, was gewiss etwas schmerzhaft wäre, und würdest mit einer zunehmenden Zeit wieder herauskommen. Im ›Keine-Grenzen‹-Modell gibt es keine Singularität mehr und damit keinen Punkt, wo Gott eingreifen müsste. Es sind auch keine speziellen Randbedingungen mehr nötig: Gott wird überflüssig.«

TH: »Die Zeit wird hier offenkundig verräumlicht! Vielleicht wirkt Einsteins Erbe weiter nach.[83] Diese Eliminierung der Zeit ist für mich viel anstößiger als die Ausschaltung des Schöpfergottes. Dieser kommt ja in allen anderen physikalischen Theorien auch nicht vor. Im Gegenteil hätte es mich sehr überrascht, wenn er in eueren Gleichungen plötzlich erschienen wäre.«

NW: »Vorhin hast du aber den Urknall und seine Singularität theologisch vereinnahmt.«

TH: »Natürlich spüre ich an diesem absoluten Anfangspunkt die enorme Versuchung, Gott einen bedeutsamen Platz am Ursprung der

Evolution des Universums einzuräumen. Aber zugleich graut es mir davor, ihn *nur* noch in einem derart kleinen Zeitintervall zu verorten – ganz abgesehen davon, dass es sich ja lediglich um eine Art Lücke handelt, wo die Instrumentarien der gegenwärtigen Physik versagen. Mir ist deshalb der Gedanke einer fortdauernden, unausgesetzten Schöpfungsaktivität Gottes viel wichtiger. Wir haben ja schon früher einmal über die göttliche Welterhaltung, die *creatio continua*, gesprochen.«

NW: »Mir kommt es vor, als würdest du aus einem theologischen Rückzugsmanöver heraus, bei dem Gott immer mehr an den Rand gedrängt wird, plötzlich zu einem verzweifelten oder tollkühnen Großangriff übergehen.«

TH: »Ganz im Gegenteil! Wer von der Welt als Schöpfung redet, macht die Erfahrung von Gottes Nähe in der Gegenwart und bezieht sich nicht auf einen weit zurückliegenden, hypothetischen ersten Moment. An diesem Anfangspunkt versagen nicht nur die Gleichungen der Physik, sondern eben so sehr die Möglichkeiten der menschlichen – und somit auch der religiösen – Vorstellungskraft und Sprache überhaupt.«

NW: »Ich bin trotzdem überrascht, wie du die Bedeutung dieses frühesten Augenblicks verminderst. Die erste Sekunde des Universums ist längst wieder ein heißes Forschungsgebiet. Warum haben denn Schöpfungserzählungen für die Religionen eine so enorme Bedeutung? Ginge es nur um Sinn und Wohlbefinden im gegenwärtigen Leben, so bräuchte es doch keine Kosmogonien.«

TH: »Der erste Schöpfungsaugenblick ist auch für mich faszinierend. Wir hätten sonst gar nicht so lange darüber zu sprechen brauchen. Offenbar gibt es einen elementaren Zusammenhang zwischen dem Ursprungsgeschehen und den gegenwärtigen Erfahrungen. Auch das Interesse der Physiker beschränkt sich ja nicht nur auf die Rekonstruktion von vergangenen Ereignissen, sondern richtet sich auf die noch heute geltenden Naturgesetze.«

NW: »Die Physik der ersten Millisekunde des Universums ist tatsächlich ein Schlüssel zur Physik der elementaren Bausteine der Welt überhaupt geworden. Um Erfahrungen in einem alltäglichen Sinn geht es allerdings hier wie dort längst nicht mehr. Die Welt der Quarks und Gluonen ist noch weit bizarrer und fremdartiger als diejenige, die wir aus unserem Bordfenster wahrnehmen können.«

TH: »In den verschiedenen Religionen werden die gegenwärtigen Erfahrungen von Schöpfung an den Ursprung extrapoliert. Das

menschliche Denken stellt ja die Frage nach dem Woher aller Dinge. Religiöse Kosmologien wollen die elementaren Lebenserfahrungen mit diesem kognitiven Bedürfnis integrieren. Diese Aufgabe stellt sich für jede Epoche wieder neu. Wir haben uns ja schon früher darüber ausgetauscht, dass sich religiöse Wahrnehmungen des Kosmos immer auch weltbildhaft ausgestalten.«
NW: »Das müsste folgerichtig ebenso für die postulierte Schöpfung aus dem Nichts gelten.«
TH: »Auch diesem schwierigen Gedanken liegt eine elementare Erfahrung zugrunde: Wir empfangen täglich neues Leben. In einer religiösen Perspektive, die von der biblischen Tradition her kommt, verdankt sich das uns ständig neu zufließende Leben dem unmittelbaren Schöpfungswirken Gottes. Im kosmologischen Horizont weitet sich diese Erfahrung zum Gedanken einer ununterbrochenen Welterhaltung Gottes. Am deutlichsten nehme ich die *creatio continua* in der fortdauernden Erschaffung der Zeit wahr: Gott schafft ständig neue Gegenwart. Deshalb hat mich das Phänomen der Zeit so stark in seinen Bann gezogen. Zeit ist dann nicht erst ein – sogar relativ spätes – Produkt der Schöpfung, sondern der Schöpfungsakt schlechthin. Aber das Thema der Zeit erinnert mich daran, dass wir jetzt auch für unsere körperliche Ertüchtigung sorgen sollten.«
NW: »Du hast eine ganz andere Vorstellung von Zeit. In der Physik ist sie ein schlichter Parameter, der kontinuierlich wächst. Über deine Idee müssen wir ein andermal diskutieren. Es ist wirklich höchste Zeit für unser tägliches Fitnessprogramm.«

Die Astronauten begaben sich darauf in den Kraftraum, wo sie sich an diesem Tag außerordentlich lange und intensiv betätigten. Wir vermuten, dass sie sich jeweils gern vom Charme der körpereigenen Opiate, der Endorphine, zu ihrem mühseligen Ertüchtigungsprogramm verführen ließen. Turnvater Jahn hätte dies allerdings kaum gern gehört!

Im vorangegangenen Gespräch hat die »Schöpfung aus dem Nichts« einen bedeutsamen Platz bekommen. Aus diesem Grund haben wir Professor Johannes Taubenschlag, Amsterdam, um eine Erläuterung gebeten.

Schöpfung aus dem Nichts

Der Gedanke von der *creatio ex nihilo* gilt als einer der theologischen Spitzensätze monotheistischer Religionen, zumal des Christentums. Das Lehrstück besagt, dass die Welt als ganze mit allem, was in ihr ist, allein von Gott ins Sein gerufen wurde und erhalten wird. Damit werden zwei bedeutsame andere Konzeptionen ausgeschlossen: (1) Gott schuf die Welt nicht aus einem schon präexistierenden Urstoff. Die Eigenschaften der Welt gehen demnach ganz auf den göttlichen Willen und nicht auf die zusätzlichen »chaotischen« Einwirkungen einer derartigen Urmaterie zurück. (2) Die Welt entstand nicht als Folge einer Selbstentfaltung Gottes, einer Emanation seines ewigen Wesens, sondern als seine freie Setzung.

Der Gedanke der *creatio ex nihilo* ist bereits im Schöpfungsverständnis der jüngeren Texte des Alten Testaments angelegt.[84] Kollege TH weist aber zu Recht darauf hin, dass die gedankliche Ausformulierung der Lehre erst im Lauf einer längeren Geschichte zustande gekommen ist. Dass die Welt nicht notwendig so ist, wie sie ist, sondern auch ganz anders aussehen könnte, hat sich erst die nominalistische Theologie des späten Mittelalters klargemacht. Man spricht in diesem Zusammenhang von *Kontingenz*. Kontingent ist das, was sein kann, aber nicht sein muss, also der Spielraum des Möglichen im Unterschied zum Notwendigen. In dieser Sichtweise ist nicht nur die Beschaffenheit der Welt kontingent, sondern auch der göttliche Wille selbst. Gott hätte die Welt auch nicht oder ganz anders schaffen können. Gott und die Welt werden klar unterschieden.

In den Überlegungen von TH fällt zweierlei auf. Erstens liegt ihm viel daran, auch die *creatio continua*, die fortgesetzte Erhaltung der Welt durch Gott, vom Gedanken der *creatio ex nihilo* her zu interpretieren, und zwar auf der Basis einer Reflexion über die Zeit. Das ist zwar in der christlichen Theologie nicht ungewöhnlich, wie etwa Paulus oder Luther zeigen,[85] dürfte aber auch mit THs Interesse an den asiatischen Religionen zusammenhängen. Zweitens scheint er sich infolge seiner Faszination durch den »Quantenozean« auf einen regelrechten Flirt mit der »Urmaterie«, mit dem Chaos des Alten Orients, einzulassen, der eher an die amerikanische »Prozesstheologie« erinnert und sich mit der Intention der Schöpfung aus dem Nichts nur schlecht verträgt. Zu seiner Ehrenrettung sei aber darauf hingewiesen, dass auch bei hoch geachteten Fachvertretern wie Karl Barth ein eigentümliches Interesse am »Nichtigen« als dem schattenhaften Reich »zur Linken Gottes« auszumachen ist.

AM STROM DER ZEIT

Unsere Astronauten nutzten am 23. April die Zeit nach dem Abendessen für ein weiteres Gespräch. Offenbar hat man sich einen sehr alten Armagnac genehmigt – eine Freiheit, die sich die Saturnfahrer trotz entgegenlautender Vorschriften der gestrengen Raumfahrtbehöre hin und wieder herausnahmen. Die IASA will nicht wissen, wie das Getränk auf eine Fahrt mitkam, bei der jedes Gramm das Hundertfache von Gold kostet. Die Boulevardpresse hat später behauptet, bei dem kostbaren Nass aus dem Jahr der ersten Mondlandung habe es sich um ein hineingeschmuggeltes Geschenk der LAPs oder gar um ein gruppentherapeutisches Hilfsmittel gehandelt, abgefüllt in weltraumtaugliche Trinkportionen.

NW: »Als ich mich vorhin mit dem *air resistance*-Apparat quälte, kam mir deine Idee wieder in den Sinn, die Zeit lasse sich nicht nur als Produkt der Schöpfung, sondern auch als Akt der Schöpfung auffassen. Wenn ich auf unsere Borduhren schaue, dann erinnert mich ihr monotones Voranschreiten an alles andere als an eine kreative Macht – ganz abgesehen davon, dass wir uns ja nur künstlich mit der Erdzeit synchronisieren.«

TH: »Unser eintöniges Leben in der Sphäre Saturns macht uns fast blind für den dynamischen Charakter der Zeit. Aber gerade, wenn unsere Stunden und Tage derart gleichförmig dahinrinnen, ist mir dieser Gedanke wichtig.«

NW: »Woran denkst du?«

TH: »Ich sinne dem Geheimnischarakter der dahinfließenden Zeit nach. Auf der Erde lebte ich längere Zeit in einer Stadt an einem großen Fluss. Im Sommer konnten wir sogar in ihm baden. Seine Strömung war aber so stark, dass es unmöglich war, flussaufwärts zu schwimmen! Wenn ich mich so dahintreiben ließ, musste ich oft an den Strom der Zeit denken, von dem wir getragen und mitgerissen werden. Unaufhaltsam drängt er aus der Vergangenheit in die Zukunft.«

NW: »Das ist wirklich eigentümlich! Beim Mittreiben in einem Fluss wird man mit dem Kommen und Vergehen besonders stark konfrontiert.«

TH: »Zugleich wird die Lust geweckt, zu noch unbekannten Städten und Ländern hingetrieben zu werden, mitten hinein in eine offene Zukunft.«

NW: »Offene Zukunft? Das Bild des Stroms erinnert mich eher an determinierende Faktoren. Richtung und Verlauf eines Flusses sind ja klar vorgegeben. Dasselbe gilt auch für die voranschreitende Zeit. Was geschehen wird, hängt wesentlich davon ab, was geschehen ist.«
TH: »Die Gegenwart ist insofern ein Kind der Vergangenheit. Das ist gewiss richtig. Das Gleichnis vom Strom hat aber auch eine Kehrseite. Ich saß oft am Fluss und schaute auf das, was auf mich zuströmte: Wellen, Schäumchen, Holz und Schiffe. Plötzlich drehte sich die Richtung der Zeit um: Zukunft war flussaufwärts, wo von der Quelle her Wasser auf mich zukam, Vergangenheit dort, wo es schließlich entschwand.«
NW: »Wer mit dem Strom der Zeit schwimmt, ortet die Zukunft flussabwärts, wo sie an den Ufern bereits wartet. Wer hingegen einen Standort außerhalb des Flusses einnimmt, dem erscheint die Zeit von flussaufwärts herzukommen. Du scheinst von einer Zeitumkehr zu sprechen. Es gibt immer wieder Kollegen, die mit der Möglichkeit von gegenläufigen Zeitrichtungen spekulieren. Einige Nostalgiker klammern sich sogar an das überholte Modell, demzufolge die Expansion des Universums in eine Kontraktion umschlagen würde, die im Kollaps endet. Hat nicht bereits Platon vermutet, dass die Weltgeschichte einst rückwärts ablaufen könnte? Tote würden aus dem Grab auferstehen, Greise würden zu Kindern, Kinder würden im Mutterleib verschwinden.«[86]
TH: »Du hast mich missverstanden. Ich meinte keineswegs eine rein formale Umkehrung des Zeitpfeils, sondern eine qualitativ andere Weise der Zeitwahrnehmung. Bei der von dir angenommenen Zeitumkehr wäre die Zukunft wieder das Wohin des Pfeiles und die Vergangenheit entsprechend sein Woher. Ich dachte beim zweiten Bild an eine ganz andere Betrachtungsweise. Sie stammt aus einer viel elementareren Erfahrung: Die Zeit strömt mir wie der Fluss aus der Quelle entgegen. Sie fließt nicht aus der Vergangenheit in die Zukunft, sondern umgekehrt aus der Zukunft in die Vergangenheit.«[87]
NW: »Wie meinst du das?«
TH: »Nimm unseren jetzigen Moment, wo wir den *Vieux Armagnac* genießen. Immer neu wird Gegenwart. Was Jetzt ist, wird Vergangenheit, und ein neues Jetzt taucht aus einem weiten Raum von Zukunft auf. Zukunft ist das, was auf mich zukommt. Ich schaue flussaufwärts, von dort kommt das Neue.«
NW: »Darauf nehme ich noch einen Schluck. Und wieder ist dies Jetzt entschwunden.«

TH: »Genau. Auch hier findet ein Fließen statt, aber eben in die umgekehrte Richtung. Die Gegenwart konstituiert sich immer neu aus dem *noch nicht* heraus. Die Gegenwart ist dann ein Kind nicht der Vergangenheit, sondern – der Zukunft, sie entstammt einer offenen, verheißungsvollen Weite.«

NW: »Ich ahne etwas: Willst du hier den Schöpfer gleichsam in flagranti ertappen, da, wo er emsig ›Zeit‹ erschafft?«

TH: »Die fortgeschrittene Stunde mit ihrer wohligen Euphorie macht mich vielleicht etwas unvorsichtig, und so bekenne ich es: Ja! Es ist doch etwas zutiefst Wunderbares, dass aus dem Nichts immer wieder neue Gegenwart wird.[88] Für gewöhnlich nehmen wir das gar nicht eigens wahr, weil es so völlig selbstverständlich ist. Aber eben diese Selbstverständlichkeit ist vielleicht der größte trügerische Schleier, der uns von einer lebendigen Wahrnehmung der Wirklichkeit abhält. Ich identifiziere im Werden von immer neuer Gegenwart die ursprünglichste und unmittelbarste göttliche Schöpfungskraft. Für mich ist es der elementarste Ausdruck der *creatio continua*.«

NW: »Wenn das so weitergeht, wirst du uns noch mit einer Predigt beglücken! Ich entsinne mich eines frommen Philosophen in unserem College, der uns immer wieder mit der rhetorischen Frage ›Warum ist etwas und nicht vielmehr nichts?‹ für sein Fach zu begeistern versuchte.«

TH: »Gute Predigten in Ehren! Aber ernsthaft: Dadurch, dass sich vor unseren Augen immer neue Gegenwart ereignet, gewinnt die Zeit eine abgründige, ja göttliche Dimension. In der trivialsten Erfahrung unseres Alltagslebens ist die Schöpfermacht selbst am Werk! Unter extremen Umständen ist man wohl am intensivsten damit konfrontiert. Als ich einmal beinahe vom tobenden Ozean verschlungen worden wäre und dann aus den Fluten an den Strand zurückwankte, knapp am Ertrinkungstod vorbei, spürte ich mit jeder Faser meines Leibes, wie unselbstverständlich das Leben ist – ein wundervolles Geschenk. Jede Sekunde mit ihren Möglichkeiten ist mir seither ein Wunder.«

NW: »Du meinst offenbar den Augenblick, das unmittelbare Jetzt. Aber sogleich ist dieser Augenblick wieder verschwunden. Auch hier bekommst du Gott nicht zu fassen.«

TH: »Ich will ihn doch gar nicht packen.«

NW: »Gut, das sei dir zugestanden, wenigstens für diese späte Stunde. Aber wie gelangst du von diesem sozusagen aus dem Nichts erzeugten ›Jetzt‹ wieder zu der von Kausalität und Determination bestimmten Wirklichkeit? Dein ursprungsloses ›Jetzt‹ ist ja gerade von der

jeweiligen Vergangenheit zutiefst geformt. Ohne unser einst mit avanciertester Technologie erbautes Raumschiff würden wir uns jetzt nicht im Bordsalon schwebend vergnügen, Saturn und Titan vor Augen. Im Bild gesprochen: Dein scheinbar elternloses Kind mag ein Findelkind oder Waisenkind sein, aber natürlich hat es Eltern, die ihm präzise genetische Informationen mit auf den Weg gegeben haben.«
TH: »Hier bricht für mich eben jene große Frage nach dem inneren Zusammenhang dieser beiden Wahrnehmungen des Zeitstroms auf. In der einen Perspektive fließt die Zeit aus der Vergangenheit in die Zukunft. Alle Formen der Kausalität entspringen dieser Zeitgestalt, und damit die uns bekannten Gestalten der Wissenschaft. In der anderen Perspektive aber wird die Zukunft zum Quellort von Gegenwart. Jeder Moment atmet etwas von der Frische des Ursprungs. Es ist die Zeiterfahrung der Dichter und der Liebenden.«
NW: »Ja, aber auch die Dichter und Liebenden wissen um das, was ihnen die Zeit an Wahrscheinlichem bringen wird. Sie treffen Vereinbarungen. Das Zukünftige ist eben vom Vergangenen mitdeterminiert, auch wenn der Zufall hier eine wesentliche Bedeutung bekommt.«
TH: »Gewiss, ich habe zwischen zwei Formen der Zeitwahrnehmungen mit Hilfe eines groben Schemas unterschieden: In der einen von ihnen bekommt die Zeit einen linearen Charakter, da sie aus der Vergangenheit in die Zukunft fließt. Die andere Zeitwahrnehmung orientiert sich hingegen an dem, was einem zufällt. Das Symbol für die erste wäre der stetig um Saturn kreisende Titan, für die zweite ein Meteor. Die alten Griechen hatten sogar zwei Wörter für die Zeit: *Chronos*, die gleichförmig dahinfließende Zeit, und *Kairos*, der besondere, herausgehobene, günstige Zeitpunkt.«
NW: »Ich befürchte, dass diese Differenzierung zwischen zwei Formen der Zeitwahrnehmung zu Widersprüchen führt. Es gehört zu den wesentlichen Entdeckungen der jüngeren Physik, dass gerade auch die viel gescholtene ›chronometrische‹ Zeit nicht gänzlich voraussagbar abläuft. Chaotische Prozesse lassen dem, was sein wird, einen beträchtlichen Spielraum – von den nichtdeterministischen Verhältnissen in der Welt der Quanten ganz zu schweigen. Es gibt also auch im Reich des *Chronos* Raum für Neues, für den Zufall, also für das, was du dem *Kairos* zurechnen möchtest.«
TH: »Das ist nicht bestreitbar. Das umgekehrte Verhältnis gilt ja auch für den Kairos. Gegenwart, die grundlos aus dem Nichts auftaucht, schmiegt sich an das Vorhandene, das Faktische an, ganz unmerklich.

Man wird dessen meist gar nicht gewahr, dass da ein ständiger, ununterbrochener Schöpfungsakt stattfindet.«
NW: »Damit hast du bereits begonnen, den von dir so hoch geschätzten Kairos in den kausal verlaufenden Zeitfluss einzuebnen. Wird es dann nicht prekär, ihm so viel theologisches Gewicht beizumessen? Der alte Chronos frisst den eben geborenen Kairos sogleich auf!«
TH: »Das will ich nicht hoffen! In deinen Worten gesprochen: Der Kairos unterwandert den Chronos, er überlistet ihn sogar. Er liebt es, sich neckisch zu verbergen. Er ist ein Trickster! Vielleicht vermag er den Chronos sogar zu verwandeln.«
NW: »Mit dem Trickster rufst du bei mir negative Assoziationen herauf.«
TH: »Nicht alles, was sich überraschend einstellt, ist erfreulich. Der alte Chronos hat seine guten Gründe, den unvorhersehbaren Kairos zu fürchten. Dieser könnte wie ein Dieb in der Nacht kommen! Aber kehren wir zurück zu unserem Schöpfungsthema. Hier geht es mir darum, dass nicht einfach jede neu erschaffene Gegenwart das Bisherige, nun alt Gewordene, aufhebt und zerstört. Gott erweist gerade darin seine Treue und Verlässlichkeit, dass er auch das Vergehende bewahrt und weiterträgt. Jeder Augenblick würde sonst eine neue Welt hervorbringen; es könnte nichts Beständiges geben und schon gar keine umfassende Schöpfung. Das Alte, Vergangene bleibt so auch in der jeweils neuen Gegenwart bewahrt. Aber selbst diese Bewahrung verdankt sich noch einmal dem göttlichen Schaffen. Zusammen mit der neuen Gegenwart wird auch alles Vergangene miterschaffen.«[89]
NW: »Wir sind wieder an den Punkt gelangt, wo die Theologen eine völlig unnötige Zusatzannahme treffen.[90] Das, was ist, erhält sich selbst; es bedarf keiner transzendent gewirkten Erhaltung. Die Lebensdauer der Protonen ist beispielsweise sogar enorm lang. Wir wissen heute, dass sie mehr als 10^{31} Jahre beträgt.«
TH: »Ich gebe es gern zu: Wo die Moderne auf Selbsterhaltung setzt, nimmt die Religion Erhaltung durch einen göttlichen Grund wahr. Deshalb war mir vor einigen Tagen deine Information sehr willkommen, dass auch die so altersgrauen Protonen innerhalb kleinster Zeiträume unablässig zerfallen und wieder neu entstehen. Mir scheint, als biete uns diese Fluktuation ein Gleichnis der fortdauernden göttlichen Neuschöpfung. In der Perspektive der Religion wird jedenfalls das scheinbar Selbstverständliche zum zutiefst Unselbstverständlichen. Einer meiner Lehrer pflegte jeweils sogar bedeutungsvoll hinzuzufügen: um dann wieder zum Selbstverständlichen zu werden, das

gewissermaßen seine eigene Negation in sich beschließt. Denn mit zu viel schlechthin Unselbstverständlichem könne man vielleicht noch sterben, aber nicht mehr leben.«

Aus leicht verständlichen Gründen darf Alkohol nach den strikten IASA-Regeln nur selten und lediglich in schwacher Konzentration genossen werden. Das Gespräch zeigt, dass die Wechselwirkung zwischen der Schwerelosigkeit und dem (verbotenen!) Armagnac nicht immer negative Folgen hat.

NW: »Zur Verdauung dieser Dialektik müsstest du mir noch eine Zugabe Armagnac genehmigen!«
TH: »Wir haben unsere Wochenration leider schon längst verbraucht, die Quelle ist versiegt. Der Kairos ist nicht mehr günstig.«
NW: »Wenn ich mich schon auf dein Terrain begeben habe, so erlaube mir noch eine andere kritische Bemerkung. Du gehst also davon aus, dass das jeweils Neue eine Art göttlicher Schöpfung darstellt und dass es sich sogar hinter all dem, was kontinuierlich besteht, irgendwie versteckt. Mir fallen nun aber zahllose Beispiele dafür ein, wo ich in diesem Wirken Gottes nichts als schiere Grausamkeit finden kann. Das Neue kann ja die Gestalt von Missbildungen bei Neugeborenen haben! Und diese Fehlentwicklungen würden ja längerfristig durch Gott erhalten. Denk auch daran, dass in der biologischen Evolution die meisten genetischen Mutationen nicht lebensfähig sind und glücklicherweise durch frühzeitige Selektionsprozesse eliminiert werden.«
TH: »In deinem Einwand überkreuzen sich zwei verschiedene Überlegungen. Da ist einmal die kritische Frage, ob das jeweils ›Neue‹ denn wirklich etwas speziell ›Göttliches‹ sei, besser sozusagen als das Bisherige, inzwischen ›alt‹ Gewordene. Zum anderen wirfst du die große alte Problematik auf, wie Gott denn Böses in seiner Schöpfung zulassen kann.«
NW: »Nun, du hast diese Doppelfrage ja eigens provoziert. Unsere unbeirrbar voranrückende Borduhr und die stetig abnehmende Zahl deiner vorzüglichen Armagnac-Portionen rufen uns aber leider schon längst zur Ruhe. Mir genügt es für den Augenblick, wenn du wenigstens die Fluchtlinien benennen könntest, die du für deine Antwort ins Auge fassen würdest.«
TH: »So will ich noch kurz zwei Fenster öffnen. Dein erster Einwand spricht das Problem an, dass das göttlich gewirkte Neue uns nie an-

ders zu Gesicht kommt als in der Gestalt, in der es sich mit dem Bisherigen, ›Alten‹ verbunden hat. Das Neue als solches entzieht sich offenbar unserem zugreifenden Erkennen. Es ist nicht identisch mit all den vielen neuen Ereignissen in Kosmos und Geschichte, welcher Art diese auch immer sein mögen.[91] Es gibt freilich herausgehobene Momente, ›Hoch-Zeiten‹, in denen das Vorfindliche für das Göttliche ein Stück weit transparent werden kann. Religion wäre dann eine Kultur des Umgangs mit derartigen Wahrnehmungen.«
NW: »Und wie steht es mit dem Neuen, das böse ist?«
TH: »Im Angesicht von Menschen, die direkt vom Bösen betroffen sind, könnte ich davon überhaupt nicht theoretisch sprechen. Unsere geradezu unwirklich anmutende Behausung im äußeren Bereich des Sonnensystems verführt mich dagegen zu durchaus spekulativen Gedankengängen. Mir sind zwei Punkte wichtig. Zum einen hängt viel an Gottes ›Empathie‹. Wenn Gott das Bestehende in all seiner Ambivalenz aufnimmt und bewahrt, dann beschert es ihm selbst großes Leiden. Mahnmal dieser Empathie ist der leidende Christus am Kreuz. Gott setzt sich selbst dem Leiden und der Vergänglichkeit aus.«
NW: »Da klingen unsere Gespräche vom vergangenen Ostertag wieder an. Und was ist der zweite Punkt?«
TH: »Hier versuche ich, die Signatur von Karfreitag und Ostern gleichsam als Feinstruktur der Zeit wahrzunehmen, also in jedem ihrer Augenblicke. Jesu Auferstehung steht dann für das schöpferisch Neue, das jede Gegenwart mit sich bringt. Zugleich aber muss sich dieses Neue in die Begrenzungen und Gesetzmäßigkeiten einfügen, denen das Bisherige unterliegt. Es nimmt also das Alte auf. So trägt der auferstandene Jesus die Wundmale des Gekreuzigten;[92] er hat das Vergangene nicht abgestreift. Das Neue tilgt das Bisherige nicht einfach aus, sondern bewahrt und integriert es. In Analogie hierzu knüpft das Neue in der Entwicklung des Universums und in der biologischen Evolution an das Bisherige an. Das Alte wird immer wieder zum Baustoff für das Neue. So gesehen repräsentiert das Kreuz die von Gott in Treue und Mitleiden bewahrte Vergangenheit.«
NW: »Die Evolution ist ein guter Haushalter. Was sich einmal bewährt hat, wird weiterverwendet oder umfunktioniert. Aber ich vermute, du bist auf weit mehr aus als auf die Banalität einer guten Budgetdisziplin.«
TH: »Ich halte Ausschau nach einem Zusammenhang zwischen dem Zeitstrom und dem Christusereignis. An einem wunderschönen Maitag habe ich mich als junger Student in ein Buch über die Dreieinigkeit

Gottes vertieft. Plötzlich durchzuckte mich der Gedanke: Heute ist Frühling, weil ER auferstanden ist. Seither suche ich danach, diese Eingebung zu verstehen und zu verallgemeinern. Ostern stünde dann am Ursprung eines jeden Kairos. Ein altes Kirchenlied klingt ganz ähnlich:[93]

›Wär er nicht erstanden, die Welt, die wär vergangen.‹

Du siehst, wie weit mich Saturn, der Stern der Propheten und Philosophen, bereits in seinen Bann gezogen hat.«
NW: »Auch mich reizt er zum Spekulieren. Vor einem halben Jahrhundert wurde vorgeschlagen, die Zeit wie andere Messgrößen als mathematischen Operator zu verstehen, der auf die Zustandsfunktion eines Systems einwirkt und sie verändert.[94] Die Veränderungen wären somit quantisiert, die Zeit hätte eine Quantenstruktur und würde letztlich nicht kontinuierlich, sondern in kleinsten Schritten fließen. Diesen kühnen Gedanken möchte ich dir als Schlummertrunk kredenzen. Morgen wartet aber auch auf uns ein gerütteltes Quantum an Arbeit: Die Sonde ODYSSEUS wird in wenigen Tagen die Monde Enceladus und Tethys aufsuchen. Ohne unsere sorgsame Mitwirkung wird sie uns nichts Neues zu sagen haben!«

Im Nachtbuch-Eintrag zum 23. April findet sich lediglich ein knappes Zitat, das von Kritias, dem Onkel Platons, stammt:[95]

»Die Zeit, unermüdlich und übervoll von ewig fließendem Strom, zieht dahin, sich selbst gebärend ...«

Ohne weiteren Kommentar fügte TH ein symbolträchtiges digitales Bild des antiken Zeitgottes ein, das er wahrscheinlich während längerer Zeit auch auf seinem Kabinenbild-Monitor als Wandschmuck geladen hatte. Wir verdanken Professor James East, Manchester, eine knappe Erläuterung.

Abb. 6: Zeitgott, Rom (Modena, Museum)

Ein antikes Relief: Der Zeitgott oder Allgott
Das Marmor-Relief aus dem Umkreis der orientalisch-römischen Mithrasmysterien (aus dem 2. Jhdt. n. Chr.) stellt den Urgott *Protogonos* (»Erstentstandener«) dar, den wir auch aus der orphischen Mythologie kennen. Der geflügelte Jüngling hält einen Stab und einen Donnerkeil. Mit seinen an den Hirtengott Pan (was griechisch auch »All« bedeutet) erinnernden hufartigen Füßen steht er auf der einen Hälfte des von Flammen züngelnden Welteies, dem er eben entsprungen ist. Am Rücken trägt er die Mondsichel, sein vom Strahlenkranz umgebener Kopf manifestiert die Sonne. Um seinen Körper windet sich eine Schlange, deren Kopf über dem Haupt des Gottes auf der oberen Hälfte der Eischale ruht. Sie symbolisiert den spiralförmigen Weg der Sonne um die Erde im Lauf des Jahres. Auf der Brust des Zeitgottes sind die Köpfe eines Löwen, eines Widders und eines Ziegenbockes angeordnet: Diese Tiere symbolisieren drei für den Sonnenlauf wesentliche Tierkreiszeichen (Hochsommer; Frühlingsäquinoktium; Wintersonnenwende). Umstritten ist, ob sie auch die Zeitmodi abbilden: Der mächtige Löwe stellt die Gegenwart, der Widder die Vergangenheit (in andern Bildern gern ein reißender Wolf) und der Bock die Zukunft (sonst gern ein schmeichelnder Hund) dar. Um die Figur legt sich der Himmelskreis mit den Zeichen des Tierkreises; in den Ecken befinden sich schließlich die Köpfe der vier Windgötter.

Die Geburt der Zeit

Die psychologischen Probleme in einer engen und abgeschiedenen Raumstation sind seit einigen Jahren beliebte Themen für Briefkastenonkel von Lebenshilfe-Zeitschriften. Wir brauchen daher nicht auszuführen, dass die beste Stimmung und Motivation während eines Raumflugs immer dann herrschen, wenn viel zu tun ist. Die Bodenmannschaft im IASA-Kontrollzentrum ist darum bemüht, die Raumfahrer permanent zu beschäftigen. Die Arbeit darf nie ausgehen, damit sich nicht Langeweile einschleicht. Nicht ausgelastet zu sein wäre die Hölle. Seit der Verzögerung der Titanlandung und dem Ausfall des Hauptsenders lauern die Gespenster von Monotonie und Leerlauf an allen Ecken und Enden der HERMES TRISMÉGISTOS. Die beiden Astronauten suchen vermutlich durch das nachfolgende Gespräch intuitiv eine mentale Herausforderung. Sie betrachten das Phänomen Zeit von seiner physikalischen Seite her.

TH: »Manchmal sehne ich mich wieder nach der Erde – mich in den Bergen müde zu laufen, im Ozean zu schwimmen, durch Paris und Florenz zu schlendern. Aber davon trennen uns noch fast vier lange Jahre. Auf der Erde habe ich mich mit manchen Freunden über die bevorstehende Isolation während der langen Weltraumfahrt ausgetauscht. Ein Spaßvogel meinte darauf, wenn ich um sieben Jahre gealtert wiederkehre, sei für die Erdbewohner ein Jahrhundert vergangen, und ich könnte dann am Begräbnis ihrer Urenkel teilnehmen.«
NW: »Bei den Geschwindigkeiten unserer heutigen Raumfahrt kommt dieser Effekt der Speziellen Relativitätstheorie leider noch nicht zum Zug. Ich wäre auch froh, die Zeit liefe etwas rascher. Am liebsten würde ich nach dem Abschluss unserer Aufgaben hier im Saturnsystem in ein superluminales Raumschiff einsteigen und in nur drei Minuten auf unserer schönen Erde ankommen.«
TH: »Die Zeit hat viele Gesichter. Einerseits ist sie nach deinen Worten zu einer Messgröße geworden, die je nach Bezugssystem verschieden schnell läuft und somit von Menschen manipuliert werden kann, andrerseits erscheint sie uns als kreativer wie auch unerbittlicher Grundstrom des Daseins und des Kosmos.«
NW: »Vielleicht ist die Zeit nicht ein fundamentales Prinzip. In der Physik der Elementarteilchen bestimmen vielmehr die Symmetrien und Erhaltungssätze die Wirklichkeit. Vollständige räumliche Symmetrie bedeutet etwa, dass alle Richtungen gleichwertig sind. Erstarrt zum Beispiel ein hochgeschleuderter Wassertropfen im Japetus-Vulkan zu einem Eiskorn, geht die räumliche Beliebigkeit in der strengen Kristallstruktur verloren. Die völlige Symmetrie einer Kugel wird gebrochen und gefriert in den sechszackigen Formen von Schneeflocken. Natürlich haben diese immer noch eine beschränkte Symmetrie bezüglich der sechs starren Richtungen. Bleibt eine Größe zeitlich konstant, ist sie völlig symmetrisch bezüglich Vergangenheit und Zukunft. Eine Symmetrie in der Zeit nennt man Erhaltungssatz. Der gesamte wilde Tanz der virtuellen Elementarteilchen dreht sich um solche Symmetrien.«
TH: »Du deutest an, dass die irreversible Zeit im Grund eine Spätgeborene ist gegenüber den Symmetrien, den grauen Eminenzen der Vorzeit.«
NW: »In der Welt der virtuellen Teilchen ereignet sich tatsächlich nichts Neues, obschon sie ständig in Bewegung ist. Die Evolution und Geschichte, die unsere makroskopische Welt bestimmen, setzen demgegenüber voraus, dass die Symmetrie der Zeit gebrochen wird.«

TH: »In der Quantenwelt scheint es also neben den unveränderlichen Naturgesetzen nur reine Gegenwart zu geben. Wie kommt es denn überhaupt aus diesem unaufhörlichen Schäumen eines ewigen Ozeans zu einem gerichteten Strom der Zeit?«
NW: »Erst unsere Beobachtung der Welt schafft den Zeitpfeil. So jedenfalls wird die Quantenmechanik in der Kopenhagener Deutung erklärt. Solange wir die Quantenwelt in Ruhe lassen, ist sie in der Zeit symmetrisch. Wenn ein Teilchen gemessen wird, kollabiert die Wahrscheinlichkeitsverteilung zu einem scharf umrissenen Punkt am Ort des Teilchens. Die Erscheinung des Teilchens ist erst an diesem Punkt wirklich. Sein Schicksal wird dekohärent und löst sich von den anderen möglichen Geschichten. Jede Messung oder Beobachtung ist daher asymmetrisch in der Zeit.«
TH: »Schon früher hast du mir erklärt, wie sich die Quantenwelt hinter einem Schleier versteckt, bis wir sie beobachten. Willst du nun darauf hinaus, dass zum Beispiel eine Uhr nicht tickt, wenn wir nicht hinsehen oder zuhören, oder dass die Zeiger erst beim Ablesen an den richtigen Ort springen?«
NW: »Was zwischen zwei Messungen geschieht, können wir grundsätzlich nicht wissen. Aber es geht mir jetzt nur darum, dass sich bei der Messung die Zeit ändert von einer reversiblen, ereignislosen Zeit, die alle Möglichkeiten offen lässt, zu einem irreversiblen Ereignis, das ein ›Vorher‹ und ›Nachher‹ kennt. Der Messvorgang macht die Zeit irreversibel.«
TH: »Dann wären also erst wir beobachtenden Menschen die Schöpfer der irreversiblen Zeit! Wie kann aber bereits in einem zeitlosen Urvakuum plötzlich ein Universum begonnen haben? Zu jener Zeit und in den folgenden rund vierzehn Milliarden Jahren gab es keinen Menschen, der das Universum beobachten oder messen konnte. Und doch hat sich dieses in unvorstellbarem Ausmaß voranentwickelt. Die Materie ist nicht nur entstanden, sondern im Lauf der Jahrmilliarden zu Galaxien, Sternen und Planeten kollabiert. Das Leben verwirklichte sich auf der Erde und wohl auch anderswo. Überall zeigt das Universum Spuren eines irreversiblen Zeitstroms. Du scheinst die Rolle des irdischen Beobachters entschieden zu überschätzen.«
NW: »Ich gebe dir Recht, die Kopenhagener Deutung der Quantenmechanik eignet sich schlecht, um die Entwicklung des Universums zu erklären. Uns Physikern liegt aber viel mehr am richtigen Ausrechnen des mathematischen Formalismus als an der philosophischen Deutung.«

TH: »Die Deutung ist mir aber wichtig, weil sie eine Verbindung herstellt zwischen der mathematisierbaren Welt der Physik und der erfahrbaren Wirklichkeit. Es irritiert mich weiterhin, dass erst ein bewusster Akt die Zeit asymmetrisch und fortschreitend macht.«
NW: »Du hast letzthin von zwei Möglichkeiten gesprochen, sich den Zeitstrom vorzustellen: Im einen Bild fließt er aus der Vergangenheit der Zukunft entgegen, im anderen Bild umgekehrt. Vielleicht könnte dich deshalb eine andere Deutung der Quantenmechanik, die so genannte *Transaktionsdeutung*, besonders interessieren.[96] Gehen wir davon aus, dass die Zeit zwar nicht reversibel, wohl aber symmetrisch ist. Entsteht zum Beispiel ein Teilchen in einem Atomkern, geht von diesem Ort und zu dieser Zeit eine quantenmechanische Wahrscheinlichkeitswelle aus. Aber sie pflanzt sich nicht nur in die Zukunft fort, sondern auch in die Vergangenheit. Dasselbe passiert ebenso am Ort, wo das Teilchen wieder absorbiert wird und verschwindet. Auch dort wird eine Wahrscheinlichkeitswelle in die Vergangenheit ausgesandt. Sie trifft auf den die Teilchen produzierenden Kern zum Zeitpunkt des entstehenden Teilchens. Das ist die Transaktion, worin sich die beiden Atomkerne gleichsam über Raum und Zeit hinweg die Hände schütteln. Ursache und Wirkung schließen einen Handel ab über das Wirkliche, ohne einen beobachtenden Dritten.«
TH: »Die Zukunft beeinflusst also die Gegenwart, indem sie Möglichkeiten zur Transaktion bereitstellt. Aber wie unterscheiden sich nun Vergangenheit und Zukunft?«
NW: »Der Zeitparameter stellt eine symmetrische Zeitform dar. Der Kern, der das Teilchen produziert, empfängt die Wahrscheinlichkeitswelle des absorbierenden Kerns und löst damit die Transaktion aus. Am einen Ort entsteht etwas, am anderen vergeht es. Die Abläufe der Stufe der Quantenwelt haben eine Richtung, aber diese ist symmetrisch.«
TH: »Das heißt, dass der Flug des Teilchens vom einen Kern zum anderen immer noch reversibel ist. Es ließe sich ohne weiteres wie ein Film rückwärts abspielen.«
NW: »Immerhin gibt es auch in der Quantenwelt einen berühmten Fall von Irreversibilität. Das K_L^{o}-Meson ist eine Mischung aus zwei Zuständen mit speziellem Phasenwinkel. Zerfällt das Meson in zwei Komponenten, ist es genauso unwahrscheinlich, dass sich dieser Winkel zwischen beiden Komponenten wieder einstellt, wie sich ein Faden, der aus der Nadelöse gefallen ist, von selbst wieder einfädelt.«
TH: »Da bricht also im ewig wogenden Ozean der Quantenwelt Irreversibilität auf. Es ist genau dieser Übergang, der mich brennend

interessiert. Warum nur orientiert sich die Physik weitgehend am Konzept einer reversiblen Zeit?«

NW: »Das ist kein willkürlicher Entscheid. Die Natur selbst hat uns zu symmetrischen Grundgleichungen geführt. Irreversibel wird die Entwicklung erst dann, wenn ein Symmetriebruch erfolgt, wenn also der Wassertropfen über dem Japetus zu Eis erstarrt. Bekanntlich wird dabei Wärmeenergie frei, was bedeutet, dass auch die Symmetrie in der Zeit gebrochen wird. Der Wassertropfen und die Schneeflocke enthalten bei fast gleicher Temperatur nicht gleich viel Energie. Etwas Ähnliches muss am Anfang des Universums geschehen sein.«

TH: »Ein Symmetriebruch am Weltanfang hat den elfengleichen Reigen der virtuellen Teilchen unterbrochen! Das setzte natürlich ein unwiderrufliches Zeichen, einem Donnerschlag gleich. Eben: ein Urknall!«

NW: »Ja, mit diesem Ereignis hat die physikalische Zeit begonnen, eine Zeit, welche Ursachen und ihre Wirkungen irreversibel unterscheidet. Die Geschichte des Universums wird mehr und mehr festgelegt durch weitere Symmetriebrüche, die wiederum neue Möglichkeiten eröffnen. In einer Art homogener Ursuppe zeichnen sich immer mehr die Keime von Strukturen ab. Die Komplexität des Kosmos nimmt zu, seine Geschichte wird reichhaltiger und zugleich nimmt sich das Fortschreiten der Zeit immer unerbittlicher aus.«

TH: »Aus dem Quantenmeer kristallisiert sich also der ständig wachsende Turmbau der kosmischen Geschichte heraus. Am Fundament des Universums wogt die nahezu zeitlose virtuelle Welt des Vakuums, überragt von Eisbergen aus realer Materie. Die Symmetrien sind weiterhin gültig und erlauben reversible Vorgänge trotz gesteigerter Irreversibilität. Evolution und Geschichte sind gleichsam rückgekoppelt mit dem Quantenchaos und empfangen von dort immer wieder kreative, unvorhersehbare Impulse.«

NW: »Irreversibilität erscheint tatsächlich erst mit mehreren, ungleich wahrscheinlichen Entwicklungsmöglichkeiten komplexer Systeme. Sobald nämlich mehrere Systemteile zueinander in Beziehung treten, werden die Systemgleichungen schlagartig nichtlinear und chaotisch. Das Universum entwickelte sich von unabhängigen Einzelteilchen zu makroskopischen Gebilden, deren Entwicklung irreversibel ist.«

TH: »Die Zeit erscheint demnach wie eine neue Dimension, die aus dem spielerischen Tanz der Wassertropfen des Vakuums eine lawinenartige Entwicklung ausgelöst hat. Das Erscheinen der Zeit ist un-

mittelbar mit der Entfaltung des Universums verbunden. Die Weltenuhr beginnt zu ticken.«
NW: »Das Bild der Uhr ist verfänglich, weil die Entwicklung kosmischer Strukturen nicht streng determiniert wie ein Uhrwerk verläuft. Um dein früheres Bild zu bereichern: Auch die Zeit hat wieder einen Sprössling hervorgebracht: den Zufall. Der Zufall ist ein Kind der irreversiblen Zeit: Von vielen möglichen Ereignissen passiert das eine Wirkliche. Die Sequenz lässt sich nicht umkehren.«
TH: »Da scheint nun aber die dritte Generation den hohen Eminenzen der Symmetrien und Naturgesetze gehörig ins Spiel zu pfuschen. Wie ist das möglich?«
NW: »Der Zufall schleicht sich auf verschiedenen Wegen ein, die sich ergänzen und verstärken. Nun muss ich mich aber um SMART kümmern, der gerade seine neuste Positionsmeldung schickt.«

Der *Self-Maneuvering Automatic Robot-Transporter* (SMART) ist ein einfaches, unbemanntes Nachschub-Gefährt, das von der HERMES TRISMÉGISTOS zur Titan umkreisenden ORPHEUS gesandt wurde. Standardisierte SMARTS werden routinemäßig zum Verkehr zwischen Raumschiffen benutzt. Ihr Raketentriebwerk bringt sie in die Nähe des Ziels, wo dann ein selbsttätiger Suchradar und eine automatische Steuerung das Andocken übernehmen. Die Vorräte der Titan-Expedition an Nahrung, Sauerstoff und Energie mussten dringend ergänzt werden, weil das Unternehmen bereits länger dauerte als geplant. Dank diesem Manöver wurde die ORPHEUS-Besatzung wieder mit allem Nötigen ausgerüstet und konnte, wenn auch auf engem Raum, ihre Arbeit fortsetzen.

Da uns die Transaktionsdeutung nicht bekannt ist, haben wir Professorin Gertrud Kaufmann vom Hahn-Meitler-Institut in Berlin um eine Erläuterung gebeten. Wir geben sie in leicht gekürzter Fassung wieder.

Die Zukunft wirft ihre Schatten voraus

Kollege NW erwähnt eine ungewöhnliche Deutung der Quantenmechanik durch die Wechselwirkung zweier Wellenfunktionen. Die so genannte Transaktionstheorie geht auf Ideen von R. Feynman aus der Elektrodynamik zurück und wurde in den 1980er Jahren von John Cramer erstmals formuliert. Die neue Deutung ist heute ein viel versprechender Ansatz, der aber erst lückenhaft formuliert und noch nicht ausdiskutiert wurde. Die Transaktionsdeutung hat bei weitem nicht die prominente, wenn auch heftig umstrittene Stellung der Kopenhagener Deutung aus den 1920er Jahren. Zwischen der Entstehung eines Teilchens in A und seinem Verschwinden in B geht nach der Transaktionsdeutung nicht nur eine Wahrscheinlichkeitswelle von A nach B, sondern auch eine Welle in umgekehrter Richtung. Diese »Echowelle« hat negative Energie und Frequenz und läuft rückwärts in der Zeit. Im Ganzen entstehen vier Wellen, je zwei zum Zeitpunkt der Beobachtungen in A und B. An beiden Orten breitet sich eine in die Zukunft aus (wie die Wellen auf einem See) und eine in die Vergangenheit (wie das Echo in einem Universum, wo die Zeit abnimmt). Die Echowelle entsteht in B zum Zeitpunkt des Eintreffens des Teilchens an diesem Ort und trifft genau zum Zeitpunkt der Teilchenentstehung in A ein. Ein Atomkern, der zum Beispiel bei A für die Entstehung des Teilchens verantwortlich ist, sieht eine Welle aus der Zukunft auf sich zukommen, wie in einem Film über Oberflächenwellen, der rückwärts abgespult wird. Die vier Wellen löschen sich gegenseitig aus, außer in jenen Bereichen des Raumes und der Zeit, in denen sich das Teilchen von A nach B bewegt. Dort ergänzen sich die Wellen aus der Zukunft und der Vergangenheit und ihre Summe entspricht genau der Wellenfunktion der Kopenhagener Deutung. Es ist also nicht möglich, die Zeit beim Rückwärtslaufen zu ertappen, als ob kreisförmige Wellen auf dem See zusammenliefen und der geworfene Stein wieder aus dem Wasser spränge. Die geisterhaften Echowellen aus der Zukunft sind nie beobachtbar. Man muss fragen, wie es die Transaktionisten erklären, dass die Echowelle genau zum rechten Zeitpunkt bei A eintrifft. Wie immer, wenn uns etwas aus der Zukunft entgegenkommt, widerspricht es der Kausalität und unserem *common sense*. Ich kann nicht die Mutter meiner Großmutter sein. Hier wird der Begriff der Transaktion wichtig. Die beiden Atomkerne in A und B schließen eine Transaktion ab jenseits von Raum und Zeit: Wir wollen gemeinsam ein Teilchen von A nach B senden; du schickst mir eine Echowelle, ich dir eine normale Welle. Eine Transaktion ist ein Handel zwischen zwei Partnern auf Distanz, der weder an die Lichtgeschwindigkeit noch Ort und Zeit gebunden ist.

Die Transaktionsdeutung widerspricht weder den Beobachtungen noch dem mathematischen Formalismus der Quantenmechanik. Die Gleichungen der Wellenmechanik lassen beiderlei Wellen zu, nur werden normalerweise die Wellen aus der Zukunft ignoriert. Auch in der Transaktionsdeutung bestimmt die Vergangenheit die Zukunft in Form von Wahrscheinlichkeit. Der Zufall und die Unschärfe sind ebenfalls wie in der Kopenhagener Deutung eingeschlossen. Die Transaktionsdeutung kann auf einfache Weise die Nichtlokalität von Quantenereignissen anschau-

lich erklären, setzt sie sich doch souverän über Raum und Zeit hinweg. Ich muss gestehen, dass mir beim Gedanken an Wellen aus der Zukunft die Haare zu Berg stehen. Auch wenn wir sie nie beobachten können, beanspruchen die Echowellen Realität. Im Gegensatz zur Kopenhagener Deutung, wo keine Wirklichkeit besteht, bis wir sie beobachten, durchdringen diese Wellen dauernd den Raum. Sie sind real, ob wir sie beobachten oder nicht. Zur Wirklichkeit kommt eine gleich mächtige Echowirklichkeit hinzu, die unseren Vorstellungen von Kausalität Hohn spricht und zur Folge hat, dass Wirkungen Ursachen auslösen.
Die beobachtbaren Phänomene unterscheiden sich überhaupt nicht, ob ich nun die Transaktionsdeutung verwende oder nicht. Für die postulierte Schattenwelt gibt es schlechterdings keine Hinweise. Es ist besser, den Quantenvorhang der Kopenhagener Deutung vor diese dämonischen Zukunftsgeister zu ziehen. Physiker sollten die Hände lassen von dieser Art der philosophischen Spekulation, die nur deutet und an den Gleichungen nichts ändert.

Kronos alias Chronos: Aus dem Nachtbuch von TH (25. April)

Ohne es beabsichtigt zu haben, sind wir in den letzten Gesprächsrunden auf Themen gestoßen, die nicht nur zu den klassischen philosophischen Problemstellungen gehören, sondern allesamt auch mit dem Nimbus der Unlösbarkeit umgeben sind: das Rätsel des *Anfangs* und der *Zeit*. Man stößt hier geradezu schmerzhaft auf die Grenzen nicht nur des eigenen beschränkten Verstandes, sondern des begrifflichen Denkens überhaupt. Ist es wieder einmal unser Aufenthalt in dieser unheimlichen kosmischen Grenzregion, die unsere Gedanken auf abgründige Fährten lockt? Das seltsame Ineinander der unglaublich spektakulären Aussicht in den Weltraum und der Monotonie eines Eremitendaseins fernab des irdischen Lebens wühlt alle Schichten meiner Seele auf.

Ich muss beim Sinnieren eingenickt sein. Da suchte mich Kronos, der alte Gott, wieder mit seinen Träumen heim! Aber es war nicht die entzückende Schönheit der ewigen Sphärenharmonie, sondern ein entsetzliches Bild, das mich im Albtraum überfiel – das dunkle Bild Goyas vom wilden Kinder fressenden Saturn. Düstere Erinnerungen steigen in mir auf – die Andeutungen im Alten Testament über schreckliche Kinderopfer an den Moloch. Nicht zufällig hat man Saturn in der Antike auch mit phönizisch-punischen Kinderopfern in Zusammenhang gebracht.[97]

Vater Chronos

Saturn ist ja in der antiken Tradition auch zum Herrn der Zeit avanciert! Sein griechischer Name *Kronos* ließ sich leicht assoziieren mit *Chronos*. Die ganze Fülle seiner mythologischen Bezüge konnte dann als eine weit gespannte Allegorie der Zeit gedeutet werden.[98] Kronos' Sichel, mit der er sich anschickte, seinen zeugungsfreudigen Vater Uranos zu entmannen, symbolisierte das unbarmherzige Mähen, das die Zeit unablässig vollzieht. Sie lebt noch fort im mittelalterlichen Bild des Sensenmanns, des Todes. Vor allem aber war es ein grausiger Zug des alten Mythos, der durch die naturkundliche allegorische Auslegung ungeahnte Bedeutung gewann: Kronos verschlang all seine Kinder, die ihm seine Gemahlin Rhea gebar, gleich nach ihrer

Abb. 7: Saturn mit dem Drachen der Zeit, 2. Hälfte 14. Jh. Paris, Bibliothèque Nationale

Geburt – aus Furcht davor, auch einst vom eigenen Sohn gestürzt zu werden. Die Philosophie hat sich dieses entsetzlichen Mythos in subtiler Weise bemächtigt: Hinter der archaischen Dramatik der Kronosgeschichte fand man das Wesen des *Chronos*, der Zeit, die alles, was sie erzeugt, gleich wieder verschlingt. Chronos sei zugleich der Vater und der Vernichter von allem, was durch ihn entstanden sei.
Der Mythos weiß zugleich davon zu berichten, dass Rhea den letztgeborenen Sohn Zeus verbergen konnte. Herangewachsen zwang er Kronos, alle seine Geschwister wieder von sich geben. Auch dies ließ sich mit dem Zeitsymbol erhellen: Alles wird von Chronos verschlungen, aber alles kehrt auch wieder zurück ans Licht. Die uralte Beziehung des Gottes zum Bereich der Fruchtbarkeit gewann damit neue Bedeutung: Wie die Erde die Samen aufnimmt, so verschlingt Kronos seine Erzeugnisse, aber dereinst drängen sie wieder ins Sein.[99]
Der Mahlzahn der Zeit! In mir hallen die Stimmen all jener Dichter nach, die bewegte Klage führten ob des unaufhaltsamen Zerrinnens, das alles Leben überschattet. *Tempus edax rerum!*

»O du gefräßige Zeit und du, o neidisches Alter,
alles reißt ihr herunter, und wenn euer Zahn es geschändet,
lasst ihr alles allmählich in schleichendem Tode zerfallen!«[100]

An dieser Stelle findet sich im Nachtbuch ein Bild von Saturn, dem König der Zeit, mit Sense und Zeitdrache. Er ist im Begriff, sein eigenes Kind zu verschlingen.

WÜRFELT GOTT?

Am 27. April 2021 vollendete die Hermes Trismégistos ihren zweiten Umlauf um Saturn und befand sich noch immer im Librationspunkt zwischen dem Planeten und seinem größten Mond, Titan. Das runde Ereignis gab den Anstoß zu einer kleinen Feier. Mit elektrischen Kerzen, einem edlen Stück tofugefertigtem ›Mondkalb‹ aus dem Außenschrank und mit rekonstituiertem ungarischem Stierblutwein (von der IASA zur Senkung des Cholesterinspiegels ausdrücklich erlaubt) erzeugte man den Anschein eines festlichen Candlelight-Dinners. Angesichts dieser seltenen Köstlichkeiten kam es zu einem weiteren Gespräch über die Zeit und ihre Eigenheiten.

Spiel mit dem Zufall

TH: »Ein prächtiges Mahl! Ich fühle mich geradezu an das schwelgerische Saturnalienfest im alten Rom erinnert. In den Tagen der Wintersonnenwende glaubte man sich zurückversetzt in das versunkene Goldene Zeitalter unter der Herrschaft Saturns und pflegte es ausgelassen zu feiern. Der Herr war Sklave, der Diener wurde zum Herrn.«
NW: »Nun, unsere Rollen tauschen wir trotz der Saturnalien wohl besser nicht. Ich lasse dich auf keinen Fall an die elektronische Bordsteuerung! Wir würden sonst abrupt in unser Ehernes Zeitalter zurückgestoßen, dem wir hier draußen ausgesetzt sind.«
TH: »Seit gut einem Monat befindet sich die HERMES TRISMÉGISTOS nun in der Umlaufbahn um Saturn. Zusammen mit den Monden ziehen wir unsere majestätische Kreisbahn, und ich fühle mich schon als Teil dieser großartigen, harmonischen Welt. Die Ortsveränderung der inneren Monde ist schon nach einer Stunde zu sehen, beim Japetus dagegen nehmen wir unsere eigene Bewegung wahr. Das gleichmäßige Kreisen schafft das Gefühl einer inneren Ruhe. Die Symmetrie dieser Bewegung scheint vollkommen, und ich verspüre dabei einen Hauch von Ewigkeit. Fast höre ich die Sphärenmusik des Pythagoras.«
NW: »Lass dich nicht vom Sirenenklang der Ewigkeit verführen! Auch im Saturnsystem schreitet die Zeit unaufhaltsam voran, obschon sich die dominante Bewegung für uns zyklisch ausnimmt. Die gegenseitige Anziehung der Monde schaukelt chaotische Veränderungen auf, die scheinbar zufällig und sicher nicht reversibel sind. Mit Harmoniebetrachtungen bewegst du dich in eine Richtung, in der die Zeit schließlich zu einer geometrischen Größe wird.«
TH: »Immerhin befinde ich mich damit in guter Gesellschaft. Ist nicht in der Relativitätstheorie diese geometrische Konzeption der Zeit grundlegend? Einsteins kosmische Frömmigkeit ist geradezu durchdrungen von dieser harmonischen Sicht. Ich erinnere mich an seine beeindruckende Aussage über die Religiosität des Forschers, die ›im verzückten Staunen über die Harmonie der Naturgesetzlichkeit‹ begründet ist, ›in der sich eine so überlegene Vernunft offenbart, dass alles Sinnvolle menschlichen Denkens und Anordnens dagegen ein gänzlich nichtiger Abglanz ist‹.«[101]
NW: »Diese Worte eines großen Menschen berühren mich ebenfalls. Einsteins Orientierung an der Harmonie geht von einer alles durchdringenden Kausalität aus, sodass auch die Zukunft nicht weniger bestimmt ist als die Vergangenheit. Dies war wohl einer der Gründe,

warum er die Zufälligkeit der Quantenmechanik ablehnte. Eine Welt, die dem Zufall auch nur eine Handbreit die Tür öffnete, hätte sein ›verzücktes Staunen‹ wesentlich geschmälert.«

TH: »Der Zufall scheint keinen Platz zu haben in einer Welt, in der jedes Ding seine Bahn zieht wie die Monde um Saturn.«

NW: »Im Blick auf die geometrische Zeit muss man das so sagen. Sie ist nur ein Parameter des Systems, der zum Beispiel den Ort eines Mondes auf seiner Bahn beschreibt. Nehmen wir an, der Saturnmond Rhea, der da drüben gerade so schön im Sonnenlicht glänzt, bewege sich auf einer Kreisbahn mit bekanntem Radius. Nennst du mir eine Zeit, kann ich dir den genauen Ort des Mondes berechnen. Gibst du mir umgekehrt einen Ort auf der Bahn, lässt sich die Zeit angeben, wann der Planet die Stelle durchläuft. Zeit und Raum sind fest verkettet und gleichwertig, ja gewissermaßen austauschbar.«

TH: »Lass mich das Gedankenexperiment weiterspinnen. Zufall wäre in dieser geometrischen Sicht also nur möglich, wenn zum Beispiel ein Mond plötzlich die Wahlmöglichkeit für verschiedene Bahnen hätte. Die Fortsetzung der Bahn wäre dann nicht durch Kausalität vorgegeben, sondern rein zufällig. Aber zurück zur geometrischen Zeit! Raum und geometrische Zeit sind nicht wesensverwandt, denn sie haben in deinem Beispiel immer noch einen völlig verschiedenen Inhalt. Sie sind nicht aus demselben Holz geschnitzt.«

NW: »Das ändert sich, wenn die Lichtgeschwindigkeit endlich ist. Die Uhren in einem bewegten System, wie zum Beispiel im Inneren eines superschnellen Raumschiffs, gehen von uns aus gesehen nicht überall gleich. Die Zeit hängt vom Ort in der Kabine ab und hat somit auch einen raumartigen Charakter.«

TH: »In meinem ansonsten recht qualvollen Physikunterricht erlebte ich es als wahrhafte Erquickung, als unser Lehrer die Zeit in den Rang einer vierten Dimension erhob. Alles wurde plötzlich geheimnisvoll. Ich begann, von phantastischen Zeitreisen zu träumen. Verstanden habe ich aber diese Behauptung nie.«

NW: »In den Gleichungen der Speziellen Relativitätstheorie gibt es fast keinen Unterschied mehr zwischen Raum- und Zeitkoordinaten. Die Zeit wird ein Teil der Geometrie. Schon der Mathematiker Minkowski stellte dies in den Gleichungen zur Umrechnung von Koordinaten zwischen sich bewegenden Systemen fest. Einstein hat diesen Gedanken zum Prinzip erhoben und weitergeführt.«

TH: »So faszinierend diese Konzeption auch sein mag, sie widerspricht den menschlichen Erfahrungen und überhaupt allen biologischen Phänomenen. Der Zufall scheint in der vierdimensionalen Raum-Zeit keinen Platz zu haben, so wenig wie das unerbittliche Fortschreiten der Zeit.«

NW: »Und doch hängen Zufall und Zeit zusammen. In der Quantenmechanik lüftet sich der Schleier bei der Messung durch den Beobachter. Was in diesem Augenblick zum Vorschein kommt, ist als ein Zufallsereignis irreversibel. Quantensysteme kannst du dir wie durcheinander laufende Wellenpakete auf einem See vorstellen, aber nicht als Punkte auf einer Bahn. Hier bekommt nun die Zeit eine ganz andere Bedeutung: Sie bringt die Wirklichkeit hervor.«

TH: »Und in der Transaktionsdeutung?«

NW: »Da stehen der Ursache viele Wirkungen zur Auswahl. Die Ursache schließt mit einer zufälligen Wirkung eine Transaktion ab, wie ein Kaufmann mit einem von vielen Handelspartnern einen Vertrag schließt. Die Bedeutung der Zeit ist dieselbe wie in der Kopenhagener Deutung und der Interpretation als dekohärente Geschichten: In der Transaktion gerinnt aus einer großen Menge von Möglichkeiten eine davon zur Wirklichkeit. Damit ist die Zeit unwiderruflich einen Schritt vorwärts gegangen. Sie bringt die Zufälligkeit an den Tag.«

TH: »Kein Wunder, dass Einstein dies nicht akzeptieren konnte. Damit begeben wir uns sehr weit weg von den ewigen Sphärenharmonien. Die Kausalität scheint der reinen Willkür Platz zu machen.«

NW: »Quantenzufall ist nicht Willkür, lässt sich doch die Wahrscheinlichkeit über den Ausgang eines Vorgangs berechnen. Übrigens muss man Einstein durchaus das prinzipielle Recht zugestehen, die Quantenmechanik zu kritisieren. Wer von der Quantenmechanik nicht schockiert ist, hat sie nicht verstanden.[102] Sie ist schließlich eine von Menschen konstruierte Theorie und, obschon vielfach bewährt, auch heute noch möglicherweise mit Fehlern behaftet. Einsteins Einwand von noch verborgenen Parametern ist allerdings durch Experimente klar widerlegt worden. Der Zufall der Quantenmechanik lässt sich nicht wegdiskutieren. Einsteins suggestiver Behauptung ›der liebe Gott würfelt nicht‹ müssen wir heute mit einem klaren ›Doch!‹ entgegnen.«[103]

TH: »Gemach, gemach! Der Sprung von der Physik in die Theologie ist mir zu überstürzt.«

NW: »In früheren Gesprächen hast du aber genau diese Springkunst mit Vorliebe gepflegt! Warum wird es dir jetzt unheimlich dabei?«

TH: »Ich möchte noch mehr wissen über das physikalische Problem, bevor wir zur Meta-Physik übergehen. Es ist bekannt, dass Einstein sich zeitlebens geweigert hat, die moderne Quantentheorie anzuerkennen. Insofern war er der letzte bedeutende Vertreter der klassischen Physik überhaupt. Für unsere sichtbare Welt scheint er durchaus im Recht zu sein.«

NW: »Auch hier stellen sich analoge Probleme. Der Zufall ist nicht auf die Quantenwelt beschränkt, sondern wirkt auch in allen makrophysikalischen Vorgängen mit. Wieweit dieser Faktor eine Rolle spielt, ist nur eine Frage der Zeitperiode, die wir ins Auge fassen. Nimm zum Beispiel die Monde Saturns. Über die kurze Zeitspanne, in der wir sie besuchen, folgen sie natürlich fast perfekt ihren Kreisbahnen. Sie stören sich aber gegenseitig mit ihrer Anziehung, und diese kleinen Störungen schaukeln sich in Tausenden von Jahren auf. Über Jahrmillionen sind ihre Bahnpositionen daher nicht vorauszuberechnen. Wir können, wenn es gut geht, die Positionen mit Wahrscheinlichkeiten angeben. Wo sie wirklich sein werden, ist für uns Zufall.«

TH: »Du sagst: ist *für uns* Zufall. Offenbar haben wir auf der makroskopischen Ebene ein Erkenntnisdefizit. Es geht also nicht um eine fundamentale Indetermination und nicht um einen wirklichen, im Sein selbst wurzelnden, ontologischen Zufall.«

NW: »Ja, denn wir kennen die Bahnen, auf denen sich die Monde bewegen, nicht hinlänglich genau. Mit der Zeit wird die Unsicherheit immer größer. Weil der Fehler aber nicht einfach linear mit der Zeit ansteigt, sondern massiv emporschnellt, gibt es eine Zeit, für welche die Position eines Mondes überhaupt nicht mehr berechnet werden kann.«

TH: »Der Zufallseindruck entsteht also nur, weil wir die Anfangsposition nicht genau kennen.«

NW: »Das ist im Prinzip zwar richtig, aber in der Praxis gibt es jeweils Grenzen, wie genau man Positionen messen kann. Bei immer kleineren Dimensionen kommt man schließlich in die Welt der Quanten, wo die Position als solche unscharf ist.«

TH: »Ich habe den Eindruck, dass sich diese beiden Erscheinungsformen von Zufall wesentlich unterscheiden. In der makroskopischen Welt öffnet allein unsere beschränkte Erkenntnisfähigkeit dem Zufall die Tür. Letztlich ist der Zufall dann nur ein scheinbarer. In der Welt der Elementarteilchen hingegen ist Zufälligkeit offenbar nicht zu umgehen. Für Einstein war das zweite viel anstößiger als das erste. Ich frage mich, ob die Quantenwelt ihr Unwesen etwa auch in der Makrowelt spielen kann. Auf einer höherer Stufe könnte ja etwas von dem fortwirken, was die darunter liegende, elementarere Schicht grundlegend charakterisiert.«

NW: »Unsere Computer stoßen längst schon an die Grenzen ihrer numerischen Genauigkeit, bevor sie es mit quantenphysikalischen Ungenauigkeiten zu tun haben. Die Nichtprognostizierbarkeit des Weltenlaufs ist zunächst ganz einfach eine Folge der nichtlinearen Gleichungen der Makrophysik. Du hast aber vermutlich Recht, dass in letzter Konsequenz schließlich die quantenmechanische Unschärfe die harte Grenze unseres Wissens bilden wird. Die nichtlineare Quantenphysik ist eines der großen Forschungsgebiete unseres 21. Jahrhunderts.«

TH: »Wir müssen also damit rechnen, dass sich die Spontaneität oder Zufälligkeit, der wir in der Quantenwelt begegnen, auch vielfach in unserer Lebenswelt auswirkt.«

NW: »Ich kann dir leicht vorrechnen, dass bei einem Billardspiel bereits nach dem achten Stoß die quantenmechanische Unbestimmtheit sich dermaßen aufschaukelt, dass die Unschärfe der Bahn größer wird als der Kugeldurchmesser.«

Das Gespräch wurde hier kurz durch ein blinkendes Warnlicht unterbrochen. Auf einem Bildschirm lokalisierte NW das Problem in der Kontrollanlage des Sauerstoffdrucks. Sie meldete einen plötzlichen Anstieg um einen Faktor zehn. Glücklicherweise war es nur eine Fehlanzeige, verursacht vielleicht durch den Einschlag eines kosmischen Protons mit hoher Energie. Die meisten Fehlwerte von Sensoren werden durch intelligente Software abgefangen. Doch gelingt es nicht immer, das kosmische Würfelspiel auszublenden.

TH: »Einsteins Unruhe war demnach wohl begründet! Wenn ich dich recht verstanden habe, so gibt es keinerlei Hinweise darauf, dass sich hinter den zufälligen Ereignissen in der Quantenwelt doch eine Art von strengem Determinismus verbirgt.«

NW: »Nein. Die Suche nach verborgenen Parametern war erfolglos. Es ist in der Tat so: Wir können zwar klar sagen, was nicht geschehen kann. Was aber geschehen wird, können wir grundsätzlich nicht wissen. Ich will dich deshalb noch einmal reizen: Gott scheint zu würfeln!«

TH: »Unsere Lehrer haben uns angesichts solcher Behauptungen jeweils eindringlich ermahnt, das Schema der innerweltlichen Kausalität nicht auf das Verhältnis von Gott und Welt zu übertragen. Ich zögere deshalb, die berühmte Fragestellung Einsteins einfach mit Ja oder Nein zu beantworten. Das Problem ist im Grund ja kein neues, obschon es durch die Quantenphysik verschärft in Erscheinung tritt. In der Theologiegeschichte nimmt die Diskussion um das Verhältnis von göttlicher Vorherbestimmung und menschlicher Freiheit seit langem einen bedeutsamen Platz ein. Zwischen Gott und Mensch geht es aber um eine Beziehung. Die Projektion dieser spezifischen Relation auf Vorgänge in der Natur ist äußerst problematisch.«

NW: »Moment! Ich habe den Eindruck, dass du meiner Frage ausweichen willst und in scholastische Dialektik entfliehst.«

TH: »Nein, ich will nicht einfach ausweichen. Ich versuche nur zu verstehen, was wir eigentlich meinen, wenn wir eine derartige Frage wie ›Würfelt Gott?‹ stellen. Sowohl ein Ja wie ein Nein sind ein Schuss ins Leere.«

NW: »Nun, lass dich doch an diesem schönen Feierabend zu einer einfachen Antwort verführen. Titan zwinkert uns durch das große Bordfenster schelmisch zu, und Saturn lädt zum Träumen ein. Deine gestrengen Gottesgelehrten sind unermesslich weit entfernt.«

TH: »Das Mondkalb und das Stierblut machen mich übermütig. Im alten Rom gab man sich am Saturnalienfest dem sonst verpönten Würfelspiel exzessiv hin. Das gibt auch mir einen Freiraum. Nehmen wir also an, Gott lenke nicht kraft seiner höheren Macht die Ereignisse in der Quantenwelt. Wenn ich mich nicht ganz auf den Gemeinplatz der Unerforschlichkeit und Unerkennbarkeit der Wege Gottes zurückziehe, dann bin ich gezwungen, die Frage zu bejahen. Gott würfelt! Aber –«

NW: »Jetzt wird es spannend. Was ist ›aber‹?«

TH: »Ich versuche, bei der Metapher des Würfelns zu bleiben, obschon ich vor dem Bild von Gott mit einem Würfelbecher in der Hand zurückschrecke – jedenfalls bin ich keine Spielernatur! Also: Gott würfelt. Das heißt zunächst: Es gibt selbst für Gott einen echten Zufall, also Unvorhersehbares. Es heißt aber auch: Gott hält sich an die Spielregeln.«

NW: »Erlaube mir die kurze Bemerkung: Das Bild des Spiels ist für die neuere Naturwissenschaft ziemlich grundlegend geworden, weil sich hier das Zusammenspiel von Naturgesetzen und Zufall modellhaft studieren und simulieren lässt.[104] Die Welt ist ein offenes Spiel, nur die Regeln stehen fest. Für den Zufall gibt es viel Raum. Zugleich wird er durch die Gesetze kanalisiert.«

TH: »Die Spielmetapher hat auch in der biblischen Tradition Heimat-

recht. Von der göttlichen Weisheit, die am Schöpfungswerk mitgewirkt hat, heißt es, dass sie hingebungsvoll vor Gott gespielt habe.«[105]
NW: »Also zurück zu Gott! Ist er ein Spieler?«
TH: »Im Gleichnis vom Würfelspieler nimmt Gott am Weltspiel jedenfalls teil – ob es noch andere Spieler gibt, will ich nicht fragen. Man soll den Teufel ja nicht an die Wand malen! Ich formuliere jetzt weiterhin die Vermutung, Gott selbst habe die Spielregeln festgesetzt.«
NW: »Hier stößt du unausweichlich mit evolutionären Theorien zusammen. Viele Gesetze erzeugt erst die Evolution. Gesetze haben selbst eine Naturgeschichte.«
TH: »Das muss an sich noch nicht gegen Gott sprechen, da ich sein Wirken auch in evolutionär beschreibbaren Prozessen erkenne. Umgekehrt habe ich von dir gelernt, dass viele grundlegende Ordnungen wie Symmetrien schon von Anfang an in Geltung standen und sozusagen über dem präkosmischen Quantenozean wachten.«
NW: »Zugestanden. Aber mit dem Zufall muss Gott jedenfalls rechnen.«
TH: »Mit dem Zufall ebenso sehr wie mit den einmal festgelegten Gesetzen. Jetzt muss ich aber ein Weiteres hinzufügen: Gott hält das gesamte Weltspiel am Laufen. Wir haben früher über seine fortdauernde Erhaltung der Welt gesprochen. Er ist also der Hausherr, der zum Spiel lädt, und zugleich ein Mitspieler. Er hat jederzeit die Möglichkeit, das Spiel abzubrechen.«
NW: »Dann wäre er ein Spielverderber!«
TH: »In der Tat! Man kann viele biblische Texte, in denen von Gottes Unwillen oder Empörung über sein Volk die Rede ist, als Reaktionen lesen auf einen äußerst ungünstigen Spielverlauf, den die Geschichte nimmt. Aber er bricht das Spiel nicht ab. Viel eher sind die Menschen Spielverderber.«
NW: »Von Gottes Allmacht kann jedenfalls kaum mehr die Rede sein.«
TH: »Das hängt davon ab, was wir mit dem Begriff ›Allmacht‹ meinen. Wir müssten einmal eingehender darüber sprechen. Für den Moment möchte ich noch etwas bei der Metaphorik des Spiels bleiben.«
NW: »Nur zu!«
TH: »Gott hält also das Weltspiel in Gang, auch dort, wo es sich nicht nach seinem Sinn entwickelt. Ich erkenne darin seine Treue zu seiner Schöpfung, aber auch seine ›Empathie‹. Er ist in höchstem Maß verbunden mit seinem Werk.«

NW: »Er hat ja gar keine andere Möglichkeit, als sich dem Spielverlauf zu fügen. Andernfalls würde das Spiel im Chaos enden.«
TH: »Jedenfalls ist es für ihn nicht nur mit Freude und Wohlgefallen, sondern auch mit Kummer und Schmerz verbunden. An diesem Punkt schlägt das bunte Spiel in bitteren Ernst um. Gott setzt sich all den Zufälligkeiten einer unvorhersehbaren Geschichte aus.«
NW: »Jedenfalls scheint er in deiner Sichtweise eine Doppelrolle zu spielen: Er ist erhaltender Schöpfer und zugleich betroffener Mitspieler. Wenn ich selbst, angeregt vom Stierblut, auch ein wenig spekulieren will: Von göttlichem Mitspiel würde ich zunächst dort sprechen, wo die Evolution durch entscheidende und irreversible Ereignisse vorangetrieben wird.«
TH: »Du nimmst unser Osterthema über das Entstehen von Neuem auf. Das Bild hat aber auch eine Kehrseite: Gott ist nicht nur auf der Seite der Erfolgreichen. Als Mitspieler schlägt er sich auf die Seite der Verlierer. In der biblischen Überlieferung wohnt er bei den Entrechteten, Armen, Misshandelten, Zukurzgekommenen.«
NW: »Jetzt bist du aber mit dem Bild vom Spiel durchgebrannt! Wir wollten ja über das Universum diskutieren und nicht über Armenfürsorge und soziale Wohlfahrt.«
TH: »Vielleicht bin ich zu weit gesprungen. Aber wir haben die dunkle Seite der Metapher vom Spiel tangiert: Ein Spiel hat neben Gewinnern meist auch Verlierer. Spiele können in tödlichen Ernst umschlagen. All das darf man nicht ausblenden, wenn man sich auf Einsteins Fragestellung einlässt.«
NW: »Einsteins Irritation über den göttlichen Würfelspieler hat aber einen ganz anderen Hintergrund. Ihm ging es um die unverbrüchliche Gesetzmäßigkeit des Weltalls, die seine Bewunderung erregte. Hier nahm er das Göttliche in seiner überragenden Weisheit und Schönheit wahr. Ich kann ihn ein Stück weit verstehen. Mir fällt es viel schwerer, religiöse Gefühle mit einem würfelspielenden Gott zu verbinden. Dem Zufall haftet aus meiner Sicht nichts Heiliges an.«
TH: »Die Religionen halten hier sehr verschiedene Deutungsangebote bereit. Einen Typ hast du schon genannt: Die wunderbare Gesetzmäßigkeit des Universums führt die Menschen immer wieder zu Staunen und Verehrung. Vielleicht kennst du den Psalmvers:[106]

> ›Die Himmel erzählen die Herrlichkeit Gottes, und das Firmament verkündet das Werk seiner Hände.‹

Im Abendland spielte die Betrachtung der Harmonie und Schönheit im Kosmos seit der frühsten griechischen Philosophie für das Gottesbild eine enorme Rolle. Einstein steht hier in einer ehrwürdigen Tradition kosmischer Frömmigkeit. Und die Erkenntnis der göttlichen Gesetze ermöglichte auch ein dem Kosmos entsprechendes und angemessenes Leben.«

NW: »Offenbar hat in dieser Perspektive der Raum eine dominante Position. Von Platon heißt es, er habe die Geometrie für den Weg zu Gott gehalten.[107] Im Altertum war es natürlich leichter, den Raum zum Haftpunkt von religiösen Empfindungen zu machen. Heute ist der Raum nicht mehr hierarchisch geordnet, sondern isotrop, also in allen Richtungen gleich. Auch die fundamentalen Symmetrien des Universums wissen uns von Gottes Herrlichkeit nichts mehr zu erzählen. Aber lassen wir Einsteins Empfindungen einmal stehen. Wie steht es mit dem Kontrapunkt des Raums, mit der Zeit? Gibt es auch eine Bevorzugung der Zeit in den Religionen?«

TH: »Der von uns diskutierte Typ einer kosmischen, philosophisch angehauchten Religiosität hat ein äußerst distanziertes Verhältnis zur Zeit. Im Grund gibt es hier allein ewige Gegenwart. Das gilt weithin für die griechischen Philosophen, und wenn ich mich recht entsinne, kehrt eine ähnliche Idee nicht zufällig auch bei Einstein wieder.«

NW: »Ja, ich erinnere mich genau. Bei einer Traueransprache habe ich sogar seine Worte zitiert. Als er in hohem Alter die Nachricht vom Tod eines nahen Freundes bekam, schrieb er an dessen Witwe: ›Nun ist er mir auch mit dem Abschied von dieser sonderbaren Welt ein wenig vorausgegangen. Dies bedeutet nichts. Für uns gläubige Physiker hat die Scheidung zwischen Vergangenheit, Gegenwart und Zukunft nur die Bedeutung einer wenn auch hartnäckigen Illusion.‹«[108]

TH: »Es gibt viele Hinweise darauf, dass sich die Zeitvergessenheit der antiken Metaphysik in der neuzeitlichen Physik unvermindert erhalten hat.[109] Ein markantes Beispiel dafür ist ihre Suche nach immer gültigen, zeitlosen Naturgesetzen. Im Bereich der Religionen gibt es demgegenüber zahlreiche andersartige Einstellungen. Denk nur an die Bedeutung des Kalenders und der heiligen Zeiten, die sogar hier in der Abgeschiedenheit unserem Leben einen elementaren Rhythmus geben. Der zyklische Lauf der Jahreszeiten hat religiöse Deutungen geradezu provoziert. Viele alte Kulte kreisen um Wachstum und Fruchtbarkeit. Auch hier waren Erkenntnis der Schöpfungsordnung und Lebensführung miteinander verklammert.«

NW: »Hier haben wir es also mit einer Zeiterfahrung zu tun, die der reversiblen Zeit näher steht.«

TH: »Obschon ich keine persönliche Kenntnis von Naturreligionen habe, denke ich, dass dies zutrifft. Die Zeit unterliegt in naturnahen Kulturen einer ständigen Erneuerung. Auch die altorientalischen Hochkulturen pflegten in den großen jahreszeitlichen Festen die mythischen Schöpfungsgeschehnisse zu reproduzieren. Zugleich aber taucht nun das Bewusstsein der eigenen Geschichtlichkeit auf.«[110]
NW: »Das heißt: Das Fortschreiten der Zeit wird wahrgenommen.«
TH: »So könnte man es ausdrücken. In den großen monotheistischen Religionen wird diese Zeitkonzeption dann dominierend. Zwischen Schöpfung und endzeitlicher Vollendung kommt es zu jeweils neuen göttlichen Setzungen. Die Geschichte selbst wird zum bevorzugten Offenbarungsfeld Gottes. Gott schafft immer wieder Neues, das noch nie da gewesen ist.«
NW: »Deshalb dein Interesse an Zeit und Irreversibilität! Diese Entdeckung der Geschichte hat jedenfalls die moderne Biologie tief geprägt.«
TH: »Ja, aber die gleichsam noch mythischen Ränder von Urzeit und Endzeit haben sich dabei verflüchtigt. Die Moderne ist der Geschichte ohne Aussicht auf deren heilvolles Ende ausgeliefert. Sie bekommt den Schrecken der Geschichte schutzlos zu spüren.«
NW: »Endzeitszenarien wollen wir ein andermal diskutieren. Ich habe jetzt unser Hauptthema, den Zufall, aus den Augen verloren. Was hat er mit der Religion und mit Gott zu tun?«
TH: »Du stellst mir eine schwierige Frage. In jenem Typ kosmischer Religion, der noch bei Einstein nachhallt, ist der Zufall ein Störenfried. In der antiken Kosmologie treibt er lediglich in der untersten kosmischen Sphäre, in der sublunaren Welt sein Unwesen. Der Grund liegt in der Irrationalität der irdischen Materie. In den Gestirnregionen hingegen herrscht vollkommene Gesetzmäßigkeit. Die regulären Bewegungen der Gestirne bringen die göttliche Harmonie zum Ausdruck.«
NW: »Die Planetenbewegungen waren zu Recht ein Paradebeispiel für den Erfolg der klassischen Physik. Heute wissen wir aber, dass deren Unveränderlichkeit lediglich eine idealisierte Näherung darstellt. In kosmischen Zeitmaßen sind ihre Bahnen veränderlich und sogar chaotisch. Der Zufall sitzt auch hier am Steuerruder.«
TH: »Der Zufall wird in der religiösen Perspektive natürlich ganz anders wahrgenommen. Erlaube mir das Wortspiel: als ein Zu-Fall, als etwas, das den Menschen überraschend zufällt. In unerwarteten Geschehnissen eine göttliche Einwirkung zu erkennen gehört gewiss zu

den elementarsten religiösen Ausdrucksformen. Wir haben früher einmal vom Kairos gesprochen. In der griechischen Welt nannte man einen Glücksfund ein ›Geschenk des Hermes‹, ein *Hermaion*. Hermes, der geflügelte Götterbote, der auch den Reisenden, den Kaufleuten und sogar den Dieben beistand, galt als Urheber solcher glücklicher Wendungen und überraschender Ereignisse.«
NW: »Auf die Gunst des Hermes wollen wir anstoßen! Möge unsere HERMES TRISMÉGISTOS uns wohlbehalten zur Erde zurückbringen.«
TH: »Auch in der Jesusüberlieferung gibt es manche Gleichnisse, die von unvermuteten selig machenden Ereignissen berichten.[111] Ein Mann entdeckt einen Schatz im Acker; ein Kaufmann stößt auf eine alles überragende Perle. Ein König erlässt einem Schuldner unerwartet alle Schulden. Ein Weinbergbesitzer überrascht seine Arbeiter mit seinen unkonventionellen Lohnzahlungen. Ein Verwalter ändert kühn die Schuldscheine ab. Ein Festmahl findet mit spontan zusammengetrommelten Ersatzgästen statt. Hier fällt den Menschen jeweils überraschend etwas vom Himmel zu. Der Nebel reißt auf, ein strahlendes Licht blitzt auf. Die Liebe Gottes überrascht die Welt.«
NW: »Vielleicht müsste man hier auch die zahlreichen Wundergeschichten nennen. Aber mir fällt etwas auf: Du hast jetzt immer nur gute Zufälle angesprochen. Nur zu oft wenden sich die Dinge aber zum schlechteren. Denk an den Ausfall unserer Laserdiode.«
TH: »Natürlich gibt es auch die Kehrseite! Ein bekanntes Gleichnis warnt vor dem Dieb, der in der Nacht kommt. Gerade Gerichtstexte künden eine bedrohliche Wende an, die alle menschliche Kalkulation durchkreuzt. Ein selbstzufriedener Großbauer muss plötzlich sterben. Das göttliche Gericht kommt so unerwartet über die Welt wie die Sintflut.«[112]
NW: »Ich kenne die Bibel kaum und kann deshalb deine knappen Hinweise nicht mit Leben füllen. Aber ist es hier nicht durchweg so, dass der Zufall zwar die Menschen überrascht, aber von Gott benützt oder gesteuert wird? Die Frage bleibt offen, ob es auch für Gott selbst Zufälliges gibt – eine Entwicklung von Geschehnissen, die er nicht absehen konnte.«
TH: »Du wirfst hier ein Thema auf, das zu unbeantwortbaren Aporien führt. Für den Moment deute ich nur einen Punkt an, wo sich das Problem besonders deutlich herauskristallisiert. In der Theologie hat man sich immer gefragt, ob nicht die menschliche Willensfreiheit der göttlichen Macht eine bedeutsame Grenze setze.«
NW: »Und – haben deine Autoritäten für diese spezielle Frage inge-

niöse Antworten gefunden? Die moderne Herausforderung besteht doch darin, dass die *kosmische* Macht des Zufalls wie nie zuvor ins Bewusstsein getreten ist. Dies hebt in der Quantenwelt an und kehrt in der molekularen und biologischen Evolution wieder. Es geht hier um viel mehr als nur um den Menschen.«
TH: »Ich kann auf deine bohrende Frage nach dem Verhältnis von Gott und Zufall keine abrundende Antwort geben. Wir sind uns einig, dass in der Welt immer wieder Überraschendes geschieht. Das Alte Testament wagt es sogar, von Gottes Reue über seine eigenen Ratschlüsse zu sprechen. So reute es Gott in der Urgeschichte, die Menschen samt den übrigen Geschöpfen erschaffen zu haben, und er brachte die Sintflut über die Erde. Danach aber soll er sich definitiv dafür entschieden haben, die Welt nie mehr gänzlich zu vernichten.[113] Welch ein denkwürdiger Lernprozess Gottes!«
NW: »Uns soll der schöne Abend aber nicht gereuen lassen! Morgen muss ich schon früh mit der ORPHEUS-Besatzung Kontakt aufnehmen. Wir sollten ihre Kartierungsdaten auf veränderliche Bodenbeschaffenheit korrigieren und zu einer mondumspannenden Landkarte integrieren. Mit dieser Arbeit können wir etwas Wichtiges zur Landung beitragen.«

Der nun folgende, vier Tage später geschriebene Text steht nur noch in lockerem Zusammenhang mit dem vorangehenden Gespräch. Von psychiatrischer Seite wurde er als Beweisstück für die zunehmend verminderte Zurechnungsfähigkeit des Astronauten in Anspruch genommen. Zu Unrecht! TH scheint mit einem echten geisteswissenschaftlichen Problem zu ringen. Seine Schlussbemerkungen dürften sogar eher literarischem Eigenwillen als einer ausbrechenden Psychose entspringen. Die von Psychoanalytikern geäußerte Vermutung, dass sich hinter dem Spannungsfeld von Raum und Zeit ein frühkindlicher Konflikt zwischen Vater- und Mutterinstanz verberge, halten wir hingegen trotz ihrer Verwegenheit für durchaus bedenkenswert.

Zwischen Raum und Zeit: Aus dem Nachtbuch von TH (1. Mai)

Die feierliche Stimmung anlässlich unserer zweiten Saturnumkreisung hält bei mir noch an. Ich bin mitten im Spannungsfeld von gegensätzlichen Gefühlen und Gedanken. Zwei Mächte ringen um mich,

und jede von ihnen scheint die größere und gewaltigere zu sein: Raum und Zeit.
Ich stelle mir ein fiktives Streitgespräch vor: Der große König Alexander lässt im fernen Indien eine Gruppe von sonnenverbrannten Weisen darüber disputieren, wer mächtiger sei, Raum oder Zeit. Ein Greis argumentiert: die Zeit, denn sie ist älter und zugleich jünger als alles andere. Ein anderer aber, ein Jüngling, widerspricht: der Raum, denn ohne ihn hätte die Zeit nichts zum Verschlingen. Der König erkürt den Jüngling zum Sieger: Er selbst, Alexander, habe ja in so geringer Zeit die Königsherrschaft über die gesamte Welt errungen und auf diese Weise dem Raum zum Sieg über die Zeit verholfen. Als der jugendliche Herrscher aber nur wenige Jahre später sterben muss, meint ein indischer Gesandter: O weh, großer Alexander, du bist über so weiten Raum mächtig geworden, aber dein Leben vermochtest du nicht einmal um eine winzige Zeitspanne zu verlängern. Jetzt musst du dich mit einem kleinen Grab begnügen und die Zeit wird bald auch dein Reich zermalmen!

Vater Raum und Mutter Zeit

Ein Doppelbild steigt vor meinem inneren Blick auf: Der *Ozean* und der *Fluss*. Beide Bilder haben mich einzeln schon öfter in meinen Abendmeditationen begleitet. Jetzt treten sie zusammen auf, ein so ungleiches Paar. Vater Raum und Mutter Zeit! Der Ozean – Unendlichkeit des Raumes! An seiner Oberfläche ein unaufhörliches Wogen, ein Auf und Ab, ein Kommen und Gehen. Die Zeit in ihren Rhythmen bildet da lediglich eine Oberflächengestalt des Raumes. In der Tiefe des Meeres aber ist Stille, da ist keine Zeit mehr, da ist schiere Ewigkeit. Und mich, ein Tropfen aus jenem großen Meer, treibt die Sehnsucht, in das Eine zurückzukehren, mit ihm zu verschmelzen.
Da ist aber auch der Fluss, der unumkehrbare Strom der Zeit! Er trägt mich fort in eine offene Weite. Alles Vergangene ist in ihm geborgen, und aus der Zukunft spüre ich eine gewaltige Anziehungskraft, die auf den Strom einwirkt.
Beide, Ozean und Fluss, sind Wasser. Was ist der *eine* Stoff, aus dem Raum und Zeit geschaffen sind?

Ewiger Mittag

Die Ringe Saturns samt seinen zahlreichen Monden wecken in mir zuweilen das intensive kosmische Gefühl von großer, majestätischer Weite. Die alte Vorstellung von den kosmischen Sphären lebt in mir wieder auf. Ein seliges Umkreisen des Zentralgestirns. Pythagoras' Sphärenmusik und der Feuerhimmel Dantes mit den lobpreisenden Engelheeren. Verzückte Schau und Ekstase. Ein in sich ruhender, von *einer* großen Harmonie durchdrungener Kosmos. Und zuinnerst in diesem kosmischen Reigen ruht die Gottheit selbst – Urheberin von allem, in unnahbares Licht gehüllt. Alles geht von ihr aus und drängt wieder zu ihr zurück. Ewige Gegenwart, ewiger Mittag! Die Zeit – eine Tochter des Raumes, verschlungen von den immerdar kreisenden Sphären ... Wenn die modernen Physiker von der Zeit als der vierten Dimension sprechen, so huldigen sie noch der Herrschaft des Raumes über alles Zeitliche. Eine tiefe Sehnsucht des Menschen: Zeit in Raum zu verwandeln, den unaufhörlichen Fluss zur ewigen Gegenwart gefrieren zu lassen.

Exodus

Da ist die andere Weltmacht, die Zeit. Das Kreisen der Monde um Saturn, das Kreisen der Planeten um die Sonne – in kosmischer Zeitrechnung lediglich Episoden in einem viel größeren Zeitverlauf. Die Sphärenharmonie ist nur gerade ein kurzer schöner Frühlingstag in einem gewaltigen, chaotischen Weltenjahr! Und selbst das jetzige Kreisen: Es wird überlagert von gänzlich unzyklischen Bewegungen im großen Universum. Zwar mag sich unsere Sonne noch um das Herz der Milchstraße drehen – aber unsere Galaxie fliegt auf direktem Kollisionskurs mit der benachbarten Andromedagalaxie. Die gesamte Gruppe unserer Galaxien wird angezogen von weit mächtigeren Galaxienkomplexen, deren Namen meine mythologische Phantasie aufreizen – dem großen Haufen der Virgo, dem Supercluster der Hydra und schließlich dem »Großen Attraktor«, einer massiven, Furcht einflössenden Kumulation von Galaxiesystemen weit draußen im Raum. Da ist kein Kreisen mehr, sondern eine einmalige, vielleicht irrende Bahn durch die gähnenden Abgründe des Weltalls.
Ich denke schließlich an die Expansion des Universum selbst. Mit ungeheurer Geschwindigkeit bläht sich der Raum nach allen Seiten hin aus. Das Weltall hat einen Anfang und vielleicht auch ein Ende, es hat jedenfalls eine einmalige Geschichte mit spezifischen Epochen und Weltzeitaltern. Der Raum beugt sich hier unter die Herrschaft der Zeit.
Es sind religiöse Empfindungen ganz anderer Art, die sich an dieser kosmischen Geschichte entzünden. Da ist nicht mehr das entrückte Kreisen zeitenthobener Himmelskörper und seliger Geister, sondern

ein Aufbruch in eine offene Weite, ein Exodus vom Alten zum Neuen. Die Erinnerung an einen der großartigsten biblischen Texte drängt sich mir auf.[114] Als Mose am Sinai die Lichtherrlichkeit Gottes schauen wollte, wurde ihm diese ekstatische, selige Schau verweigert. »Du kannst mein Angesicht nicht schauen, denn kein Mensch bleibt am Leben, der mich schaut.« So begab sich Mose in den Schutz einer Felsenkluft und schaute dem vorüberziehenden Gott nach: Er warf einen Blick auf Gottes Rückseite, auf seine Schleppe voll Licht und Kraft. »Du wirst meinen Rücken sehen. Mein Angesicht aber kann niemand sehen.«

Ich deute dieses Vorüberziehen Gottes auf den Zug Gottes durch die Zeiten. Gott teilt mit seinen Geschöpfen den Aufbruch vom Alten zum Neuen, er zieht seiner Schöpfung voran in eine gemeinsame Zukunft. Sein Angesicht bleibt den Menschen verborgen. Er lässt sich nur finden und erkennen im Nachhinein, in seinem »Vorüberziehen« – bis er in der Vollendung sein Antlitz von strahlendem Licht enthüllt. Ja, meine Gedankenspiele tasten sich noch weiter vor: Im »Rücken Gottes« finde ich die Gesamtheit all jener Geschichten, aus denen das Universum besteht. Das Antlitz Gottes bleibt uns entzogen, aber in der Zeit, diesem lebendigen Gewebe, aus dem die Welt erschaffen ist, bekommen wir sein Wirken zu Gesicht und werden zum Nach-Denken provoziert.

Ewigkeit – Raum oder Zeit?

Zwischen Raum und Zeit gibt es einen seltsamen Zusammenhang. Schaue ich in den Himmel, so fällt mein Blick tief in die Vergangenheit. Das Licht der Sterne mag Jahre oder Jahrmillionen alt sein. Ferner Raum ist zugleich längst verstrichene Zeit. Die Paradoxien der Relativitätstheorie gehen mir durch den Kopf, auch wenn mir ihre mathematische Begründung unverständlich bleibt. Und da sind Erinnerungsfetzen an prägnante Sätze eines philosophischen Physikers, die mich auf meiner abenteuerlichen Reise zum Saturn begleiten: »Das Wachstum des Raums *ist* … die Offenheit der Zukunft.«[115] Ich ringe um ihren Sinn. Wenn Zeit das Grundlegendste ist, dann muss Raum eine Erscheinungsform der Zeit sein – gleichsam eine ausgefrorene Gestalt von Zeit.

Wie steht es aber dann mit der Ewigkeit? Gewinnt hier nicht doch zuletzt der Raum die Herrschaft über die Zeit zurück? Gewiss, die theologische Tradition hat scharf unterschieden zwischen einer zeitlichen Unendlichkeit und Gottes Ewigkeit, worin Vergangenheit, Gegenwart und Zukunft nicht nacheinander, sondern »zugleich« und »ineinander« angeordnet sind.[116] Hier wird aber die grundlegende Signatur unserer Zeiterfahrung, die Differenz von ›Vorher‹ und ›Nachher‹, also ihre Irreversibilität, ausgeblendet. Wieder triumphiert der Raum mit seinem Nebeneinander! Lässt sich denn überhaupt ein Gedanke über Ewigkeit bilden, der zuletzt nicht doch Verrat übt an der Zeiterfahrung? Ich strecke mich aus nach der seligen Schau, nach einer letzten, höchsten Versöhnung von Raum und Zeit, enthüllt wie in einem dunklen Spiegel. Schwindel ergreift mich. Die Begriffe zerfallen mir inmitten meines Sinnierens, immer wieder stoße ich an eine unüberwindliche Grenze. Das Blut hämmert in meinem Kopf; das Feuerwerk meiner Neuronen droht meiner Kontrolle zu entgleiten. Haben mich bereits die ersten Boten des Wahnsinns erreicht, die uns irdische Kreaturen aus der Unendlichkeit des Weltalls heimsuchen?

DRITTES BUCH: DEM LEBEN AUF DER SPUR

Die Tagesaktualitäten an Bord der HERMES TRISMÉGISTOS standen während der nun folgenden dreißig Tage zunehmend im Zeichen der Mission zum Saturnmond Titan. Die Verzögerung der Landung begann jetzt auch die im Umgang mit unvorhersehbaren und widrigen Umständen abgebrühten Astronauten zu irritieren. Offenkundig zeitigten die wohlgemeinten Anregungen der Bodenstation, die Spannung mittels Ergotherapie und Obertonsingen zu lindern, eher gegenteilige Wirkungen. Vom intensiven Kommunikationsprozess mit der Besatzung des Titanlanders ORPHEUS sind uns in der elektronischen Hinterlassenschaft nur wenige Sequenzen überliefert, in denen es lediglich um technische und prozedurale Probleme geht. Um so interessanter nehmen sich die Unterredungen und Reflexionen der auf dem Mutterschiff verbliebenen Astronauten aus.

AUF DER SUCHE NACH DER WIRKLICHEN WELT

Zur Freude der PR-Abteilung von IASA vertreibt NW seine Wartezeit mit dem Schreiben von *public outreach*-Artikeln. Obwohl sich die Astronauten nicht über Mangel an Arbeit zu beklagen haben, schimmert im nachfolgenden Beitrag eine verhaltene Ungeduld durch.

Ein Modell der Wirklichkeit: Ein Kartengruß

Hallo Erde!

Bestimmt wundern Sie sich schon seit geraumer Zeit, warum es mit der Landung auf Titan nicht vorwärts geht. Wir stehen vor dem schwierigen Problem, auf der von Meteoriden-Einschlägen, Flüssen und Gletschern zerfurchten Titanoberfläche einen geeigneten Landeplatz zu finden. Die Kolleginnen und Kollegen auf dem kreisenden Titanlander ORPHEUS vermessen seit geraumer Zeit mit drei

Radargeräten die von photo-chemischem Dunst völlig verhüllte Oberfläche des Mondes. Der eine Radar funktioniert wie ein Echolot und misst die Höhe der Berge und Krater, während die beiden anderen in flachen Winkeln über die Oberfläche streifen und ihre Unebenheiten feststellen.[117]

Nun traten gleich zwei Probleme auf: Die einzelnen Messungen geben verschiedene Werte am gleichen Ort. Nicht nur melden die verschiedenen Radargeräte andere Werte, auch die Beobachtungen mit dem gleichen Instrument zu verschiedenen Zeiten unterscheiden sich wegen der begrenzten Messgenauigkeit und wegen Störungen durch die Titanatmosphäre. Das zweite Problem ist die unvollständige Abtastung der Oberfläche mit diesen Messungen. Sie ist dermaßen kleinskalig strukturiert, dass wir sehr viele Messdaten brauchen, um eine zuverlässige Karte zu erstellen.

Ein Computer auf dem Titanlander ORPHEUS nimmt die Messdaten entgegen und konstruiert daraus ein Modell der Titanoberfläche. Je mehr Messungen zusammenkommen, desto besser wird die Landkarte. Das Vorgehen ist typisch für die ganze Naturwissenschaft. Zunächst geht der Computer von einem Anfangsmodell aus, in unserem Fall von einer Kugeloberfläche. Der Computer berechnet daraus, was die Messungen ergeben müssten, und vergleicht das Resultat mit den Messwerten. Aus der Abweichung konstruiert der Rechner ein besseres Modell mit geringerer Abweichung. Weil nun die Messungen streuen und sich selbst widersprechen, beträgt die Abweichung nie null. Das beste Modell ist jenes, dessen Summe aller Abweichungen minimal ist. Weil täglich neue Daten hinzukommen, entwickelt sich das Idealmodell im Lauf der Zeit.

Unsere Strategie besteht darin, zu warten, bis sich das Idealmodell trotz neuer Daten nicht mehr wesentlich ändert. Wir nehmen an, dass die Idealmodelle zur Wirklichkeit hin konvergieren und schließlich mit ihr übereinstimmen.

Es ist eine Tortur, wie langsam unser Modell konvergiert. Der Grund ist rätselhaft. An früher flachen Stellen, die wir bereits als mögliche Landeplätze ins Auge gefasst hatten, zeigen neuere Modelle merkwürdige Strukturen. Vermutlich verändert sich die Oberfläche ständig infolge von Niederschlägen, die meterdicken Polymer-Schlick ablagern.

Vom Saturn mit freundlichen Grüßen, NW

Im etwas aggressiven Ton des nachfolgenden Gesprächs spürt man die gespannten Erwartungen angesichts der bevorstehenden heiklen Landung. Auch die ungewöhnliche Tageszeit, zu der das Gespräch stattfand, die Mittagspause eines intensiven Arbeitstages, mag das Ihre dazu beigetragen haben.

Modelle – Konstrukte oder Stellvertreter der Wahrheit?

NW: »In den vergangenen Tagen konvergiert unser Modell der Titanoberfläche nun doch allmählich. Es scheint, dass nur Ungenauigkeiten der Messung die Lösung hinausgezögert haben. Je häufiger man denselben Ort beobachtet, desto genauer wird der Mittelwert, und das Idealmodell konvergiert zufrieden stellend. Der Nebel hat sich gelichtet, Kollege! Wir sind der Wahrheit ganz nahe.«

TH: »Lass dich nicht täuschen, ein Modell ist nie die Wirklichkeit. Ein Computer auf dem Titanlander hat es nach einem künstlichen Programm geformt. Das Modell kann falsch sein, denn es ist wie jede Theorie letztlich ein menschliches Konstrukt. Es ahmt vielleicht die Wahrheit nach, ist aber bei weitem nicht die Wahrheit selbst.«

NW: »So einfach lasse ich mich nicht abfertigen! Unsere Kollegen riskieren Kopf und Kragen im Vertrauen auf das Modell. Du wirst sehen, es wird der Wahrheit entsprechen. Natürlich gibt es immer kleine, irrelevante Ausnahmen.«

TH: »Die Wahrheit lässt sich nicht mit Modellen und Theorien gleichsetzen. Ich hatte schon früher den Verdacht, dass Naturwissenschaftler in diesem Punkt insgeheim Fundamentalisten sind. Einer klassisch gewordenen Theorie, wie zum Beispiel der Quantenmechanik, bringen die Adepten blinden Glauben entgegen. Ihr lasst euch weit stärker von der Autorität des Alters beeindrucken, als ihr es wahrhaben wollt.«

NW: »Nein! Es ist der Wunschtraum jedes Physikdoktoranden, ein Versuchsergebnis zu finden, das einer altehrwürdigen Theorie widerspricht. Stell dir vor, zwei Teilchen begegnen sich und verhalten sich nicht gemäß der Quantenmechanik: das könnte einen Nobelpreis bedeuten! Zugegeben, eine Theorie, die sich schon derart oft bewährt hat, testet man nicht alle Tage. Aber das liegt nicht am Alter, sondern an der verschwindend kleinen Chance, die man einem derartigen Versuch gibt. Wir vertrauen diesen Theorien, und dir geht das genau gleich: Du steigst in ein Raumschiff wie das unsere, weil du genau weißt, dass die Gesetze, nach denen es gebaut wurde, verlässlich sind. Auf der praktischen Ebene ist ein bewährtes Modell von der Wahrheit nicht zu unterscheiden.«

TH: »Nehmen wir aber als Beispiel einmal Modelle aus der Biologie oder Theorien des frühen Universums. Sind sie in der Vergangenheit nicht meist aufgrund religiöser oder ideologischer Weltanschauungen entstanden? In den 1940er Jahren hat Lemaître, ein katholischer

Priester, das erste Modell eines Universums mit Urknall entworfen. Gerade wegen seines Standes wurde es von anderen abgelehnt, die ein Universum ohne Anfang bevorzugten. In der zweiten Hälfte des 20. Jahrhunderts machte die Menschheit die Erfahrung von sich immer stärker beschleunigenden nichtlinearen Prozessen. Spiegelbildlich dazu verhalten sich die Urknall- und Inflationstheorie, wo sich immer mehr Ereignisse in immer kleineren Sekundenbruchteilen zusammendrängen. Am Ende des 20. Jahrhunderts waren Katastrophen- und Chaostheorien sehr beliebt. Hier ist doch der Einfluss weltanschaulicher und mentalitätsgeschichtlicher Elemente mit Händen zu greifen. In jeder Zeit konstruieren die Menschen wieder andere Theorien.«

NW: »Weltanschauungen haben schon oft Anregungen für Theorien gegeben. Aber dies sind nur die Anfangsmodelle. Sie werden dann mit neuen Beobachtungen verglichen, und die Theorie muss entsprechend geändert werden. Schließlich konvergiert sie und ändert sich nur langsam oder überhaupt nicht mehr. Diese definitive Theorie ist vom Anfangsmodell unabhängig und der Wahrheit beliebig nahe.«

TH: »Die Heftigkeit, mit der beispielsweise biologische Theorien und Modelle diskutiert werden, und die Langlebigkeit von Alternativtheorien sprechen da eine andere Sprache.«

NW: »Es ist nur eine Frage der Zeit, bis eine Theorie so gefestigt ist wie zum Beispiel das Periodensystem der chemischen Elemente. Irgendwann wird das auch mit der Theorie der Evolution der Fall sein.«

TH: »Meine Zweifel entspringen grundsätzlichen Überlegungen. Das naturwissenschaftliche Verfahren ist reduktiv und selektiv. Um gewisse Beobachtungen und Messungen zu erklären, werden andere ausgeschlossen. Zum Beispiel werden mit Emotionen verbundene ästhetische und religiöse Erfahrungen ausgeblendet; sie finden keinen Platz in naturwissenschaftlichen Modellen. Wie kann es unter solchen Vereinfachungen zu einem definitiven Modell kommen?«

NW: »In der Tat führt gerade das Absehen von subjektiven Regungen zu objektiveren Theorien. Meine persönlichen Stimmungen haben in einem wissenschaftlichen Modell nichts zu suchen.«

TH: »Du machst dir offenbar überhaupt nicht bewusst, dass sich jede Erkenntnis einer bestimmten Perspektive verdankt, die mit dem geschichtlichen Ort des jeweiligen Subjekts gegeben ist. Jede Wissenschaft, die sich keine Rechenschaft über den blinden Fleck ihrer Objektivierungen ablegt, bekommt nur mehr ein verzerrtes Bild der

Wirklichkeit zu Gesicht. Was du am Anfang grundsätzlich ausblendest, taucht später mit Sicherheit nicht mehr im Erkenntnisvorgang auf. Der weite Bereich von Wahrnehmungen, in denen es um Teilhabe und nicht um Distanzierung geht, fällt in deinem Wissenschaftsverständnis völlig aus. Das betrifft nicht nur Phänomene, die für die Religion wesentlich sind, sondern etwa auch für die Kunst.«
NW: »Darüber haben wir ja an Ostern bereits debattiert. Ich begreife aber immer noch nicht, was du eigentlich unter ›teilnehmenden Wahrnehmungen‹ verstehst. In der Physik kennen wir Teilchen und Wellenfelder. Was können wir mit unseren Sinnen oder mit Instrumenten sonst noch wahrnehmen? Alles andere sind doch subjektive Deutungen, die von Menschen stammen und mit der Wirklichkeit nichts zu tun haben.«
TH: »Aus deinen Fragen klingt mir eine Haltung entgegen, in der die menschliche Subjektivität auf einen Störfaktor reduziert wird. Mich erinnert das bedenklich an die berüchtigte *›Theory of Everything‹* (TOE) aus den 1980er Jahren, als theoretische Physiker allen Ernstes behaupteten, kurz vor der Supertheorie zu stehen, mit der alles im Universum erklärt werden könne.«[118]
NW: »Man versuchte, alle vier Grundkräfte der Physik in einer gemeinsamen, vereinheitlichten Theorie zu integrieren. Weil die Kraft die Dynamik aller Teilchen bestimmt, glaubten sich die Theoretiker der grundsätzlichen Lösung aller Welträtsel nahe. Zu denken gibt natürlich, dass man am Ende des 19. Jahrhunderts sogar den Abschluss der gesamten Physik schon in Griffnähe wähnte. Nur wenige Jahre später begann sich Max Planck mit der Strahlung von schwarzen Körpern zu beschäftigen und legte damit den Grundstein zur Quantentheorie, einer ganz anderen Physik...«
TH: »In vergangenen Zeiten waren es Philosophen und Theologen, die den Anspruch auf eine Supertheorie, die alles erfassen kann, erhoben. Heute scheinen sich die theoretischen Physiker diesem Programm verschrieben zu haben. Sie sind die wahren Erben der alteuropäischen Metaphysik! Es ist nicht die Theorie als solche, die mich irritiert, sondern die ungeheure Anmaßung, die mit dieser erschreckend verengten Perspektive einhergeht.«
NW: »›Theory of Everything‹ war zweifellos ein arroganter Name. Selbst wenn die Theorie geglückt wäre, könnte sie nur gerade die Elementarteilchenphysik erklären. Dieses Teilgebiet ist gewiss wichtig, enthält jedoch bei weitem nicht die ganze Physik. Aber dein Einbezug subjektiver Wahrnehmungen in den Erkenntnisbegriff bleibt

mir weiterhin suspekt. Ich möchte nicht wieder hinter die Errungenschaften der Aufklärung zurückfallen. Ich liebe die Klarheit und verabscheue alles Dunkle und Obskure. Wenn man mich nachhaltig von der Realität ›teilnehmender Wahrnehmungen‹ überzeugen kann, bin ich durchaus bereit, meine Perspektive auf eine Wirklichkeit zu öffnen, die von der naturwissenschaftlichen Methode nicht erfasst wird.«

Das kurze Gespräch, das in vielem auf den Osterdialog zurückgreift, bricht hier ab. Die Arbeit an der Titankartographierung nahm die Astronauten wieder voll in Anspruch. Außerdem mussten nochmals mittels eines *Smart*-Transportroboters größere Mengen an Nahrungsmitteln, Sauerstoff und anderem mehr zur Titanlander-Crew gesandt werden.

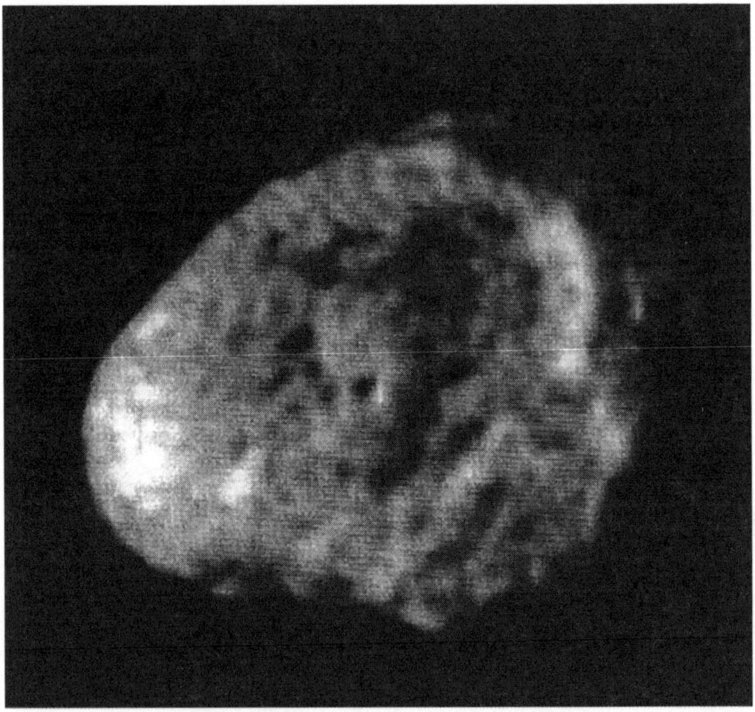

Abb. 8: Hyperion hat keine Kugelform und ist vermutlich ein Trümmerstück aus einer kosmischen Kollision. Der Mond ist in Resonanz mit Titan und Saturn, was seine Drehbewegung und seine Bahn chaotisch macht. (Foto: NASA)

DIE ZUKUNFT IST OFFEN

Die ODYSSEUS-Sonde hatte nun auch den kleinen Mond Hyperion besucht, der etwas außerhalb der Titanbahn seine exzentrische Bahn zieht. Es scheint, dass dieser Nebenschauplatz NW mehr beschäftigt hat, als man angesichts der bevorstehenden Titanlandung erwarten könnte. Die IASA hat den *public outreach*-Artikel vom 12. Mai zurückbehalten. Vielleicht passte der merkwürdig unbestimmte Ton nicht in die *corporate identity* ihres auf strikte Planung und vollständige Kontrolle spezialisierten Unternehmens. Wir können nicht ausschließen, dass der ungewisse Ausgang der Titanmission NW seelisch belastet hat. Der Artikel wird hier zum ersten Mal der Öffentlichkeit zugänglich gemacht.

Mitten im Chaos: Ein Kartengruß

Hallo Erde!

Gespannt verfolgen wir den Formationsflug der ODYSSEUS-Sonde mit dem sonderbaren Saturnmond Hyperion.[119] *Wie ein Betrunkener taumelt der kleine Mond vor sich hin und ändert dauernd seine Drehrichtung. Bei jedem Umlauf ist seine Drehperiode wieder anders: Die Rotation ist* chaotisch. *Das Fachwort bezieht sich auf die schwache Stabilität seiner Eigendrehung, die auf kleinste äußere Einflüsse reagiert und überhaupt nicht voraussagbar ist. Wer hier vor allem Einfluss ausübt, ist klar: Wenn Titan drei Umläufe macht, kreist Hyperion genau vier Mal. Die beiden stehen in Resonanz. Der mächtige Titan hat Hyperion fest im Griff. Er zwingt ihn zu einer stark exzentrischen, elliptischen Bahn. Hyperion möchte die Eigenrotation seinem Bahnumlauf anpassen, aber kleine Störungen der Titanbahn durch andere Monde bringen den Winzling ins Taumeln.*
Chaos heißt, dass keine langfristigen Prognosen möglich sind. Beim Abflug unserer Mission vor drei Jahren war die heutige Lage von Hyperion selbst mit den schnellsten Computern nicht zu berechnen. Hyperion taumelt, als gäbe es im Sonnensystem keine Ordnung, kein ehernes Gesetz von Ursache und Wirkung. ODYSSEUS hält sich darum in gebührlichem Abstand.
Die Taumelbewegung des Hyperion macht ihn scheinbar zu einem Sonderling unter den Perlen des Saturnsystems. Sieht man jedoch länger hin – ich meine einige Millionen Jahre –, so verhalten sich alle Monde chaotisch. Ihre Bahnen stören sich gegenseitig, und die Unsicherheiten schaukeln sich auf, bis sie völlig überhand nehmen. Die Positionen lassen sich über diese Zeit hinaus nicht

mehr voraussagen. Resonanzen können sogar die Bahnen so verändern, dass es zu Kollisionen zwischen Monden kommt. Das soll nicht heißen, dass die Mondbahnen notwendig in eine Katastrophe münden. Ihre Zukunft ist einfach unbekannt.

Wie lange können wir überhaupt die Zukunft vorausberechnen? Das hängt ganz vom System ab. Bei den inneren Planeten, zum Beispiel bei der Erde,[120] sind es 100 Millionen Jahre, bei den großen Saturnmonden einige zehntausend Jahre, bei Hyperion nur wenige Monate. Zwar kennen wir die Gesetze und die Kräfte der Bewegung dieser Himmelskörper vollständig. Dennoch sind wir nicht in der Lage, langfristige Prognosen zu stellen.

Hyperions Taumeln hat einen weiteren Grund. Als einziger Mond im Saturnsystem ist er nicht kugelförmig. Vielmehr ist er doppelt so lang wie breit und gleicht einer Kartoffel. Somit unterscheidet er sich erstaunlich von seinem ebenfalls aus Eis bestehenden Schwestermond Mimas, der eine fast perfekte Kugel ist. Es muss etwas mit seiner einzigartigen Geschichte zu tun haben. Vielleicht ist er das Bruchstück eines größeren Mondes, den eine Kollision zum Zerbersten brachte.

Auf dem kleinen Saturnmond Mimas gibt es einen 140 Kilometer großen Krater, der seinen Namen nach dem berühmten englischen Astronomen Herschel trägt. Er ist mehr als ein Drittel Monddurchmesser groß und sogar mit bloßem Auge von der HERMES TRISMÉGISTOS aus zu erkennen. Ein ungefähr 10 Kilometer großes Objekt hat dort vor langer Zeit eingeschlagen und den Mond dabei fast gesprengt. Wäre der gewalttätige Besucher nur wenig größer gewesen, würde Mimas heute nicht mehr existieren oder vielleicht wie Hyperion aussehen.

Hinter der zeitlosen Fassade des anmutigen Saturnsystems zeichnet sich ein unberechenbares, ungeordnetes Verhalten ab. Der taumelnde Hyperion ist das schwarze Schaf einer Familie, deren Mitglieder aber im Grund alle schwarz sind. Sein Taumeln verrät die Sippe. Schon die griechische Mythologie wusste von Katastrophen aus der versunkenen Welt des Kronos und der Titanen zu erzählen. Und sie kennt auch düstere Prophezeiungen über einen Sturz des gegenwärtig herrschenden olympischen Göttergeschlechts.

Vom Saturn mit freundlichen Grüßen, NW

Abb. 9: Der Saturnmond Mimas fällt durch einen verhältnismäßig großen Krater auf, nach dem deutsch-britischen Astronomen Herschel benannt. Der Krater misst 75 Kilometer, fast ein Drittel des Monddurchmessers. Die Schockwelle des eingeschlagenen Kometen oder Asteroiden, der den Krater verursachte, hat sogar auf der Gegenseite ihre Spuren hinterlassen. Der Einschlag hat den kleinen Mond beinahe zerstört. (Foto: NASA)

Chaotische Aussichten

NW: »Die Titanlandung zögert sich wegen der Suche nach einem geeigneten Landeplatz weiter hinaus. Ich hoffe, dass wir die Bodenstrukturen bald einmal genügend kennen, damit die Titanauten sicher landen können. Ein Restrisiko bleibt in jedem Fall bestehen, da wir nicht alles berechnen können. Schau dir nur den taumelnden Mond Hyperion an!«
TH: »Auf unserer Bahn, die nach deinen Ausführungen ja sicher auch

chaotisch ist, fühle ich mich trotzdem ziemlich sicher. Den Zielpunkt im Saturnsystem haben wir auf jeden Fall gut und genau erreicht.«
NW: »Tatsächlich ist auch die Bahn der HERMES TRISMÉGISTOS chaotisch, denn wir können nicht berechnen, wo sie sich in hundert Jahren befinden wird. Über kürzere Zeitintervalle hinweg sind allerdings sehr genaue Voraussagen möglich. Deshalb haben wir eine wohlgeplante jahrelange Reise hinter uns, ohne etwas von chaotischen Vorkommnissen verspürt zu haben. Erst bei größeren Zeiträumen wird die Berechnung ungenau und schließlich unmöglich.«
TH: »Das Chaos wäre demnach innerhalb menschlicher Lebenszeiten gar nicht wahrnehmbar.«
NW: »Aber gewiss! Das hängt nur vom System und seinen Zeitkonstanten ab. Beim Wetter auf der Erde oder auf Saturn ist die Voraussage bekanntlich schon für die nahe Zukunft recht schwierig. Die Vielzahl der Gleichungen verschiedener, miteinander wechselwirkender Gasmassen verunmöglicht jegliche langfristige Prognose.«
TH: »Von Glücksspielen ganz zu schweigen!«
NW: »Obwohl beim Würfeln keine unbekannten Kräfte am Werk sind und im Prinzip alles determiniert ist, kann kein Computer das Resultat berechnen. Auch beim Würfeln ist die Zukunft unbestimmt.«
TH: »Die Zukunft scheint also weit offen zu sein. Das ist eine alte Lebenserfahrung. Änderungen von einer Sekunde auf die nächste sind zwar selten. Je größere Zeiträume wir aber ins Auge fassen, desto ungewisser ist die Zukunft. Auf lange Sicht taumelt das Universum offenbar in das Chaos.«
NW: »Das ist tatsächlich der Fall. Nehmen wir als Beispiel die Bahn der Erde um die Sonne. Sie wurde von Kopernikus als perfekte Kreisbahn, von Kepler dann als Ellipse beschrieben. Wir wissen heute, dass beides nur Näherungen sind, auch die Erdbahn ist chaotisch. Die Position der Erde ist jetzt auf wenigstens 15 Zentimeter genau bekannt. Wir sind aber nicht in der Lage, zu berechnen, wo sich unser Heimatplanet in seinem Sonnenumlauf nach 100 Millionen Jahren befinden wird. Kleine Störungen durch die anderen Planeten schaukeln sich mit der Zeit so weit auf, dass die Positionsungenauigkeit nach 100 Millionen Jahren so groß wie die Erdbahn wird.«
TH: »Wenn man aber den Ort der Erde genauer messen kann, wird sich die Voraussagezeit verlängern.«
NW: »Für 200 Millionen Jahre müsste der heutige Ort des Erdmittelpunktes allerdings nicht etwa auf die Hälfte, also 7,5 Zentimeter, sondern auf ein Ångström, einen Atomdurchmesser, genau bekannt sein.

Das ist der Unterschied zwischen einem linearen System, in dem der Fehler lediglich proportional zur Zeit zunimmt, und einem chaotischen System, dessen Fehler exponentiell wächst. Wo sich die Erde in der fernen Zukunft befinden wird, können wir unmöglich wissen.«

TH: »Es stimmt mich nachdenklich, dass sogar die regulären Bewegungen der Gestirne chaotisch sein sollen. Die alten Kulturen der Menschheit haben in den Planeten göttliche Mächte wahrgenommen, wie noch heute ihre Namen bezeugen. Für die Griechen repräsentierte die Gleichförmigkeit ihrer Bewegungen sogar die Unwandelbarkeit und Zeitenthobenheit des Göttlichen. Die Sphären oberhalb des Mondes waren dem Entstehen und Vergehen nicht mehr unterworfen, und Saturn markierte die Grenze zwischen der Planetenwelt und der höchsten göttlichen Sphäre, jener der Fixsterne. Physik und Theologie als Meta-Physik waren hier nahezu identisch. Die moderne Wissenschaft hat diese Sichtweise völlig zertrümmert!«

NW: »Das braucht man nicht unbedingt zu bedauern. Das alte Modell eines Universums, wie ein Uhrwerk berechenbar in alle Zukunft und alle Vergangenheit, weckte ja auch die Begierde nach unumschränkter Macht der Wissenschaft über die Natur. Man darf nicht vergessen, dass am Ausgangspunkt der modernen Naturwissenschaft, bei Francis Bacon um 1600, der Drang nach der Herrschaft über die Natur stand. Chaotische Prozesse lagen damals noch außerhalb des Interesses. Sie wurden in ersten Ansätzen schon im 19. Jahrhundert erkannt, aber die Aufmerksamkeit war auf das gerichtet, was technisch brauchbar war und Macht verlieh.«

TH: »Dann hätte erst die Entdeckung des Chaos die menschliche Vermessenheit wieder gebrochen.«

NW: »Für die Naturwissenschaft war die Entdeckung des Chaos eine der ganz großen Entwicklungen des 20. Jahrhunderts. Es ist die Befreiung von der Vorstellung, dass alles, sogar der Mensch, maschinenähnlich sei. Im chaotischen Universum ist vieles offen. Es gibt Raum für Unerwartetes und Neues, auch wenn deswegen nicht Willkür herrscht. Vielleicht hält das naturwissenschaftliche Weltbild für Gott wieder einen Platz frei. Ich erinnere mich an unsere Gespräche über das göttliche Erschaffen von Neuem.«

TH: »Du offerierst mir eine freundliche Einladung. Ich frage mich aber, ob das Chaos nicht nur dem Menschen, sondern auch Gott Grenzen setzt. Früher hast du einmal erwähnt, dass es sich beim Chaos nicht um ein technisches, sondern um ein grundsätzliches Pro-

blem handelt. Man stößt also irgendwann auf eine fundamentale Grenze der Berechenbarkeit.«
NW: »Sicher geht es nicht einfach um ein Ingenieurproblem, das durch leistungsfähigere Computer oder eine bessere Messgenauigkeit zu lösen wäre. Auf der mathematischen Stufe ist der grundsätzliche Unterschied zwischen einfachen linearen und chaotischen Systemen klar ersichtlich: Bei linearen Gleichungen findet man immer eine Formel als Lösung, bei chaotischen nicht. Man kann ihre Lösung mit dem Computer nur annähern.«
TH: »Eine genaue Lösung wird zwar faktisch nie möglich sein, bleibt aber grundsätzlich doch erreichbar.«
NW: »Die Chaostheorie hat sich bis jetzt an der klassischen Physik orientiert. Irgendwann macht sich jedoch die Unschärfe der Quantenmechanik bemerkbar.[121] Hier stößt man tatsächlich auf die grundsätzliche Grenze, nach der du gefragt hast. Infolge der quantenmechanischen Unbestimmtheit könnte selbst der Laplace'sche Dämon die Zukunft nicht voraussagen.«
TH: »Dieser spezielle Dämon hat mein Interesse schon immer erregt. Was genau ist eigentlich damit gemeint?«
NW: »Es handelt sich bei ihm lediglich um ein Gedankenexperiment. Der besagte Geist kennt zu einem bestimmten Zeitpunkt die Lage und die Geschwindigkeit jedes Teilchens im Universum und alle Kräfte. Er braucht diese Information bloß in die Gesetze der Dynamik einzufügen, um eine Weltformel für alle Objekte des Universums, vom leichtesten Atom bis zum größten Himmelskörper zu erhalten. Vergangenheit wie Zukunft sind ihm deshalb gleichermaßen bekannt. Laplace's Geist kann man geradezu eine Personifikation des Ideals der klassischen Physik nennen.«
TH: »Dieser Geist ist andrerseits eine Figur theologischen Ursprungs. Laut der klassischen christlichen Tradition sind für Gott Vergangenheit und Zukunft gegenwärtig; alle Zeitmodi sind bei ihm gleichzeitig. Modern gesprochen hieße das: Er kennt den Zustand jedes Materieteilchens und Energiequantums im Universum vom Urknall bis in die fernste Zukunft. Gott ist deshalb allwissend, weil er auch alles Künftige so sieht, als wäre es schon gegenwärtig. Umso mehr bin ich neugierig, zu erfahren, wie es dem Laplace'schen Geist im weiteren Verlauf der Wissenschaftsgeschichte ergangen ist. Dass man ihn entthronen würde, hat er ja wohl kaum vorausgesehen!«
NW: »Die moderne Chaostheorie hat ihn nicht eigentlich entthront, da sie sich, wie gesagt, noch weitgehend auf den Bahnen der klassi-

schen Physik bewegt. Der Dämon sieht tatsächlich scharf in beide Zeitrichtungen: Er kennt sowohl die uns gänzlich unvorhersagbaren fernen Zukunftsereignisse wie auch die nicht mehr rekonstruierbaren Anfangsbedingungen chaotischer Prozesse. Dass er für das Speichern dieses immensen Wissens weit mehr Atome benötigte, als sie das Universum überhaupt enthält, spielt für unser Gedankenexperiment ja keine Rolle. Es ist erst die quantenmechanische Unschärfe, die seine Allwissenheit empfindlich einschränkt. Aber ich frage nochmals, ob dies denn für dein Verständnis von Gott Folgen hat. Räumt die von der Wissenschaft neu entdeckte Offenheit der Zukunft Gott nicht wieder einen bedeutsamen Platz ein? Unsere früheren Gespräche haben uns doch weit in diese Richtung geführt.«

TH: »Sicher ist Gott aus dem schrecklichen Sarg der Weltmaschine des 19. Jahrhunderts befreit worden. Trotzdem bringen die neuen wissenschaftlichen Erkenntnisse die Fundamente der alttradierten Gottesbilder ins Wanken. Was bedeuten denn die ehrwürdigen Aussagen über Gottes Allwissenheit im Horizont einer offenen Zeit? Es gibt dann ja nicht nur für die Menschen und überhaupt für das All, sondern auch für Gott Neues. Weiß er denn im Voraus um die geradezu unglaublichen Wendungen, die chaotische Prozesse im Lauf von Jahrmillionen nehmen können? Und sind für ihn die Ereignisse, die aus den unscharfen Vorgängen in der Quantenwelt resultieren, schon von Anfang an erkennbar? Wie ist Gott überhaupt in der Zeit zu denken, wenn das Modell der ewigen Gegenwart, worin für ihn auch Vergangenheit und Zukunft präsent sind, abzudanken hat? Fragen über Fragen!«

NW: »Lass dich zum Trost daran erinnern, dass einer deiner frühen Kollegen davor gewarnt hat, sich ein Bildnis von Gott zu machen. Jetzt müssen wir aber dringendst in den Kontrollraum. Ein Störsignal der Mondexplorer-Sonde ruft uns ziemlich unsanft aus den entrückten Höhen der Allwissenheit in die saturnische Realität zurück! ODYSSEUS scheint sich dort draußen wieder einmal mit etwas Unvorhersehbarem herumzuschlagen.«

Wir haben Heinrich Punktquadrat, Professor für theoretische Physik und Spezialist für nichtlineare Systeme, Göttingen, um eine Klärung des schillernden Begriffs Chaos angefragt. Er hat uns den folgenden überaus deutlichen Beitrag zukommen lassen.

Die Astronauten haben früher ein anderes Konzept von Chaos verwendet[122] und verwirren nun den Leser sträflich. Es ist mir ein großes Anliegen, festzuhalten, dass es den chaotischen Zustand und den chaotischen Vorgang klar zu unterscheiden gilt. Chaos als *Zustand*, dem biblischem *Tohuwabohu* vergleichbar, ist ein in der Physik veralteter Begriff. Er betrifft z.B. die ungeordneten Bewegungen von Teilchen, die sich nur statistisch erfassen lassen. Dieses Konzept von Chaos im Raum wird heute von Physikern nicht mehr verwendet. Mein Kollege im All müsste doch wissen, dass sich in der Physik, und insbesondere in der Astrophysik, ein neues Weltbild durchgesetzt hat, in dem die *Zeit* im Zentrum steht. Bei einer bestimmte Klasse von Vorgängen entsteht das »Chaos des Werdens«, wie wir es etwa im Planetensystem beobachten können. Wenn mehrere Planeten um die Sonne kreisen und auch miteinander wechselwirken, wachsen kleine Ungenauigkeiten nicht linear mit der Zeit an, sondern exponentiell. Prognosen sind nur für kurze Zeiträume möglich. Diesen Prozess nennt man *deterministisch chaotisch*. Der mathematische Grund liegt einzig in der größeren Zahl der Gleichungen und der Art, wie sie miteinander gekoppelt sind.
Der Zufall spielt eine große Rolle, denn kleine Ursachen können große Wirkungen haben. Aber nicht nur kleine Anfangsunterschiede bewirken verschiedene Entwicklungen. Chaos bedeutet, dass eine kleine Störung zu jedem Augenblick das System auf eine andere Bahn bringen und seine ferne Zukunft total verändern kann. Der Anfangszustand wird unwichtig und die Information über ihn geht verloren. Es gibt kein Zurück, denn der Rückweg wäre genauso chaotisch, und wir finden den Anfang nicht mehr. Chaos bedeutet daher auch, dass sich die Vergangenheit des Universums im Dunkel verliert und im Detail nicht zu ergründen ist. Die Zeit wird irreversibel.

IM SCHATTEN VON KATASTROPHEN

Am 15. Mai verlor die HERMES plötzlich den Kontakt zur Sonde ODYSSEUS. Wahrscheinlich wurde diese von einem Meteoriden getroffen. Ihre phantastischen Bilder und Forschungsresultate haben NW dennoch zu einem *public outreach*-Artikel inspiriert, gleichsam einem Abschiedsgruß an den Explorer. Der IASA war er hochwillkommen zu einer Zeit, als man die Sonde wegen des unerklärlichen Vorfalls abschreiben musste. Das Ereignis fachte die öffentliche Diskussion um die Sicherheit der Astronauten weiter an. Meteoriden im Saturnsystem entstehen durch Einschläge von Kometen und Asteroiden auf die Monde. Eissplitter werden emporgeschleudert und fliegen auf chaotischen Bahnen, bis sie auf einem Mond oder, noch wahrscheinlicher, auf dem Saturnring aufschlagen.

Die schöne Welt der Saturnmonde: Ein Kartengruß

Hallo Erde!

Heute möchte ich von weiteren Resultaten der Sonde ODYSSEUS berichten, welche die phantastische Welt Saturns in nie zuvor erreichter Gründlichkeit erforscht hat. Der majestätische Planet mit rund hundertfacher Erdmasse ist bekanntlich von nicht weniger als 21 Monden umgeben, von denen jeder ein Unikum mit einer eigener Geschichte ist.

Hell glänzen die Eiswüsten auf Enceladus, einem Kleinplaneten mit 500 Kilometern Durchmesser. Seine Oberfläche ist von zähflüssig strömendem Eis bedeckt. Dieses stammt von Vulkanen, aus denen Wasser und Dampf entweicht, im Flug schon gefriert und in Form von Eiskörnern und Schnee in der Vulkangegend niederfällt. Gletschern ähnlich bilden sich Eisströme, die vom Vulkan wegfließen; runzlige Falten entstehen dort, wo der Strom sich staut. Einige der Eisflüsse sind ganz ohne Krater. Weil auch heute noch gelegentlich Bruchstücke von Kometen einschlagen und Krater bilden, müssen die kraterfreien Eiswüsten weniger als eine Million Jahre alt sein. Die Eisströme haben auf Enceladus alle Spuren seiner Frühzeit ausgelöscht. Höhepunkt des Vorbeiflugs war ein kleiner Ausbruch eines schon früher bekannten Vulkans. Wie ein Geysir stieg die Wassersäule lotrecht in die Höhe und bildete einen riesigen Schirm von frei fallenden weißen Eiskristallen. Woher die Energie dieses Spektakels kommt, ist noch nicht bekannt.

Der etwa doppelt so große Eismond Tethys wirkt dagegen wie ein Greis, obwohl er genau gleich alt ist. Mit über 1000 Kilometern Durchmesser zählt er zu den großen fünf der Saturnmonde. Er ist dicht mit Einschlagskratern bedeckt und muss noch größtenteils die ursprüngliche Oberfläche aus seiner Entstehungszeit vor 4,6 Milliarden Jahren besitzen. Die Astronomen des 20. Jahrhunderts haben seinen Oberflächenstrukturen Namen aus Homers Odyssee gegeben. So heißt sein größter Krater Odysseus wie unsere Sonde. Das Einschlagsloch hat sich mit Schmelzwasser gefüllt und ist zu einer Eisebene erstarrt. Wir schauten uns eine andere bemerkenswerte geologische Formation besonders gründlich an, das Ithaca Chasma. So heißt ein mehrere Kilometer tiefes Tal, das sich ungefähr 2500 Kilometer über drei Viertel des Mondumfangs hinzieht. In der Geschichte dieses Mondes muss ein gigantischer Einschlag stattgefunden und den Odysseuskraters gebildet haben. Die Wucht des einschlagenden Objekts hat den Mond vermutlich beinahe auseinander gesprengt, sein Inneres aufgewärmt

und geschmolzen. Die nachfolgende Abkühlung hinterließ einen tiefen Riss. Die düstere Phoebe, der äußerste der Saturnmonde, hinterlässt einen unheimlichen Eindruck. Sie ist ein merkwürdiger Sonderling schon wegen ihrer Bahn, die den anderen Monden und dem Ring entgegenläuft. Seit langem vermuten die Astronomen daher, dass sie ein Kuckucksei in der Saturnfamilie ist. Phoebes Oberfläche ist pechschwarz und, wären nicht weiße Stellen in Rissen und Kratern, hätte man sie von der Erde aus wohl kaum entdeckt. Die schwarze Schicht ist nur wenige Zentimeter dick und besteht zum Teil aus organischen Molekülen. Es sind kleinste Staubkörner, die verdampfendes Wasser über Jahrmilliarden zurückgelassen hat und die sich mit einfallendem Staub zu einer teerartigen Rußschicht vereinigt haben. Mir lief ein Schauer den Rücken hinab, als es immer klarer wurde, dass Phoebe ein Kometenkern ist.[123] Mit 220 Kilometern Durchmesser ist er etwa zehnmal so groß wie das Objekt, das in Tethys einschlug.
Phoebe stammt vielleicht aus den Tiefen des Weltalls. Auf ihrem Weg zur Sonne geriet sie als Komet in das Schwerefeld Saturns. Glücklicherweise gelangte sie in eine Umlaufbahn, ohne einen seiner Monde zu zerschmettern. Wäre sie nicht von Saturn eingefangen worden, hätte sie vermutlich ihren Weg ins Innere des Sonnensystems fortgesetzt. Die größten Krater des irdischen Mondes, das Mare Orientalis und das Mare Imbrium, entstanden durch Einschläge von Kometen oder Asteroiden von der Größe Phoebes.

Vom Saturn mit freundlichen Grüßen, NW

Krisenmanagement

Es gibt Anzeichen, die darauf hindeuten, dass der Verlust von ODYSSEUS NW emotionell schwer traf und sein bisher stabiles Urvertrauen erschütterte. Vielleicht hat ihn TH in das folgende Gespräch verwickelt, um ihn vor einer drohenden Depression zu bewahren.

TH: »Die Phoebe hat unserem guten ODYSSEUS kein Glück gebracht. Das ist auch nicht verwunderlich, hat sich doch die alte Hexe als Kometenkern entpuppt. Kometen sind Zeichen von kommendem Unheil, das wussten die Menschen schon in der Antike.«
NW: »Spaß beiseite, Kometen können wirklich Unglück bringen. Stell dir vor, ein Geschoss dieser Größe trifft die Erde. Ein Krater von mehr als zweitausend Kilometern Durchmesser entsteht, und eine Flutwelle von mehreren Kilometern Höhe schwappt um die ganze Erde. Die Wucht eines Kometen hat so viel Energie, dass an der Aufschlagstelle das Gestein verdampft. Der Gesteinsdampf bildet eine

hunderte von Kilometern hohe Pilzwolke. Der Staub kondensiert aus und verteilt sich über die ganze Erdoberfläche. Seine Wärme genügt, um alle Meere zu verdampfen, sodass der Druck der Atmosphäre zweihundertmal größer wird und die Temperatur auf über tausend Grad ansteigt. Es braucht Tausende von Jahren, um den Wasserdampf auszuregnen. Die ganze Erde ist für lange Zeit unbewohnbar.«

TH: »Dein Szenario verschlägt mir den Atem. Wir können nur hoffen, dass es nie Wirklichkeit wird.«

NW: »Es ist bereits passiert! In den ersten 600 Millionen Jahren ihrer Geschichte wurde die junge Erde mehrere Male von Objekten der Größe Phoebes getroffen. Etwa fünfzig Millionen Jahre nach ihrer Entstehung streifte ein veritabler Kleinplanet von der Größe des Mars die Erde. Der Kleinplanet wurde in Stücke zerrissen. Die Trümmer, vermischt mit herausgebrochenem Material aus dem Erdmantel, bildeten eine Scheibe um die Erde. Die Schwerkraft der größeren Einzelstücke zog die kleineren an, und allmählich ballte sich alles zusammen: Der Mond entstand![124] Mond und Erde wurden in der Folge noch häufig von Kometen und Asteroiden mit bis zu hundert Kilometern Durchmesser getroffen. Die meisten Mondkrater stammen aus dieser Frühzeit. Erinnerst du dich noch an den phantastischen Anblick des Mondes, den wir seinerzeit beim Verlassen der Erdbahn genossen haben? Auf der Erde hat die Erosion von Wind und Wasser die Spuren der Katastrophen ausgewischt und damit die Erinnerung an sie getilgt.«

TH: »Nicht ganz! Da war doch der grässliche Einschlag eines Asteroiden vor 65 Millionen Jahren bei der mexikanischen Halbinsel Yukatan. Er soll nicht nur die Saurier dezimiert, sondern drei Viertel aller Arten von Lebewesen auf der ganzen Erde ausgelöscht haben.«

NW: »Die Erde wird auch heute noch ständig von kosmischen Objekten getroffen. Pro Tag summieren sie sich zu stattlichen hundert Tonnen. Nur selten sind es aber Objekte mit mehreren Metern Durchmesser. In Tsunguska am 30. Juni 1908 war es wahrscheinlich ein zehn Meter großes Kometenbruchstück. Man hat keine Spuren eines Gesteinskörpers gefunden, die auf einen Asteroiden hinweisen würden. Der Himmelskörper wurde im Flug durch die Erdatmosphäre aufgeheizt und ist noch in der Luft explodiert. Die Wucht der Explosion hat alle Bäume im Umkreis von hundert Kilometern wie Zündhölzer geknickt.«

TH: »Dies ist vermutlich geradezu bescheiden im Vergleich zu den früheren Ereignissen. Aber für die lokale Umwelt und vielleicht auch

für einige wenige sibirische Jäger war es eine grauenhafte Katastrophe aus heiterem Himmel. Ist in Zukunft ein großer Einschlag auf die Erde zu befürchten?«
NW: »Wir kennen die meisten Kometenbahnen nicht genau genug für präzise Voraussagen. In gut hundert Jahren, am 14. August 2126, wird der Komet Swift-Tuttle der Erde sehr nahe kommen. Die Chancen, dass er sie trifft, sind aber nur etwa eins zu zehntausend. Immerhin, der Einschlag des etwa 20 Kilometer großen Himmelskörpers mit einer Geschwindigkeit von rund 70 Kilometern pro Sekunde wäre katastrophal. Ferner droht auch der Asteroid Eros. Sein Entdecker, der deutsche Astronom Gustav Witt, hat ihn nach dem Liebesboten benannt. Aber Eros könnte uns stattdessen Tod und Verderben bringen. Man kennt ihn recht gut, den 35 Kilometer langen und 16 bis 17 Kilometer dicken Gesteinsbrocken. Er würde eine Billion Tonnen auf eine irdische Waage bringen, zehnmal mehr als sein Vorfahre, der den Sauriern den Garaus machte. Noch kreist er auf einer Bahn, welche die Erde nicht kreuzt. Sein Lauf wird von Jupiter gestört und ist daher chaotisch. Simulationsrechnungen zeigen, dass Eros mit 40-prozentiger Wahrscheinlichkeit der Erde sehr nahe kommen und sie mit einer Wahrscheinlichkeit von 12 Prozent innerhalb etwa einer Million Jahren treffen wird.«

In diesem Moment unterbrach ein schrilles Alarmsignal das Gespräch. Die Besatzung der ORPHEUS meldete einen unerklärlichen Anstieg von Kohlendioxid in ihrer Kabinenluft. Deren Zusammensetzung wird laufend überwacht und automatisch in einem für Menschen erträglichen Bereich gehalten. Steigt der Anteil von Kohlendioxid infolge der Stoffwechselaktivität der Besatzung oder aus anderen Gründen auf über drei Prozent an, verliert der Mensch das Bewusstsein. Die technische Betreuerin des *life-support*-Systems, das normalerweise die Luftzusammensetzung im Bereich der sicheren Grenzen hält, konnte mit einigen Knopfdrücken die Automatik ausschalten und die Funktion der Kohlendioxid-Absorber verstärken. Die Einleitung des Landemanövers musste allerdings unterbrochen werden.
In der HERMES TRISMÉGISTOS kehrte darauf wieder Ruhe ein. Weil sie vielleicht nicht über aktuelle Gefahren reden mochten, diskutierten die zwei Astronauten über eventuelle Kometeneinschläge.

TH: »Du sprachst es vorhin deutlich aus: Die nächste Katastrophe kommt bestimmt. Dann werden nicht bösartige Saurier aussterben, sondern vielleicht niedliche Eichhörnchen oder unschuldige Blaumeisen. Der Einschlag wird ein fürchterliches Massensterben sein. Wer oder was wird überleben? Werden die Insekten endgültig die Herrschaft über die Erde antreten? Vielleicht haben wir Menschen noch gute Überlebenschancen, weil dann das *survival of the fittest* gelten wird.«

NW: »Du täuschst dich. Nicht der Tüchtigste wird überleben, sondern der reine Zufall entscheidet. Bei einem so wahllosen Sterben kann von Selektion keine Rede mehr sein. Ganze Arten sterben aus. Gerade die vormals tüchtigste, dominierende Art könnte es treffen. In der großen Auslöschung am Ende des Perm vor 225 Millionen Jahren, als 95 Prozent der meeresbewohnenden Arten ausstarben, verloren die Armfüßer ihre Vorherrschaft im Meer an die Muscheln und gewannen sie seither nie mehr zurück. Die Katastrophe wurde wahrscheinlich durch vulkanische Aktivität infolge großer Kontinentalverschiebungen verursacht, die zu gewaltigen Lavaströmen ins Meer führte. Der Klimawechsel hat damals die Pflanzen- und Tierwelt derart verändert, dass auch heute noch Geologen ihre Gesteinsproben bequem danach datieren können. Auch den Sauriern half später ihre ›Fitness‹, die ihnen für 130 Millionen Jahre die Vorherrschaft auf der Erde gesichert hatte, nichts mehr, als vor 65 Millionen Jahren ein Asteroid buchstäblich aus heiterem Himmel einschlug. Die kleinen, wendigeren Säugetiere machten sich die geschlagene Bresche zunutze, während sich die Reptilien heute mit einer marginalen Rolle begnügen müssen.«

TH: »Der Schrecken scheint aber doch einen evolutionsfördernden Effekt zu haben. Bei jeder großen Katastrophe werden die Karten neu gemischt. Bisher scheinbar weniger erfolgreiche Arten bekommen eine neue Chance in der Evolution. Sie treten aus dem Schattendasein heraus, mit dem sie sich bisher begnügen mussten. Gerade das Aussterben der Saurier löste doch einen evolutiven Schub bei den Säugetieren aus.«

NW: »Du scheinst immer noch auf der Suche nach einer höheren Gerechtigkeit mit einer geheimen Agenda zu sein. Aber ich bezweifle, dass ein Plan dahinter steckt. Wen es bei einer unvorhersehbaren Katastrophe trifft, ist reiner Zufall. Oft geben kleine Details, etwa der Untergrund am Einschlagsort, die Jahreszeit oder die Windströmungen, den Ausschlag, wie sich ein solches Ereignis am anderen Ende der Erde auswirken wird. Großen Einschlägen folgt immer auch

eine Klimakatastrophe mit staubbedecktem Himmel und starken Niederschlägen. Die Ressourcen werden vorübergehend knapp. Erst jetzt spielt die ›Fitness‹ die entscheidende Rolle, weil die Konkurrenz unter den Überlebenden sehr groß wird. Jetzt überlebt nur noch der Tüchtigste. Wenn sich die Vegetation wieder erholt, ändert sich die Lage aber erneut. In den großen freien ökologischen Nischen lässt es sich gut leben, selbst für ausgefallene Mutanten. Kurz, die Darwin'sche Evolution spielt nie so zügig wie unmittelbar nach einer großen Veränderung. Was dann aber letztlich resultiert, ist im besten Sinne chaotisch und nicht voraussagbar.«
TH: »Ich bin vom Drama dieser Entwicklung überwältigt. Da schlagen Himmelskörper so groß wie die Phoebe mit rasender Geschwindigkeit auf der friedlichen Erde mit ihrer Vielfalt von Lebensformen ein und verursachen Katastrophen von unvorstellbarem Ausmaß. Das grauenhafte Leiden aber schafft Raum für eine neue Entwicklung. Zeigt sich hier nicht doch ein Grundprinzip der Evolution? Sie verläuft im Wechsel von relativ stabilen Plateaus und umwälzenden Krisen.[125] Durch eine Krise oder gar Katastrophe hindurch etabliert sich dann eine höhere Ordnung, so unvorhersehbar sie auch sein mag.«
NW: »Es gibt durchaus längere ruhige Phasen mit geringer evolutionärer Dynamik, die von massiven Entwicklungsschüben unterbrochen werden. Das hat oft mit irdischen oder kosmischen Katastrophen zu tun. Aber ich vermute, du bist doch auf ein Fortschrittsprinzip aus. Es ist aber gar nicht sicher, dass die Evolution notwendigerweise auch Höherentwicklung im Sinne einer Komplexitätszunahme mit sich bringt. Es gibt zahlreiche Pflanzen- und Tierarten, die sich seit Jahrmillionen nicht mehr verändert haben. Die Naturgeschichte stellt wohl eher eine große Lotterie dar. Sie steht im Zeichen des Rades der Fortuna.[126] Das ist natürlich anstößig für ein religiöses Verständnis des Universums.«
TH: »Manche Religionen betrachteten die Welt schon immer als einen unwirtlichen Ort, wo finstere Schicksalsmächte oder gar der blinde Zufall das Zepter führen. Es gibt sogar eigentliche Katastrophentheorien wie in einigen Systemen der antiken Gnosis, wonach die irdische Welt auf einen vorzeitlichen Unglücksfall zurückgeht. Demgegenüber nehmen Juden, Christen und Muslime die Natur als das Werk eines guten Schöpfergottes wahr.«
NW: »Hier hat also dein Plädoyer für so etwas wie eine Höherentwicklung seinen Ursprung. Da scheint es fast zu einer unheiligen

Allianz zwischen klassischen Darwinisten und christlichen Theologen zu kommen.«
TH: »In der Gesellschaft konsequenter Darwinisten würde ich mich so wenig wohl fühlen wie unter den spätmodernen Freunden des wahllosen evolutionären Zufalls. Ich muss aber an unsere Ostergespräche zurückdenken. Ich war damals einer Entsprechung zwischen dem Wirbelsturm in der Saturnatmosphäre und dem Osterereignis auf der Spur. Die mit dem Kreuz symbolisierte Krise und die Neuschöpfung in der Auferstehung erkenne ich in jenen Vorgängen wieder, wo sich aus chaotischen Fluktuationen eine neue Ordnung etabliert. Von daher rührt mein Interesse an einem Modell der Evolution als einem universalen Prozess, der im Durchschreiten von Krisen und Katastrophen jeweils neue, komplexere Ordnungsplateaus aufbaut.«
NW: »Der Zufall spielt in der Evolution des Lebens eine noch viel unberechenbarere Rolle als etwa bei der Sternentstehung oder bei atmosphärischen Vorgängen, wo er durch das Gesetz der großen Zahl gezähmt wird. Wo so viele Teilchen zusammenspielen, verhindert der statistische Durchschnitt große Sprünge. Die Zufälligkeit der Gasdynamik in Sternentstehung und Wirbelstürmen geht daher mehr auf die chaotischen Anfangsbedingungen als auf den Ablauf selbst zurück. Demgegenüber kann der Einschlag eines einzigen großen Asteroiden sämtliche Lebensformen, die sich über Millionen oder sogar Milliarden Jahre hinweg auf einem Planeten gebildet haben, mit einem Schlag hinwegfegen. Das Schema ›Ordnung aus dem Chaos‹ beschreibt also evolutionäre Prozesse in der Biologie nur unvollständig.«
TH: »Mir ist noch nie so bewusst geworden, wie bedroht und fragil das junge Leben auf unserem Planeten über Hunderte von Millionen Jahren war.«
NW: »Die Evolution hätte tatsächlich auch völlig andere Bahnen einschlagen können. Der Einfluss von Katastrophen lässt sich kaum überschätzen. Da frage ich mich, ob du so kühn bist, auch hinter Kometenbombardements und Massensterben göttliche Gleichnisse ausfindig zu machen.«
TH: »Angesichts von Katastrophen, vergangenen wie gegenwärtigen, ist es angemessener zu verstummen als vorwitzige Spekulationen zu nähren. Aber ich muss doch an die Kehrseite von Ostern, an den Karfreitag denken. Im Kreuz bricht alles ab, während die Auferstehung das schlechthin nicht zu erwartende Wunder einer Neuschöpfung versinnbildlicht. Ist dies nicht ein bedeutungsvoller Hinweis darauf, dass Gott mit seinem Schöpfungswerk unabsehbare Risiken eingeht?[127] Ich

möchte den Stein des Anstoßes, den kosmische Katastrophen einem religiösen Verständnis der Natur in den Weg legen, nicht wegschaffen. Aber in der Religion stellt die Verarbeitung von Krisen und Katastrophen eine geradezu elementare Funktion dar. Wir sind wirklich mitten im Leben vom Tod umfangen, wie es in einem alten Kirchenlied heißt.[128] Die Schöpfung ist alles andere als ein Ziergarten. Und trotzdem kann sie zu unserem Zuhause werden, in dem wir uns geborgen fühlen können.«
NW: »Du erinnerst mich an Spekulationen darüber, ob ausgerechnet Kometen in der Frühzeit den Keim des Lebens zur Erde brachten.[129] Jetzt sehe ich aber, dass die Titancrew den Fehler im *life-support*-System gefunden und behoben hat. Nicht jede Störung muss eine Katastrophe bedeuten! Der Landetermin der ORPHEUS verschiebt sich infolge dieser Panne allerdings nochmals um einige Stunden.«

Auf der Erde hat die Öffentlichkeit erst nach und nach erfahren, warum sich die Titanlandung so lange hinauszögerte. Eine meterdicke Schicht von Polymer-Sedimenten bedeckt weite Teile der Mondoberfläche. Als bester Landeort wurde deshalb ein junger Krater ausgewählt, von den Titanfahrern spontan »Krater der guten Hoffnung« getauft. Er entstand vermutlich durch den Einschlag eines Kometen. Die Energie des einfallenden Himmelskörpers schmolz das Eis der Titanfelsen. Ein mehrere Kilometer großer See füllte den Krater, gefror wieder und bildet nun eine glatte, schlickfreie Landestelle. Das Zusammenfallen der Landung auf dem Riesenmond mit der ODYSSEUS-Katastrophe hat bei den beiden Astronauten dunkle Vorahnungen geweckt, wie ein vereinzeltes Traumfragment von TH erkennen lässt.

Tasten in der Tiefe: Aus dem Nachtbuch von TH (15. Mai)

Diese Nacht hat mich ein Traum in die Methanschwaden Titans entführt. Ich schwebe langsam durch die diffusen Wolken und Nebelbänke hinunter. Das Licht der Sonne, vorher trotz ihrer Ferne noch gleißend hell, wird schwächer. Der Nebel verdichtet sich zusehends zu ungeheuren, wahrhaft titanischen Wolkenformationen. Immer tiefer tauche ich in eine merkwürdig rötlich schimmernde Welt hinein. Wetterleuchten pulsiert in einzelnen Wolkengebilden. Am Rand meines Blickfelds irrlichtern die Umrisse einer dunklen, riesenhaften Stadt mit hochragenden Türmen, monströsen Tempeln und Palästen, zyklopischen Mauern und gähnenden Pforten. Wie ich aufgeschreckt hinschaue, wabert nur noch der tieforange Nebel, als wolle er ein nervenraubendes Spiel mit mir treiben. Im Heulen des Windes meine ich manchmal, von fern her stammende, verwehende Gesänge zu hören, die mir geisterhaft und unsäglich abartig vorkommen. Mir wird bange, wie ich in eine abgründige Welt vordringe, in der fremdartige Wesen in titanischen Städten hausen und namenlose Gottheiten verehren. Ich kann ihre unheimlichen Träume förmlich spüren, je tiefer mich die Methanschwaden den äonenalten brütenden Geheimnissen Titans entgegentreiben. Verstört wache ich auf.

IM HAUS DER WAHRHEIT: ZELT, KATHEDRALE ODER LABYRINTH?

Der Bordcomputer verzeichnet am 16. Mai 2021 einen der ganz seltenen Tagebucheinträge von NW. Offensichtlich war der eher nüchterne Wissenschaftler und frühere Militärpilot am Tag der Titanlandung emotionell völlig exaltiert. Für Menschen seiner Art musste die empfundene Freude fast qualvoll sein. Zur Beruhigung und zur Klärung hat er seine Empfindungen in knapper Gestalt niedergeschrieben. Wir drucken sie ungekürzt ab in der festen Überzeugung, dass er dazu sein Einverständnis gegeben hätte.

Landung auf Titan: Tagebucheintrag von NW (16. Mai)

ORPHEUS ist gelandet! Ich kann es kaum fassen, dass wir das jahrelang angesteuerte Ziel endlich erreicht haben. Menschen in voluminösen Schutzanzügen bewegen sich in der fremdartigen, dunkelroten Landschaft Titans. Wir erleben es hier oben wie Seefahrer im 16. Jahrhundert, die auf dem Mutterschiff zurückbleiben mussten und ihren Kollegen im Landeboot freudig, sehnsüchtig und ängstlich zuschauen, wie sie einen fremden Kontinent zum ersten Mal betreten.

Teilnehmende Wahrnehmung

Begierig sauge ich jede Information auf, sei sie auch noch so trivial und längst bekannt. Die Messwerte beginnen plötzlich zu leben. Ich kann die Kälte von minus 180°C mitempfinden, spüre die geringe Schwere von nur einem Siebtel des Erdwerts, erlebe die geringe Sicht und die mangelnde Beweglichkeit. Obwohl ich eigentlich nichts beitragen

kann, fiebere ich mit beim Flottmachen des Elektroschlittens im vereisenden Wind. Bei der Schilderung der bizarren Eisfelsen am Kraterrand überkommt mich ein tiefes Glücksgefühl. Wir haben es geschafft! In diesem Augenblick fühle ich mich eins mit dem großartigen Abenteuer. Wir sind nicht mehr Individuen, die ihr Einzelschicksal erleben und erleiden; nein, ein historischer Vorgang findet statt! Auch die Menschheit auf der Erde, ja das ganze Sonnensystem gehört dazu. Ich bin nicht ein bloßer Zuschauer auf der Tribüne, sondern nehme teil am Geschehen und reagiere mit großer Freude, bisweilen auch mit Angst. Was ich über die Titanexpedition erfahre, geht mir sehr nahe, obwohl meine eigene Sicherheit nicht betroffen ist. Ich halte meine Eindrücke daher nicht im Logbuch fest.
Es ist eine andere Art von Wahrnehmung, wenn ich als Subjekt aktiv teilnehme. Viel Adrenalin und seltsame Hormone müssen in meinem Blut kreisen; Dopamin und Endorphine überfluten mein Zentralnervensystem. Sie sind ein Resultat des Wahrgenommenen und erhöhen zugleich die Empfindlichkeit meines Sensoriums. Vielleicht sollte ich mir teilnehmende Wahrnehmungen als ein rückgekoppeltes System von Subjekt und Objekt vorstellen. Je mehr ich darauf reagiere, desto klarer kristallisiert sich das Wahrgenommene heraus.
Meine starke Reaktion auf die Landung muss auch etwas damit zu tun haben, dass sie in meinem Leben ein zentrales Ereignis ist. Sie ist nicht irgendein Aktionspunkt in der Agenda, sondern das, was ich seit zehn Jahren angestrebt habe, wofür ich lebte und arbeitete. Mit der geglückten Landung bekommt das Ganze einen Sinn.
Nie verspürte ich derartige Freude über ein objektives Forschungsresultat, auch wenn es noch so wichtig war. Objektive Resultate lassen sich zwar mitteilen und anwenden. Wir können das ganze Universum mit objektiven Beobachtungen ergründen und haben damit in den vergangenen dreihundert Jahren die menschliche Kultur grundlegend verändert.
Umso mehr überrascht mich die Wirkung dieser Landung. Sie ist zwar kein wissenschaftliches Ereignis. In ihrer psychologischen Wirkung übertrifft sie aber objektive Messungen bei weitem. Es ist kaum zu glauben, wie sie heute nach dreijähriger interplanetarer Reise meine Sicht der Welt schlagartig verändert. Ich frage mich ernstlich, ob das Universum letzten Endes vielleicht zur Freude von Wesen wie meinesgleichen gemacht sei. Ist Glück das Ziel der kosmischen Entwicklung? Welch ein Unsinn! Die Evolution ist doch ein einziges scheußliches, blutiges Drama. Wie kann beides gelten, Tod und Leben?

Geben solche teilnehmenden Wahrnehmungen Antworten auf Fragen dieser Art? Kann man lernen, mit ihnen umzugehen? Vielleicht versucht das ja der gute TH mit seiner Theologie, aber seine Sprache bleibt mir fremd.
Welch ein Tag!

Außerirdische Intelligenzen und ihre Religion

Im Folgenden haben wir es wieder einmal mit einem Gespräch während des Abendessens zu tun. Es sei daran erinnert, dass im Gefolge des Starts der HERMES TRISMÉGISTOS auch auf der Erde die Frage nach der Religion möglicher extraterrestrischer Intelligenzen von namhaften religiösen Gremien und Organisationen diskutiert worden ist. Während protestantische Verlautbarungen von einer auffallend starken Zurückhaltung, um nicht zu sagen, von einer Art Widerwillen geprägt waren, bekundeten die römisch-katholische Kirche (»omnis creatura«) und die Ostkirchen ein lebhaftes Interesse. Von Seiten des Islam ergingen keine Reaktionen, derweil Hinduisten und Buddhisten ihre eigenen universalistischen Traditionen in Erinnerung riefen. Die spezielle Aufmerksamkeit der Medien hat vor drei Jahren namentlich der Fünfzehnte Dalai Lama gefunden, als er nicht nur auf die alte Theorie der zahlreichen Manifestationen des Buddha in den verschiedenen Universen zurückgriff, sondern dem Buddhismus auch eine besondere Affinität zu einem kosmosweiten religiösen Bewusstsein bescheinigte. Sein Aufruf an TH, auf seinem Flug die Gesamtheit der irdischen Religionen sozusagen als Gesandter im Weltall zu repräsentieren, hat damals in der Öffentlichkeit viel Unterstützung erfahren und wurde von diesem begeistert aufgenommen. Die plakativen Schlagzeilen der Boulevardzeitungen über TH als »Missionar des calvinistischen Gottes« wichen auf diese Weise einer sachlicheren Auseinandersetzung über das wissenschaftliche Fachgebiet der Suche nach Extraterrestrischer Intelligenz (SETI) und ihrer Religion.

TH: »Nun sind unsere Kollegen also auf dem geheimnisumwitterten Titan gelandet. Wie gern wäre ich mit dabei! Ich liebe diesen Cocktail aus Entdeckerfreude und Angst über alles.«
NW: »Immerhin sind auch wir beide tief in das Unbekannte vorgedrungen! Auf ORPHEUS geht es sehr viel hektischer zu als in unserer kontemplativen saturnischen Sphäre.«

TH: »Eine Exkursion auf die hohen Eisgipfel oder zum Methanmeer hätte mich ungemein gereizt.«
NW: »Immerhin werden wir beide in weniger als zwei Wochen auf dem Eismond Japetus landen. Saturn bietet von dort aus einen überwältigenden Anblick. Kein Dunstschleier wird die funkelnden Sterne verhüllen. Hast du dir eigentlich schon klargemacht, dass sich noch kein Priester Gott je so weit genähert hat!«
TH: »Du beginnst mich zu necken, obschon du es längst besser wissen müsstest. In der äußeren Region des Sonnensystems sind wir Gott um keinen Schritt näher gekommen als auf der heimatlichen Erde. Und dass ein evangelischer Pfarrer so gut ein Priester ist wie irgendein anderer Christenmensch –.«
NW: »– hast du uns auf unserer langen Fahrt auch schon viele Male beigebracht. Dann also vielleicht doch besser ein Missionar der Saturn-Mission!«
TH: »Wenn Mission nicht die mehr oder weniger gewaltsame Bekehrung von Angehörigen anderer Religionen meint, sondern ein von der Gestalt Jesu geprägtes Zeugnis, das zum Aufbau eines Gesprächs zwischen den menschlichen Kulturen beiträgt, könnte ich mit dieser Etikette leben.«
NW: »Zeugnis wovon? Von Gott?«
TH: »Gewiss. Ein Zeugnis der Erfahrung, dass unser Leben ein kostbares Geschenk darstellt, das uns immer neu zuströmt. Das ›Zeugnis‹ bringt dann so etwas wie eine Einladung zum Ausdruck, sich rückhaltlos auf diesen Lebensstrom einzulassen.«
NW: »Ganz wohl fühle ich mich nicht, wenn unser Abendgespräch unter der Hand zu einer missionarischen Situation mutiert. Natürlich schüttelst du lebhaft den Kopf. Aber wirf einen Blick aus dem Bordfenster! Myriaden von Himmelskörpern, von Sternen, ja von Galaxien und Weltsystemen! Da mögen zahllose Planeten intelligente Lebewesen beherbergen. Vielleicht nehmen unsere Freunde schon morgen mit intelligenten Titanbewohnern den Kontakt auf. Könntest du dir vorstellen, mit ihnen einen interreligiösen Dialog zu führen?«
TH: »Religiöse Erfahrungen scheint es in allen menschlichen Kulturen zu geben. Wenn es sich um Wahrnehmungen einer Tiefendimension der Wirklichkeit handelt, könnten wir uns darüber wohl auch mit Außerirdischen austauschen.«
NW: »Außerirdische Zivilisationen werden sicher keine bequemen Ausbreitungsgebiete für irdische Religionen sein. Wie willst du ihnen zum Beispiel die biblische Jesusgeschichte nahe bringen?«

TH: »Ich denke, man müsste das Gottesbild der Bibel in ihre Sprache und in ihr Wirklichkeitsverständnis übersetzen. Hilfreich für einen derartigen Brückenschlag könnte die alte Vision von einem Christus sein, der den ganzen Kosmos erfüllt.«
NW: »Wie meinst du das? Mich erinnert es an unsere Ostergespräche, wo du den Gottessohn sogar im Wirbelsturm auf Saturn aufspüren wolltest.«
TH: »Dies ist genau die Perspektive, die mich anzieht. Im frühen Christentum war die Überzeugung von den kosmischen Dimensionen des göttlichen Christus sehr bestimmend. Für den Theologen Origenes offenbart sich der Sohn Gottes in vielerlei Gestalt, den Menschen als Mensch und den Engeln als Engel. Christus habe sich auf allen Ebenen der Schöpfung dem jeweiligen Sein angepasst und sei so durch alle Ebenen des Kosmos gelangt. In dieser Sichtweise wäre die Inkarnation in Jesus eine spezifisch auf uns irdische Menschen zugeschnittene Offenbarungsgestalt seines vielgestaltigen Wesens. Origenes sprach von der ›Akkommodation‹, der Anpassung der göttlichen Manifestation an die jeweiligen Empfänger.«[130]
NW: »Das hieße, der Mensch Jesus wäre nur eine Teilmenge der Gesamtmenge des kosmischen Christus.«
TH: »Die Mengenlehre war zu meiner Schulzeit bereits nicht mehr *en vogue*. Aber deine Begriffe leuchten mir ein. Man kann nicht mehr von einer einzigen Inkarnation sprechen. Nach Origenes hat Christus auch einen Engelleib angenommen. Die Alte Kirche hat seine Theorie deshalb leider als Irrlehre verworfen.«
NW: »Das ist typisch! Immer diese Intoleranz bei den Religiösen!«
TH: »Auch ich bedaure die Verketzerung, obwohl mir am Anliegen der Kirchenväter viel liegt, die einmalige Gestalt des irdischen Jesus zu schützen.«
NW: »Für die Extraterrestrier willst du nun aber doch andere Teilmengen, also andere Inkarnationen zulassen.«
TH: »Zuversichtlich behaupten kann ich natürlich gar nichts. Aber denkbar und sogar faszinierend ist es für mich schon: Stell dir vor, wie Gott sich intelligenten Riesenquallen in der warmen Gashülle eines Planeten des funkelnden Aldebaran offenbart –«
NW: »– als Qualle?!«
TH: »Warum nicht? Oder er manifestiert sich Siliziumgehirnen in den Weiten der Andromedagalaxie als ein pulsierender Siliziumkristall.«

Auf dem Sprachkanal von ORPHEUS kam in diesem Augenblick die Meldung herein, die Rampe für den *surface rover* CHARON, ein robustes Raupenfahrzeug, sei festgefroren. Sie musste von Hand mühsam freigemacht werden. Nach einigen bangen Minuten fuhr CHARON munter zu seiner ersten Entdeckungsfahrt im »Krater der guten Hoffnung« aus. Nach einer großräumigen Umrundung des Titanlanders sollte er einen Vorstoß zu den steilen Felsformationen des nahen südlichen Kraterrands unternehmen, um dort eine Kamera aufzustellen. Die atmosphärischen Bedingungen waren ausgezeichnet, gemessen an den üblichen Verhältnissen auf Titan. Die Besatzung gab ihrer Begeisterung darüber Ausdruck, dass die hellroten Wolkenschwaden immer wieder aufrissen und faszinierende Lichtspiele vor einem violetten Hintergrund erzeugten. Der Planet Saturn oder die Sonne selbst waren allerdings wegen des permanenten, hoch liegenden Dunstes nicht direkt zu sehen.

NW: »Ich bin mir jetzt nicht mehr ganz sicher, ob deine Einbildungskraft vorhin nicht mit dir durchbrannte. Lassen wir Aldebarans Quallen und Andromedas Kristalle einmal beiseite! Mir fällt eine subtile Inkonsistenz in deiner Formulierung auf. Erst sprachst du vom kosmischen Christus. Jetzt aber ist es Gott, der sich in vielerlei Gestalten offenbart. Liegen hier wieder Mengenverhältnisse vor? Ist Christus eine Teilmenge von Gott? «
TH: »In der feinen Begriffsverschiebung, die ich nicht absichtlich angesteuert habe, brechen sich verwickelte Fragestellungen. Spreche ich von einer Offenbarung des Christus, und sei er auch eine kosmische göttliche Größe, so ist mein Fokus viel enger und schärfer als beim Reden von einer Offenbarung Gottes.«
NW: »Gewiss! Von Gott sprechen viele Religionen, und auch manche meiner Kollegen können hinter kosmischen Gesetzen oder Feinabstimmungen Gott identifizieren. Demgegenüber verweist der Name Christi auf christliche Gottesvorstellungen.«
TH: »Genau. Hier liegt also eine schärfere und damit auch engere Fokussierung vor.«
NW: »Und was besagt diese schärfere Fokussierung? Was wäre das spezifische Charakteristikum der Teilmenge ›Christus‹?«
TH: »Dies wäre Stoff für ein weiteres ausgedehntes Abendgespräch. Ich will nur gerade die Richtung andeuten, in die ich dabei gehen würde: Die Fokussierung der Gottesfrage auf Jesus Christus läuft darauf hinaus, Gottes Wesen als *Liebe* zu erfassen. Gott kommt uns in ihm

sozusagen vor Ort, in den Begrenzungen von Raum und Zeit nahe. In der Begegnung mit Jesus werden zahlreiche Menschen, die bisher ihr Leben im Schatten fristeten, vom bedingungslosen Erbarmen Gottes berührt. Sein Leidensweg bis zum schrecklichen Tod am Kreuz zeugt davon, dass Gottes Liebe auch noch in alle Abgründe der Verlorenheit vordringt. Aber lass mich jetzt eine andere Fährte verfolgen: Bei unserem Gespräch über mögliche Religionsformen außerirdischer Intelligenzen haben wir im Grund ständig mit Denkmustern gearbeitet, die uns schon unter irdischen Verhältnissen nahe liegen, nämlich in der Frage nach dem Verhältnis der verschiedenen Religionen untereinander.«

NW: »Also zurück zur Erde! Das ist sicher sinnvoll, da wir leider in absehbarer Zeit weder Aldebaran noch gar die Andromedagalaxie aufsuchen werden. Meine mengentheoretischen Annäherungen greifen ja vielleicht auch in der Menschenwelt.«

TH: »Im Gespräch zwischen Christen und Vertretern anderer Religionen hat der gemeinsame Bezug auf Gott sicher einen grundlegenden Charakter. Wenn aber Christen behaupten, es sei der universale Christus, der sich etwa in den Göttern der Hindus oder in den himmlischen Buddhas und Bodhisattvas manifestiere, wird die Verhältnisbestimmung schon schwieriger. Die Christen nehmen dann faktisch in Anspruch, mehr als die anderen über Gott und sein Wesen zu wissen.«

NW: »Das scheint dich etwas in Verlegenheit zu bringen, während es mich überhaupt nicht stört. Die Pluralität der Religionen erinnert mich an einen Marktplatz mit vielen Verkäufern, wo jeder den anderen zu übertönen versucht. Zum frühen Universum gibt es auch verschiedene Theorien, die miteinander konkurrieren. Jeder, der an einer Theorie arbeitet, ist überzeugt, dass sie die einzig richtige ist. Nur wenige Theorien werden direkt widerlegt, die minder erfolgreichen geraten einfach allmählich in Vergessenheit und werden schließlich von den späteren Generationen belächelt.«

TH: »Vielleicht ist es möglich, das Verhältnis der Religionen untereinander und sogar ihre Geschichte evolutionär zu beschreiben. Dazu passt auch, dass alte Deutungsmuster die Tendenz haben, immer wieder in neuer Gestalt aufzutauchen. Nun besteht aber die Essenz von Religionen nicht aus Hypothesen und Theorien, sondern in elementaren Wahrnehmungen und übergreifenden existenziellen Deutungen der Gesamtwirklichkeit. Die Beteiligten sind in hohem Maß persönlich betroffen. Die Auseinandersetzungen zwischen verschiedenen Religionsangehörigen sind deshalb weit schwieriger.«

NW: »Besonders die Anhänger des Christentums erheben einen besonderen Wahrheitsanspruch. Andere Religionen sind in dieser Sicht trügerische Blendwerke. Im besten Fall behauptet man, ihre Lichter würden überstrahlt vom Licht des Christus. Das stößt mich, wie gesagt, nicht ab. Ich glaube, du solltest die Konkurrenz der Religionen um die Wahrheitsfindung nicht ausblenden, so wenig wie in der Wissenschaft. Die Pilatusfrage ›Was ist Wahrheit?‹ bleibt aktuell.«[131]
TH: »Einmal abgesehen davon, dass Pilatus die Antwort Jesu gar nicht erst abgewartet, sondern gleich weggegangen ist. Mir liegt viel am Unterschied zwischen Religion und Wissenschaft. ›Wahrheit‹ im religiösen Sinn kann ich nur als eine *Wahr-nehmung* begreifen, die sich auf einem *Weg* auftut, auf den man sich begibt, nicht als ein System zeitlos gültiger Sätze.«
NW: »Das erinnert mich an das alte Dichterwort, das mir mein nachdenklicher Großvater auf diese Saturnexpedition mitgegeben hat:[132]

›Wahrheit ist eine Tochter der Zeit.‹«

TH: »Der Spruch passt sehr schön zu unserem Aufenthalt im Saturnsystem: Wir sind der Tochter des Chronos-Kronos auf der Spur! Tatsächlich sind Wahrnehmungen an Ort und Zeit gebunden; ein bestimmtes Individuum macht sie an einer einmaligen Station seines Weges aus einer spezifischen Perspektive. Gerade an diesem Punkt tun mir die Texte der Bibel ein weites Fenster auf: Sie laden mich dazu ein, mich auf einen bestimmten Weg zu begeben, mich selbst in den biblischen Erzählungen und Bekenntnissen wieder zu finden, gleichsam in sie hineinzuwachsen. Dieses Mitwandern auf einem Weg ermöglicht bestimmte Perspektiven, die sich an verschiedenen Stationen eröffnen. Andere Religionen weisen andere Wege, sie ermöglichen andere Perspektiven. Diese Vielfalt ermöglicht Kommunikation und Austausch. ›Wahrheit‹ ereignet sich dann gerade im Austauschen solcher Perspektiven. Von gewissen Punkten aus sieht man bestimmte Dinge besser, während sich andere eben entziehen. Perspektiven sind komplementär.«
NW: »Es gibt aber sicher auch viele Bereiche, wo sich religiöse Programme gegenseitig ausschließen! Wenn wir von religiösen Deutungen in Analogie zu wissenschaftlichen Theorien sprechen, ist es denkbar, dass die eine wegen neuer Erkenntnisse unhaltbar wird oder die andere revidiert werden muss.«
TH: »Zum Dialog der Religionen gehört auch die Auseinandersetzung. In einer solchen Situation muss ich dann begründen, warum ich

etwa für die Entzifferung der Welt das Osterparadigma anderen Deutungsmustern vorziehe. So hat das Christentum für die Geschichte, das Entstehen von Neuem und die Irreversibilität der Zeit ein besonderes Sensorium.«
NW: »Womit wir von der Erde wieder zum Saturn und seinen Wirbelstürmen zurückgekehrt wären. Wenn unsere Kollegen auf intelligente Titanbewohner stoßen, wären sicher spannende Gespräche zu erwarten. Wer so nahe beim Planeten Saturn wohnt, hat vielleicht noch ganz andere Deutungsmuster für dessen atmosphärische Strukturen anzubieten.«
TH: »Hoffentlich! Dann müsste sich zeigen, ob die titanische Theologie die Schöpfungsprozesse auf Saturn womöglich noch tiefer zu verstehen vermag. In diesem Fall würde ich auf Titan gern einen ausgedehnten Fortbildungskurs besuchen! Ich freue mich jedenfalls schon jetzt auf das nahe Pfingstfest.«

Zu diesem Zeitpunkt wurde gemäß Datenschreiber das Gespräch durch ein Bild des CHARON-Fahrzeugs auf dem Monitor der ORPHEUS-Kommunikationseinheit unterbrochen. Auf dem Bildschirm erschien nun alle drei Minuten ein neues Bild des Landeplatzes, aufgenommen von einer kleinen digitalen Standkamera. Diese stroboskopische Bildfolge vermittelte den zurückgebliebenen Astronauten einen guten Eindruck von den Aktivitäten der Gelandeten und ihren exotischen Perspektiven auf die urweltliche Mondoberfläche. Jede Änderung wurde von NW und TH offenbar mit größtem Interesse zur Kenntnis genommen. Als sie schließlich auch noch kontinuierlich Liveaufnahmen von der faszinierenden Landschaft des bizarren Kraterrands erhielten, wich die Monotonie der letzten sechs Wochen anscheinend endgültig dem berauschenden Gefühl, unmittelbar an einem einzigartigen Abenteuer der Menschheitsgeschichte teilzuhaben. Davon zeugt auch der nachstehende Nachtbucheintrag.

Pfingsten ist nahe: Aus dem Nachtbuch von TH (16. Mai)

Die glückliche Landung der ORPHEUS auf Titan hat bei uns erst eine überschäumende Euphorie, dann eine große Entspannung bewirkt. Mögen unsere Kollegen nach der Erkundung dieser geheimnisvollen Tiefenwelt wieder unversehrt in unsere vom Glanz der fernen Sonne erhellte kosmische Sphäre zurückkehren!

Orpheus in der Unterwelt

Orpheus, dem großen Sänger in der griechischen Mythologie, gelang es bei seiner Hadesfahrt, die kalten Herzen der finsteren Totenherrscher durch sein bezauberndes Leierspiel so zu betören, dass sie ihm erlaubten, seine liebliche, viel zu früh verstorbene Gattin Eurydike wieder zurück ans Tageslicht zu bringen. Unseren Freunden in der modernen ORPHEUS steht keine singende Muse zur Seite, ihre Instrumente sind Mikroskope, mobile Labors und Rechenmaschinen. Sie setzen nicht auf die Verführungskraft magischer Gesänge, sondern auf die Leistungsfähigkeit von Experiment und Analyse – nicht auf Empathie und Partizipation, sondern auf Distanz und Objektivität. Vielleicht bringen aber auch sie Zeugnisse eines wundersamen fremden Lebens drunten in der methanumwölkten Tiefe zurück in unsere menschliche Tageswelt.

Das Unternehmen des antiken Orpheus scheiterte allerdings, weil er sich, entgegen der Bedingung der Herrscher des Totenreichs, von Zweifel und Sehnsucht ergriffen, zu früh nach seiner Geliebten umsah. Möge dem modernen ORPHEUS-Team kein ähnliches Ungemach widerfahren! Kühle Sachlichkeit wird sie davor bewahren, sich wie der alte Sänger von verderblichen Gefühlen verwirren zu lassen.

Mit unserer Fahrt ins Saturnsystem haben wir uns weiter in die Tiefe des Weltraums vorgewagt, als es bisher je Menschen unternahmen. Mit der Erkundung von Titan betreten wir eine verschleierte Welt, die noch unvergleichlich geheimnisvoller ist, als es einst fremde Inseln und ferne Kontinente waren. Es ist ein Ort, an dem mich Träume und Gesichte wieder und wieder heimsuchen. Lediglich der monotone Ablauf unseres geregelten Tagesprogramms und die der Rationalität verpflichteten Diskussionen mit NW drängen die Turbulenzen meiner aufgewühlten Einbildungskraft nachhaltig zurück.

Joels Prophezeiung

Wie eigenartig: Eine Woche noch bis zu Pfingsten! Es mutet mich wie eine glückliche Fügung an, dass wir just zu diesem Fest des heiligen Geistes den Gipfelpunkt unserer vieljährigen Expedition erreichen. Ich denke an die alten Prophetenworte des Joël – Verheißungen, die sich am Pfingstfest der ersten Christen schon zu erfüllen begannen:[133]

> »Danach wird es geschehen, dass ich meinen Geist ausgieße über alles Fleisch; und eure Söhne und Töchter werden weissagen, eure

Greise werden Träume träumen, eure Jünglinge werden Gesichte sehen. Auch über die Knechte und über die Mägde will ich in jenen Tagen meinen Geist ausgießen.«

Der Prophet Israels erwartete die wunderbare Geistausgießung inmitten von großen kosmischen Katastrophen, von »wunderbaren Zeichen am Himmel und auf der Erde, von Blut und Feuer und Rauchsäulen«; die Sonne verwandelt sich in Finsternis und der Mond in Blut, bis Gott selbst in all seiner Macht und Herrlichkeit erscheint. Für die frühen Christen gewann der Anbruch der Weltenwende eine andere Gestalt: Mit dem »Urknall« der Geistausgießung zu Pfingsten beginnt das Evangelium von Jesus Christus zu allen Völkern der Welt auszustrahlen, bis hin zu den fernsten Inseln und Gestaden. Der Geist entflammt in immer neuen Räumen und Zeiten die Herzen der Menschen für die Botschaft von der Liebe des Schöpfers, die alles umfasst.

Von Geistesflügeln getragen

Auch bis hierher? Die Gedanken, die wir in unserem Abendgespräch ausgetauscht haben, reizen mich zum Fabulieren. Als spürte ich den Hauch des Leben schaffenden göttlichen Geistes in meinen Seelenflügeln, schwingt sich mein eigener Geist über die uns schon etwas heimatlich gewordenen Grenzen des Sonnensystems weit hinaus.
Unter dem rotfeurigen Licht des gewaltigen Aldebaran ziehen vor meinem trunkenen Auge schillernde, vernunftbegabte Quallen in einer warmen Atmosphäre ihre majestätischen Kreise, versunken in einsame tiefe Meditationen über die Rätsel von Raum und Zeit. Am Rande unserer Milchstraße hat sich ein einziges Pflanzenwesen über die gesamte Oberfläche eines Planeten hin ausgebreitet – ein kollektiver Superorganismus, bestehend aus zahllosen, aber gänzlich integrierten Einzelintelligenzen. Im Angesicht seiner sterbenden Sonne hat es schon begonnen, seine Sporen in den Weltraum auszustreuen, durch raffinierte Membranen geschützt vor den tödlichen kosmischen Strahlen, um dereinst nach einer unendlich langen Reise in einer anderen Welt wieder zu neuem Leben zu erstehen. Vor meinem geistigen Auge bildet sich in der fernen Andromedagalaxie intelligentes Leben auf der Basis von Siliziumkristallen heraus, für das Jahrmillionen so schnell ablaufen wie für uns Tage. Diese Geschöpfe leben buchstäblich im Anbruch der Endzeit, sie werden es leibhaftig miterleben, ob die Expansion des Universums ein Ende nehmen oder sich

gar steigern wird. Schließlich schafft meine Phantasie vernunftbegabte Wesenheiten, die sich von der grobstofflichen, vergänglichen Welt der Hadronen ganz verabschiedet und zu ihrem Trägermedium die unsterblichen Photonen, Leiber aus reinem Licht, erkoren haben ...

Inflation von Raum und Zeit

Jetzt, wo sich unsere Sonne auf einen kleinen glühenden Tupfen reduziert hat und unser blauer Planet von bloßem Auge kaum auszumachen ist, wird es mir wieder bedrängend bewusst: Die Dimensionen von Raum und Zeit haben sich mit dem Anbruch der Neuzeit geradezu Schwindel erregend geweitet. Die Maßlosigkeit des heute erkennbaren Raums rückt unsere gute alte Erde in eine ganz entlegene Gegend des Universums – im äußeren Teil einer durchschnittlichen Galaxie, kreisend um einen gewöhnlichen Stern. Die Geschichte Israels und Jesu hat sich trotz des Einspruchs des Evangelisten Lukas wahrhaftig doch »im letzten Winkel« der Welt zugetragen, in noch ganz anderem Grad, als es sich die Alten auch in ihren wildesten Träumen hätten ausmalen können.[134]

Und erst die Zeit! Die Menschen der christlichen Spätantike und des Mittelalters wähnten, nur ein paar Jahrtausende nach der Weltschöpfung zu leben. In ihren Augen mochte das Christusereignis leicht so etwas wie die Mitte der Zeit bilden, in eigenartiger Fügung zusammenfallend mit den ersten Jahrzehnten des römischen Kaisertums und des von Augustus im Mittelmeerraum heraufgeführten Friedens. Uns aber hat sich die abgründige Tiefe der Zeit aufgetan, worin die Menschheitsgeschichte nur gerade ein kurzes Aufflackern im Vorüberziehen unermesslicher Äonen darstellt.[135]

Die biblische Heilsgeschichte, die von Abraham über Jesus bis in die Zeit der Kirche reicht, droht sich hier draußen in den kosmischen Weiten zu verflüchtigen. Immer wieder stelle ich mir die Frage: Kann sich die Gottheit überhaupt so exklusiv und definitiv gebunden haben an unsere Erde – an eine bestimmte Zeit, mitten im Quartär, und an einen bestimmten Raum, beim Grabenbruch zwischen der afrikanischen und der arabischen Kontinentalplatte? Andrerseits kann ich einer rein kosmischen Religiosität wenig abgewinnen, die ganz von der Geschichte absieht. Es leuchtet mir eher ein, auf eine absolute Position von »objektiver« Zeit und »zentriertem« Raum zu verzichten und den *Perspektivencharakter* religiöser Aussagen ernst zu nehmen. Die geschichtlichen Setzungen von Abraham bis Christus, in denen sich der biblische Gott offenbart, hätten dann *für uns* eine verbindliche, Wirklichkeit erschließende Bedeutung. *Anderen* aber würde sich die Gottheit in ganz andersartiger Gestalt kundtun, im Feld ihrer eigenen Erfahrungen mit Kosmos und Geschichte. Diese verschiedenen Perspektiven zeugen je auf ihre Weise vom alles verschränkenden und durchdringenden göttlichen Einen.

Das Tagebuch bricht an dieser Stelle ab. Einige Stichworte deuten darauf hin, dass TH in seiner exaltierten Stimmung den Versuch unternommen hat, »kosmische Hymnen« zu dichten. Da er offenbar von seinen Produkten nicht überzeugt war, hat er schließlich alle Dateien wieder gelöscht. Im Zentrum seines Interesses stand die Vorstellung eines das gesamte Universum erfüllenden Lobgesangs, der Gott von allen Seinsformen entgegengebracht wird. Wir verdanken Professorin Theresa Himmelfarb (Bern) den Hinweis darauf, dass für diese Konzeption neben einigen biblischen Psalmen[136] insbesondere auch der spätantike Neuplatonismus Pate steht.[137] Die Lehre der kosmischen Entsprechungen von Urbildern und Abbildern scheint ihn tief beeindruckt zu haben. Sein Interesse an Analogien und Gleichnissen geht also nicht erst auf neuzeitliche Theologen und Hermeneuten zurück, wie ihm seine scharfzüngigen Kritiker unterstellt haben, sondern auch auf nichtchristliches Gedankengut. Wir geben im Folgenden ein Fragment wieder, das einen guten Eindruck davon vermittelt, wie TH seinen einsamen Visionen und Meditationen in der Sphäre Saturns Gestalt zu geben versuchte.

Das Bild eines alle Wesen umspannenden kosmischen Chores, das den großen Schöpfer, Erhalter und Vollender des Weltalls preist, nimmt in mir Gestalt an. Spüre ich schon das Nahen des Pfingstgeistes? Die Ostkirche hat im Geist seit alters die Quelle des Hymnus und des Gebets erkannt.

Das immerwährende Gebet des Alls

Ich werde des Schlagens meines Herzens und der Bewegung meines Atmens gewahr. Wie selbstverständlich – und wie wunderbar! Ist es nicht ein ununterbrochenes Gebet, das da in meinen eigenen Tiefen vor sich geht? Das berühmte immerwährende Herzensgebet vom Berg Athos, geschieht es nicht allezeit in meinem Leib? Ruft nicht jeder Atemzug nach dem göttlichen Odem, zeugt nicht jeder Pulsschlag vom großen Leben? Bin ich nicht ständig eingeladen, an diesen Bewegungen mit Wachsamkeit und Hingabe teilzuhaben, ihr unbewusstes Gebet zum bewussten Gotteslob zu machen?[138]

»Alles betet, außer dem Einen.« Der erhebende Satz der Platoniker zieht durch meinen Sinn. Der gesamte Kosmos, von einer einzigen Sympathie durchwaltet, nimmt an einem ununterbrochenen Gebet teil: So wie alles dem Einen entströmt, so wendet es sich auch wieder zu seinem Ursprung zurück. Diese Umkehr ist nichts anderes als Hymnus und Gebet, von jeder Seinsform auf ihre Weise vollbracht. Wer mit dem Ohr des Geistes in das All horcht und mit dem geistigen Auge schaut, wird dieses allerfüllenden Lobgesangs gewahr, der in einem gewaltigen Chor erklingt – von den spirituellen Wesen über die Menschen bis hinab zu Pflanzen und Gesteinen.

Bänder kosmischer Entsprechungen

Für die alten Platoniker ist das Weltall durchwaltet von zahlreichen Entsprechungsreihen. Die Reihe der Sonne reicht von der höchsten Sonne des geistigen Kosmos hinunter bis zum Hahn, der allmorgendlich das Gestirn begrüßt, zum Lotus und zur Sonnenblume. Ähnliche Entsprechungen gibt es auch im Zeichen anderer Götter, etwa von Kronos-Saturn: Von Engelwesen höchster Weisheit und Erkenntnis erstreckt sich die Reihe über Eremiten und Melancholiker bis hinunter zu Steinbock, Wurzeln, Knochen und Blei.

Mich fasziniert diese Lehre der allkosmischen Entsprechungen und Gleichnisse. Die höchste Gottheit bildet sich selbst in immer neuen Manifestationen auf jeder Ebene des Kosmos ab, in einer ununterbrochenen Kette von Urbild und Abbild.

In einem teilweise nur stichwortartig formulierten Zusatz stellt TH diese alte Theorie kosmischer Entsprechungen modernen Entwürfen gegenüber.

Für Antike und Mittelalter war es Gott, der seiner Schöpfung die Bilder und Gleichnisse seiner selbst eingeschrieben hat. Nicht nur Theologen und Dichter, sondern auch Naturforscher waren damit beschäftigt, dieses Buch der Schöpfung zu entziffern und Gottes Bilder in ihm wieder zu finden. Mit der Wende zur Moderne kehrten sich die Verhältnisse um: Erst der Mensch ist es, der Bilder und Gleichnisse *er*findet. Das Band zwischen Bild und Sein ist zerrissen; der menschlichen Imagination verbleibt es, das vielleicht unwiderruflich Getrennte wieder notdürftig zu überbrücken.

In einem weiteren Abschnitt stellt sich TH der neuzeitlichen Erfahrung des Weltalls als toter, leerer Wüste.

Für viele moderne Naturbetrachter ist diese »mystische« Schau eines in Lobgesang begriffenen Kosmos zerbrochen. »Das ewige Schweigen dieser unendlichen Räume macht mich schaudern.«[139] Mir fällt es schwer, diese fast depressive Sicht auf ein weitgehend totes Universum zu teilen. Sollte das organische Leben wirklich ein fremder, unwillkommener Gast in einem tödlich kalten Weltraum sein? Drängt das Universum nicht viel eher auf Leben hin, in welch bunten Formen dieses auch immer Gestalt annehmen mag? Bricht sich das göttliche Licht nicht noch in jedem Atom und in jedem Elementarteilchen?

Vom gestuften Kosmos zum expandierenden Universum

Erhebende Ausblicke – aber mit ihnen türmen sich auch die Fragen. Die alte platonische Philosophie der Analogien setzte einen statischen, ewigen Kosmos voraus, der von den ununterbrochenen göttlichen Emanationen am Sein erhalten wurde. Im Horizont unverbrüchlicher Harmonien war es dem verständigen Menschen gegeben, von seiner gottnahen Warte aus diese Bänder der Entsprechungen zu schauen. Wie aber verhält es sich angesichts eines ruhelosen Universums, das sich über zahlreiche Symmetriebrüche hinweg in atemberaubender Geschwindigkeit ausdehnt? Es gibt hier keine »Zentralperspektive« mehr, sondern nurmehr perspektivische Ausschnitte, die sich ihrerseits unaufhörlich verschieben. Was geschieht, wenn dieses von chaotischen Turbulenzen und katastrophalen Umbrüchen bewegte Universum vom Osterlicht beleuchtet wird? Spiegelt es mir Gleichnisse des Göttlichen zu – oder löscht sein kalter Hauch meine flackernde Osterkerze unbarmherzig aus?

SCHÖPFUNG LIVE

Am 17. Mai stieß die Titanexpedition am östlichen Kraterrand im Äthanschnee überraschend auf eine dampfende, warme Quelle am Fuß eines Eisfelsens (minus 4°C bei Umgebungstemperatur von 178°C unter null!), die vulkanischen Ursprungs zu sein schien. Mikroskopische Untersuchungen an der stark methanhaltigen, farblosen Brühe zeigten *micro-drops*, d.h. tröpfchenartige Strukturen, die sich erst bei einer Temperatur von über 21°C auflösen.

Diese Entdeckung von Vorformen des Lebens gilt zu Recht als eine Sensation und ist von Presse und Wissenschaft ausgiebig gewürdigt worden.
Die Spannung auf der HERMES TRISMÉGISTOS hatte sich gelöst, die Stimmung der Besatzung war aufgeräumt bis übermütig. Die Astronauten nahmen die Abendmahlzeit ein aus frischen, schnell wachsenden burmesischen Wasserpilzen und rekonstituierten gefriergetrockneten Kartoffelklößen. Dazu genehmigten sie sich zur Feier des Tages einen Trinkbeutel Rotwein, aus französischem Konzentrat und rezykliertem Wasser. Auch der eingeschmuggelte Armagnac kam anscheinend wieder zu Ehren. Das nachstehende Gespräch schließt sich unmittelbar an die von der Titanexpedition laufend übermittelten Informationen über organische Moleküle an. Insbesondere die tröpfchenförmigen Kügelchen mit membranartiger Hülle, die im Äthanschlick am Rande des Landekraters gefunden wurden, erregten die Phantasie der Hermenauten und bildeten den Anstoß zu einem weit ausgreifenden Tischgespräch, das sich nicht zuletzt auch wegen des festlichen Menüs in die Länge zog.

Leben – das schönste Kind des Universums

TH: »Es hat mich ungemein überrascht, dass uns so kurz nach der Landung bereits derart aufregende Meldungen erreichen. Die Entstehung von Leben, falls man diese Tröpfchen so nennen darf, aus unbelebter Materie, ist für mich der Inbegriff eines Schöpfungsakts. Da ist doch wahrhaftig ein Werk des Schöpfergottes mit Händen zu greifen!«
NW: »Bleiben wir zunächst bei den Fakten: Derartige mikroskopische Tröpfchen waren eine wichtige Vorstufe des Lebens auf der Erde. Ihre Membran regelt den Austausch mit der Umgebung, in ihrem Schutz laufen biochemische Reaktionen kontrolliert und gleichmäßig ab.«
TH: »Inmitten einer lebensfeindlichen Kälte entstand lokal eine wunderbare Ordnung. Kennst du das schöne alte Weihnachtslied von der Rose, die mitten im Winter zu blühen beginnt?«
NW: »Die Jahreszeit passt jetzt überhaupt nicht. Außerdem entsteht Leben nicht gezielt wie bei einem Rosenzüchter. In der Natur ist lediglich ein blinder Uhrmacher am Werk, der nicht planmäßig Stück um Stück zu einem Ganzen zusammenfügt. Die meisten Tröpfchen sind lebensunfähig und falsch konstruiert. Sie vergehen in der eisigen

Atmosphäre Titans bald wieder und lösen sich in der Unordnung der umgebenden Moleküle auf.«
TH: »Es erstaunt mich dennoch, wie hier eine völlig neue Ordnung entstehen konnte. Vorher bewegten sich die Moleküle unabhängig in der Atmosphäre und im Schneematsch herum, nun aber bilden sie eine faszinierende Struktur. Diese Tröpfchen spannen eine neue Dimension der Wirklichkeit auf. Etwas qualitativ Neues ist entstanden.«
NW: »Dennoch sind es praktisch immer noch dieselben Moleküle, die sich in einem Tröpfchen anordnen. Wenn die geeigneten Voraussetzungen gegeben sind, ist die neue Ordnung unvermeidlich. Gewiss, lebende Zellen zählen zu den komplexesten Phänomenen im uns bekannten Universum. Trotzdem laufen sie nach gleichen Gesetzen ab wie die Entstehung eines Wirbelsturms auf Saturn.«
TH: »Hier stellt sich doch das Problem der Unwahrscheinlichkeit in aller Schärfe! In der Zeit seit dem Kometeneinschlag konnten allein aufgrund des Zufalls niemals so komplexe Gebilde entstehen. Dein reduktionistischer Ansatz scheitert schon an der einfachsten Mathematik.«
NW: »›Reduktionismus‹ ist für mich kein Schimpfwort, sondern ein gesundes methodisches Prinzip. Jede gute Wissenschaft versucht, Komplexes durch einfachere Komponenten zu erklären.«
TH: »Im Fall der Entstehung von Leben stößt du aber auf beliebig große Unwahrscheinlichkeiten. Der Zufall allein kann keine Lebewesen erzeugen.«
NW: »Du übersiehst den entscheidenden Punkt: Die biologische Selbstorganisation wird von Prozessen kumulativer Selektion gesteuert. Das heißt, dass im Spiel der Evolution immer nur das bereits Ausgewählte reproduziert wird, von Generation zu Generation. Das Nichtselegierte nimmt nicht mehr Teil an der Entwicklung und stirbt ab. Die Entwicklung beginnt nicht immer wieder von vorn. Der Zufall kommt nur in der Untermenge des jeweils Selegierten zum Zug. Das bedeutet einerseits, dass die Zahl der Möglichkeiten enorm eingeschränkt ist, andererseits, dass nur ein winziger Teil aller möglichen Evolutionspfade tatsächlich beschritten wird. Die Wahrscheinlichkeiten kumulieren und die Entstehungszeiten komplexer Gebilde werden enorm reduziert. Das gleiche Prinzip macht es möglich, dass unzählige unabhängige Moleküle der Saturnatmosphäre fast dieselbe Geschwindigkeit haben und einen Wirbelsturm bilden.«
TH: »Ich glaube gern, dass es sich um mathematisch ähnliche Gesetze wie im Bereich der unbelebten Natur handelt. Auf der Stufe der ther-

mischen Bewegungen ist das kreative Element ja auch sehr deutlich. Diese Entsprechungen in der belebten und unbelebten Natur weisen auf einen schöpferischen Grund. Demgegenüber reduzierst du alles auf mechanische Vorgänge. Eigentlich gibt es für dich gar nichts Neues.«

NW: »Du schießt über das Ziel hinaus! Natürlich entsteht auch für mich laufend Neues in der Natur, nur: Es entsteht von selbst! Es bedarf keines äußeren Anstoßes, der die Entwicklung auslöst. Hat sich einmal durch eine kleine Störung in der Saturnatmosphäre eine Aufwärtsbewegung gebildet, verstärkt sie sich ohne äußeren Einfluss. Wenn hier ein Gott am Werk sein sollte, dann beschränkt sich sein Tun aufs Würfeln. Die Möglichkeiten sind beschränkt, es entscheidet der Zufall.«

TH: »Mit dem würfelnden Gott vermochte ich mich schon neulich nicht recht anzufreunden. Aber zurück zum inneren Zusammenhang der Welt. Auch ich bin davon beeindruckt, wie sich zwischen so verschiedenartigen Phänomenen wie einem Wirbelsturm und einem präbiotischen molekularen Prozess eine derart sichtbare Entsprechung abzeichnet.«

NW: »Ich bin der festen Überzeugung, dass hier mehr als nur eine nebulöse Entsprechung vorliegt. Letztlich lässt sich alles auf elementare Prozesse in der Quantenwelt zurückführen. Zwar verhalten sich kleine Systeme in der quantenmechanischen Beschreibung periodisch. Einige Theoretiker haben seinerzeit daraus geschlossen, die Quantenwelt sei im Unterschied zu unserer Welt nicht chaotisch. Weit gefehlt! In großen Quantensystemen ist die Bewegung der virtuellen und realen Teilchen von chaotischer Dynamik überlagert.[140] Das Chaos der Mikrowelt liegt der makroskopischen Wirklichkeit viel näher als man vermuten könnte. Es ist das virulente Innere des Makrokosmos.«

TH: »Wieder einmal scheinst du der Versuchung einer ›Theory of Everything‹ zu erliegen, als ob die Grundgleichungen der Physik alles erklären könnten. Dass die Physik von einer einzigen Wirklichkeit ausgeht, ist ein schönes und zudem altes Postulat. Eine derartige methodische Annahme kann aber andere Wissenschaften nicht relativieren. Theorien auf den höheren Stufen der Chemie und Biologie sind genauso fundamental, denn sie erklären zum Teil sehr erfolgreich eine viel komplexere Wirklichkeit, als sie der Physik zugänglich ist.«

NW: »Im Moment müssen wir vielleicht mit diesen Stufen leben. Die Entsprechungen, die du erwähnt hast, sind aber auch Hinweise darauf, dass sich eine gemeinsame Theorie dahinter finden lässt.«

TH: »Dieser eine Punkt interessiert mich nun doch: Spielen die Fluktuationen des Quantenozeans in unsere großräumige Welt hinein? Kann es zu einer Art Wellenbewegung kommen, die für uns bemerkbar ist?«

NW: »Es steht außer Zweifel, dass es einen nahtlosen Übergang zwischen dem Quantenchaos und dem makroskopischen Chaos gibt. Allerdings beschreibt die Quantenmechanik Wellenfunktionen anstelle von Punkten in Raum und Zeit, und sie verwendet die Planck'sche Konstante, eine Zahl, die in der klassischen Physik Null gesetzt wird.«

TH: »Trotzdem basiert unsere makroskopische physikalische und biologische Welt auf der schwankenden und sprunghaften Quantenwelt?«

NW: »Schau dir zum Beispiel die Protonen an. Sie bestehen aus drei quirligen Quarks, die durch Gluonen wie mit Gummifäden zusammengebunden sind. Das tanzende Trio ist aber auch ein Energiebündel, in dem sich die Teilnehmer kurzfristig in andere Teilchen umwandeln können. So kann es alle 10^{31} oder mehr Jahre vorkommen, dass sich aus dem Trio ein neutrales Pion und ein Positron bilden. Das neue Pärchen hat zusammen weniger Massenenergie als das Proton. Wenn es sich trennt, ist der Tanz für immer zu Ende, und das Proton zerfällt. Das Proton ist nun aber ein wichtiger Baustein des Universums. Wenn es zerfällt, sind auch die anderen Atomkerne instabil und somit das ganze Universum. Die harte Wirklichkeit schwimmt im wogenden Urozean der Vakuumsfluktuationen mit seinen realen und virtuellen Teilchen. Ein ungeheurer Bogen spannt sich aus, der den ganzen Kosmos umfasst.«

TH: »Dieses eine große Band von Entsprechungen fasziniert mich. Wirken die Vakuumsfluktuationen auch auf die Vorgänge im Gehirn ein?«

NW: »Die Elektrochemie der Neurotransmitter und die Physiologie der Synapsen operieren letztlich auf der Stufe der Quantenwelt und befolgen die Schrödinger-Gleichung.[141] Eine raffinierte, normalerweise isolierende Membran an den Schnürringen der Nervenbahnen wird für kurze Zeit erregt, durchlässig und überträgt dadurch den Nervenreiz, der im Extremfall von absoluter Dunkelheit durch einige wenige Lichtquanten ausgelöst werden kann. Du könntest nicht sprechen, ohne dass dein Körper auf ausgeklügelte Weise von Quantenerscheinungen Gebrauch macht. Bei den relativ niedrigen Energien im Gehirn tanzen die Teilchen natürlich nicht so wild, doch spielen selbst virtuelle Teilchen in dieser Art von Materie eine bedeutsa-

me Rolle. Auch auf dieser höchsten Stufe der Entwicklung, soweit wir sie kennen, hat sich die Materie kaum so weit stabilisiert, dass sie den Kontakt zum basalen Chaos verloren hat. Ich wäre nicht erstaunt, wenn in den komplexesten Gehirnprozessen das Quantenvakuum direkt auf das makroskopische Geschehen einwirkt.«
TH: »Großartig! Unsere eherne großräumige Welt ist durchdrungen vom ekstatischen Tanz der Quantenwelt und ihren Fluktuationen. In unseren Bewusstseinsprozessen haben wir unmittelbaren Anteil an diesem basalen Chaos. Hat nicht ein berühmter Physiker sogar die menschliche Freiheit direkt aus der Indetermination der Quantenwelt hergeleitet?«
NW: »Pascual Jordan hat dies seinerzeit vorgeschlagen.[142] Ich erinnere mich noch gut an eine Talkshow vor zehn Jahren, wo ein Wissenschaftstheoretiker diesen Kurzschluss zwischen Physik und Philosophie mit beißendem Spott übergossen hat. Von den im Grund doch sehr strengen Gesetzen für Wahrscheinlichkeitsamplituden der Quantentheorie führt kein Weg zum subjektiven Freiheitsempfinden.«
TH: »Ich will mich auch gar nicht in das abschüssige Gelände der Freiheitsphilosophie begeben. Dennoch frage ich mich, ob sich nicht Phantasie, Intuition und vielleicht sogar mystische Zustände der Teilhabe am unendlichen Ozean der Quantenwelt verdanken.«
NW: »Du lässt dich verführen von der suggestiven Kraft der Bilder und Metaphern, mit denen wir Physiker die abstrakte Welt unserer Formeln zu veranschaulichen versuchen. Was mir jetzt aber besonders auffällt, ist ein Umschlag in deinem Denken: Vorher hast du das Suchen der Physiker nach einer einheitlichen Theorie als reduktionistisch diffamiert. Jetzt greifst du selbst nach derartigen Ableitungsmodellen. Geht es lediglich um eine Geschmacksfrage? Dir sind offenbar tanzende Quanten sympathischer als starre Atome oder eherne Gesetze.«
TH: »Mir sagt das Bild eines von Spontaneität und Unvorhersehbarkeit gezeichneten Universums weit mehr zu als dasjenige einer toten, abspulenden Weltmaschine.«
NW: »Das geht mir beileibe nicht anders! Es ist herrlich, eine offene Zukunft vor sich zu sehen. Ich habe das bei der Landung der ORPHEUS auf Titan wie selten zuvor verspürt. Mit Religion hat dies alles aber überhaupt nichts zu tun.«

Das Gespräch wurde leider für eine halbe Stunde durch die Kommunikation mit der Titanbesatzung unterbrochen. Angesichts ihrer spektakulären Entdeckung hatte die Crew am Ostrand des »Kraters der guten Hoffnung« eine kleine Forschungsstation mit Stromgenerator, Sauerstoff- und Wasservorräten eingerichtet. Eine permanente Bildverbindung zur HERMES TRISMÉGISTOS wurde installiert. Der von der Unterweltssymbolik inspirierte Vorschlag von TH, die Station an der warmen, lebensfreundlichen Methanquelle ELYSIUM zu taufen, wurde mit Beifall quittiert. Natürlich fand TH auch hier wieder einen bedeutungsvollen Bezug – eine »Entsprechung«? – zwischen diesem mythischen Ort ewigen Lebens und dem Planetengott Kronos-Saturn, dem Herrscher über die Inseln der Seligen.[143]
Angeregt von den Aktivitäten auf Titan wandten sich die beiden Hermenauten wieder ihrem Thema zu. In diesem Dialog treten die beiden Disziplinen in eine so ausgeprägte Wechselwirkung, dass wir dazu neigen, ihn geradezu als das Kernstück der saturnischen Gespräche zu bezeichnen.

TH: »Die Erkenntnis der Physiker, dass das Universum einem unendlichen Meer von virtueller Energie aufruht und von ihm ununterbrochen durchdrungen wird, kommt vielen alten religiösen Vorstellungen sehr entgegen. Vor einiger Zeit haben wir über altorientalische und fernöstliche Religionen gesprochen.«
NW: »Mein Argwohn bleibt: Du willst in der Quantenwelt Nischen für das Wirken des Schöpfergottes finden. Aber von der subatomaren Indetermination führt kein Weg zur Theologie. Auch ein sich selbst organisierendes Universum hält für Gott keinen Raum offen.«
TH: »Mir geht es keineswegs darum, wieder Schlupflöcher für ein direktes göttliches Eingreifen zu finden. Mein Interesse gilt der Suche nach Entsprechungen zwischen Gott und Welt. Eine religiöse Grundüberzeugung besagt, dass die Gottheit unaufhörlich die Welt erhält. Ein kosmisches Gleichnis dieser *creatio continua* erkenne ich im Getragensein des Universums durch den Quantenozean. Mich interessiert dabei besonders das Wechselspiel von *Fluktuation* und *Struktur*. Es gibt ein unaufhörliches Neuwerden und Vergehen – und doch kommt es zu realen Strukturen in der Geschichte des Universums. Genau diese Polarität charakterisiert auch das Schöpferwirken Gottes.«
NW: »Wie kannst du dich davor schützen, dass deine Sicht der Welt als Schöpfung nicht zum beliebigen Konstrukt verkommt?«

TH: »Ich muss diese Gefahr riskieren, will sie aber vermindern durch Rückfragen. Mich interessiert jetzt besonders, ob sich diese Polarität auf höheren kosmischen Ebenen manifestiert, wo das Entstehen von Neuem zu beobachten ist. Auf dem Niveau thermodynamischer Prozesse lässt sich ja auch das Wechselspiel von Fluktuation und Strukturbildung erkennen. Der Wirbelsturm auf Saturn war ein prächtiges Beispiel.«
NW: »Das kann man sich schon so zurechtlegen.«
TH: »Das Muster lässt sich auf einer dritten Ebene weiterverfolgen: Bei genetischen Prozessen gibt es ein Wechselspiel zwischen den Fluktuationen und der Strukturbildung. Von den zahllosen Mutationen werden einige wenige ausgewählt, was schließlich in der Entstehung neuer Arten kulminieren kann. Wieder ist eine neue, komplexe Struktur entstanden. Schließlich hast du neben der Quantenwelt, der Makrophysik und der biologischen Evolution noch eine vierte Ebene, diejenige der Bewusstseinsprozesse angesprochen. Auch hier scheint das Wechselspiel von kreativer Fluktuation und geschichtlicher Struktur wiederzukehren.«
NW: »Mir ging es bei den neuronalen Prozessen im Gehirn allerdings nur um deren Abhängigkeit von der elementaren Quantenebene.«
TH: »Genau dieser Punkt ist für mich von Interesse. Ich frage mich, ob die Fluktuationen auf allen vier Ebenen, in die wir den Kosmos aufteilen, letztlich auf Bewegungen im basalen Ozean zurückgehen. Wenn ich dich recht verstanden habe, kann das Chaos in der makroskopischen Welt, etwa bei den Fluktuationen vor dem Entstehen eines Wirbelsturms, als Manifestation des dynamischen Chaos der Quantenwelt beschrieben werden.«
NW: »Dieser Zusammenhang wird zwar postuliert, ist aber noch weitgehend ungeklärt. Bei thermodynamischen Fluktuationen ist vom Ursprung in Quantenfeldern kaum noch etwas zu spüren. Allerdings ist die makroskopische Welt nicht gegen Quanteneinflüsse abgeschirmt. So kann die Quantenunschärfe den Aufschlag eines Würfels beeinflussen. Auch die genetische Information ist instabil, und nur raffinierte Reparaturmechanismen der Zellen verhindern ein allzu großes Durcheinander. Chemische Veränderungen, die zu Mutationen führen, basieren auf quantenmechanischen Prozessen. Ich kann nur vermuten, dass auch bei vielen Vorgängen im Gehirn die Quantenebene mitspielt.«
TH: »Die Ursprünge der Fluktuationen in der makroskopischen Welt lassen sich also bis in die Brandung des Quantenozeans zurückverfol-

gen! Das basale Chaos steht an der Wiege alles Neuen, das in die Welt kommt.«

NW: »Also doch! Du suchst Gott wieder am Rockzipfel zu fassen!«

TH: »Der Saum seines Gewandes bestünde dann allerdings aus virtuellen Teilchen, und meine haschende Hand bliebe leer! Aber Spaß beiseite. Ich bleibe bei meinen Entsprechungen: So wie das basale Chaos alles durchdringt, in einem unaufhörlichen Prozess von Entwerden und Neuentstehen, so hält Gott alles Sein über dem Abgrund des Nichts. Er erschafft es ständig neu und lässt es im selben Augenblick wieder zurücksinken, von der elementaren Welt der Teilchen bis zu den größten Strukturen und zu den komplexesten Gebilden. Und doch wirkt die Schöpfung erstaunlich stabil! Die *creatio continua* geht so unmerklich vor sich, dass wir sie normalerweise nicht einmal wahrnehmen. Es bedarf einer ganz besonderen Aufmerksamkeit, um sie überhaupt zu erspüren – Gebet, Meditation und Grenzerfahrungen tun uns die Pforten zu ihr auf.«

NW: »Ich habe den Eindruck, du seist nicht weniger als ich darauf aus, die Vielzahl der Phänomene des Universums auf einige wenige fundamentale Prinzipien zu reduzieren. Während ich möglichst einfache objektive Naturgesetze zugrunde legen möchte, scheinen bei dir poetische Inspirationen oder meinetwegen theologische Axiome die maßgebliche Rolle zu spielen. Ich spiele den Ball des Reduktionismusvorwurfes wieder an dich zurück!«

TH: »Hier sitzen Physik und Theologie traulich im selben Boot; sie sind insofern beide Erben der alten griechischen Metaphysik. Anders als viele meiner Kolleginnen und Kollegen konnte ich mich nie auf den trendigen Flirt mit dem weltanschaulichen Pluralismus einlassen und die alte Konzeption von der Einheit der Welt in die Mottenkiste versenken. Und die theoretischen Physiker der letzten hundert Jahre frönten der Spekulation nicht weniger als die früheren Philosophen; sie stellen heutzutage die Metaphysiker par excellence!«

NW: »Damit bin ich natürlich überhaupt nicht einverstanden. Unsere Theorienbildung ist nicht einfach wild wuchernde, unkontrollierte Spekulation. Aber wie auch immer: Die Sehnsucht nach der Einheit der Welt verbindet uns in der Tat!«

TH: »Vielleicht drängt uns auch die ungeheure Ferne von unserer heimatlichen Erde, unser buchstäbliches Hinausgeworfensein in die Endlosigkeit des Alls zu einer unheiligen Allianz. Wir sind beide Kinder Saturns, des Sterns der spekulativen Philosophen.«

NW: »Erkläre mir nun noch eines: An Ostern hast du die Symbolik

von Kreuz und Auferstehung in den Wirbelsturm auf Saturn projiziert. Jetzt erkürst du die Quantenfeldtheorie, deinen ›basalen Quantenozean‹, zum Gleichnis für das ununterbrochene Arbeiten des Schöpfergottes. Wir Physiker fragen bei zwei alternativen Modellen immer, ob sie sich nicht auf eine umfassendere Theorie reduzieren lassen. Kannst du das auch in der Theologie?«
TH: »Es wäre schlecht bestellt um meinen Widerstand gegen reduktionistische Verfahren, wenn er sich nicht auch auf die Theoriebildung erstreckte. Es zählt zu den grundlegenden Einsichten der neuzeitlichen Theologie, dass uns eine alles abdeckende Supertheorie verwehrt ist. Mit Paulus gesprochen: ›Jetzt ist unser Erkennen Stückwerk, dereinst aber werden wir völlig erkennen.‹[144] Dennoch treibt mich die kühne Vision um, dass der Kosmos im Bild Christi erschaffen ist.[145] Ich denke dabei nicht an Jesu Physiognomie, sondern an seine Geschichte, gebündelt in Kreuz und Auferstehung. Karfreitag steht für das Auflösen von Strukturen; es wird Raum geschaffen für Neues. Im Zeichen von Ostern etablieren sich neue Ordnungen.«
NW: »Du identifizierst also das kosmische Wechselspiel von Fluktuationen und Strukturen mit Kreuz und Auferstehung?«
TH: »Derartige Gleichsetzungen pflegen in die Irre zu führen. Mir geht es um eine Entsprechung, keine Identifizierung. Außerdem bin ich nicht auf statische Größen aus. Ich nehme die Signatur von Kreuz und Auferstehung in den *Prozessen* wahr, in denen sich entweder aus Fluktuationen Strukturen bilden oder sich Strukturen wieder auflösen.«
NW: »Spielen wir die Sache durch. Der köstliche Armagnac spült meine Widerstände und Einwände rettungslos hinweg. Wo findest du dein Muster in der Quantenmechanik?«
TH: »Hier liegt der Brückenschlag auf der Hand: In minimalsten Zeitabschnitten verschwindet reale Materie und erscheint wieder. Dieser Durchgang durch das Vakuum entspricht gut der Abfolge von Karfreitag und Ostern. Allerdings setzt das Ostergeschehen einen grundlegenden Unterschied von Vorher und Nachher voraus, also einen irreversiblen Zeitverlauf.«
NW: »Dafür gibt es in der Quantenwelt durchaus Analogien: Irreversibilität resultiert aus Symmetriebrüchen, wie dies beim Beobachtungsvorgang der Fall ist. Denken ließe sich auch an die Inflationsphase des Universums oder sogar an die Spekulation vieler meiner Kollegen, wonach es aus einer Quantenfluktuation entstanden ist.«
TH: »Ich erinnere mich gut an unser Gespräch über den berühmten Kollaps der Wahrscheinlichkeitsverteilung.«

NW: »Es wird dir auch entgegenkommen, dass die Nullpunktsenergie die Expansion des Universums wahrscheinlich erheblich beschleunigt. Der kosmische Druck des Vakuums stellt wohl seine massivste makroskopische Auswirkung dar.«
TH: »Hier ist Irreversibilität mit Händen zu greifen. Das Quantenchaos ist nicht nur der zeitlose schöpferische Urgrund, dem alles Werden und Vergehen entspringt. Wenn es sich sogar in der Expansion des Raums bemerkbar macht, so wirkt es an der Entstehung der größten räumlichen und zeitlichen Strukturen dieses Universums direkt mit.«
NW: »Auch die nächste Ebene haben wir schon ausgiebig debattiert: Die dissipativen Prozesse in der Thermodynamik, die unablässig Neues generieren. Wie steht es mit der dritten Ebene, derjenigen der genetischen Abläufe? Die meisten Mutationen müssen verschwinden. Einige wenige erweisen sich als überlebensfähig oder sogar als sehr erfolgreich und geben ihre Eigenschaften deshalb an die Nachkommen weiter.«
TH: »Ich zögere davor, in der biologischen Evolution die Signatur von Kreuz und Auferstehung wieder zu finden. Auf der einen Seite drängt sich mir zwar eine Entsprechung zwischen dem Entstehen neuer Arten und der österlichen Neuschöpfung förmlich auf –«
NW: »Erfolg als Markenzeichen von Ostern? Viren, Fliegen, Ratten und schließlich die zerstörerischen Raubaffen *Homines sapientes* – sind sie Bannerträger der Auferstehung? Ganz abgesehen davon, dass Erfolg relativ ist. Die Dinosaurier herrschten für lange Zeit über die Erde und sind doch wieder verschwunden.«
TH: »Wir haben schon früher darüber gesprochen, dass die vielfältigen Formen, die in der Welt spontan auftauchen, nicht direkt mit der österlichen Kraft des Neuen identifiziert werden können. Dennoch bleibe ich dabei: Auf der bewundernswerten Komplexität der vielen Formen des irdischen Lebens ruht ein österlicher Glanz. Aber zugleich erinnert gerade das Kreuzsymbol daran, dass mit dieser beeindruckenden Erfolgsgeschichte eine nicht minder große Leidensgeschichte einhergeht. Zahllose Arten werden vernichtet; der Erfolg der einen basiert auf dem Untergang der anderen. Was immer sich an Neuem in dieser Welt manifestiert, bleibt zutiefst ambivalent. So sehr es auch das Ostergeschehen abbilden mag, so sehr verhüllt es dieses auch wieder.«
NW: »Willst du deine Oster-Hypothese wieder zurückziehen?«
TH: »Nein, ich möchte sie nur gebührend relativieren. Trotz aller

Bedenken und Einschränkungen halte ich daran fest, dass sich das Ostergeschehen in der erstaunlichen Entfaltung des Lebens manifestiert – und dass es zugleich auch dem Vergehen und Leiden, der Schattenseite dieser evolutionären Prozesse, einen Ausdruck verleiht. Dies gilt schließlich auch für unsere menschliche Welt, für die Entstehung von Geist und Bewusstsein.«

NW: »Womit wir also bei der komplexesten Materie im bekannten Universum, dem menschlichen Gehirn angelangt wären. Ich bin sicher, dass du auch hier fündig würdest. Aber ich schlage angesichts der vorgerückten Zeit nun einen ganz besonderen dissipativen Prozess vor: Ziehen wir uns in das Reich des Schlafgottes zurück! Morgen stehen viele Messungen auf dem Programm. Außerdem werden die Kollegen auf der ORPHEUS bei den vorgesehenen Titanexkursionen auf unsere logistische Unterstützung angewiesen sein.«

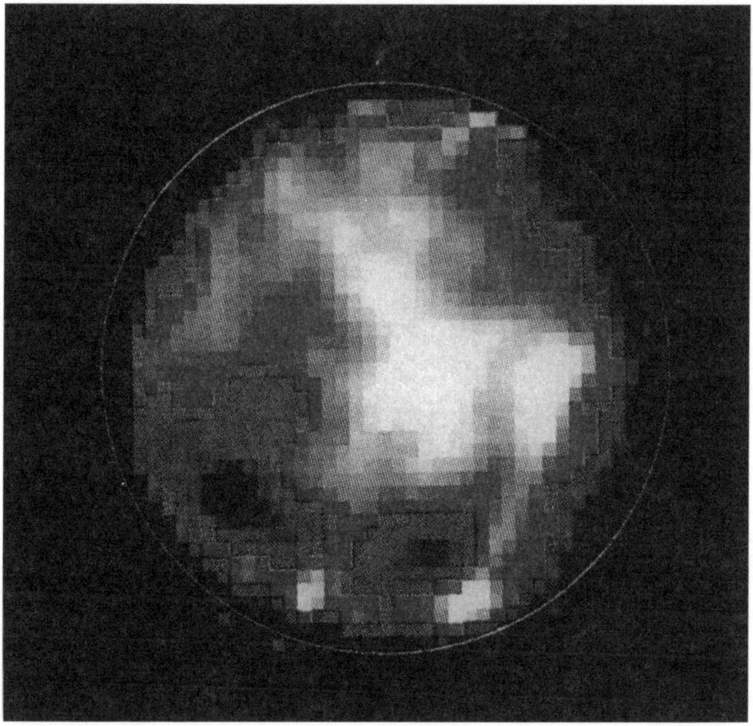

Abb. 10: Nur das Infrarotlicht dringt durch die Methanwolken und den orangeroten Dunstschleier des Titan. Das Bild seiner Oberfläche wurde mit dem 10-Meter-Keck-Teleskop in Hawaii aufgenommen. Dunkle Gebiete sind möglicherweise Binnenmeere aus flüssigem Methan. Das größte, links unten, hat etwa die Ausdehnung der Hudson Bay. (Foto: S. G. Gibbard)

Eine Titanvision: Aus dem Nachtbuch von TH (17. Mai)

Mit großer Freude lade ich mir auf meinem Kabinenmonitor nochmals die Bilder der Kraterwände herab, die uns ORPHEUS gesandt hat. Die blaugrünen Strukturen, die da in den dunkelroten Himmel hinauf ragen, sind aufs feinste ziseliert und erinnern mich an die Außenverstrebungen gotischer Kathedralen. Das Äthaneis hat unbeschreiblich bizarre Figuren gebildet. Nicht ohne Neid stelle ich mir meine Mitastronauten vor, die schon in den nächsten Tagen versuchen werden, diese kunstvoll geschmiedeten Kraterwände an einer geeigneten Stelle zu passieren. Wie herrlich muss es sein, schließlich an die Gestade des Methanozeans zu gelangen, die mächtige Brandung und das Wetterleuchten über den purpurnen Fluten mit ihren riesigen Eisbergen zu schauen. Ob man dort am Horizont auch jene violett gleißenden Berge aus purem Eis zu sehen bekommt, höher als alle irdischen Gipfel? Schaudernd denke ich an Lovecrafts Berge des Wahnsinns!

Natürlich haben mich diese Bilder beim Einschlafen begleitet. Da! Ich schaue einen wogenden Ozean, und aus ihm ragen kolossale Eisberge hervor. Unten schmelzen sie unaufhörlich ab und gefrieren wieder neu aus. Je mehr ich meinen Blick aber nach der Spitze der Eisberge wandern lasse, umso vielfältiger und kunstvoller werden die kristallinen Strukturen, deren eine sich auf der anderen erhebt. Wie ich mich den Zinnen und Türmen dieses aus dem Meer geborenen Kristallpalastes schwebend nähere und die kalte Herrlichkeit berühre, will ich meinem Tastsinn nicht trauen: Mein Finger stößt nicht auf Eis, sondern spürt strömendes Wasser, einen mächtigen brodelnden Wasserfall, dessen Gischt sogar mein Gesicht benetzt. Kaum ziehe ich mich aber wieder um ein Geringes zurück, erstarrt der Wasserfall wieder zu kristallinen Türmen und Zinnen.

Ich erwache schlagartig und richte mich im Bett auf. Was war das? Hat sich mein Geist zu einer naturphilosophischen Allegorie reizen lassen? Wollte er von den abstrakten Begriffsgebilden unseres abendlichen Gesprächs seine Zuflucht nehmen zu elementaren und plastischen Sinnbildern? Die Traumdeutung fällt mir diesmal leicht. Natürlich, da ist der Ozean der Zeitlosigkeit mit seinen fluktuierenden Quanten, ein unablässiges Spiel von Erschaffung und Auflösung aller Materie. Aus dieser Flut wächst der Turmbau des Kosmos heraus, eine von Zeit und Raum gebildete unglaublich komplexe Struktur, die sich unablässig höher auftürmt. Immer mehr Vergangenheit häuft sich auf, immer mehr entschiedene Alternativen, immer mehr ausgefrorene Strukturen. Und doch! Unter ihrer so unveränderlich wirkenden Oberfläche ein Wogen und Strömen, ein Spiel reinster Energien, frei von aller Schwere.

Mehr noch: Dieser unaufhörliche Tanz am Fundament des Seins bläht das gesamte Universum mit ungeheurer Kraft immer stärker auf. Was aber heißt dies, wenn es einen elementaren Zusammenhang gibt zwischen dem Wachstum des Raums und der Offenheit der Zeit? Das ewige Wogen des Quantenozeans spannt auch noch die Dimensionen unserer Raumzeit mit ihrer einzigartigen Geschichte auf.

GOTTES ZWIEFACHES ANTLITZ

Am Tag nach der großen Entdeckung der *micro-drops* führte die ORPHEUS-Crew weitere chemische und präbiotische Analysen durch. Ein steter Strom von Informationen floss zwischen den Titanauten im Raupenfahrzeug und jenen im gelandeten Raumschiff. HERMES TRISMÉGISTOS empfing Bilder und hörte mit: chemische Zusammensetzung, Temperaturen, Formen und Größen der Tröpfchen, weitere Makromoleküle und vieles mehr. Der Alltag kehrte allmählich wieder ein und mit ihm eine Tag-danach-Stimmung.
Am Feierabend blieben die Hermenauten beim Thema und projizierten die Multimedia-Dokumentation mit dem Titel »Grandeur et atrocité de la nature« vom Département de Sciences biologiques de l'Université de Montréal. Die Dokumentation basiert unter anderem auf dem naturmystischen Bestseller »Pilgrim at Tinker Creek« von Annie Dillard (1974) und stellt die mitreißende Schönheit wie den durchdringenden Schrecken der Natur eindrücklich vor Augen. Der Film scheint die etwas müde gewordenen Geister zum nachstehenden Gespräch angeregt zu haben. In den wenigen erhaltenen Tagebuchnotizen von NW finden sich denn auch zu Beginn zwei charakteristische Zitate aus Dillards Werk, die für ihn geradezu den Charakter von lebensphilosophischen Leitsätzen gewonnen haben:[146]

> »Wir erwachen, wenn wir überhaupt je erwachen, umgeben von Geheimnis, Todesraunen, Schönheit, Gewalt…«
> »Das sind unsre wenigen lebendigen Momente. Lasst uns sie so intensiv leben, wie wir können, in der Gegenwart.«

»Siehe, es war sehr gut«? Die Schöpfung wird evaluiert

TH: »Mein lieber Kollege, dieser Film war nun wirklich ein starkes Stück! Ich befürchte, er wird mir heute Nacht den Schlaf rauben. Die Natur hat so viel an unglaublich Absurdem, Monströsem und Grausamem hervorgebracht, dass man darob den Verstand verlieren könnte.«
NW: »Mir geht es nicht anders als dir. Natürlich wusste ich theoretisch um diese Dinge. Aber so unmittelbar und sinnlich damit konfrontiert zu werden, setzt mein Nervensystem einem fulminanten Feuerwerk von Neurotransmittern aus.«

TH: »Mit diesem Stichwort erinnerst du mich gerade an jenen Drogenhändler im Insektenreich, den Schwarzgefleckten Bläuling: Um seiner Brut das zarte Fleisch von Ameisenlarven zuzuhalten, zieht der Schmetterling ganze Ameisenscharen mit einem süßen Sekret an, sodass sie sogar ihre eigene Brut zu den gefräßigen Bläulingsraupen schleppen. In ihrem Rausch merken sie nicht, wie die Raupen gierig ihren Nachwuchs auffressen.«

NW: »Ganz zu schweigen von der Mutter als Futter bei gewissen australischen Spinnen! Außergewöhnlich ist auch die Bienenwolfwespe: Sie fällt über eine Honigbiene her und presst sie aus, um ihr den köstlichen Honig von der im Todeskampf herausgestreckten Zunge zu lecken. Und es kommt noch ärger: Mitten in diesem entsetzlichen Mahl wird die Wespe selbst zum Opfer einer zupackenden Gottesanbeterin. Noch wie die Wespe zerfleischt wird, lässt sie nicht ab vom gierigen Honigfraß aus ihrem Bienenopfer.«

TH: »Ich musste wegschauen, obschon mich gleich nachher beim tödlichen Liebesspiel der GottesanbeterInnen ein wilder voyeuristischer Instinkt bedrängte. Dem Männchen wird noch vor der Kopulation der Kopf abgebissen. Doch genug von all den Grausamkeiten!«

NW: »Der Name des Insekts lässt mich aber aufhorchen. Wie bringst du all diese Phänomene, die du grausam oder grotesk nennst, mit deinem Glauben an einen gütigen Schöpfergott zusammen?«

TH: »Das ist eine schwierige Frage! Man kann an Gottes Schöpfergüte und seinem Weltregiment natürlich auch angesichts menschlicher Untaten und Scheußlichkeiten irre werden. Aber hier ließe sich zur Not auf die verirrte menschliche Freiheit verweisen, die vom göttlichen Willen abweicht. Im Bereich der Natur stellt sich das Problem der Theodizee noch unausweichlicher dar, natürlich nicht erst seit heute: Warum hat Gott so viel Übles erschaffen? In der Antike haben deshalb die Gnostiker behauptet, dass nicht der gute Gott, sondern ein inferiorer Engel die Welt erschaffen habe.«

NW: »Dieser Engel trägt heute einen neuen Namen: Er heißt Evolution.«

TH: »Ich halte am biblischen Bekenntnis zu Gott als Schöpfer fest. Es gibt nichts in der Welt, wo er nicht gegenwärtig ist. Aber sein Antlitz ist manchmal verborgen.«

NW: »In unserem Ostergespräch haben wir diese Frage schon berührt. Während du aber deine Aporie mit dem Bild eines ›verborgenen Gesichts‹ kaschierst, bietet das evolutionäre Paradigma eine verständliche Lösung an für all die Gräuel in der Natur. Was dieser Film so schonungslos präsentiert, ist in der Evolution durchaus zweckmäßig und entspringt dem Wechselspiel von Mutation und Selektion, von Zufall und Anpassung. So abstossend uns vieles in der Biologie vorkommen mag, es lässt sich durch seine Entstehungsgeschichte erklären.«

TH: »Vielleicht müssen wir die Mechanismen der biologischen Evolution besser verstehen, um uns der Theodizeefrage im Horizont neuzeitlicher Naturwissenschaften zu stellen. Mich haben im Film etwa die arglistigen Täuschungen mancher Blumen fasziniert, die auf diese Weise Insekten und Vögel zur Fortpflanzungshilfe in ihren Dienst spannen. Das ist sicher zweckmäßig und in gewisser Weise durchaus sinnvoll.«

NW: »Es scheint mir auch der Fall zu sein im Eheleben der in der Tiefsee hausenden Anglerfische. Trifft das Männchen auf das viel größere Weibchen, beißt es sich an diesem fest und verwächst schließlich so vollständig mit dem Leib seiner Partnerin, dass es auch seine Nahrung aus ihrem Blutkreislauf empfängt. Die beiden Fische werden zu einem Zwitterwesen. Das Männchen degeneriert dabei zu einem bloßen Testikelsack, dessen Samenerguss das Weibchen mit seinen eigenen Hormonen auslösen kann. Vermutlich gibt es einen einfachen Grund für diese ingeniöse Konstruktion: die Schwierigkeit der Geschlechter, in der ewigen Finsternis einander aufzuspüren. Haben sie sich endlich gefunden, wollen sie nicht mehr voneinander lassen.«

TH: »Ich staune immer wieder! Welch ein Kabinett an Absonderlichkeiten! Aber du hast schon Recht: So manche Monstrosität in der Natur erklärt sich aus ihrem verschlungenen Werdegang. Wie war das schon wieder mit dem blinden Nacktmull?«

NW: »Der Nacktmull, ein Nagetier in den Trockengebieten Ostafrikas, hat vom Tageslicht gänzlich Abschied genommen; seine Augen sind unter der Kopfhaut ohne jeglichen Lidspalt verborgen. Er lebt nämlich ausschließlich unterirdisch als Gruppentier in selbst gegrabenen Gängen. Das sonderbare Tier ist unbehaart, schrumplig, ohne Ohren, aber mit kräftigen, säbelartigen Vorderzähnen zum Höhlenbau ausgerüstet. Seine Kolonien von bis zu 250 Tieren haben eine bemerkenswerte gesellschaftliche Organisation ausgebildet. Es gibt jeweils nur ein einziges fortpflanzungsfähiges Weibchen, die Königin.«

TH: »Sie muss eine Ausgeburt von Scheußlichkeit sein.«

NW: »Die Königin übt in jeder Hinsicht ein autoritäres Regime aus. Sie hält die anderen Weibchen durch Stress, durch ständiges Schubsen und Stoßen, steril. Auch die zur Faulheit neigenden Arbeitstiere werden von ihr unerbittlich diszipliniert. Die Augenrudimente der Nacktmulle sehen gerade noch genug, um die Tagesabläufe der straff organisierten Kolonie gleichzuschalten. Davon, dass den jungen Nacktmullen als Kraftnahrung ausgewählte Fäkaliendelikatessen gereicht werden, will ich lieber schweigen. All die scheinbar grotesken Eigenschaften und Verhaltensmuster sind jedoch Teile einer zweckmäßigen Überlebensstrategie, die von der Evolution ausgewählt wurde. Sogar raffinierte interkoloniale Migrationen zur Vermeidung von Inzucht konnten festgestellt werden.«

TH: »Welch eine abwegige Kreatur! In der Natur scheint es weit mehr Suchen, Tasten und Experimentieren zu geben, als es das klassische Bild von Gottes weit vorausplanendem Erschaffen suggeriert. Angesichts des Nacktmulls und des Bienenwolfs müsste einem das Bibelwort ›Und Gott sah, dass es gut war‹ auf den Lippen erstarren.«[147]

NW: »Vorsicht! Der Nacktmull mag zwar für uns moderne Menschen ein widersinniges oder sogar anstößiges Phänomen sein, aber die Natur hat ganz andere Maßstäbe. Du darfst auf keinen Fall die in unserer westlichen Gesellschaft akzeptierten Werte auf die Tierwelt übertragen. Der reißende Löwe ist nicht böse, die zierliche Gazelle nicht gut.«

TH: »Da hast du allerdings Recht. Du erinnerst mich daran, dass neben dem Gesichtspunkt der Menschen und demjenigen der Natur noch ein dritter zu berücksichtigen ist: die Perspektive Gottes. Auch im Feld der Religion verfällt man oft dem Fehler, die eigene Perspektive mit derjenigen von Gott gleichzusetzen. Der biblische Schöpfungsbericht der Priesterschrift, in dem Gottes Güte gerühmt wird, scheint auf den ersten Blick tatsächlich eine betont anthropozentrische Perspektive einzunehmen: Die göttlichen Werke sind deshalb ›gut‹, weil sie den Menschen zugute kommen.«

NW: »Von dieser Haltung hat sich die neuzeitliche Wissenschaft definitiv verabschiedet. Die Naturkunde des Altertums war immer viel zu anthropozentrisch und zielgerichtet angelegt.«

TH: »Auch die erste Erzählung der Genesis ist nicht so anthropozentrisch, wie man zunächst meinen könnte. Das Ziel aller Werke Gottes ist die große Weltruhe des Sabbats und nicht schon die Menschenschöpfung am sechsten Tag. Außerdem muss sich der Mensch seinen Raum mit den gleichentags erschaffenen Landtieren teilen. Nun gibt es aber alttestamentliche Texte, wo die Schöpfung noch viel deutlicher als Manifestation einer überschäumenden Kreativität wahrgenommen wird. Das Hiobbuch preist die Schöpfermacht Gottes gerade angesichts der wilden Tiere, die für damalige Menschen unnütz, fremd und sogar bedrohlich waren: Löwe, Rabe, Steinbock, Wildesel und andere mehr. Vor allem die exotischen Riesentiere Flusspferd und Krokodil mit ihrer unbändigen strotzenden Kraft sprengen für den Hiobdichter alle menschlichen Ordnungsvorstellungen. Hinter den beiden Monstren werden die mythischen Chaosungeheuer Behemot und Leviatan sichtbar. Auch diese chaotischen Dimensionen gehören wesenhaft zur Schöpfung des lebendigen Gottes.«[148]

NW: »Die vom Ansatz Darwins herkommenden Wissenschaften sind jedenfalls in der Lage, sehr viele erstaunliche Phänomene in der Welt der Lebewesen durch recht einfache Mechanismen hinlänglich zu erklären. Du müsstest dann annehmen, dass sich auch Gott dieser Spielregeln bedient und nicht alles bereits detailliert vorausgeplant hätte.«

TH: »Manche religiösen Traditionen gehen beim Schöpfungswerk von einem mehrfachen Experimentieren der Götter aus. Nach den Mayas war erst der vierte Versuch, Menschen zu erschaffen, erfolgreich. Auch im älteren Schöpfungsbericht der Bibel gelingt die Erschaffung der Frau nicht schon auf Anhieb; die Tiere erscheinen als erste, noch unbefriedigende ›Hilfe‹ für den Mann. Als später die Bosheit der Menschen ins Ungeheuerliche wuchs, ›reute‹ es Gott, dass er den Menschen erschaffen hatte, und er brachte die Sintflut über die Erde.[149] In diesem alten Vorstellungsgut scheint es *trial and error* offenbar auch auf Seiten Gottes zu geben. Später, als sich die Vorstellung von Gottes Vollkommenheit ausdifferenzierte, sind diese Elemente ganz weggefallen.«

NW: »Das erinnert mich an deine Wiederbelebung alter Chaosmythen, als wir vom Vakuum und dem göttlichen Schaffen von Neuem sprachen. Du hast dir ja sogar Gott als Würfelspieler vorstellen können. All dies kulminiert aber doch im Abschied von Gottes Allmacht.«

TH: »Wir müssten genauer umreißen, was wir unter ›Allmacht‹ verstehen. Ich will mich jetzt aber nicht in der mittelalterlichen Theologiegeschichte und in einer philosophischen Begriffsanalyse verlieren. Du hast insofern Recht, als die von den modernen Naturwissenschaften so beeindruckend herausgestellte Eigendynamik der Welt das überlieferte Gottesbild tangiert. Gott scheint nicht mehr am Steuerruder der kosmischen Evolution zu sitzen. Das stellt zahlreiche religiöse Überzeugungen in Frage.«

NW: »Man muss schärfer formulieren: Gott kann überhaupt nur am allerersten Anfang des Universums als Wirkfaktor in Frage kommen.

Und wir kamen damals bei diesem Thema ja sogar zum Schluss, dass auch diese Lösung ausfallen muss. Die Physik bedarf keines Urimpulses, und die Theologie will keinen Lückenbüßer.«
TH: »Deshalb liegt mir so viel an der fortlaufenden göttlichen Neuschöpfung des Weltalls.«
NW: »Aber dies betrifft lediglich das Ganze: In deiner Sichtweise schafft und erhält Gott das Universum in seiner Gesamtheit, sozusagen von außen. Im Inneren der Welt, im Einzelnen soll er dagegen keine Möglichkeit zur Einwirkung haben? Gott bewahrt das Universum wie ein Schiff vor dem Versinken im Meer, aber auf den Fahrkurs kann er keinen Einfluss nehmen, da im Innern des Schiffes alles autonom verläuft. Ist das wirklich deine Meinung?«
TH: »Ich kann hier nurmehr tasten. Juden und Christen haben manchmal an eine ›Selbstentäußerung Gottes‹ gedacht.[150] Die Rabbinen sprachen im Altertum von der Selbsterniedrigung Gottes, der seinem Volk ins Exil folgt und ihm wie ein Sklave dient. Die Christen haben im Blick auf die Inkarnation des Gottessohns diskutiert, ob Christus seine göttliche Natur ganz aufgegeben habe, um sich als begrenzter, schwacher Mensch zu uns zu gesellen. Gelegentlich spekulierten Theologen sogar darüber, dass Gott selbst sich im Uranfang seiner Allmacht entledigt habe, um der Welt die Möglichkeit zu eigenem Sein und Werden einzuräumen. Was für eine ungeheure Vorstellung: Gott schränkt sich selbst ein, um seiner Schöpfung ihren eigenen Raum und ihre eigene Zeit zu schenken.«
NW: »Das impliziert jedenfalls die Autonomie der Welt. Es könnte kein göttliches Eingreifen mehr geben. Man hätte sich weit von herkömmlichen religiösen Aussagen und von der Bibel wegbewegt.«
TH: »Die Bibel redet von beidem: vom wunderbaren oder auch hintergründigen Steuern Gottes *und* davon, dass in der Geschichte immer wieder das geschieht, was Gott gerade nicht will. Aber es ist schon so: Die Vorstellung der Selbstentäußerung Gottes bricht mit zahlreichen grundlegenden religiösen Überzeugungen. Es handelt sich um eine schillernde und auch gefährliche Lehre. Sie verführt nicht nur dazu, Gott zu unterschätzen, sondern auch den Menschen zu überschätzen. Die Gottesgelehrten sind wohl beraten, mit solchem Dynamit sorgsam umzugehen.«
NW: »Ketzerprozesse müsst ihr untereinander ausfechten. Hier im Saturnsystem gibt es keine Inquisitoren.«
TH: »Saturn ist nicht umsonst das Gestirn der Abgründiges sinnenden Denker, Eremiten und Propheten. Zugleich gilt er als ein ent-

thronter Gott, der schutzlos in der Fremde umherzieht.[151] Das provoziert geradezu Gedanken und Mutmaßungen dieser Art.«

NW: »Die Frage stellt sich aber dann unausweichlich, ob man die Hypothese ›Gott‹ nicht besser ganz aufgibt. Wenn er ›draußen‹ weilt, ohne Einfluss auf die Schöpfung nehmen zu können, dann kann man auf ihn nicht nur in der Wissenschaft, sondern auch in der Religion verzichten. Ein Gott, der keine Gebete erhört und keine Rettungswunder verheißt, ist nicht attraktiv. Irgendwie erinnert er mich an die Götter Epikurs, von dessen Philosophie mein Großvater immer geschwärmt hat. Auch sie wirken nicht ein auf die aus Atomen bestehende Welt, sondern führen ein sorgenfreies Leben in den Räumen zwischen den Universen.«

TH: »Epikur war womöglich religiöser, als man gemeinhin meint. Aber du hast Recht, dass ein Gott, der sich ganz aus der Welt verabschiedet, weder erfahren noch verehrt werden kann. Der Gedanke der Selbstentäußerung Gottes zielt aber gerade auf das Gegenteil. Der Verzicht Gottes auf seine unumschränkte Herrschaft über das All hat nicht seine Abwesenheit in der Welt zur Folge, sondern steigert seine Anwesenheit. Die religiösen Aussagen vom durchdringenden Gegenwärtigsein Gottes in seiner Schöpfung bleiben in Kraft. Aber die Art und Weise seiner Präsenz stellt sich als ein Mitwandern, Mitleben und Mitleiden dar. Da ist kein Gott mehr, der Sonne und Mond während einer Schlacht fast einen Tag lang stillstehen lässt zur Unterstützung seines Volkes. Aber da ist ein Gott, der mit dem Pilger wandert und ihm wie ein Hirte vorangeht: ›Wandere ich auch im finstern Tal, fürchte ich kein Unheil, denn du bist bei mir, dein Stecken und Stab, sie trösten mich.‹ Und als Jesus in der dunklen Stunde seiner Kreuzigung den Gebetsruf ausstößt: ›Mein Gott, mein Gott, warum hast du mich verlassen?‹ – wie sollte Gott gerade da nicht gegenwärtig sein?«[152]

NW: »Saturns Sphäre stimmt dich offenbar mehr auf die düsteren Aspekte des Lebens ein. Dein Gottesbild scheint mir gut für alte Jammertanten.«

TH: »Aber nein! Ich orte Gottes Gegenwart auch in Freude und Glück, nicht nur in Kummer und Schmerz! Nur will ich dich jetzt nicht mit Zitaten aus dem Hohelied, einer Sammlung wunderschöner Liebesgedichte, ins Heimweh nach der blühenden Erde und ihren lieblichen Töchtern stürzen.«

NW: »Saturns kalte Welt wird leider noch lange über uns herrschen. Wie oft fühle ich mich zwischen diesem Planeten und der Erde hin und her gerissen, zwischen dem Drang, das Universum zu erforschen,

und der Sehnsucht nach pulsierendem Leben. Aber zurück zu unserem Thema. Wir können die Fußspuren Gottes nirgendwo dingfest machen, weder in der kosmischen Hintergrundstrahlung noch in den Evolutionsschüben des irdischen Lebens. Deshalb willst du Gott ein Einwirken auf das Universum absprechen. Damit reduzierst du ihn aber auf die Rolle eines unsichtbaren, gespenstischen Begleiters, der überall anwesend ist, aber nirgends aktiv am Weltspiel teilnimmt.«
TH: »Gott nimmt die Menschen in seine Gegenwart hinein. Er lässt Glaube, Hoffnung und Liebe in uns entstehen. Er tut sich den Seelen kund in Eingebungen, Inspirationen und Offenbarungen. Erinnere dich an unsere Ostergespräche, als wir über Visionen und ekstatische Zustände sprachen!«
NW: »Du denkst jetzt sehr dualistisch. Auf die Materie soll Gott nicht einwirken können, wohl aber auf die ›Seele‹. Aber ich befürchte, du gerätst damit vom Regen in die Traufe. Ich weiß nicht, was die ›Seele‹ ist. Ich ziehe es vor, von einem komplexen neuronalen System zu sprechen, das man mit exakten Methoden untersuchen kann.[153] Nicht nur Instinkte und Gefühle, sondern auch Visionen und Eingebungen basieren auf neurochemischen Prozessen. Wenn Gott in der Lage ist, bestimmte Endorphine im limbischen System zu produzieren, kann er genausogut die genetische Information der frühesten Archaebakterien manipulieren. Gerade davon hast du aber Abstand genommen.«
TH: »Du verfällst wieder einmal dem krassesten Reduktionismus. Die Neurowissenschaft bekommt den Unterschied zwischen einem subtilen Kunsterlebnis und einer Masseneuphorie während eines Boxkampfs überhaupt nicht zu Gesicht. Wir müssten ein andermal eingehender über die neurochemischen Grundlagen der Religion sprechen. Ich habe mich als Student gern mit der alten Alchemie beschäftigt und hoffe an diesem Punkt auf interessante Brückenschläge.«
NW: »Alchemie? Anstatt Goldmacher und Quacksalber zu bemühen, verspreche ich mir mehr von den verheißungsvollen Durchbrüchen in der modernen Quantenneurologie. Schließlich schreiben wir das 21. Jahrhundert.«

Das ausufernde Gespräch endet mit einer heftigen Attacke von NW gegen Esoteriker und Homöopathen. Soweit wir wissen, ist es später nicht mehr zu einem eingehenden Gedankenaustausch über die neurochemischen Grundlagen psychischer Erscheinungen gekommen. Die Hermenauten wandten sich nach einer Unterbrechung wieder der Gottesidee zu.

Mächtiger König oder armer Wanderer?

NW: »Es fällt mir schwer, deine zwei Hauptaussagen zueinander in Beziehung zu setzen: Einerseits erhält der Schöpfergott unaufhörlich das Universum, andrerseits soll er seine unumschränkte Macht erheblich begrenzt haben.«
TH: »Das ist in der Tat der entscheidende Punkt. Die Gottesidee lebt geradezu davon, dass beide Aussagen in Kraft stehen: Sie bilden die Pole eines unauflöslichen Spannungsfeldes. Da ist der Aspekt der ungeheuren Macht und Majestät Gottes: Er erschafft und erhält die Schöpfung in jedem neuen Augenblick. Und da ist der konträre Aspekt: Er begrenzt sich selbst und gibt der Schöpfung Raum und Zeit für ihren eigenen Weg. Hier ist er der erhabene König, vor dem die Welten zu Nichts gerinnen und wie Staub zerfallen, wenn er ihnen nicht fort und fort seinen schöpferischen Geist einhaucht:

›Verbirgst du dein Angesicht, erschrecken sie;
nimmst du ihren Odem weg, verscheiden sie
und werden wieder zu Staub.
Sendest du deinen Odem aus, werden sie erschaffen,
und du erneuerst das Antlitz der Erde.‹

Dort aber ist er der schutzlose Wanderer, der mit seiner eigenwilligen Schöpfung einherzieht, wohin ihr Weg auch immer führen mag:

›Und siehe, ich bin bei euch alle Tage bis an das Ende der Welt.‹

In vielen biblischen Texten sind Allmacht und Ohnmacht eng aufeinander bezogen.«[154]
NW: »Ich sehe noch immer nur einen Gegensatz, aber keinen Zusammenhang.«
TH: »Gewiss ist es ein paradox anmutender Gedanke, dass der mächtige König und der arme Wanderer eins sind. Die Theologie hat komplexe Reflexionen über die Selbstdifferenzierung Gottes entwickelt, die letztlich alle um die Trinitätslehre kreisen. Hier draußen in Saturns Sphäre liegen mir aber plastische Bilder näher als theoretische Operationen. Der König und der Wanderer: Was eint diese beiden Seiten der Gottheit? Ich glaube, es ist Gottes verströmende Liebe. Der König hat das liebende Herz des Wanderers. Sein Schöpfungswalten ist zuinnerst reine Liebe. In dieser Liebe erhält er den Weltprozess unter unaufhörlichen Mühen am Sein. Und aus derselben Liebe heraus schenkt er seiner Schöpfung weiten Raum und erträgt

es, ihre Wege dem launigen Spiel des blinden Zufalls und dem Zwang eherner Gesetze überlassen zu müssen.«
NW: »Ich will dir die Bilder anstelle der scharfen Dialektik gern nachsehen. Auch wir Physiker müssen zu Veranschaulichungen greifen, um die Formalismen unserer Theorie einem weiteren Publikum verständlich zu machen. Aber mein Haupteindruck bleibt doch bestehen, dass du Gott kleiner machst. Du beschränkst seine Allwissenheit und seine Allmacht markant. Die Unschärfe der Quantenwelt und die Zufälle der Evolution setzen dem alten Herrn doch mächtig zu.«
TH: »Da muss ich dir entschieden widersprechen. Die Zeit ist zwar arg vorgerückt, aber unser Thema passt zur Mitternacht. Sicher: Gottes Selbstbegrenzung um seiner Schöpfung willen lässt den Zufälligkeiten von Zeit und Raum enormen Spielraum. In seiner Liebe hat er sich selbst an die Geschicke seiner Schöpfung gebunden. Der Raum in Gestalt der unvorhersagbaren Quantenfluktuationen und die Zeit in Gestalt nichtlinearer Prozesse machen das Projekt Schöpfung zu einem riskanten Abenteuer. Ja, hier wird Gott durchaus ›kleiner‹. Das ist aber nur die eine Seite. Die Kehrseite davon ist die Ungeheuerlichkeit der Dimensionen, die unsere neuzeitliche Perspektive auf das Universum enthüllt. Raum und Zeit sind unter unseren Augen förmlich explodiert. Mit ihnen wächst der Gott, der all dies erschafft und erhält, ins Unfassbare. Ich rufe mir immer wieder die Tiefe der kosmischen Abgründe in Erinnerung: die Skala der Schwindel erregenden Größenverhältnisse, die sich beim ›Aufstieg‹ durch die Hierarchie der Makrostrukturen auftun.«
NW: »Du meinst den gedanklichen Sprung vom Sonnensystem zur Milchstraße, von da zur Lokalen Gruppe, weiter zum Superhaufen der Virgo, bis hin zu den noch größeren Galaxienverbänden, die das Universum wie Wände von Honigwaben strukturieren. Und all dies ist lediglich der beobachtbare Teil des Weltalls. Möglicherweise ist es noch wesentlich größer als der uns zugängliche Ausschnitt; von hypothetischen anderen Universen ganz zu schweigen.«
TH: »Und Gott ist nochmals größer und tiefer! Mystische Texte des antiken Judentums haben sich die Erhabenheit Gottes gern so vergegenwärtigt, dass ein Seher durch die verschiedenen Hierarchien der Engel bis zum göttlichen Thron aufsteigt. Jede jeweils höhere Klasse überbietet die vorangegangene über alle Maßen an Lichtstrahlung und Heiligkeit; der Visionär stürzt von Ohnmacht zu Ohnmacht. Gleichwohl sind all diese Engelheere nur ein flüchtiger Hauch vor dem göttlichen Thron. Gottes Transzendenz wird damit ins Unvor-

stellbare gesteigert. Eine ähnliche psychotrope Wirkung haben auf mich die heute erkennbaren Ausmaße des Raums.«
NW: »Zumal du die Skala ja auch nach unten, ins Kleine hinab, erweitern kannst. Bei der Geburt des Universums waren all diese unglaublichen Räume in der Größenordnung von subatomaren Teilchen verdichtet.«
TH: »Genau. Ähnlich ergeht es mir mit den Zeitdimensionen. Auch hier wird jegliches menschlich vorstellbare Maß gesprengt. Der Unterschied zu den Zeiträumen, die für antike und mittelalterliche Menschen überschaubar waren, ist kaum zu überschätzen.«
NW: »Immerhin ist die Unendlichkeit des Raumes schon vor Beginn der Neuzeit postuliert worden.«
TH: »Die Theologie hat dies im 17. und 18. Jahrhundert in Form der ›Physikotheologia‹ durchaus in ihr Denken aufzunehmen versucht. Allerdings ist die rein hypothetische Annahme eines unendlichen Raumes mit allenfalls zahllosen Welteninseln überaus verschieden von unserem heutigen, ziemlich präzisen Wissen um die hierarchisch ineinander geschachtelten großräumigen Strukturen und die Zeitskalen des Universums. Der Kosmos ist im 20. Jahrhundert nicht nur quantitativ viel größer geworden, sondern hat eine völlig andere Gestalt gewonnen. Was das für die Schöpfungserfahrung bedeutet, hat man noch nicht wirklich ausgelotet. Für mein Empfinden bedeutet es eine gewaltige Erhebung Gottes, konträr zu seiner ›Verkleinerung‹, von der wir eben gesprochen haben. Wie groß ist Gottes Schöpfertum angesichts all der kosmischen Abgründe von Raum und Zeit geworden!«
NW: »Wie sollte die kleine Erde am Rand einer entlegenen Galaxie für Gott überhaupt von Bedeutung sein? Ganz zu schweigen vom einzelnen Gläubigen und seinen schwankenden Alltagssorgen!«
TH: »Du sagst es. Und umso mehr Gewicht erhalten nun wieder die Aussagen, dieser große Gott sei ›um unsretwillen‹ niedrig, klein, ohnmächtig geworden, er sei ein Wanderer, der mit uns geht. In dieser Sichtweise hat ›Allmacht‹ nichts mehr mit der Willkür eines Potentaten zu tun. Sie hat, wie wir im Fachjargon zu sagen pflegen, ihren Ort in der *Doxologie*, im Gotteslob, also in den Sprachformen von Gebet, Hymnus und Dank. Es ist die Perspektive von Menschen, die sich als grundlos Beschenkte, aber auch als abgründig Bedrohte erfahren. Die Schöpfungserfahrungen gehen mit Dank und Jubel, Angst und Bangen einher. Allmachtsaussagen stellen Antworten auf erfahrene Bewahrung und Errettung dar:[155]

›Der Herr ist König! Mit Hoheit ist bekleidet,
ist bekleidet der Herr, hat sich gegürtet mit Macht.
Fest steht der Erdkreis, er wankt nicht.‹

Der Beter, der hier Gott Königtum und Macht zuspricht, hat seinen Ort im Binnenraum der Schöpfung. Er versetzt sich nicht aus der Erfahrungswelt hinaus in eine distanzierte, quasigöttliche Position, wo er die Reichweite von Gottes Handlungsfähigkeit vermessen könnte. Was du abstrakt als ›Allmacht‹ postulierst, ist eine Chimäre. Sie hat mit jenem lebendigen Gott nichts zu tun, auf dessen Machterweise ein Gebet oder ein Hymnus antwortet.«

NW: »In meiner Wissenschaft ist es mir in Fleisch und Blut übergegangen, einen objektiven Standpunkt aufzusuchen. Du scheinst den Gefühlen und Emotionen wieder einmal einen viel höheren Stellenwert einzuräumen. Offenbar gilt dies auch für das Verständnis von Gottes Allmacht.«

TH: »Manche meiner Kollegen pflegen von der Allmacht der *Liebe* zu reden, die auch Ohnmacht in sich schließt. Ich selbst spiele sogar mit einer kühneren Verständnismöglichkeit: ›Allmacht‹ spiegelt etwas wider, was in der gegenwärtig erfahrbaren Welt noch gar nicht eingelöst ist. Im Altertum waren Juden und Christen überzeugt davon, dass sich Gottes Königsherrschaft erst in der Zukunft allumfassend vollenden würde. Seine in Lob und Dank gefeierten Machterweise wären dann eine Vorschau auf das dereinst in Fülle Kommende. Aber es mag besser sein, das missverständliche Wort ›Allmacht‹ überhaupt zu meiden: Ich halte nicht nur die Vorsilbe ›All‹ für erläuterungsbedürftig, sondern stoße mich überhaupt an der Übertragung des so ambivalenten Machtbegriffs auf Gott.«

NW: »Das Stichwort Vollendung lässt mich aufhorchen. Wir sollten bald einmal über die Zukunft des Universums diskutieren. Jetzt aber machen sich die Grenzen meiner eigenen Kräfte unwiderstehlich bemerkbar. Lass uns diesen zutiefst geschöpflichen Wahrnehmungen Recht geben und das Reich der Träume aufsuchen.«

DIE BESTE ALLER MÖGLICHEN WELTEN?

Auch zwei Tage nach der Entdeckung fortgeschrittener Vorstufen von Leben steht das Mittagstischgespräch unter diesem Thema. Gemäß Datenschreiber ist das Menü wieder auf den Stand des alltäglichen Pilzgerichts mit Algen abgesunken, das der Eigenproduktion im Gewächsabteil entstammt. Nach ihrer anfänglichen Euphorie versuchen die Hermenauten, die naturwissenschaftlichen Fakten einzuordnen und ihre eigene Position neu zu bestimmen.

Von der Menschenfreundlichkeit des Universums

NW: »Wir sollten uns eigentlich nicht darüber wundern, dass das Leben auch auf Titan im Begriff ist, eine eigene Form auszubilden. Die Erde kann kein Sonderfall im Universum sein. Die Entwicklung chemischer Vorgänge zu biologischen Formen sowohl auf der Erde wie auch auf Titan beweist, dass der Kosmos so beschaffen ist, dass sich Leben entwickeln kann, wo immer die Voraussetzungen dafür vorhanden sind.«

TH: »Offenbar drängt das Universum unaufhaltsam zum Leben hin. Auf dem langen Flug in das Saturnsystem habe ich beim Herumsurfen in unserer digitalen Videothek mit Staunen erfahren, wie viele spezielle Bedingungen hierfür erfüllt sein müssen. Für mich ist dieses spezifische Design des Kosmos doch ein bedeutungsvoller Hinweis auf eine göttliche Intelligenz, die dies alles arrangiert hat.«

NW: »Gemach! Ich befürchte, du bewegst dich im Kreis und versuchst, nach deinem eigenen Schatten zu haschen. Als im letzten Jahrhundert klar wurde, dass sich das Universum aus einem dichten und heißen Anfangszustand entwickelt hat, machten sich die Astrophysiker Gedanken darüber, wie die Dynamik eines sich entwickelnden Universums zur Bildung von Leben führen konnte. Natürlich braucht es dazu sehr spezielle Bedingungen, aber die waren nun einmal schlicht vorhanden. Andernfalls wären wir weder hier noch würden wir nach dem Warum fragen!«

TH: »Du weißt besser als ich, wie speziell diese kosmologischen Bedingungen sind. Der richtige Typ von Stern, die richtige Art von Planet im richtigen Abstand, bestehend aus den Gesteinen, welche die notwendigen Mineralien enthielten, mit viel Wasser, mit einem Mond, der Ebbe und Flut verursacht, und vieles mehr waren notwendig, damit sich Leben, wie wir es kennen, bilden konnte. Die Entstehung von Leben ist keineswegs selbstverständlich, vom Aufkommen von Intelligenz ganz zu schweigen.«

Der etwas geschliffenere und schärfere Ton dieses Dialogs deutet darauf hin, dass es sich um ein Thema handelt, zu dem beide bereits früher Stellung bezogen hatten. Wir haben daher Professorin Beate Karrer vom Institut für Wissenschaftstheorie und Wissenschaftsforschung der Universität Wien um nähere Erläuterungen gebeten.

Das Anthropische Prinzip

Die Astronauten diskutieren hier über die den Menschen auffallend wohlgesinnten Eigenschaften des Universums, das so genannte »Anthropische Prinzip«. Es ist dies ein bekanntermaßen gefährlicher Hochseilakt. Denn das Anthropische Prinzip hält fest:[156] »Was wir beim Beobachten erwarten können, ist eingeschränkt durch die Bedingungen, die für unsere Existenz als Beobachter nötig sind.« Selbstverständlich werden wir nie eine allgemein gültige kosmische Eigenschaft entdecken, welche die Existenz von Menschen und anderen Lebewesen verunmöglicht. Wir können nur Fakten finden, die im Einklang mit der Tatsache unserer Existenz stehen. Daher warnt uns das Anthropische Prinzip vor einer Überbewertung der beobachteten »Feinabstimmungen«. Sie müssen gegeben sein, bevor wir das Universum beobachten können. Jede Messung setzt ein Messinstrument voraus. In diesem Falle sind es wir selbst, einschließlich der dazu notwendigen astrophysikalischen, chemischen und biologischen Entwicklung. Das Anthropische Prinzip macht klar, dass es logisch falsch wäre, von »Feinabstimmungen« zwingend auf einen Plan für das Universum zu schließen. Es bietet selbst keine Erklärung der kosmologischen Koinzidenzen an, sondern macht nur die erkenntnistheoretischen Grenzen bewusst, welche sich daraus ergeben, dass in uns das Universum über sich selbst nachdenkt.

NW: »Wir führen wieder ein Gefecht um die Wahrscheinlichkeitsrechnung. Vergiss nicht, dass es allein in unserer Galaxis, der Milchstraße, über 200 Milliarden Sterne gibt. Im ganzen Universum sind es nochmals 100 Milliarden mal mehr. Es gibt vielleicht über 100 Trillionen Planeten im Universum. Bei so vielen Möglichkeiten sind die notwendigen Bedingungen wahrscheinlich mehrmals erfüllt.«
TH: »Die stupenden Unwahrscheinlichkeiten begegneten uns bereits früher. Du hast selbst immer wieder unterstrichen, dass die Herausbildung von Atomen, die sich schließlich zu Himmelskörpern vereinigen, in der Frühzeit des Universums keineswegs notwendig zu erwarten war.«
NW: »Das ist allerdings richtig. Hätte der Atomkern des Kohlenstoffs etwas unterhalb der minimalen Stoßenergie keine Resonanz, könn-

te er seine überschüssige Energie nicht in kürzester Zeit abstrahlen. Im Sterninnern könnte sich sein Kern beim Zusammenprall von Beryllium und Helium überhaupt nicht bilden. Bildet sich kein Kohlenstoff im Universum, gibt es kein Leben und keine Astronauten, die Algen und Pilze essen. Wir wären nicht hier, und Titan würde nicht um Saturn kreisen. Die Energie der Resonanz hängt allein von den Elementarkonstanten ab und hat zufällig genau den richtigen Wert.«

TH: »Du berufst dich wieder einmal auf einen merkwürdigen Zufall! Elementarkonstanten sind im ganzen Universum zu allen Zeiten gleich. Es gibt hier keine Auswahl von Möglichkeiten. Der Zufall kann gar nicht spielen! Bei einer einzigen Wahl wären die Chancen, gerade die richtigen Werte zu treffen, bestimmt äußerst gering.«

NW: »Vielleicht kann die zukünftige Physik diese Konstanten aus einer übergeordneten Theorie herleiten und erklären, warum sie gerade Werte aufweisen, welche die Entwicklung von Leben ermöglicht haben. Es gibt jedenfalls keinen Grund, hinter dem Zufall die ordnende Hand eines Gottes zu erkennen. Ich halte eine andere Hypothese für viel ansprechender: Wir müssen möglicherweise mit vielen Universen rechnen, in denen die Elementarkonstanten verschiedene, zufällig verteilte Werte haben. Dann müssten wir uns nicht wundern, in einem Universum zu leben, das für die biologische Entwicklung geeignet ist. Wir schwebten sonst ja nicht hier.«

TH: »Ich stelle fest, dass du mir zwei unattraktive Alternativen anbietest: Die erste vertröstet mich auf eventuelle zukünftige Resultate der Physik, für die es weder Aussichten geschweige denn Ansätze gibt. Die zweite Erklärung erscheint mir aber noch viel bedenklicher. Wie kann man das Universum, den Inbegriff des Ganzen und die Summe aller Teile, in die Mehrzahl setzen? Schließt der Begriff des Universums nicht alle möglichen oder mindestens alle beobachtbaren Objekte ein? Alle anderen hypothetischen Universen wären grundsätzlich nicht beobachtbar. Seit wann ist es denn in der Physik wieder erlaubt, unbeobachtbare Größen einzuführen?«

NW: »Das einzig Beobachtbare ist die Feinabstimmung in zufälligen Anfangswerten und Konstanten. Sie ist ein Indiz für eine übergeordnete Menge und die Selektion der Universen.«

TH: »Eine notwendige Bedingung für diesen Schluss ist das naturwissenschaftliche Postulat, dass es nur kausale Gesetze und Zufall gibt. Ich verstehe, dass du als Physiker hier nicht die Hypothese Gott einbringen darfst, doch führst du mit den Schattenuniversen andere nicht beobachtbare Größen ein, die genauso wenig Gegenstand der Naturwissenschaft sein können.«

NW: »Als Gottesbeweis taugt die Feinabstimmung trotzdem nicht. Zum Beispiel gab die gleichmäßige Verteilung der Galaxien im Raum lange Zeit ein Rätsel auf. Wie kann die Dichte in einer von uns weit entfernten Region des Universums denselben Wert haben wie in der gegenüberliegenden Region, wo sich doch beider Licht erst bei uns, auf der Mitte der Strecke, kreuzt? Die beiden Teile des Raums können wegen der endlichen Lichtgeschwindigkeit keine Information austauschen. Diese gleichmäßige Verteilung galt lange als eine typische Anfangsbedingung der kosmischen Entwicklung. Die 1980 vorgeschlagene Theorie einer Inflationsphase im frühen Universum konnte nun eine natürliche und relativ einfache Antwort anbieten: Die Raumexpansion war für kurze Zeit so schnell, dass sich damals durch kausale Wechselwirkungen die gleiche Dichte im ganzen heute beobachtbaren Teil des Universums einstellte. Der vermeintliche Gottesbeweis löste sich in Schall und Rauch auf.«

TH: »Ich will kein Kapital aus Lücken und Merkwürdigkeiten naturwissenschaftlicher Fakten schlagen. Trotzdem geben mir diese so unwahrscheinlich anmutenden kosmischen Rahmenbedingungen für Leben und Intelligenz zu denken. Stoßen wir hier nicht doch auf eine rätselhafte Grenze unseres Wissens? Dies alles ist kein Gottes*be*weis, wohl aber ein bedeutungsvoller *Hin*weis. In diesem Licht erscheint dann auch das eigene Leben weniger selbstverständlich.«

NW: »Die kosmischen Feinabstimmungen weisen nicht zwingend auf einen Plan hin. Physiker diskutieren die Hypothese einer *finalen Tendenz* auch ohne theologische Hintergedanken.[157] Diese Tendenz wäre eine Eigenschaft neben den bekannten Symmetrien und Gesetzen. Sie wäre der Entropie nicht unähnlich, deren Zunahme ja auch einen finalen Charakter aufweist. Der Zweite Hauptsatz der Thermodynamik besagt, dass die Entropie nur gleich bleiben oder zunehmen kann, wie immer auch die kausalen Abläufe beschaffen sind. Genauso wäre es mit der Tendenz der Entstehung von Leben: Kausale oder zufällige Ursachen müssten sich trotzdem finden lassen.«

TH: »Im Staunen über die Zweckmäßigkeit des Universums berühren sich die Naturwissenschaften und der Glaube an den Schöpfer, ohne schon nach kausalen Erklärungen zu suchen. Deine Hypothese einer allgemeinen kosmischen Finalität weitet sich durch die religiöse Deutung zu einer umfassenden Perspektive.«[158]

NW: »Ich selbst glaube nicht, dass das Universum wirklich auf das Ziel zusteuert, Leben zu entwickeln. Die finale Tendenz erscheint mir zu schön, um wahr zu sein. Umso gefährlicher ist es, theologische Deutungen auf fragwürdige naturwissenschaftliche Hypothesen aufzupfropfen. Welch eine schwankende Konstruktion! Wie kannst du sie jemandem wie mir plausibel machen?«

TH: »Ich gehe von nicht physikalischen Modellen aus, sondern von existenziellen Erfahrungen. Der Verlauf meines Lebens besteht aus einer unzählbaren Abfolge von Zufällen. Vieles hätte anders sein können. Blicke ich aber zurück, drängt sich mir dennoch der Eindruck eigentümlicher Fügungen auf. In all seinen Wirrungen und Irrungen ist mein Lebensweg von tiefem Sinn begleitet – in religiöser Sprache: geführt. So bin ich jetzt hierher in die rätselhafte Welt Saturns gelangt. All das gibt mir Hoffnung für die Zukunft. Im Licht dieser Erfahrungen schaut auch die Welt für mich neu aus. Ich werde vom Geheimnis der Schöpfung berührt.«

NW: »Die selbstbewusste Kandidatenkommission der IASA wäre wohl irritiert zu hören, dass ausgerechnet sie als Instrument einer göttlichen Führung gelten soll! Aber im Ernst: Auch ich erfahre mein Leben manchmal als sehr fein abgestimmt. Ich bin trotz aller Isolation dankbar, an dieser Weltraumexpedition teilnehmen zu können. Ich deute das Phänomen aber anders, nämlich als günstige Überlebensstrategie: Diejenigen Menschen, die gelernt haben, sich mit dem Faktischen zu befreunden, waren erfolgreicher und wurden von der Evolution bevorzugt.«

TH: »Unverbesserlich, ein Darwinist vom Scheitel bis zur Sohle!«

NW: »Dann bist du aber ein Fatalist: Jeder kleinste Zufall ist der Wille Gottes.«

TH: »Ein Fatalist, wie du ihn dir vorstellst, hat gegenüber der Zukunft dieselbe Einstellung wie gegenüber der Vergangenheit. Das wäre ein wahrhaft fataler Irrtum. Blicke ich nach vorne, ist da kein Plan, sondern ein weiter Raum offener Zukunft. Blicke ich zurück, so nehme ich eine sinnvolle Ordnung wahr, die gar nicht anders hätte verlaufen können. Über diesen scharfen Unterschied der Zeitmodi können wir nicht hinausgelangen. Deshalb ist das Reden von einem Plan Gottes, sei es auf individueller, sei es auf universaler Ebene, völlig schief. Man verfällt dann dem im Ansatz totalitären Wahn, diesen Plan kennen oder gar ausführen zu können. Der Mensch setzt sich somit selbst an Gottes Stelle.«

NW: »Auch ich kann im Universum keinen Plan Gottes erkennen. Die Evolution steuert kein Ziel an, sondern tastet sich blind nach vorn.

Die Natur gleicht wirklich einem blinden Uhrmacher.[159] Deshalb bin ich auch skeptisch eingestellt zur Hypothese einer kosmischen Finalität. Sie kommt mir vor wie ein letztes theologisches Relikt im Gewand physikalischer Sprache.«

TH: »Ein letzter diffuser Nebel, der bald durch die aufgehende Sonne darwinistisch konstruierter Supertheorien aufgelöst wird! Ich habe dich schon einmal mit meinem Verdacht provoziert, dass eure Neigung zu totalen Theorien noch vom Erbe metaphysischer Spekulation zehrt. Die Theologen haben längst Abschied genommen von der Anmassung, Gottes Plan zu kennen. Heute haben Systemtheoretiker und theoretische Physiker diese Position eingenommen.«

NW: »Es gibt tatsächlich einige Physiker, die den Anspruch erheben, das Erbe der Theologie anzutreten.[160] Die überwältigende Mehrheit der Naturwissenschaftler hält sich aber an das Beobachtbare. So lassen sich auch keine Hinweise dafür ausmachen, dass die Evolution ein fernes Ziel ansteuert: Die Teleologie, die Lehre von der Zielgerichtetheit und Zweckmäßigkeit der Natur, hat endgültig abgedankt.«

TH: »Wir stoßen hier auf einen Punkt, wo sich neuzeitliche Naturwissenschaft und Theologie wahrscheinlich in einer grundsätzlichen Antithese gegenüberstehen. Als Theologe will ich daran festhalten, dass die Schöpfung nicht nur von Gott herkommt, sondern auch wieder auf ihn zugeht. Noch zugespitzter formuliert: Gott kommt ihr sogar entgegen. Nicht genug damit, dass er die Schöpfung ins Sein ruft und sie fortan begleitet: Er kommt auf sie zu.«

NW: »Du denkst wahrscheinlich wieder an jene zwei Formen des Zeitflusses, die du unterschieden hast: Sprichst du jetzt vom Fluss der Zeit aus der Zukunft in die Vergangenheit?«

TH: »Genau. Auf der Ebene der Kausalität, die von der Vergangenheit her die Zukunft erzeugt, kann sich dieses Kommen Gottes gar nicht manifestieren.«

NW: »Statt von einer Antithese zwischen Naturwissenschaft und Theologie müsstest du dann präziser von einer Kontaktlosigkeit sprechen. Für mich bleibt diese höhere Ebene in jedem Fall geisterhaft – das klassische Beispiel einer unnötigen Hypothese. Erscheint diese andere Dimension überhaupt auf der Ebene der natürlichen Phänomene?«

TH: »Ich halte hier trotz deiner Skepsis an einem Kerngedanken der alten Teleologie fest und möchte mein Bild variieren: Gott kommt so auf seine Schöpfung zu, dass er sie zu sich zieht. Er gleicht einem Zentralgestirn, dessen Gravitation alles auf sich hinlenkt. Sein aus der

Zukunft erfolgendes ›Ziehen‹ mag auf verschiedenste Weisen geschehen. Die verschlungenen Pfade, auf welchen die einzelnen Teile der Welt zur Gottheit gelangen, sind hingegen nicht festgelegt und mögen ›chaotisch‹ verlaufen.«
NW: »Denkst du an den ›unbewegten Beweger‹ des Aristoteles?!«
TH: »Durchaus – aber der Gott, von dem ich rede, ist voll Anteilnahme für das Seine, das sich von ihm anziehen lässt. Seine Anziehungskraft ist die Liebe. Er zieht die Seinen so an, wie der Vater im Gleichnis vom verlorenen Sohn wirkt: Der Sohn lässt sich vom Gedanken an seinen guten Vater bewegen und sucht den Weg zu ihm zurück. Dabei macht er eine wundersame Erfahrung: Der Vater eilt ihm voll Erbarmen entgegen und schenkt ihm alles, was er hat.«[161]
NW: »Du sprichst mich mit deiner eigenartigen Auslegung mehr an als die Fernsehprediger, die bei diesem Gleichnis ganz auf zerknirschte Reue und aktive Buße setzen. Ich hätte meinerseits eher an Odysseus gedacht, der auf verschlungenen Irrwegen in seine Heimat heimzukehren suchte. Aber zurück zum Schöpfer! Zufall und Freiheit spielen in deinem Bild vom ›Großen Attraktor‹ offenbar nur noch eine Nebenrolle. Jedenfalls beanspruchst du ein Wissen um das Ziel des Universums. Den Vorwurf der Anmaßung gebe ich dir zurück.«
TH: »Das Gravitationsbild hat den entscheidenden Nachteil, dass es wieder unseren zeitlichen Ort ausblendet. Wie gesagt: Ich kann vom Jetzt aus zurückblicken und – in aller Vorläufigkeit – eine überwältigende, sinnhafte und irgendwie zielgerichtete Ordnung erkennen. Ich kann diese Zielbestimmtheit aber nicht in die Zukunft extrapolieren.«
NW: »Und doch gibst du vor, das Ziel zu kennen.«
TH: »Was heißt ›kennen‹? Im Raum der Religion gibt es überwältigende Erfahrungen der Gegenwart Gottes, die ein Mehr, die eine Fülle verheißen. Das Urchristentum hat in seinen ekstatischen Erfahrungen die ›Erstlingsfrüchte‹ oder das ›Angeld‹ des Geistes identifiziert: Sie wecken die Hoffnung auf eine Vollendung, die der gesamten Schöpfung zugute kommt.[162] Dieses ›Ziel‹ lässt sich aber nicht objektivieren, man kann sich seiner nicht bemächtigen.«
NW: »Verstehe ich dich richtig, dass du die Deutung deiner persönlichen Erfahrungen in das Universum projizierst? Nicht nur dein Leben, sondern auch das Weltall wäre dann von Gott geführt.«
TH: »Ich möchte nicht von Projektion sprechen. Ich gehe vielmehr davon aus, dass Natur und Menschen im gemeinsamen Haus der Schöpfung wohnen. Die scharfe Trennlinie, welche die Neuzeit und

ihre Wissenschaft hier aufgerichtet hat, halte ich für einengend und verhängnisvoll. Es gibt innere Erfahrungen, die uns die Tiefe der Welt erschließen.«

Im Stimmengewirr des Funkverkehrs mit der Titanexpedition ging die Reaktion von NW leider verloren. Die ORPHEUS-Crew hatte immer wieder mit der Vereisung der Radioantenne durch Äthanreif zu kämpfen. In dieser extraterrestrischen Sphäre ist die Kommunikation zwischen den verschiedenen Plattformen ein lebenswichtiges, aber vielfach gefährdetes Gut, das ständig sorgsamer Pflege bedarf.

GARTEN EDEN IN GEFAHR

Trotz der großen Neuigkeiten von Titan führte NW die von der Bodenstation angeordneten Beobachtungsprogramme weiter. Dazu gehörten regelmäßige Messungen des Weißen Flecks in der Atmosphäre Saturns und der Aktivität des neu entdeckten Vulkans auf Enceladus. Schon bald nach der Ankunft im Saturnsystem hatten die Astronauten das 30 Meter-Teleskop ARGOS aufgespannt, das fortan ein von der Bodenstation übermitteltes Beobachtungsprogramm abwickelte. Da es sich um ein technisch neuartiges Instrument handelte, war ARGOS unter den Astronomen der Erde so begehrt, dass sie die verfügbare Zeit für »auswärtige« Beobachtungen mehr als dreißigfach überbeantragt hatten. Dass NW neben dem offiziellen Beobachtungsprogramm noch ein privates Programm durchführte, hat die Vorgesetzten nach IASA-Sprachregelung »erstaunt«. Indem er das Teleskop auf die Erde richtete, die in einem Winkelabstand von nur sechs Grad von der Sonne lag, setzte er das Gerät einem beträchtlichen Risiko aus. Ein versehentlicher Schwenker über das gleißende Gestirn hätte die empfindlichen Detektoren zum Schmelzen gebracht. Außerdem werden Astronauten nicht zum Saturn geschickt, um sich dort mit Hobbybeobachtungen zu vergnügen. Wir geben aber zu bedenken, ob sich NW nach dreijähriger treuer Pflichterfüllung nicht das Recht nehmen durfte, in seiner Freizeit gelegentlich einen Blick über das Saturnsystem hinaus zu werfen. Dass er neben den Tiefen des Alls auch die Erde ins Blickfeld nahm, verwundert uns nicht. Auch wenn NW nie von Heimweh sprach und sich als interplanetarischen Menschen bezeichnete, muss es doch in einem verborgenen Winkel seines Herzens gewohnt haben. Mit der Publikation des *public outreach*-Artikels, seines letzten, hat die IASA schließlich das eigenmächtige Handeln von NW indirekt gutgeheißen.

Heimweh nach dem Paradies: Ein Kartengruß

Hallo Erde!

Ich will nicht länger verheimlichen, dass ich neulich einen Blick durch das Riesenauge der HERMES TRISMEGISTOS auf die Erde geworfen habe, das blaue Juwel am tiefschwarzen Himmel. In diesen Tagen ist sie für uns in ihrem »größten Glanz«, also von hier aus scheinbar weit von der Sonne entfernt und gut beleuchtet. Unser 30 Meter-Teleskop ARGOS kann nicht nur Kontinente, Meere und Gebirgszüge, sondern sogar größere Städte erkennen.
Wie sich plötzlich der Wolkenvorhang über meinem heimatlichen Gelderland weghob, kamen mir Bilder aus meiner Jugend in den Sinn, als wir über blühende Wiesen tollten und in kühle Flüsse tauchten. Wie einfach war damals das Leben! Alles Nötige war selbstverständlich da; es brauchte weder unförmige Raumanzüge noch komplizierte Atmungssysteme. Auf der Erde ist so vieles selbstverständlich, was hier täglich Sorgen und Mühen bereitet. Kein Ingenieur könnte trotz unseres immensen Wissens ein so vollkommenes Raumschiff wie die Erde bauen.

In der äußersten Finsternis

Von unserem Standort aus ist die Erde nur eine halbe Handbreite von der Sonne entfernt. Wir befinden uns hier in der neunfachen Sonne-Erde-Distanz. Zum äußersten Rand des Sonnensystems, der Oortschen Wolke von Kometen, ginge es von hier aus noch fünftausendmal weiter! Ich versuchte, dort draußen Ansammlungen solcher Schneekörper ausfindig zu machen. Aussichtslos! In dieser Entfernung und Dunkelheit ist selbst ARGOS völlig blind.
In den immensen Räumen des äußeren Sonnensystems herrscht lebensfeindliche Finsternis und eisige Kälte. Selbst der heiße Sonnenwind dringt nicht bis in ihre Region hinaus, fängt ihn doch das interstellare Gas schon nach einem Hundertstel des Weges ab. Die Strahlung der Sonne ist dort draußen so schwach, dass sie einen Himmelskörper nicht mehr spürbar über die Temperatur des Weltraums, minus 270 Grad Celsius, hinaus erwärmen kann. Von den Oortschen Wolken aus ist der nächste Stern, Proxima Centauri, nur noch sechsmal weiter entfernt.
Auf der Erde ist die Fülle der Lebensmöglichkeiten ein wundervolles Geschenk

der Natur. Wisst Ihr, liebe Erdenbürgerinnen und Erdenbürger, welch ein einmaliges, herrliches Meisterstück mitten in den öden Weiten des Alls Ihr da bewohnt?

Vom Saturn mit freundlichen Grüßen, NW

Menschheitsdämmerung

Auf der HERMES TRISMÉGISTOS ging ein arbeitsreicher Tag zu Ende. Die Arbeit am ARGOS-Teleskop beanspruchte die Aufmerksamkeit von NW viel länger, als es die gewerkschaftliche Regelung für Astronauten erlauben würde. TH verfolgte die Tätigkeit der Titanauten auf dem Sprachkanal und vergewisserte sich, dass die Mission nun ganz wie erhofft verlief. Am Werk seines Kollegen nahm auch er Anteil, insbesondere als ihn dieser an seinen Bildschirm rief und ihm mit Stolz und Begeisterung erstaunlich detaillierte Bilder der Erde vorführte. Als NW dann ein Programm zur Phasenoptimierung startete und keine Anzeichen von Müdigkeit und Hunger zeigte, verzog sich TH ins Treibhausmodul EDEN und wurde bei den Sumatrakürbissen fündig. An der hochgezüchteten Pflanze ist alles essbar, von den Wasserwurzeln und Blättern bis zu den faustgroßen Früchten. Zusammen mit einigen Trouvaillen aus der Bordküche bereitete sich TH ein immer opulenter werdendes Abendessen. Als NW dann endlich befriedigt vom Tagwerk Abschied nahm und in der Essecke erschien, entspann sich der nachfolgende Dialog.

TH: »Die Bilder unseres Großteleskops haben mich sehr bewegt. Wie traumhaft schön ist doch die Erde!«
NW: »Da braucht der Mensch keine Taucheranzüge, um sich im Freien zu bewegen. Der blaue Planet ist wahrhaftig ein paradiesischer Ort im großen Weltall. Ich habe es noch selten so intensiv verspürt wie in dieser eisigen Todeswelt, in die wir uns begeben haben.«
TH: »Allerdings zeigen deine Aufnahmen auch schonungslos die immer größer werdenden Verödungen, riesige mutwillig abgebrannte Waldflächen, weite verpestete Landstriche und Gewässer. Wir Menschen sind zu einem gefährlichen Krebsgeschwür im lebendigen Organismus der Biosphäre geworden.«
NW: »Die gewaltige Entfernung zu unserem Heimatplaneten gibt mir hier ein Stück wohltuender Distanz. Auch der Mensch ist nur ein Produkt und ein Teil der Evolution. Wenn eine Tierart ihr Habitat kahl gefressen und ihre Lebensgrundlage zerstört hat, wird sie automa-

tisch in ihrer Populationszahl abnehmen, um schließlich auszusterben oder sich anzupassen. Ich bin überzeugt, dass sich auch das Problem Mensch auf diese oder jene Weise lösen wird.«

TH: »Deine Distanznahme ist unerträglich. Du willst dir auf diese Weise nur elementare Gefühlsregungen vom Leib halten. Der Lebensraum des Menschen ist die ganze Erdoberfläche. Bevor die Menschen selbst vom Aussterben bedroht sind, werden zahllose Pflanzen- und Tierarten ausgelöscht. Jeden Tag sterben über hundert der insgesamt 30 Millionen Arten aus! Wenn das so weitergeht, werden wir in wenigen Jahrhunderten völlig allein sein.«

NW: »Du hast schon Recht: Falls die ungebremste Zerstörung noch einige Zeit weiter anhält, wird das Aussterben den Umfang der bekannten Auslöschungen am Ende des Perms und des Mesozoikums annehmen. Bereits fünf Mal ist in der biologischen Evolution mehr als die Hälfte der Arten ausgestorben.[163] Die Katastrophen haben jeweils den Fortgang der Evolution ebenso stark gefördert wie das Darwin'sche Gesetz der langsamen Entwicklung durch das Überleben des Tüchtigsten. Derselbe Mechanismus wird die Zukunft weiter bestimmen, obschon das Resultat nicht voraussagbar ist. Wahrscheinlich wird der Mensch gerade in der heutigen Aussterbephase überleben, indem er sich weiter entwickelt.«

TH: »Für eine biologische Evolution des Menschen sehe ich im Moment wenig Ansätze. In den vergangenen zehntausend Jahren hat sich unsere Art körperlich kaum verändert. Außerdem bin ich froh, dass wir die Selektionsmechanismen der Biologie weitgehend ausgeschaltet haben.«

NW: »Vielleicht wird sich der Mensch in seiner Intelligenz weiterentwickeln. In einer technischen Zivilisation ist der Intelligenteste auch der Tüchtigste.«

TH: »Das hängt davon ab, wie man Intelligenz definiert. Ob wir Menschen uns längerfristig wirklich intelligent verhalten, ist sehr zweifelhaft. Unsere technische Superzivilisation ist zu einer Bedrohung für die gesamte Biosphäre geworden. Ich fürchte, wir taumeln in eine selbst gemachte Katastrophe hinein.«

NW: »Ich bin optimistischer als du. In der Vergangenheit gab es noch weit größere Umwälzungen. Als sich die Erdatmosphäre vor rund zwei Milliarden Jahren mit Sauerstoff anreicherte, brach über die damalige Welt der Mikroorganismen eine gewaltige Katastrophe herein. Dennoch ging die Evolution weiter; die Chemie der Lebewesen passte sich allmählich an. Heute zeigt doch gerade unsere erfolgreiche

Saturnmission die enormen innovativen Kapazitäten unserer Technologie. Ich habe volles Vertrauen in unsere praktische Rationalität. Im menschlichen Bewusstsein denkt das Universum, vielleicht zum ersten Mal, über seine eigene Zukunft nach. Solche nichtlinearen Rückkopplungen ermöglichen neue Dimensionen der Entwicklung. Die Evolution hat sich schon immer selbst reguliert und wird es auch im Falle der Menschen tun.«

TH: »Mir ist nicht klar, worauf sich dein evolutionärer Optimismus stützt.«

NW: »Die Situation der vergangenen Million Jahre gleicht auffällig der Zeit des mittleren Kambriums vor 530 Millionen Jahren. Damals entdeckte die Evolution den Vorteil der Vielzeller. In der Welt der einzelligen Eukarionten tat sich eine Dimension auf, in die hinein sich neue Lebewesen entwickelten. Laut einer verbreiteten Theorie entstanden in nur wenigen Millionen Jahren alle rund hundert wichtigen Tierstämme. Davon sind in der Zwischenzeit schon siebzig Stämme wieder ausgestorben, aber keine neuen mehr hinzugekommen. Die Vielzeller mit ihrer Komplexität und ihren entscheidenden biologischen Vorteilen haben seither die Evolution weitergetragen. Ganz ähnlich hat sich die Evolution mit dem menschlichen Bewusstsein eine neue Dimension und Richtung erschlossen.«

TH: »In deinem Vertrauen auf die Evolution wittere ich ein diffuses unaufgeklärtes religiöses Reststück. Aus naturkundlicher Perspektive wäre ich hier viel pessimistischer. Der Mensch ist im Schatten von globalen Katastrophen entstanden, und so mag auch sein Ende sein.«

NW: »Von Katastrophen darf man wohl nicht sprechen, wohl aber von markanten Umweltveränderungen, die bestimmte Anpassungen erforderten und teilweise erhöhten Stress mit sich brachten: Abkühlung und Schrumpfung der ostafrikanischen Wälder haben ebenso entscheidend zur Entstehung der Australopithecinen vor gut 6 Millionen Jahren beigetragen wie eine weitere Klimaveränderung später zur Bildung von *Homo habilis* und *Homo erectus*. Vermutlich hat die verschärfte Konkurrenz unter den Menschenarten zur Zeit des Pleistozän schließlich die enorme Entwicklung des Großhirns provoziert.«

TH: »Mit Schaudern muss ich an die Heraufkunft dieser räuberischen Jägerhorden der Eiszeit denken! Die Menschen waren über zwei Millionen Jahre lang Jäger und Sammler. Lediglich der hauchdünne Firnis einer kurzen Zivilisationsphase liegt über diesem archaischen dunklen Hominidenerbe, das nur zu schnell jeweils wieder die Oberhand gewinnt.«

NW: »Du streichst die angeborene Aggressivität der Menschen ungebührlich stark heraus. Man pflegt das Gewaltpotenzial der Jägergesellschaften zu überschätzen. Das Gegenteil ist richtig: Erst mit der Entwicklung der Landwirtschaft vor 10'000 Jahren häufen sich Hinweise auf gewaltsame Auseinandersetzungen.«[164]
TH: »Das lässt mich an den ersten Mord in der biblischen Urgeschichte im Streit zwischen dem Nomaden Kain und dem Ackerbauer Abel denken. Gewalt und Krieg haben zumal mit der Entstehung der Hochkulturen sprunghaft zugenommen. Aber die Bedrohung aller Tierarten bereits durch die frühen Menschen liegt doch auf der Hand. Es gibt beispielsweise beunruhigend viele Zeichen dafür, dass sie die Hauptverantwortlichen für das Aussterben der großen Säuger auf dem amerikanischen Kontinent sind. Einst soll es dort Mastodonten, Riesenfaultiere und Riesengürteltiere gegeben haben.«
NW: »Du denkst an den ›Pleistozän-Overkill‹. Tatsächlich sind viele Großtiere in jener Zeit schlagartig ausgestorben, nicht nur in Amerika. Auch später haben die Menschen noch vor dem Anbruch der Neuzeit zahlreiche große Tierarten ausgerottet, etwa die Riesenvögel auf Neuseeland. Mit der technologischen Revolution hat sich dieses destruktive Potenzial natürlich massiv gesteigert. Aber mir ist nicht klar, worauf du eigentlich hinauswillst. Suchst du nach Symptomen der Erbsünde? Bist du völlig pessimistisch im Hinblick auf die Zukunft der Menschheit?«
TH: »Ich will mich jetzt nicht zum Anwalt des missverständlichen Lehrstücks von der Erbsünde machen. Aber mich beunruhigt der dunkle Schatten, der den Menschen schon früh folgt. Alles kumuliert in den fast unlösbar scheinenden ökologischen Problemen, welche die moderne Gesellschaft geradezu zwangsläufig erzeugt.«
NW: »Du hast gut reden! Du sitzt komfortabel inmitten der raffiniertesten Maschine, die Menschen je konstruiert haben, und lästerst über die moderne Technologie.«
TH: »Gerade dieser unsägliche Zwiespalt in mir selbst ist es ja, der mich umtreibt. Die Möglichkeiten unserer Wissenschaft und Technologie faszinieren mich nicht weniger als dich. Umso mehr erschreckt mich der Schwindel erregende Preis, den wir für diese delikaten Früchte vom Baum der Erkenntnis zu entrichten haben. Aber mit deiner Behauptung, unsere HERMES TRISMÉGISTOS sei der Gipfel unserer Kunstfertigkeit, bin ich bei aller Leidenschaft für die Raumschifffahrt nicht einverstanden. Du hast das immense Potenzial übersehen, das die menschliche Kulturentwicklung bereitstellt! Es bietet uns eine

komplexe Software für den Supercomputer in unserem eigenen Kopf, für unser Gehirn. Es befähigt uns zu Selbsterkenntnis und Bewusstseinsveränderung.«

NW: »Das gestehe ich dir gern zu. Die Frage ist nur: Können wir die Schaltkreise unseres Gehirns umprogrammieren, bevor es zu spät ist? Ich setze auf eine intelligente Evolutionsaktivität. Wir werden bald in der Lage sein, unsere Intelligenzgene zu optimieren.«

TH: »Du rufst das Gespenst der Eugenik herauf. Ich zweifle aber daran, dass uns eine Perfektionierung der kognitiven Intelligenz weiterhelfen wird. Im Gegenteil! Unser Hauptproblem besteht darin, dass sich unser Denken immer stärker von unseren älteren Teilen abspaltet. Eine echte Entwicklung kann ich mir nur im kulturellen Raum erhoffen: dort, wo es zur individuellen Integration von jüngeren und älteren Hirnteilen kommt, wo also die Denkfunktionen mit denjenigen des Fühlens und Empfindens harmonisiert werden. Eine Evolution des menschlichen Bewusstseins besteht dann darin, das entwicklungsgeschichtlich ältere, aber immer noch sehr dominante, mit den jüngeren evolutionären Errungenschaften zu integrieren. Ich denke etwa an eine bessere Vermittlung zwischen dem limbischen System, dem Sitz der Emotionen, und dem Kortex, dem Sitz unseres spezifisch menschlichen Bewusstseins und Denkens. Um dich noch etwas zu provozieren, schließe ich die Behauptung an, dass dies vornehmlich im Raum der Religion kultiviert wird.«

NW: »Woran denkst du?«

TH: »Wir können wahrscheinlich die gegenwärtigen Herausforderungen längerfristig nur bestehen, wenn umweltverträgliches Verhalten nicht allein von unseren rationalen Zwecküberlegungen her gesteuert, sondern von tieferen Impulsen mitgetragen wird. Einsicht und Gefühle zusammen schaffen Raum für das, was viele alte Texte ›Weisheit‹ nennen: sich in die Ordnungen und Maße der irdischen Lebenswelt einzufügen, statt sie zu zerbrechen. Hier könnte die Religion einen unschätzbaren Dienst leisten.[165] Albert Schweitzer hat von der ›Ehrfurcht vor dem Leben‹ gesprochen. Er meinte damit eine Art religiöser Haltung, die der Ethik der Solidarität mit den übrigen Lebewesen zugrunde liegt.«[166]

NW: »Ich kann den Bezug zur Religion nicht sehen.«

TH: »Das Bewusstsein, einer einzigen, erdumspannenden Lebensgemeinschaft anzugehören, hat sehr viel mit Religion zu tun – Religion verstanden als eine Kultur des Umgangs mit dem geschenkten Leben. Im ökologischen Kontext heißt dies, fremdes Leben zu achten, zu trauern über das schleichende Verschwinden so vieler bunter Lebensformen. Religiöse Ethik kann eine Tendenz zum Ausdruck bringen, die dem evolutionären *survival of the fittest* entgegentritt.[167] Nicht das Starke, sondern das Schwache wird erwählt und gefördert. Sie setzt nicht auf gnadenlose Selektion, sondern auf umfassende Solidarität.«

NW: »Ob Religion die Menschen wirklich sensibler machen kann für ökologische Zusammenhänge, bezweifle ich. Zuerst müsste sie die modernen naturwissenschaftlichen Fakten überhaupt zur Kenntnis nehmen! Du hast aber sicher darin Recht, dass ökologische Maximen nicht allein unsere kognitiven Kapazitäten ansprechen sollten. Diese Einsicht müsste vor allem für die Erziehung der Kinder fruchtbar gemacht werden. Hoffnung gibt mir die Chaostheorie: Kleine Ursachen können große Wirkungen haben!«

TH: »Das ist ein aufmunterndes Schlusswort. Mein limbisches System ruft jetzt ungestüm nach der Nachtruhe. Die Sumatrakürbisse aus EDEN waren wirklich ein köstliches Abendmahl!«

Offenbar hat TH nicht sogleich den ersehnten Schlaf finden können. Im Anschluss an das voranstehende Gespräch verfasste er in dieser und in der folgenden Nacht mehrere thematisch zusammenhängende Texte. Wir erinnern daran, dass es sich bei den Titanen um das vor Zeus herrschende Göttergeschlecht handelt, die ihren Vater, den Himmelsgott Uranos, gestürzt haben. Sie galten den Griechen nicht nur als wild, übermütig und gewalttätig, sondern vor allem als Repräsentanten der Hybris, des frevlerischen Überschreitens gesetzter Grenzen. Nach einem langen, fürchterlichen Krieg soll Zeus die meisten von ihnen in der Unterwelt eingekerkert haben.

Titans Schatten über der Menschheit: Aus dem Nachtbuch von TH (19./20. Mai)

Die Bilder unserer Erde, die wir aus so großer Entfernung gewinnen können, bewegen mich. Ist unsere Biosphäre auf dem besten Weg, eine einzige riesige Stadt zu werden? Mir drängt sich förmlich ein Name auf: *Titanopolis*! Mussten wir uns so weit von unserem Heimatplaneten entfernen und in das Reich der alten Titanengötter eindringen, um den wahren Namen für das irdische Projekt der neuzeitlichen Menschen zu finden?[168]

In den letzten hundert Jahren hat sich die Menschheit wahrhaftig diesen archaischen Göttern gleichgestaltet, wenn sie Grenzen, die bis vor kurzem unverrückbar feststanden, entschlossen hinter sich gelassen hat. Revolutionen erschütterten die vier Welten, wie sie die philosophische Tradition seit alters zu unterscheiden pflegte, die Welten der Materie, des Lebens, der Seele und des Geistes: Wir erlangten Macht über die plutonischen Kräfte der Elementarteilchen, über die kreativen Baupläne der biologischen Information, über die Physiologie unseres Zentralnervensystems und erschaffen schließlich eine eigene elektronische Welt. Die alte Verheißung der Schlange: *»Und ihr werdet sein wie Gott«* hat sich unter uns erfüllt.[169] Auch ich bin der Verführungskraft titanischer Macht ausgesetzt: Mit unserer Mission bis in das Saturnsystem haben wir mutwillig abermals eine markante Scheidelinie passiert – und sind damit paradoxerweise in die Sphäre der alten Götter, dieser professionellen Grenzüberschreiter, gelangt.

Von Babel nach Titanopolis

Meine Faszination weicht mehr und mehr dem Schaudern und Entsetzen. Im Schatten der Hybris lauert der Sturz. Da war jenes unheilvolle Schiff mit dem symbolträchtigen Namen *Titanic*, das in seinen eigenen Untergang dampfte und die Phantasie der Menschheit so erregen sollte. Da war aber auch jener gewaltige Turmbau aus der Zeit, als im Alten Orient die ersten Hochkulturen mit ihrem Anspruch auf umfassende Weltherrschaft entstanden:[170] »Auf, bauen wir uns eine Stadt und einen Turm mit einer Spitze bis zum Himmel!« Jüdische Legenden wollen wissen, die Titanen oder Giganten, die Riesen der Vorzeit, hätten die Stadt erbaut, um von ihrem Turm aus den Himmel zu stürmen.

»Hochmut kommt vor dem Fall.«[171] Unter den Menschen der Antike gab es noch ein instinktives Wissen darum, dass Bäume nicht in den Himmel wachsen, dass es ein heilvolles Maß und heilige Grenzen zu beachten gilt. Unser Geschlecht hat diese Scheu ganz abgestreift. Wird der Fall, der auf den Himmelssturm folgt, fürchterlich sein? Wann wird der Ruf erschallen: »Gefallen, gefallen ist Titanopolis, die Große!«[172] Die Schändung des Antlitzes unserer wunderbaren Erde und die Verrohung ihrer Menschen zeigt nur zu deutlich, was sich zusammendräut. Finden wir noch rechtzeitig zu einer Kultur des Maßes zurück? Lassen sich unsere titanischen Leidenschaften und unser messerscharfer Verstand, beides Produkte unserer archaischen Geschichte als gefährliche Raubaffen, umschmelzen in die Gestalt eines wirklichen Menschen – eines Menschen, der wahrhaft zum Ebenbild Gottes erschaffen ist?

Eine dunkle Variante der Menschenschöpfung

Vor meinem inneren Auge ziehen Erinnerungen vorbei an dunkle, mythologische Berichte rund um die Erschaffung des Menschen – an Babylons riesigen, geschlachteten Kingu und an die gestürzten rebellierenden Titanen und Giganten, aus deren Blut die Menschen geschaffen wurden. Auch will mir der alte, dunkle Menschenschöpfungsmythos der Orphiker nicht mehr aus dem Sinn.[173] Der Sänger Orpheus wusste davon zu berichten, dass wir Menschen seit unserer Entstehungsgeschichte ein dunkles Element in uns tragen. Zeus habe mit Blitzen die abscheulichen Titanen getötet; aus dem Ruß bildete er die Menschen.[174] Die unheimliche Macht der Titanen erstreckt sich bis in unser Innerstes!

Prometheus – Verhängnis und Verheißung

Jetzt um Mitternacht drängt sich der berühmteste aller Abkömmlinge des Titanengeschlechts in mein Blickfeld, Prometheus, der Sohn von Japetos und Themis, der die Menschen aus Lehm gebildet haben soll und als ihr listiger Schutzherr gilt. In der Morgendämmerung der menschlichen Geschichte raubte er für seine Zöglinge heimlich das Feuer aus dem Himmelspalast und zog sich damit die schreckliche Strafe des Götterkönigs Zeus zu. Für eine nahezu unendlich lange Zeit hing er an einen Berg geschmiedet am Ende der bekannten Welt, täglich zerfleischt von einem Adler. Schließlich soll ihn Herakles befreit haben.

Welch ein denkwürdiger Mythos! Das Großartige und das Ungeheure des Menschseins ist in dieser Gestalt des menschenfreundlichen Prometheus, des »im Voraus Wissenden«, geborgen.[175] Sein Feuer bahnte uns Menschen vor über einer Million Jahren den Weg zur Herrschaft über die Erde. Ohne die starken Ionentriebwerke unseres Raumschiffs hätten wir niemals bis in Saturns Reich vordringen können, die Plutonium-Energiezelle bewahrt uns hier draußen vor der tödlichen Eiswelt. Aber in seiner Gabe, dem Titanenfeuer der nuklearen Kräfte, schlummert auch eine zerstörerische Kraft! Dies eine konnte er, der Vorausdenkende, uns ja nicht vermitteln, die Kraft des Vorausdenkens, weit über Zeit und Raum hinweg, die uns allein den weisen Umgang mit seiner Gabe ermöglicht hätte. So hat er Segen und Fluch über uns Nachgeborene gebracht. Und für Äonen ist er an die unerbittlich harte Materie gekettet, am Ende der Welt, mit offener Wunde, gekreuzigt zu unserem Wohl.[176] Kündigt sich in diesem leidenden Wohltäter die Gestalt des Christus von fern an?

Jenseits der Rationalität?

Da ist aber auch sein abgründiges Geheimnis, das den Götterkönig in Furcht versetzt: Dank seiner Mutter Themis weiß Prometheus um das Ende der strengen Vaterherrschaft des Zeus; er allein kennt das künftige Götterkind, das dem Zeus die Königsherrschaft entreißen wird, wie dieser selbst sie gewaltsam raubte seinem Vater Kronos-Saturn.[177] Ich taste nach dem Sinn des alten Mythos. Lässt sich die antike Lehre der Weltzeitalter auf die Abfolge von Plateaus und Krisen in der Evolution menschlicher Kultur deuten? Im Zeitalter des Zeus herrscht die gestrenge und unerbittliche Rationalität, die mit den Griechen die gesamte Menschheitsgeschichte erobert hat. Die vordem herrschenden mythischen Mächte, repräsentiert vom Titanenkönig Kronos, wurden in die Tiefe unseres Unbewussten verbannt. Am Beginn dieser olympischen Ära stand freilich auch ein ruchloses titanisches Unterfangen: Zeus hatte die Macht nicht anders errungen als einst sein Vater Kronos. Am Fundament der vergeistigten, ins Kristalline geläuterten Zeusherrschaft droht und dräut noch immer das uralte schreckliche Titanenerbe! Das Leiden des Prometheus erinnert daran, dass auch in Zeus, dem Gott des Geistes, noch die urtümliche Gewalt des Usurpators lebendig ist.

Prometheus aber, der Titan, repräsentiert nicht nur das Versunkene und doch unheimlich Lebendige. Als Vorausdenkender blickt er auch auf das Künftige, auf ein Jenseits der Zeusherrschaft. Während die von Zeus repräsentierte Vernunft ihre eigenen Grenzen nicht zu sehen bekommt und sich Ewigkeit anmaßt, weiß Prometheus dank seiner mütterlichen Weisheit um das, was noch im Schoß der Zukunft geborgen ist. Was ist es, das er da kommen sieht? Kehren die irrationalen Titanengewalten wieder? Oder fällt auf das neue Weltzeitalter nicht mehr der Schatten ihres dunkeln Erbes? Wird gar eine wundermächtige Göttin über die Welt herrschen und in Güte und Erbarmen das Leben vom Fluch titanischer Gewalt für immer erlösen?

Der letzte Satz hat nach seinem ersten Bekanntwerden einige Stellungnahmen von theologischer Seite provoziert. Unbestritten ist zwar allseits, dass TH am Schluss den alten Glaubenssatz von der Wiederkunft Christi in seinem eigenen gegenwärtigen Kontext, inmitten des urweltlichen Reichs der Planetengötter, neu zu formulieren suchte. Die Kongregation für Rechte Religion in der Evangelischen Kirche Deutschlands (KORREKD) äußerte aber Bedenken, da er sich auf einen kaum reflektierten Flirt mit vorneuzeitlicher Mythologie eingelassen habe. Die Unitarian Federation of Oregon (UFO) reagierte mit Enttäuschung und kaum verhülltem Ärger auf den »new religious syncretism«. Wohlwollen und Erleichterung brachte demgegenüber die Christliche Arbeitsgemeinschaft von Theologinnen in der Schweiz (CATS) zum Ausdruck: Die hintergründigen Anspielungen auf eine kommende Göttin und auf die mütterliche Weisheit nähmen wichtige Impulse der feministischen Theologie auf, deren Absenz sich in THs früheren Einträgen geradezu schmerzlich bemerkbar mache. Das Orakelwort signalisiere, dass sich eine kosmische Christologie von herkömmlichen *gender*-Kategorien emanzipieren könne.
Wir erlauben uns an dieser Stelle die Vermutung hinzuzufügen, dass die starke Präsenz der Mythologie in den Texten von TH nicht nur der Wirkung des *genius loci*, des Kronos-Saturn, zuzuschreiben sein dürfte. Unsere Recherchen über den Hintergrund und die Genese von THs Gedankenwelt deuten darauf hin, dass dieser von einer großen ideengeschichtlichen Kontinuität ausgeht, die sich von den alten Göttermythen Homers und Hesiods über die klassische Philosophie Griechenlands (Vorsokratiker, Platon) und die spätantik-mittelalterliche Metaphysik bis in die modernen Naturwissenschaften hinein erstreckt. Offenbar versuchte TH, seine theologische Auseinandersetzung mit Physik und Biologie auch durch eine Relektüre mythologischer Traditionen der Antike zu vertiefen, die ihm zugleich den Anschluss an seine Konzeption des kosmischen Christus ermöglichte. Manche der von uns in dieser Sache befragten Experten der Wissenschaftsphilosophie zweifeln allerdings daran, ob sich die Theoriebildungen und Methoden der neuzeitlichen Naturwissenschaften erfolgreich von der altgriechischen Mythologie bzw. Philosophie her rekonstruieren lassen. Einige Altertumswissenschaftler und Theologen distanzieren sich auch von den spielerischen Querverbindungen, die TH zwischen dieser Mythologie und der biblisch-christlichen Tradition zieht. Wir möchten das Urteil

über das hermeneutische Potenzial der fraglichen Texte unserer Leserschaft überlassen.

IM ANBRUCH DER ENDZEIT

Unter den Akten im Bordcomputer fand sich die sehr merkwürdige Aufzeichnung eines Traumes von NW in der Nacht auf den 21. Mai. Anscheinend wollte er sich mit der Niederschrift von diesen drängenden Bildern befreien. NW war sich wohl des Zusammenhangs zwischen dem Traum, seinem Gemütszustand und den Schwierigkeiten der Titanexpedition bewusst. Träume werden von vielen Menschen als intimste persönliche Angelegenheit gewertet. Wir zögern trotzdem nicht, diese Notiz zu veröffentlichen. NW würde sich zwar dagegen sträuben und sich vielleicht sogar ärgern, dass sein Eintrag dermaßen beachtet wird. Er scheint den Traum eher als eine Art Fieberattacke empfunden zu haben, die ihn am Arbeiten hinderte.

Ein apokalyptischer Traum: Tagebucheintrag von NW (21. Mai)

Letzte Nacht hatte ich einen furchtbaren Traum, der mich heute wie eine Meute kläffender Hunde verfolgt. Die Sonne stand am wolkenlosen Himmel über blühenden Wiesen auf der schönen Erde. Plötzlich hatte ich den Eindruck, dass sie immer größer und roter werde. Zunächst meinte ich, es handle sich lediglich um eine atmosphärische Erscheinung wie beim Sonnenuntergang. Dann wurde mir heißer. Die Sonne wuchs und wuchs. Sie zog alles Wasser auf von den Bäumen und selbst von meinen Lippen. Aus den Seen stieg Dampf, die Blumen verdorrten. Die Sonne stand faustgroß am Himmel und wuchs mehr und mehr. Wiesen und Wälder begannen zu brennen. Es gab kein Wasser mehr zum Löschen. Der Asphalt auf den Straßen bildete eine klebrige Masse, auf der die Autos stecken blieben wie Fliegen auf Klebstreifen. Die Menschen konnten nicht fliehen und zogen Schutzanzüge aus Isolierstoff an. Sie erinnerten mich im Aussehen an unsere Kollegen auf Titan. Von der Sonne wehte ein glühend heißer Wind. Sie war nun größer als die ausgestreckte Hand, rot und mächtig wie Titan im Bordfenster und blähte sich weiter auf.
Die Hitze wurde unerträglich. Die Ozeane verdampften und ver-

breiteten eine grauenhafte Feuchtigkeit über die ganze Erde. Die Sicht wurde trüb, und Dampfschwaden verdüsterten die Sonne, die nur noch als Rötung am Himmel auszumachen war. Die Erde wurde zur toten Wüste, in ein dumpfes, rotes Licht getaucht. Es war ein Bild wie auf Titan. Auch der Luftdruck stieg spürbar und verschlug mir den Atem. Die Menschen keuchten wie unter einer schweren Last, und ihre Stimmen klangen genau wie jene von der ORPHEUS. Die Hitze zwang die Menschen, sich von der Erdoberfläche zurückzuziehen, sie konnten nur noch in tiefen Höhlen weiterleben. Die Häuser verbrannten, und der Beton schmolz wie Wachs an der Sonne. Fabriken, Bibliotheken und Kirchen sanken ein. Ganze Städte sackten in sich zusammen und bildeten eine zähflüssige Masse. In den Höhlen gab es keinen Strom und keine Nahrung. Schließlich wurde auch dort die Hitze zu groß. Die Sonne wuchs weiter und überdeckte bald ein Viertel des Himmels. Sie nahm immer schneller und schneller zu. Ich hatte den Eindruck, in freiem Fall in sie hineinzustürzen. Nass vor Schweiß wachte ich auf.

Mit diesen bösen Vorahnungen von NW beginnen die letzten uns bekannten drei Tage der Saturnmission. Da die Ereignisse auf Titan von der HERMES TRISMÉGISTOS minuziös aufgezeichnet wurden, liefern uns ihre elektronischen Archive für die nun folgenden 36 Stunden relativ viel Material. Wir drucken die – von uns geringfügig literarisierten – Aufzeichnungen des Logbuchs als Hintergrundinformation ab, soweit sie nicht rein technische Daten enthalten.
Machen wir uns die Ausgangslage für die Erkundung der geheimnisvollen Kältewüste Titans[178] bewusst: Nach einer längeren Verzögerung erfolgte am 16. Mai die Landung der fünf Titanautinnen und Titanauten im »Krater der guten Hoffnung« (KGH), einem relativ ebenen, jungen Kometenkrater von gut 6 km Durchmesser. Im Süden grenzt dieser an einen kleinen Vulkan, der schon aus dem Orbit entdeckt worden war. Er steht möglicherweise in einem Zusammenhang mit dem Kometeneinschlag und scheint noch vor kurzem aktiv gewesen zu sein. Vielleicht hat der kosmische Treffer eine Verbindung zur heißen unterirdischen Wasserschicht im Innern des Mondes geschaffen. Gemäß den neuen Karten beginnt etwas weiter im Südosten ein großes Binnenmeer, *Mare Numinosum* benannt. Die Landung erfolgte bald nach Sonnenaufgang, sodass der Besatzung eine ununterbrochene Sonnenscheindauer von fast acht Erdtagen, eine halbe Rotationsperiode von Titan, zur Verfügung stand.

Nachdem die Titanauten die ORPHEUS gegen Windböen befestigt und bereits wieder startklar gemacht hatten, erkundeten sie den Krater und seine Umgebung mit dem Raupenfahrzeug CHARON. Am östlichen Kraterrand, wo sich ein mächtiges Gebirge von teilweise angeschmolzenen, zerklüfteten Felsen aus Wassereis erhebt, gelang ihnen am 17. Mai die sensationelle Entdeckung von Vorstufen des Lebens. Sie errichteten an der warmen Methanquelle die permanente Station ELYSIUM und suchten sie während der folgenden vier Tage regelmäßig auf. Zugleich bauten sie neben der Landefähre eine Methanenergie-Anlage für Testzwecke auf. Am 20. Mai bestiegen die zwei Astronautinnen den buckligen Zentralberg im Norden, dem sie den Titanennamen Atlas verliehen. Dank der siebenfach geringeren Gravitation Titans hüpften die beiden in weiten Sprüngen begeistert auf den Aussichtspunkt, der einen faszinierenden Blick auf den ganzen Krater freigab. Sie installierten eine vollautomatische Relaisstation für den Funkverkehr sowie eine weitere Messstation mit Kamera. Unterdessen fanden die anderen Crewmitglieder nach langem, mühseligem Suchen in der nordöstlichen Kraterwand endlich eine Passage durch die Eisfelsen. In den restlichen zwei Tagen, die ihnen bis zum Abflug kurz vor dem Einbruch der Titannacht noch zur Verfügung standen, wollte eine Dreiergruppe zur Meeresküste vorstoßen. Die Zeit war allerdings infolge der unerwartet intensiven Arbeit in ELYSIUM schon beträchtlich vorgerückt. Außerdem kündigte sich ein Umschlag des bisher für Titanverhältnisse ausgesprochen günstigen Wetters an: Sowohl die Instrumente auf dem Atlas wie die troposphärischen Beobachtungen des Dopplermeters und Infrarot-Bolometers auf der HTM ließen eine zunehmend stürmische und niederschlagsreiche Witterung erwarten.

Logbucheinträge vom 21./22.Mai

13.17 WZ: Ein Dreierteam mit Sergej, Nicole und Takeo bricht mit CHARON zur Expedition auf: Zielregion ist die Küste des großen Methanmeers südöstlich des Kraters. Die Distanz von der ORPHEUS zur Passage am nordöstlichen KGH-Rand beträgt 5 km, von dort bis zum Meer 12,6 km. Die beiden Zurückgebliebenen, Shadia und Pablo, kehren mit einem Transportschlitten nach ELYSIUM zurück, um von dort 283 (irdische) Kilogramm wertvollster Bodenproben in das Raumschiff zu bringen und die ersten Vorbereitungen für den vorgesehenen Start am 22. Mai zu treffen. Beide Teams sind sowohl mit-

einander wie mit der Mannschaft auf HERMES TRISMÉGISTOS über die Relaisstation auf dem Zentralberg verbunden.
13:55 WZ: Verstärkte Treibwolken im Raum um KGH; Methan-Niederschlag setzt ein.
14:23 WZ: NW von HERMES TRISMÉGISTOS schlägt dem CHARON-Team wegen schlechter Wetterprognosen den Abbruch der Expedition vor. Sergej entscheidet sich für Weiterführung.
14:47 WZ: CHARON meldet Durchfahrt durch Passage in Kraterwand und Abstieg Richtung Küstenregion. Fortdauernder Methanregen.
15:17 WZ: CHARON stößt auf einen Methanstrom; Benennung *Styx*. Es scheint sich um den Ausfluss aus dem KGH zu handeln. Aus der Abflussmenge schätzen die Kollegen einen Niederschlag von 1,2 mm pro 24 Stunden, erstaunlich viel.
15:40 WZ: CHARON meldet starke Vereisung der Raupen. Äthan ist angefroren, nachdem das Gefährt den Fluss an einer sehr seichten Stelle durchquert hat, um dem Polymer-Schlick auszuweichen. Die Furt wird deutlich mit Infrarot-Reflektorzelle markiert. In mühseliger Handarbeit versucht Takeo, das Eis von den Fahrraupen zu entfernen. Es gelingt nur teilweise, aber die Weiterfahrt mit reduzierter Geschwindigkeit ist möglich. Sie folgen dem rechten Flussufer. Die Fernsicht ist erschwert, Infrarot-Sichtgeräte werden aktiviert.
15:47 WZ: Die zurückgebliebenen Titanauten, Shadia und Pablo, kommen mit dem voll beladenen Schlitten bei ORPHEUS an. Sie finden die Kabine stark unterkühlt vor und diagnostizieren einen ernsten Defekt in der bordeigenen nuklearen Wärmeversorgung. Vorübergehend liefern Batterien den Strom. Der Aufbau des experimentellen Methankraftwerks wird zur Überlebensfrage. Flüssiges Methan ist reichlich vorhanden und wird in Vorratsbehälter abgefüllt.
16:02 WZ: CHARON hat zunehmend Schwierigkeiten mit Polymeren. Sie bestehen aus Azetylen und Wasserstoffzyanid und sind vermutlich Niederschläge der rot-orangen Aerosole, die in der Titanatmosphäre schweben. Methanregen schwemmt die mikroskopisch kleinen Partikel in die Niederungen. Dort lagern sie sich an zu einer klebrigen, bisweilen meterdicken Schicht. CHARON meldet zahllose Schleimtümpel und Sümpfe in verschiedenen Orange- und Rottönen.
17:48 WZ: ORPHEUS wird jetzt von einem Methankraftwerk mit Elektrizität und Wärme versorgt. Das Werk verbrennt Methan, das durch eine behelfsmäßig eingerichtete Regentraufe eingesammelt wird, mit Sauerstoff aus dem Vorratstank. Es regnet noch immer. Die beiden Astronauten ziehen sich in die wieder aufgewärmte Kabine

zurück. Direkte Kommunikation mit CHARON, jetzt können auch eingehende Bilder live an HTM weitergesendet werden.
18:55 WZ: CHARON erreicht das *Mare Numinosum*. Ein purpurn irisierendes Meer aus flüssigen Kohlenwasserstoffen, vorwiegend Methan![179] Der Regen hat kurzfristig aufgehört; Wolken reißen immer wieder auf, starke Windböen. Sicht mindestens 5 Kilometer auf die Methanfluten; grünliche elektrische Entladungen über dem offenen Ozean. Hoher Wellengang und heftige Brandung. Glasklare Eisberge, vermutlich aus Äthaneis, treiben weiter außen. Schneeweiße bizarre Wassereisfelsen am Ufer. Flüssigkeitsproben zeigen hohen Äthananteil und zahlreiche organische Verbindungen von Diazetylen bis Azetonitril. Eine vollautomatische, permanente Beobachtungsstation, kältebeständig für mindestens zwei Jahre, wird installiert. Zahlreiche Proben von Strand, Eis und Meer werden gesammelt und verstaut. Das Team isst und erholt sich.
19:13 WZ: Düstere Wolken über ORPHEUS lassen noch heftigere Niederschläge erwarten. Windgeschwindigkeit steigt an. Dumpfe Geräusche sind hörbar, ähnlich wie von einem großen Wasserfall oder fernem Donnern. Die beiden Astronauten messen die wichtigsten Wetterparameter und legen sich in der Kabine zum Schlafen nieder.
19:51 WZ: Hartnäckige Verschmutzung der Raupen mit Schlickklumpen verzögert die Abfahrt von CHARON. Starke Windentwicklung und Wolkentreiben, aber noch trocken.
20:31 WZ: CHARON beginnt die Rückfahrt entlang von Styx, dem Ausfluss vom KGH. Zusätzlich zu den Proben werden auch schwere Gesteine möglicherweise vulkanischen Ursprungs geladen. Das Wetter hat sich wieder verschlechtert, starker Niederschlag setzt ein. Der vom Regen aufgedunsene Polymerschlick behindert das schwer befrachtete Raupenfahrzeug weiterhin.

Apokalypse zwischen Physik und Theologie

An Bord der HERMES TRISMÉGISTOS wurden die Ereignisse auf Titan genau mitverfolgt. NW nahm den Ausfall der nuklearen Energieversorgung auf ORPHEUS mit Betroffenheit zur Kenntnis, da an eine Reparatur unter den extremen Verhältnissen auf Titan nicht zu denken war. In dieser Kältewüste von minus 178 Grad Celsius war Wärme das elementarste Gut, das ganz von einer leistungsstarken Energiequelle abhing. Immerhin erlaubte die notbehelfsmäßig eingerichtete Methanstation die geplante Abwicklung der letzten

Missionsaktivitäten. Das prometheische Feuer schien gerettet. Die nervösen Erwartungen an die Expedition zum Methanmeer, die zweifellos kühnste Aktivität auf dem Riesenmond, mischten sich mit einer noch namenlosen Angst. Zu wirklichen Sorgen Anlass gab indessen schon am frühen Nachmittag die laufende Auswertung der meteorologischen Daten, die das Infrarot-Teleskop übermittelte. Der bisher beständige hohe Luftdruck in der Region des »Kraters der guten Hoffnung« schien bereits ab 12:00 WZ rapid zu fallen und einem von Norden heranziehenden Sturmtief zu weichen, das sich laufend verstärkte und überaus starke Niederschläge von Methan und Aerosol mit sich brachte. Die besorgte Intervention von NW mit dem Vorschlag, die Expedition zum Meer abzubrechen, wurde von den Titanauten freilich verworfen, da angesichts der in drei Tagen hereinbrechenden Nacht ein weiteres Aufschieben dieser lang ersehnten Operation einem gänzlichen Verzicht gleichgekommen wäre. Obschon er für diese Entscheidung nicht verantwortlich zeichnete, wurde NW bald darauf von Schuldgefühlen bedrängt. Gewisse Dinge seien auf Titan einfach nicht erlaubt, meinte er später nachdenklich und bezog sich damit auf die gescheiterte Unterweltsfahrt des Orpheus, an die TH ja öfter erinnerte.
Beim üblichen, mit Pilzen angereicherten Algengericht kam es am Abend unter den Hermenauten zur offenbar letzten größeren Diskussionsrunde. Nicht zufällig dreht sie sich um die »letzten Dinge«, um ferne Zukunft und Endzeit. Die Stimmung fluktuierte zwischen gespannter Erwartung und uneingestandener Beklommenheit. Bei NW verstärkte sich der in den letzten Wochen entwickelte Hang zur Depression durch die aktuellen Sorgen merklich, und sein düsterer Traum tat das Übrige. Vielleicht war das mit ein Grund dafür, dass TH beim Abendessen zunächst Gedanken formulierte, die er im Kreis von Fachkollegen auf der Erde als utopistische Verirrungen gebrandmarkt hätte. Wir wissen nicht, ob er seiner Phantasie nachgab oder sich lediglich in der stärker technologisch ausgerichteten Vorstellungswelt von NW ausdrücken wollte, um ihn aus der gefährlichen Anziehungskraft Saturns, des Sterns der Melancholie, herauszureißen.

TH: »Bei aller Begeisterung für extraterrestrische *outdoor adventures* möchte ich jetzt nicht mit den Kameraden auf Titan tauschen. Die Kälte macht alles viel schwieriger. Noch nie hat sich jemand an einem derart kalten Ort aufgehalten.«

NW: »Früher haben sich die Menschen die Hölle heiß vorgestellt, aber der soeben vom *Mare Numinosum* gemeldete Kälterekord von minus 185 Grad Celsius ist mindestens so schlimm.«
TH: »Schlimmer! Man hat gern zwischen heißen und kalten Straforten unterschieden; im tiefsten Höllenkreis herrscht ewiges Eis. Luzifer soll dort festgefroren sein! Auf Titan ist wirklich ›Heulen und Zähneklappern‹.«[180]
NW: »Man muss sich schon fragen, ob dieser Saturnmond einen geeigneten Ort für die menschliche Kolonisierung abgibt. Selbst der Meeresboden der Erde ist einfacher zu besiedeln.«
TH: »Ich habe von euch Astrophysikern gelernt, dass die Sonne in ferner Zukunft heller wird und das Sonnensystem aufheizt. Langfristig könnte Titan also doch ein möglicher Lebensraum werden.«
NW: »Die Sonne wird tatsächlich allmählich heißer.[181] Aus der Wasserstoff-Verschmelzung, die der Sonne ihre Energie liefert, fällt Heliumschlacke an. Infolge dieses zusätzlichen Stoffes steigt der Druck im Sonneninnern und beschleunigt den Verschmelzungsprozess. Seit ihrer Entstehung hat die Sonne bereits um mehr als ein Drittel zugelegt. Es wird aber noch 5,5 Milliarden Jahre dauern, bis sie doppelt so viel Wärme abstrahlt wie heute. Auch die Erde wird dann heißer, und auf der Breite von Oslo werden Temperaturen herrschen wie heute am Äquator.«
TH: »Palmen am Nordkap! Glücklicherweise sind wir noch weit von solchen Szenarien entfernt. Aber lass mich den Gedanken weiterspinnen. Über kurz oder lang wird sich die Umwelt auf der Erde in jedem Fall verändern. Die Menschen müssen dann daran denken, die Biosphäre über die Erde hinaus auszudehnen. Das Leben wird in möglichst großer Vielfalt eine klimatisch günstigere Region besiedeln. In einer fernen Zukunft wird einmal eine neue Arche zum Titan fliegen, um dort eine Lebensgemeinschaft aufzubauen.«
NW: »Deine mythologische Veranlagung scheint dich zu utopischen Höhenflügen zu verführen. Im Kampf gegen die Übermacht der Sonne hast du dann nur einen Zwischensieg errungen. In knapp sieben Milliarden Jahren wird es auch auf Titan zu heiß. Zu dieser Zeit wird sich die Sonne auf den Durchmesser der Venusbahn aufgebläht haben und zweitausend Mal heller leuchten als heute.«
TH: »Dann wird die Landnahme der Menschheit weitergehen bis hinaus zu Neptun und Pluto.«
NW: »Eine aussichtslose Flucht! Bald danach wird nämlich in unserem Stern kein Kernbrennstoff mehr vorhanden sein. Nach der Hitze

folgt die große Kälte. In nur wenigen zehn Millionen Jahren wird die Sonne zu einer Kugel von der Größe der Erde schrumpfen. Sie erleidet das Schicksal aller kleiner Sterne und wird zu einem Weißen Zwerg. Infolge der Kontraktion wird sie zwar heiß wie nie zuvor, wegen ihrer Kleinheit besitzt sie aber nur noch ein Tausendstel ihrer heutigen Leuchtkraft und kühlt zudem langsam aus. Die Temperatur auf der Erde sinkt unter minus 220 Grad, und sie wird eine tote Kugel ohne Luft und Wasser sein. Die Lufthülle ist im Überdruck der verdampfenden Meere zusammen mit dem Wasserdampf in den Weltraum entwichen. Schließlich wird die Erde Weltraumkälte annehmen. Es wird eiskalt im ganzen Sonnensystem. Langfristig gibt es für das irdische Ökosystem keine Überlebenschance.«

TH: »Wir rechnen in der Größenordnung von Jahrmilliarden. Bis dann wird sich das Leben längst auf andere Sternsysteme ausgebreitet haben.«

NW: »Ich bewundere deinen Optimismus angesichts unserer Schwierigkeiten auf Titan. Aussichtslos! In zehn Billionen Jahren wird aller zur Sternbildung nötige Wasserstoff in der Milchstraße aufgebraucht sein. Nochmals eine Zehnerpotenz später wird auch der letzte Stern zum Weißen Zwerg. Es gibt kein Entrinnen, denn die Masse unserer Galaxie ist beschränkt, somit auch ihre Energie und die Möglichkeit der Sternentstehung. Letztlich muss jede Prognose im Rahmen der Physik pessimistisch ausfallen. Das Leben, wie wir es kennen, wird nicht ewig dauern.«

TH: »Ich will nicht in deinen pessimistischen Gesang einstimmen. Was kann alles in Jahrmilliarden geschehen! Die Entwicklung der einzelligen Eukaryonten dauerte über drei Milliarden Jahre, aber es brauchte nur eine halbe Milliarde Jahre von dort zum *Homo sapiens*. Wenn die Evolution so stürmisch weiterdrängt, ist noch vieles möglich. Das Leben könnte sich sogar vom Kohlenstoff lösen. Ich erinnere mich an eine Kollegin an der Universität, die von neuen Möglichkeiten zur Entwicklung von Leben auf der Basis von Silizium zu schwärmen wusste.«

NW: »Die Evolution des Lebens hat sich bisher in der Welt der organischen Chemie abgespielt und kann nicht auf Silizium überspringen. Gewiss haben die Konstrukteure der modernen Computer von der biologischen Evolution gelernt und verwenden die gleichen Prinzipien. Nachdem in der zweiten Hälfte des 20. Jahrhunderts die Computer noch wie Maschinen entworfen und gebaut wurden, haben die Ingenieure längst begonnen, sie nach den Prinzipien von Mutation und Selektion der Besten zu entwickeln. Diese zweite Evolutionslinie basiert jedoch auf anderen Substraten als die Biologie. Die materiellen Grundlagen sind völlig gegensätzlich und werden sich so wenig mischen wie Öl und Wasser.«

TH: »Vielleicht lässt sich aber das eine auf dem anderen abbilden. Viele Zukunftsforscher erwarten eine vollständige Übertragung der chemischen Information des menschlichen Gehirns auf digitale Datenträger und Computersysteme. Allerdings müssten auch andere Körperfunktionen wie die Erzeugung von Botenstoffen und Hormonen simuliert werden. Das Bewusstsein eines Menschen könnte sich dann in das jeweils günstigste Material verkörpern, um bei kleinen Temperaturen und geringem Energiebedarf ewig weiter zu existieren.[182] Denkbar wäre auch, dass sich verschiedene Intelligenzen vernetzen und sich zu einem größeren Bewusstsein integrieren.«

NW: »Wie weit du dich auf kybernetische Spekulationen eingelassen hast! Es ist schon möglich, dass die Entwicklung der elektronischen Rechner die biologische Evolution einmal überholen wird, zumal die Computerevolution nicht vom Zufall, sondern durch die Menschen gesteuert wird.

TH: »Natürlich beschleicht auch mich Misstrauen angesichts dieser Utopien, die alles für technisch machbar halten. Zudem zählt ein Jahrmillionen dauerndes Leben auf Siliziumbasis mit praktisch auf Nichts reduziertem ›Stoffwechsel‹ nicht zu meinen höchsten Glückserwartungen. Aber lass uns den Faden für einen Augenblick weiterspinnen. Was haben wir in der fernen Zukunft des Universums noch alles zu erwarten?«

NW: »Sofern wir uns noch auf der Erde befinden, können wir uns zwar gegen gefährliche Asteroiden und Kometen schützen. Irgendwann in den nächsten 10^{15} bis 10^{17} Jahren wird uns aber ein Stern so nahe kommen, dass die Planeten aus ihrer Bahn um die Sonne gerissen werden und sich im All verlieren. Gegen Sterne werden wir Menschen immer machtlos sein.«

TH: »Vielleicht haben wir dann unser Sonnensystem schon längst verlassen.«

NW: »Sternbegegnungen strahlen Gravitationswellen ab und vergeben Energie. Unsere Galaxie schrumpft daher fortwährend. Die Sterne kommen dem Zentrum immer näher, wo ein riesiges Schwarzes Loch sie gierig erwartet. In 10^{19} Jahren verschlingt dieser Abgrund die meisten Sterne.«

TH: »Der Autor eines viel beachteten Romans hat just Schwarze

Löcher zu erquicklichen Oasen des Lebens inmitten der sterbenden Sterne gemacht, da allein hier noch freie Energie zu finden sei.«
NW: »Selbst wenn es sich im Innern von galaktischen Schwarzen Löchern einigermaßen komfortabel leben ließe, erschöpft sich nach 10^{100} Jahren auch ihre Energie, und sie explodieren in einem Feuerball von energetischen Teilchen und Gammaquanten. Vielleicht schon früher zerfallen die Atomkerne: Protonen haben zwar eine Halbwertszeit von über 10^{31} Jahren, aber vermutlich existieren sie nicht unendlich lange. Ihr Zerfall wird alle bekannten Formen von Materie mit in den Untergang reißen. Dann besteht das Universum nur noch aus einem sehr dünnen Gas von Elektronen, Positronen, Photonen und Neutrinos.«
TH: »Wird dies das *open end* des düsteren kosmischen Dramas sein?«
NW: »Bekanntlich hängt das davon ab, ob genügend Materie und Energie im Universum vorhanden sind, um die Expansion umzukehren. Aus dem explosionsartigen Urknall würde dann ein implodierender ›Big Crunch‹, in dem alles wieder ins Vakuum zurücksänke. Andernfalls wird sich das Universum endlos weiter ausdehnen. Die Kosmologen des 20. Jahrhunderts hatten fast freie Bahn in ihren Annahmen. Noch vor der Jahrtausendwende setzte sich aber die Meinung durch, die Expansion des Alls werde nie umschlagen in eine Kontraktion. Die Fluchtgeschwindigkeit der Galaxien ist viel zu groß, und es gibt keine Anzeichen für die geringste Abbremsung. Im Gegenteil, die Expansion scheint sich sogar zu beschleunigen. Die hitzigen Diskussionen sind trotzdem nie verstummt. Vielleicht wisst ihr Theologen aber mehr und sagt es uns nicht.«[183]
TH: »Wir gelten ja seit jeher als Spezialisten für die Eschatologie, die ›Lehre von den letzten Dingen‹. Tatsächlich erinnern mich viele Stationen deines Szenarios an alte apokalyptische Bilder. Sonne und Mond verfinstern sich, Sterne stürzen vom Himmel, die Himmelskräfte werden erschüttert.[184] Die Johannesoffenbarung arbeitet mit diesem Stoff. Die gesamte Schöpfung wird von einer kosmischen Katastrophe heimgesucht.«
NW: »Ich nehme nicht an, dass du hier eine Schnittstelle zur Naturwissenschaft ausmachen oder physikalische Prognosen theologisch vereinnahmen willst.«
TH: »Davor bewahre mich der Himmel! Allein schon die Zeitmaßstäbe sind denkbar verschieden. Ihr rechnet in unvorstellbaren Zeiträumen, vor denen sich sogar die gesamte bisherige Lebenszeit des Universums geradezu lächerlich ausnimmt.«
NW: »Allerdings! Die physikalische Eschatologie kann uns eigentlich

kalt lassen. Letzte Nacht hat mich freilich ein Albtraum gequält, wo ich die ferne Verwandlung der Sonne in einen Roten Riesen im Zeitraffertempo mit ansehen musste. Die Nacht schafft tausend Ungeheuer!«
TH: »Du hast mir davon am Morgen erzählt. Ängste dieser Art bedrängten die Menschen früher weit mehr, da sie mit großen Katastrophen schon in unmittelbarer Zukunft rechneten, vielleicht schon morgen oder übermorgen. So war es der Fall um die Zeit Jesu. Zu vielen anderen Zeiten suchten fieberhafte Endzeiterwartungen die Menschen heim.«
NW: »An die Jahrtausendwende kann ich mich noch gut erinnern. Ich kann dieser Art von Prophetie nichts abgewinnen. Unsere physikalischen Fernzeitprognosen sind nicht aus Ängsten geboren, sondern basieren auf rationalen wissenschaftlichen Extrapolationen.«
TH: »Ich teile deine Aversion gegen Winkelsekten. Allerdings schätze ich die alte jüdische Apokalyptik zur Zeit Jesu weit höher ein als etwa heutige vom Endzeitfieber gepackte Gruppen. In ihrer damaligen Umwelt waren manche Apokalyptiker durchaus Gelehrte, ja sogar ›Weise‹, die mit enormem theologischem Aufwand die alten israelitischen Traditionen mit dem priesterlichen und naturkundlichen Wissen ihrer Zeit zu verbinden suchten. Jesus und Paulus stehen in ihrem Einflussbereich. Die Apokalyptiker pflegten eine ›Wissenschaft vom Höchsten‹.[185] Sie führen auf ihre Weise jene Integration von Theologie und Kosmologie fort, welche Jahrhunderte zuvor die priesterlichen Verfasser des ersten biblischen Schöpfungsberichts geleistet hatten.«
NW: »Ich kann mir eine solche Form von Wissenschaft schwer vorstellen. Spielte nicht auch bei den Apokalyptikern die Angst die alles beherrschende Rolle? Die Bilder der Johannesoffenbarung sind doch ausgesprochen Furcht erregend.«
TH: »Tatsächlich wirkten Ängste mit bei der Entstehung apokalyptischer Texte, zumal diese oft verfasst wurden in Situationen extremer Bedrängnis durch die damaligen Weltmächte. So erstaunlich es aber klingen mag, die Apokalyptik zielte darauf, ihre Anhänger von Angst und Verzweiflung zu befreien. Apokalyptische Texte sollen ›kathartisch‹ wirken, sie ermöglichen wieder eine Orientierung in einer sonst unverständlichen und feindlichen Welt.«
NW: »Wie soll das zugehen? Wie können Schreckbilder Zuversicht wecken und zum Handeln ermutigen?«

Das Gespräch wurde unterbrochen durch ein *update* der Nachrichten von Titan. Die fremdartig-phantastischen Bilder vom Mare Numinosum, die via CHARON übermittelt wurden, ließen die Herzen wohl auch auf dem Mutterschiff höher schlagen und vertrieben offenbar für einige Zeit die beunruhigenden Gedanken und bedrückenden Sorgen. Allerdings ließen die troposphärischen Augen des Infrarot-Teleskops keinen Zweifel daran, dass das Titanautenkleeblatt infolge des Sturmtiefs mit einer erschwerten Heimkehr zur warmen ORPHEUS im »Krater der guten Hoffnung« rechnen musste.

NW: »Dieser Blick auf das wogende Methanmeer ist großartig! Das Wetter hat sich aber nur scheinbar beruhigt; die Prognosen sind weiterhin schlecht. Damit sind wir wieder bei unserem Thema: Endzeitbilder provozieren Furcht und Schrecken.«
TH: »Die Schilderung naher Katastrophen ist nicht das Hauptziel apokalyptischer Verkündigung. Die Schrecken der Endzeit sind nur der tiefe Schatten, den das Kommen des Lichts mit sich bringt: Die Vollendung des Schöpfungswerks Gottes. Jesus hat damit gerechnet, dass sich Gott sehr bald in seiner ganzen Fülle offenbaren wird. Die Johannesoffenbarung stellt diese großartige Heilszukunft in die Mitte: Wunderbare Bilder eines neuen Himmels und einer neuen Erde, vom neuen Jerusalem, worin Gott inmitten der Geschöpfe wohnt und alle Tränen abwischt, denn ›der Tod wird nicht mehr sein‹.«[186]
NW: »Was soll ich mir unter einer derartigen Vollendung vorstellen?«
TH: »Die Sprache stößt hier an unüberwindliche Grenzen. Ich denke an die Verwandlung des ganzen Kosmos in Licht und Geist, an die Vereinigung aller Lebewesen mit dem göttlichen Urgrund.«
NW: »Von derartigen Dingen weiß unsere Wissenschaft allerdings nichts zu berichten. Unsere Fernprognosen sind kalt und pessimistisch: Wir können letztlich nur den Zerfall mit Sicherheit voraussagen. Woher du deine Zuversicht nimmst, bleibt mir schleierhaft. Deine Seher haben eine kosmische Katastrophe in nächster Zukunft erwartet. Wir zwei sind lebende Beweise dafür, dass sie sich getäuscht haben. Auch Jesus hat sich geirrt. Warum hältst du so zäh an einer hinreichend falsifizierten Hypothese fest?«
TH: »Wenn ich von einer Vollendung spreche, welche die gesamte Schöpfung umgreift, so meine ich keine naturwissenschaftliche Hypothese, sondern eine elementare Hoffnung, die nicht nur mich selbst, sondern die Welt insgesamt im Blick hat. Hoffnungsaussagen dieser

Art greifen so weit aus, dass sie unweigerlich zu kosmologischen Formen hindrängen. Allerdings können wir heute die kosmologischen Vorstellungen der Antike nicht mehr einfach reproduzieren.«
NW: »In der Eschatologie stellt sich also dasselbe Problem wie bei der Weltentstehung. Protonzerfall und Apokalypse haben so wenig miteinander zu tun wie Urknalltheorie und Schöpfungsgeschichte.«
TH: »Ein kontaktloses Nebeneinander genügt mir nicht. So wie es darum geht, den alten Schöpfungsglauben in der Sprache moderner Kosmologie verständlich zu machen, müssten auch die endzeitlichen Hoffnungen in diesem Kontext neu formuliert werden.«
NW: »Anders als bei der Schöpfung geht es aber nicht um die bekannte Vergangenheit und Gegenwart, sondern um die unbekannte Zukunft.«
TH: »Hier kommt eine Extrapolation oder besser Antizipation zum Zug: Für Jesus und die frühen Christen strahlte die Vollendung schon mitten in der Gegenwart auf. Etwas von dem, was in Fülle über die Schöpfung kommen sollte, erfuhren sie schon jetzt. Vielleicht erinnerst du dich an unser Gespräch am Ostersonntag.«
NW: »Ich kann nachvollziehen, dass es Grenzerfahrungen gibt, die sich religiös deuten lassen. Der Schritt von derartigen Zuständen zu Prognosen über die Zukunft des Weltalls ist für mich aber nicht plausibel.«
TH: »Hoffnungsaussagen sind wie gesagt keine Prognosen. Wer aber hier und jetzt einen Hauch göttlicher Gegenwart zu spüren bekommt, traut dieser schöpferischen Kraft auch die Verwandlung des gesamten Kosmos zu. Die Quelle des Neuen hört nicht auf zu strömen.«
NW: »Die physikalischen Voraussagen verheißen nichts Gutes. Der Zerfall der Materie und ihrer Strukturen lässt sich nicht aufhalten.«
TH: »So eindrucksvoll sich auch deine Prognosen ausnehmen mögen: Sie wissen zu viel! Denk an die Offenheit der Zukunft, denk an deine eigenen Schilderungen von nichtlinearen, chaotischen Prozessen, die nicht vorhersagbar sind. Auf Jahrmilliarden vorauszublicken übersteigt die Grenzen des uns möglichen Wissens. Du gibst selbst zu, dass die Evolution des Lebens auf unserem Planeten überhaupt nicht vorhersagbar gewesen wäre.«
NW: »Man muss die Prognosen unterscheiden. Erhaltungssätze bilden die vielfach bewährten Erfahrungsgrundlagen von wissenschaftlichen Prognosen. Sie stellen den festen Rahmen für die Bildung von Strukturen und für chaotische Vorgänge dar. Die Kernphysik der Sonne folgt unmittelbar aus Erhaltungssätzen und ist wesentlich leich-

ter vorauszusagen als die Verzweigungen der molekularen Evolution oder der Verlauf atmosphärischer Turbulenzen.«

TH: »Du sprichst von Unvorhersehbarkeit auf bestimmten Ebenen, aber die kosmische Evolution kann womöglich noch ganz andere Räume erschließen. Wir können überhaupt nicht absehen, welche neuen Dimensionen sich in der Entwicklung unseres Gehirnsystems, oder altmodisch gesagt: unserer Seele, auftun werden.«

NW: »Die physikalischen Parameter bleiben davon unberührt. Die Entropie schert sich nicht um die Software des Zentralnervensystems.«

TH: »Dein kosmisches Szenario mag richtig sein – und bekommt doch nur die äußerste Hülle von Vorgängen zu Gesicht, die sich auf anderen Seinsniveaus abzeichnen. Es liegt sogar noch weit mehr drin als eine unendlich hingezogene Gespensterexistenz auf Siliziumbasis. Die Zukunft des Universums hält für uns sicher zahlreiche Überraschungen bereit.«

NW: »Überraschungen schöner wie auch anderer Art! Aber Jesus sprach nicht nur von Unvorhersehbarkeit und Überraschungen, sondern meinte präzis zu wissen, was kommen würde.«

TH: »Er macht Gebrauch von plastischen Bildern und Gleichnissen, bietet aber keine präzisen Prognosen.

> ›Das Reich Gottes kommt nicht so, dass man es mit den Mitteln der Astronomie beobachten könnte; schau zu, es ist mitten unter euch!‹[187]

Jesus ermuntert dazu, sich vom kommenden Gott überraschen zu lassen. Er ruft zur *Wachsamkeit* auf, zur Aufmerksamkeit für das, was da kommen soll und jetzt schon gegenwärtig ist.

> ›Schaut her, wacht! Denn ihr wisst nicht, wann die Zeit da ist.‹«[188]

NW: »Wachen hat seine Zeit, und Schlafen hat seine Zeit. Wir sollten uns besser einige Stunden Ruhe gönnen. Wir wissen nicht, welche News uns in den nächsten Stunden von Titan her erreichen werden. Mir gefällt das Sturmtief über dem ›Krater der guten Hoffnung‹ gar nicht. Wir sollten morgen früh bereit sein, die Freunde bei einem vorzeitigen Start zu unterstützen und aus dieser Hexenküche zu lotsen.«

Dem Logbuch entnehmen wir, dass nur wenig später die folgenden alarmierenden Nachrichten das Mutterschiff erreichten.

21:14 WZ: Unfall! CHARON rutscht bei einer Schrägfahrt am eisigen Abhang eines Wasserhügels im Meeresvorgelände und bleibt in einem Polymersumpf stecken. Die Astronauten können noch rechtzeitig abspringen. Takeo verletzt sich am Arm. Seine geheizte Isolierkleidung ist aufgerissen, und gefrorener Äthanschnee klebt an der Haut. Der Rover sinkt immer tiefer ein. Es gelingt Sergej und Nicole, einen großen Sauerstoff- und Wasservorrat in Sicherheit zu bringen.
21:31 WZ: CHARON ist verloren! Das Gefährt ist im Schlick völlig verschwunden und kann trotz heroischer Versuche nicht gerettet werden. Der Arm von Takeo ist gereinigt und verbunden. Er spürte anfangs wenig von der Verletzung, nun beginnt die Wunde zu schmerzen.
21:51 WZ: Die Besatzung von CHARON bereitet sich auf den Rückmarsch zu Fuß vor. Die Distanz zu ORPHEUS im Krater beträgt 15 Kilometer. Zum Glück gelang es Takeo, das Mobilfunkgerät samt parabolischer Handantenne aus dem im Sumpf eintauchenden CHARON zu retten. Die Verbindung mit ORPHEUS und HERMES bleibt bestehen, wird aber massiv reduziert, um Energie zu sparen.

Der Unfall wurde auf den Raumschiffen mit großer Bestürzung zur Kenntnis genommen. Zu übermäßiger Dramatisierung der Lage bestand allerdings kein Anlass. Es blieben noch gut 32 Stunden bis zum Einbruch der Dämmerung. Das CHARON-Team führte Energie, Sauerstoff, Nahrung und Wasser für über 24 Stunden in ausreichender, hoch konzentrierter Form mit sich. Die Fortbewegung wurde zwar durch die feindliche Landschaft, das widrige Wetter und die massigen Anzüge erschwert, aber die geringe Gravitation erlaubte weite, schwebende Sprünge, sogar über Hindernisse hinweg. Die Titanauten waren bereits gut geübt im Stabilisieren des Gleichgewichts auch auf schwierigstem Gelände. Schließlich hatte CHARON auf seiner Hinfahrt eine Spur von Infrarot-Reflektoren gelegt, sodass sich die Rückkehrenden in der düsteren Nebelschwadenwelt an einem roten Faden orientieren konnten.

23:34 WZ: CHARON-Team hat Unterstützung durch Rückenwind, hat aber Mühe mit der Sicht.
02:33 WZ: CHARON-Leute melden starken Methanregen. Sie sind müde und kommen nur sehr langsam voran.
02:56 WZ: Die ORPHEUS-Besatzung hört deutliche Donnergeräusche und beobachtet gelegentlich tiefrotes Fluoreszieren über einem Drit-

tel des Himmels. Am westlichen Horizont gehen gigantische violette Blitze nieder. Über dem KGH scheint ein Gewitter zu toben.
06:45 WZ: Der Methanfluss Styx ist stark angeschwollen. Die CHARON-Kollegen sehen keine Möglichkeit, ihn bei der markierten Furt zu durchwaten. Sie warten am Ufer ab und legen sich erschöpft zur Erholung nieder. Abstand zur Kraterpassage beträgt nur noch knapp 3 km, aber markanter Höhenunterschied.
09:09 WZ: ORPHEUS-Crew überlegt sich, mit Transportschlitten und Pionierbrücke zur Furt zu fahren, um die Überquerung zu ermöglichen.
09:20 WZ: ORPHEUS wird von einer Explosion erschüttert. Vielleicht hat eine atmosphärische Entladung das Sauerstoff-Methan-Gemisch entzündet. Das neue Kraftwerk fällt aus. ORPHEUS bezieht die Energie wieder aus Batterien. Die Notstromgruppe aus Brennstoffelementen ist zu kalt und kann nicht in Betrieb genommen werden. Die Explosion scheint noch mehr Unheil angerichtet zu haben. Die Besatzung der ORPHEUS versucht verzweifelt, den Schaden zu beheben. Die Kommunikation mit HTM ist enorm erschwert.

Die Batterien brauchen viel Strom zur eigenen Heizung und halten nur für dreizehn Stunden. In dieser Zeit müsste ORPHEUS starten. Ohne Elektrizität können die Computer nicht betrieben und die Antriebsraketen des Aufstiegsmoduls nicht gezündet werden. Falls sie nicht startet, könnte die Besatzung für weitere 30 Stunden überleben. Bis zur Dämmerung dauert es noch gut zwanzig, bis zur völligen Dunkelheit weitere acht Stunden.

11:53 WZ: Die Meeresexpedition meldet sich wieder. Der Methanstand des Flusses ist unverändert hoch. Die drei Titanauten entschließen sich, eine andere Route für die Rückkehr einzuschlagen. Um die schroffen Eisfelsen des Gebirges am Kraterrand zu überwinden, suchen sie einen Durchgang in der Region des südlichen Vulkans. Der Sauerstoff reicht noch für mindestens 10 Stunden.
15:43 WZ: Aus der ORPHEUS werden sinkende Kabinentemperaturen gemeldet. Die Spannung der Batterien nimmt ab, da sie nur noch mangelhaft geheizt werden. Das Methankraftwerk kann nicht repariert werden. Das Notstromaggregat bleibt tot.
16:02 WZ: Die Kollegen von CHARON kommen gut voran, rechnen aber noch mit 2 Stunden bis zum Vulkan. Die Antenne hat Raureif aus Äthan angesetzt. Wahrscheinlich wird die Verbindung deshalb

schwächer. Sie wissen nicht, wie lange die Batterien des Senders noch halten.
16:57 WZ: Auch die Signale der ORPHEUS werden schwach. Die Energieversorgung ist mangelhaft. Die Titanauten reduzieren die Kabinenheizung und schalten unnötige Computer ab.
17:34 WZ: Alle Reparaturversuche an Methankraftwerk und Notaggregat sind fruchtlos. Die ORPHEUS-Leute sind erschöpft und ziehen sich in die Kabine zurück. Sie behalten ihre Isolieranzüge an, um die Energiereserven optimal zu nutzen.
18:17 WZ: Die Meeresexpedition erreicht den Vulkan.
18:24 WZ: ORPHEUS ist kaum noch hörbar. Die Kollegin am Funk spricht sehr langsam, es muss kalt sein in der Kabine.
18:29 WZ: Die Verbindung zwischen ORPHEUS und HTM bricht ab.

Die immer spärlicheren Informationen, die im Lauf des 22. Mai die HERMES TRISMÉGISTOS von Titan erreichten, gingen den Astronauten verständlicherweise unter die Haut. Wir erinnern daran, dass sich die Katastrophe auf Titan bereits mit dem Ausfall der primären, nuklearen Energieversorgung am Vortag anbahnte. So regen Anteil NW und TH auch an den Geschehnissen tief unter ihnen nahmen, so wenig sahen sie sich in der Lage, auch nur im Geringsten zu helfen. Der fürchterliche Gedanke, die Kolleginnen und Kollegen gar auf dem Riesenmond zurücklassen zu müssen, blieb zwar zunächst unausgesprochen, wühlte aber vermutlich ihr Gemüt auf. Bohrende Gefühle von Angst und Verlassenheit schienen mit Schüben neuer Hoffnung und verzweifeltem Suchen nach einem Ausweg zu wechseln.
Diese erzwungene Untätigkeit muss die depressive Stimmung von NW zunächst massiv verstärkt haben, sodass er sie auch nicht mehr durch Routinearbeiten verscheuchen konnte. Gleichwohl steht fest, dass er sich mit TH bereits am frühen Morgen über die Möglichkeit unterhalten hat, einen Rettungseinsatz mit dem noch am Mutterschiff angedockten zweiten, kleineren Landegefährt zu fliegen. Obschon dieses primär für einen bemannten Einsatz auf dem Mond Japetus vorgesehen war, ließ es sich notfalls auch auf einem mit einer Atmosphäre bekleideten Himmelskörper einsetzen. Trotz dieser von den IASA-Konstrukteuren standardmäßig vorgesehenen »optimalen Modul-Flexibilität« (OMF) würden die Kosmonauten mit einem Landemanöver auf dem dichtumwölkten Titan ein nicht geringes Risiko eingehen. Immerhin hatte das ORPHEUS-Team die

Zielregion bereits exakt kartiert und die optimale Anflugbahn nicht nur berechnet und mehrfach simuliert, sondern schließlich auch erfolgreich getestet. Angesichts der sich auftürmenden Schwierigkeiten der Titanauten nahm das anspruchsvolle Rettungsprojekt im Lauf des Nachmittags immer konkretere Gestalt an. Es ist anzunehmen, dass die Aussicht auf eine gezielte Aktion NW geholfen hat, die düsteren Schwaden seiner Niedergeschlagenheit zu vertreiben.

Was in TH vorging, wissen wir etwas besser. Wie NW verbrachte auch er eine äußerst unruhige Nacht. Sein Nachtbuch enthält einen letzten Eintrag, der nicht genau datierbar ist, da er im Lauf des 22. Mai noch mehrfach ergänzt und verändert wurde. TH scheint zudem bereits früher verfasste Texte, die mit Zitaten aus seiner elektronischen Bibliothek arbeiten, aktualisiert und erweitert zu haben. Wieder einmal blendet der Eintrag Elemente aus der griechischen Mythologie, aus dem frühen Christentum und aus den Mysterien des Mithras kühn ineinander.[189] Professorin Theresa Himmelfarb hat die nur flüchtig eingestreuten *hyper-links* zu den antiken Quellen überprüft, vervollständigt und als Zitate formatiert. Ebenso wie NW hat offenbar auch TH schon während der Nachtruhe die Möglichkeit einer Rettungsfahrt in Gedanken durchgespielt. Für dieses seelische Vorwegnehmen der Aktivitäten des folgenden Tages braucht man keine hellseherischen Gaben in Anspruch zu nehmen (wie es die Boulevardpresse vollmundig behauptet hat). TH identifizierte sich stark mit den Titanauten, zumal mit dem Dreierteam auf dessen Irrweg durch die Schattenwelt des Riesenmondes. Dies macht es verständlich, dass er nach einem rettenden Weg zu ihnen gesucht hat.

Descendit ad Inferna: Aus dem Nachtbuch von TH (21./22. Mai)

Meine jubelnde Freude angesichts des »heiligen Meeres«, des purpurnen *Mare Numinosum* Titans, ist jäh verflogen. Die erhabene Schau ist dumpfer Angst gewichen. Mit eisernem Griff hält mich die Sorge um die Freunde drunten in der Schattenwelt umklammert. Nur alle paar Stunden erreichen uns noch Informationen vom CHARON-Team. Mein gemarterter Geist sucht Ruhe, aber der Schlaf will nicht bleiben. Inmitten der heranwogenden Schlummerwellen tastet sich mein rastloser Sinn in eine ungewisse Zukunft voran.

Im tiefsten Kreis der Unterwelt

In der Zwielichtszone meines Bewusstseins taucht ein ungeheures Bild des Kronos auf: Der gewaltige Gott hat vier Augen, zwei vorne und zwei hinten; zwei von ihnen sehen scharf, während die andern beiden geschlossen sind. Auf seinen Schultern trägt er vier Flügel, zwei von ihnen flatternd, zwei jeweils hängend. Eine Orakelstimme hallt wie Donner:[190]

»Kronos sieht im Schlaf und schläft im Wachen,
ruhend fliegt er, und fliegend ruht er.«

Aufgeschreckt lasse ich die Nachtgespinste fahren und schwebe zum Kabinenfenster. Saturn zeigt mir jetzt sein der Sonne abgewandtes finsteres Antlitz. Vor dem tiefschwarzen Weltraum sieht der in dunkles Grau gehüllte riesige Kugelkörper abweisend, unnahbar aus. Erinnerungen an die alte Mythologie suchen mich heim. Da draußen hängt der uralte Gott im Raum, eingekerkert im finsteren Tartaros, von seinem Sohn Zeus mit unzerreißbaren Ketten gefesselt. Hesiods Verse malen die Düsternis jenes Ortes mit erschreckenden Farben:[191]

»Dort sind die Titanen-Götter
unten in dunstigem Dunkel verborgen,
nach Zeus', des Wolkenversammlers, Willen
an modrigem Ort,
an der ungeheuren Erde äußerstem Rand.
Für sie gibt es kein Entrinnen [...].
Dort sind die Quellen und Grenzen
der dunklen Erde
und des dunstigen Tartaros,
des unwirtlichen Meeres und gestirnten Himmels [...].
Schaurig und modrig, ein Raum,
den selbst die Götter mit Abscheu meiden,
ein riesiger Schlund [...].
Entsetzlich ist dieses Grauen
Selbst für die todenthobenen Götter.«

Und doch – da waren Heroen, die das süße Licht des Tages hinter sich ließen und wagemutig in die klaffende Unterwelt hinabgestiegen sind: Orpheus und Herakles, Odysseus und Äneas. Kaum einer ist aber bis in den Abgrund des finsteren Tartaros gelangt – Dante mit seinem Führer Vergil natürlich ausgenommen.

Immerhin, der uralte jüdische Seher Henoch soll vom Himmel in die unterirdischen Schluchten gesandt worden sein.[192] Dort nämlich war das Gefängnis der erhabenen Engel, die einstmals vor der Sintflut, getrieben von unseliger Begierde, die schönen Menschentöchter verführt und magische Künste auf die Erde gebracht hatten. Der entrückte Henoch hatte nicht nur das Paradies und alle vier Himmelsrichtungen erkundet, sondern auch diesen Ort der Gefallenen. Er gelangte zum tiefen »Abgrund mit Säulen des himmlischen Feuers«, und jenseits davon schaute er »einen Ort, der weder das Firmament des Himmels über sich noch das Fundament der Erde unter sich hatte, … ein wüster und schrecklicher Ort«. Und dort sah er »sieben Sterne wie große brennende Berge« – die gefallenen Sternenengel, die sich im Morgengrauen der Schöpfung gegen Gott empört hatten. Dem zitternden Henoch tut der begleitende Engel Uriel kund, dass die Engel hier bis in alle Ewigkeit gefesselt blieben.
Schaudern packt mich angesichts des Abgrunds, der sich da ins Bodenlose öffnet. Ein eisiger Hauch der Verlorenheit, die frühere Zeiten mit der gottfernsten Hölle assoziierten, weht mir entgegen und lässt mein Herz gefrieren. In diesem innersten Kreis der Unterwelt ist brennender Schmerz und wütende Empörung verklungen – da ist nur noch unwiderrufliche Einsamkeit und Verzweiflung, stummes Getrenntsein von allem Lebendigen, zu schrecklicher Ewigkeit gefrorene Zeit…

Ein blendender Strahl in dunkler Nacht

Doch selbst in diesen Abgrund ist er gekommen, der lebendige Gott! Einer heißen Quelle gleich bricht ein Hoffnungsbild in meinem ermattenden Herz auf: Der Gottessohn in Höllentiefen! Seit frühster Zeit sprachen die Christen davon, Jesus sei zwischen Karfreitag und Ostermorgen in die Unterwelt hinabgefahren und habe die uralten, ehernen Pforten des Totenreiches aufgebrochen, um den Toten Rettung und Erlösung zu bringen, den Ureltern Adam und Eva samt all ihren Nachfahren. Triumphierend blickt der auferstandene Christus auf seine Höllenfahrt zurück:[193]

> »Die Unterwelt sah mich und wurde schwach,
> und der Tod spie mich aus und viele mit mir.«

Selbst der Allherrscher Tod kann dem Lebendigen nichts anhaben.

»Essig und Bitterkeit war ich dem Tod;
ich stieg hinab mit ihm bis in die unterste Tiefe.
Die Füße und das Haupt ließ er sinken
weil er nicht zu ertragen vermochte mein Angesicht.«

Die Liebe führte den Christus bis hinab zu den Toten, die alle Hoffnung aufgegeben hatten, getrennt vom Strom des Lebens.

»Ich machte eine Gemeinschaft von Lebendigen unter seinen Toten,
und ich redete zu ihnen mit Lippen des Lebens. [...]
Ich setzte auf ihr Haupt meinen Namen,
denn meine freien Söhne sind sie und mir gehören sie.«

Der Christus errettet die Toten und geleitet sie hinauf zum Himmelslicht. Die Tore des Hades sind für immer entriegelt.

Abb. 11: Höllenfahrt, Andrea da Firenze, Spanische Kapelle, 1365 bis 1368, Florenz

Das Bild der Höllenfahrt Christi weitet sich vor meinem Geist in schwindelnde Dimensionen. Der Gottessohn, der sich am Kreuz dem verschlingenden Nichts des Todes hingab, durchdringt alles Sein mit seiner schöpferischen Liebe. Sein lebendiges Licht holt den expandierenden Raum und die verwehende Zeit ein. Da ist keine noch so gottferne Tiefe, die er nicht mit seiner rettenden Gegenwart erfüllt, kein irrendes Wesen, das er zuletzt nicht heimführt – bis dass die Hölle ganz leer steht, ein Mahnmal vergangener Leiden, versiegelt mit dem Zeichen des Kreuzes. So versöhnt die Gottheit endlich das gesamte All und nimmt es verwandelt in ihr heiliges Licht hinein …

Unterweltliche Mysterien

Mein Geist findet aus der Lichtfülle der Auferstehungswelt wieder in meine kleine Kabine zurück. Einem schmerzenden Stich gleich kehrt der Gedanke an unsere Kolleginnen und Kollegen wieder. Mit ihnen teilten wir in unserer bergenden HERMES über drei lange Jahre hinweg die kosmische Einsamkeit, und wir sind schließlich zu unserem Ziel gelangt, zur geheimnisvollen Welt der gefallenen alten Götter. Unsere Freunde aber wagten sich noch weiter vor. In der Tiefe von Titans Schattenwelt stießen sie auf den Quell des Lebens und schauten das heilige Meer. Die Verheißung des Hadesführers Orpheus klingt in mir nach:[194]

> »Dir wird man zu trinken geben vom göttlichen See,
> du wandelst auf ebenem Weg, einem heiligen, ihn begehen auch die andern Mysten und Eingeweihten, die erlauchten.«

Doch der freudige Rausch sollte nicht dauern! Unsere Freunde fanden dort unten keine selig machenden Weihen und keinen heiligen Weg, der sie wieder hinaufbrächte in die Sphäre des Lichts. Jetzt irren sie in der düsteren Tiefe umher, allein gelassen und bedroht von Eiseskälte, Sturm und irrlichternden Methansümpfen. Ohnmächtig müssen wir hier oben ihrer harren und behüten verzagt das schwach flackernde Kerzenlicht der Hoffnung vor den entfesselten Gewalten Titans.

Der Gedanke an den Gottessohn im Totenreich flößt mir neuen Mut ein. Meine Seele, schon fast einem Schattenwesen des Hades gleichgeworden, erfüllt sich mit belebender Kraft, als würden ihr Honig und Blut eingeflößt. Da ist ein rettender Weg hinab, in die düsteren Hallen des Hades, vorbei an den drohenden Ungeheuern, den Freunden beizustehen!

Am Rand von Saturns dunklem Kugelkörper zeichnet sich eine schmale, gleißende Sichel ab – das Zeichen der aufgehenden fernen Sonne. Entschlossen erhebe ich mich. Der Mut eines kühnen Kriegers zieht in mich ein. Vor meinem geistigen Auge erscheinen Bilder aus den geheimen Mysterien des Mithras, dem Einweihungsweg von

Kämpfern für das Gute. Ich schreite energisch durch ihre sieben Weihegrade, die den Planetensphären entsprechen – ich werde zu Rabe und Bräutigam, Kämpfer und Löwe, Perser und Sonnenläufer. Entschlossen greife ich schließlich nach den Insignien des siebten Grades, nach Sichel, Steuerruder und Stab: Im Zeichen Saturns, der höchsten Sphäre, verwandle ich mich zum feurigen *pater Mithras*. Beherzt wende ich mich den uralten Pforten zu, der gähnenden Unterwelt, um den Freunden Hilfe zu bringen.

DER AUSGANG DER TITANMISSION, ODER: DREI MINUTEN UND EINE EWIGKEIT

Die dramatische Zuspitzung der Ereignisse ließ den beiden Astronauten an Bord der Hermes Trismégistos verständlicherweise keine Zeit mehr für ausgiebige Einträge in ihr Bordbuch oder gar Tagebuch. Dennoch lassen sich die letzten fünfzehn Stunden recht detailliert rekonstruieren. Da die Medien seinerzeit ausführlich über die Endphase der Saturnmission berichtet haben, beschränken wir uns hier auf die wichtigsten Vorkommnisse und versuchen die wenigen Zeugnisse zu sichten, worin die Astronauten ihre schwierig gewordenen Umstände zu interpretieren scheinen. Wir erlauben uns, die Frage aufzuwerfen, ob sie nicht in hohem Maß Einsichten ihrer vorangegangenen Gesprächsthemen bewusst oder unbewusst in Taten umzusetzen suchten.

Aufgrund der katastrophalen Signale der Orpheus-Besatzung fasste das Astronautenteam am Samstag, dem 22. Mai, um 18:48 WZ den folgenschweren Entschluss zu einer Rettungsaktion. Die Kontrollstation auf der Erde wurde erst spät benachrichtigt, offenbar um langwierige Diskussionen zu vermeiden. Sämtliche später eingesetzten Untersuchungskommissionen der IASA haben die auf den ersten Blick vielleicht panikartig anmutende Unternehmung ausdrücklich gutgeheißen, da eine schnelle Eingreifaktion der einzige Weg schien, die Besatzung der Orpheus zu retten. Unwidersprochen blieb die in der Presse geäußerte Vermutung, der IASA sei der eigenmächtige Entschluss der Astronauten von Hermes Trismégistos gerade recht gewesen, weil sie aus diesem Grund nicht dafür verantwortlich zeichnen musste.

In der Folge wurde das zweite, kleinere Landegefährt, der *Emergency Lander and Prospector for Icemoon Studies* (Elpís, sinnigerweise das griechische Wort für »Hoffnung«), für die Operation startklar gemacht. Da die beiden Astronauten mit der Möglichkeit rechneten, die Energieversorgung der Orpheus doch noch instand setzen zu können, schafften sie auch umfangreiches Montage- und Ersatzteilmaterial in den Laderaum des Landegefährts. Zugleich mussten die notwendigen Bahnberechnungen für den Einsatz vor-

genommen und in die Computer der ELPIS kopiert werden. An zusätzliche Sauerstoff- und Nahrungsvorräte war nicht weniger zu denken als an Treibstofftanks und medizinisches Material.
Von NW sind uns aus diesen letzten Stunden an Bord der HERMES TRISMÉGISTOS nahezu keine persönlichen Zeugnisse mehr erhalten. Das Hauptgewicht der komplexen Operationsplanung lastete ganz auf seinen Schultern. Es ist aber mit Sicherheit damit zu rechnen, dass die jetzt anlaufenden fieberhaften Aktivitäten seine zuvor bedrohlich zunehmende depressive Stimmung in den Hintergrund drängten und er wieder zu seiner robusten psychischen Konstitution zurückgefunden hat. Als erfahrener Astronaut und ehemaliger Pilot von Militärjets war er auf die Bewältigung schwierigster Situationen eintrainiert, und die ihm zur Verfügung stehenden Mittel modernster Technologie schienen ihm neue Zuversicht einzuflößen. Vor allem aber dürfte ihm die während der vieljährigen Zusammenarbeit gewachsene Beziehung zu den in Not geratenen Besatzungskolleginnen und -kollegen einen vollen Zugriff auf seine Ressourcen verschafft haben. Die Stimmenrekorder hielten lediglich einen mehrfach von ihm hervorgepressten, suggestiven Spruch fest, der ihn während der Vorbereitungen begleitet zu haben scheint:

»Do what you believe in, and believe in what you do.«

Anders steht es mit TH, der sich innerhalb weniger Stunden mittels *teach yourself*-Software in die Bedienung der Programme zur Kursberechnung von Raumschiffen einarbeiten musste. Angesichts der riskanten Aktion fand auch er keine Zeit mehr zu Schreibaktivitäten, hat aber nicht wenige halblaute Selbstgespräche geführt, die leider in nur ganz fragmentarischem Zustand von den Datenspeichern erfasst worden sind. Sein Hang zur Exaltation scheint durch die Eskalation der Ereignisse eher noch zugenommen zu haben, auch wenn die von einigen psychiatrischen Gremien diagnostizierte psychotische Schubwelle durch die zugänglichen Fakten keineswegs gedeckt wird.
Verständlicherweise hat TH die Gedanken seines letzten Nachtbucheintrags, die um mythologische Unterweltsfahrten kreisen, weitergesponnen. Immer wieder kehrt ein recht rätselhafter Spruch wieder, der von Kennern als Wort des altgriechischen Philosophen Heraklit identifiziert worden ist:[195]

»Der Weg hinauf – der Weg hinab – ein und derselbe!«

Zusätzlich hat der zehn Tage vorher verstrichene Himmelfahrtstag die ohnehin schon überreizte Phantasie von TH mächtig angeregt. Offenbar hat er die geplante Titanlandung als Unterweltsfahrt gedeutet, gleichsam als eine Himmelfahrt mit umgekehrtem Vorzeichen. Immer wieder scheint er sich auch die illustre Reihe antiker Figuren vor Augen geführt zu haben, von denen wagemutige Hadesfahrten berichtet werden, unter ihnen besonders Orpheus und Odysseus. Natürlich war sein Sinnieren sehr stark vom Rettungscharakter der bevorstehenden Operation geprägt. In den seinerzeitigen Debatten hat man nicht selten übersehen, wie tief ein fast gänzlich von Außenkontakten isoliertes Zusammenleben eine Gruppe von Menschen über Jahre hinweg zusammenschmieden kann. Es grenzt fast an ein Wunder, dass sich das siebenköpfige Astronautenteam trotz mancher, gelegentlich explosiv ausbrechender Spannungen immer wieder zu einer Schicksals- und Lebensgemeinschaft zusammengerauft hat. Diese starken persönlichen Bande waren auch für TH zu einer alles dominierenden Motivation für den Rettungseinsatz geworden.
Ein auch sonst umstrittenes Gutachten des Psychiaters Titus Hornschuh suchte demgegenüber nachzuweisen, dass sich TH mit Jesus Christus identifiziert habe, der am Karsamstag zur Rettung seiner Ureltern, Adam und Eva samt all ihren Nachkommen, in die Unterwelt hinabgefahren sei. TH habe in einem Akt »stellvertretender Schuldübernahme« seinen Vater- oder Mutterkomplex abarbeiten wollen. Wir halten dieses Deutungsmodell für verfehlt, da TH in diesen letzten bekannten Stunden mit ganz anderen Schwierigkeiten zu ringen hatte. Im Übrigen war er sich nur schon in chronologischer Hinsicht völlig im Klaren darüber, dass sein Abstieg in die Schattenwelt Titans gerade nicht wie bei Jesus in der Osternacht, sondern unmittelbar vor Pfingsten stattfinden sollte.
Das Astronautenpaar startete am 22. Mai um 22:45 zu seiner eigenen, unvorhergesehenen Titanmission. Wie schon zuvor wurde die Position des Mutterschiffs, der HERMES TRISMÉGISTOS, am Librationspunkt zwischen Saturn und Titan auch fortan von den Steuerungsprogrammen selbstständig überwacht. Wir wissen, dass sich das große Raumschiff heute noch an diesem Ort befindet, als warte es treu und unbeirrt auf die Rückkehr der verschollenen Titanauten. Die Flugbahn der ELPÍS wurde von TH während des Flugs in ständiger Rückkoppelung mit dem leistungsstarken Zentralrechner der HERMES berechnet, der auch die vollständigen Daten der umfang-

reichen Titankartographierung durch die ORPHEUS-Besatzung enthält. Nach einem gut fünfstündigen Flug schwenkte das Landegefährt in eine Umlaufbahn um den riesigen Mond ein.
Während dieses Anflugmanövers änderte sich die Asymmetrie in der Aufgabenverteilung zwischen NW und TH beträchtlich. Da NW ganz mit der manuellen Steuerung der ELPÍS beschäftigt war, oblag TH die ständige Neuberechnung des Kurses und die Eingabe der aktuellen Daten aus dem Bordradar. Einige seiner Äußerungen deuten klar darauf hin, dass die von der Not erzwungene Übernahme von größerer Verantwortung bei ihm das Gefühl einer gleichwertigen Partnerschaft mit NW intensiviert hat.
Von den Gesprächen zwischen den beiden ist uns einiges erhalten. Die Sorge um das Geschick des von Erfrierung bedrohten ORPHEUS-Teams dominierte natürlich die Konversation. Außerdem galt es, mögliche Schwierigkeiten sowohl beim eigentlichen Landungsvorgang wie nachher beim Bergen der Kolleginnen und Kollegen vorauszusehen. Die gespannte Situation ließ verständlicherweise einen Austausch über die Gefühle und Ängste der beiden Astronauten kaum zu. Der innige Wunsch, alles möge gut gehen, einte die beiden weit mehr als alle früheren ausgedehnten Gespräche, die sie über Gott und die Welt geführt hatten. Wir wissen nicht, ob jeder, ganz still für sich, irgendwie auf eine helfende Macht hoffte – TH auf seinen rettenden Gott, NW vielleicht auf die Gunst des kosmischen Zufalls oder auf die immer Neues schaffende Kraft der Evolution. Es wäre gewiss verfehlt, anzunehmen, »letztlich« seien beide von derselben Hoffnung bewegt gewesen. Ihre emotionalen Impulse dürften auf ihrem Titanflug so wenig konvergiert haben wie ihre früheren endlosen Diskurse an Bord der HERMES TRISMÉGISTOS. Was sie jetzt wie nie zuvor miteinander verband, war ihr entschiedener Einsatz für die bedrohten Freunde in der Kältewüste Titans.
Um 04:47 des 23. Mai hatte sich die ELPÍS dem Saturnmond bis auf 266 km genähert und begann die Abstiegsphase. Obschon TH vollauf mit den Berechnungen für eine optimale Landeroute beschäftigt war, ließ er sich angesichts des riesenhaften rotschimmernden Himmelskörpers zu Ausrufen eines mit Grauen verbundenen Staunens hinreißen. NW setzte bei 220 km Höhe nunmehr zum Eintrittsmanöver in die Titanatmosphäre an. Einige von weit oben erkennbare eher ungewöhnliche Turbulenzen in 50 km Höhe zwangen ihn, eine relativ flache Anflugsbahn zum »Krater der guten Hoffnung« anzupeilen, wo sich die ORPHEUS befand. Unter diesen

Bedingungen würde sich das bevorstehende Manöver über gut vier Stunden hinziehen. Infolge der dichten Atmosphäre des Mondes erforderten die Bahnberechnungen höchste Präzision, um den Gefahren eines Verglühens oder Abprallens auszuweichen.
In den folgenden Stunden wurde relativ wenig gesprochen. Die Datenspeicher der HERMES TRISMÉGISTOS enthalten sehr detaillierte Informationen über die erste Phase der Anflugbewegung, die zunächst ganz nach Plan verlief. Da die Abbremsung der ELPÍS etwas hinter den Berechnungen zurückblieb, setzte NW zu einem weitläufigen Schleifenflug an. Um 06:02 überflogen sie das Zielgebiet auf 180 km Höhe mit Mach 1,5. Die Region befand sich weiterhin im Einflussbereich des großräumigen Sturmtiefs, das bereits dem ORPHEUS-Team arg zugesetzt hatte. NW war entschlossen, kein Risiko einzugehen, und wählte die flachste mögliche Bahn zum Krater. Eine weitere Umrundung des Mondes erwies sich als nötig. Auf 175 km Höhe entfaltete NW den kleinen Pilotfallschirm, dreißig Sekunden später den Hauptschirm, um die noch immer sehr hohe Geschwindigkeit zu verringern. Die Bahndaten sind von TH um 07:37 bei 119 km Höhe zum letzten Mal an die HERMES zurückgemeldet worden.
Die letzten anderthalb Stunden stellen uns vor viele Rätsel. Offenbar führten die komplizierten Ausweichmanöver der ELPÍS zu erheblichen Navigationsproblemen. Wahrscheinlich sind es auch die enormen vom Unwetter erzeugten elektrischen Felder, die den Informationsfluss von der ELPÍS zurück zur HERMES zunehmend gestört haben. Die genaue Flugbahn des Landegefährts lässt sich nicht mehr vollumfänglich rekonstruieren. Auf 102 km Höhe wurde der große Fallschirm planmäßig gekippt, um dem kleineren Stabilisatorschirm Platz zu machen, der den steilen Gleitfug abbremste. Bei 80 km erfolgte der Eintritt in die dicke Kondensat-Dunstschicht. NW musste es nun widerwillig darauf ankommen lassen, in die von Gewitterturbulenzen heimgesuchte Zielregion vorzustoßen und die erheblichen Bahnirritationen, die durch den Fallschirm zusätzlich verstärkt wurden, in Kauf zu nehmen. Die Orientierung scheint dem Team zunehmend schwerer gefallen zu sein, obschon es nach dem Durchstechen der Wolkenschichten durchaus nicht zum Blindflug gezwungen war, wie das in der damaligen Berichterstattung häufig behauptet wurde.
Die Bordspeicher der HERMES TRISMÉGISTOS enthalten von 08:12 bis 09:04 nur noch bruchstückhafte Informationen. Wir geben sie im

Folgenden sprachlich nur leicht geglättet wieder und haben lediglich den Informationsaustausch, der spezifisch navigatorische und technische Probleme betrifft, sachte gekürzt. Redaktionelle Hinweise sind *kursiv* gesetzt. Mit OMEGA ist die Zielregion gemeint, der »Krater der guten Hoffnung«.

08:14	TH:	Höhe 40 km. Den jetzigen Einflugswinkel unbedingt beibehalten.
08:15	NW:	Massive Methanwolken auf 30 km! Das ist die Gewitterzone. Wir sind noch zu schnell für Penetration, trete nochmals in Schleife ein.
08:20	TH:	Ungeheuerlich, diese scharlachrot und orange fluoreszierenden Wolkenkolosse. Wahrhaft titanisch! Siehst du die tiefblaue Blitzaktivität im Inneren?
08:20	NW:	Es muss äußerst ungemütlich sein dort unten. Ich versuche, mich weiter von Westen her anzunähern.
08:26	TH:	Bitte nicht mehr weiter ausweichen. Entfernung zu OMEGA nimmt rapid zu.
08:27	NW:	OK, wir dringen jetzt flach in die Wolkenschicht ein. Ab in Teufels Küche, festhalten!
08:30	NW:	(*nach unverständlichen Worten, überdeckt von Lärm*) Ärgerlich, der Fallschirm verstärkt das Schlingern.
08:30	TH:	Habe soeben den ersten Durchblick auf den Boden erhascht. Höhe 18 km.
08:30	NW:	Massiver Koloss vor uns, kann nicht ausweichen. (*starke Lärmentwicklung*)
08:40	TH:	Navigator spielt verrückt. Wir haben den Kurs verloren!
08:40	NW:	Wir sind jeden Augenblick unterhalb der mittleren Wolkenschicht.
08:41	TH:	Massiver Methanregen. Ich weiß nicht, wo wir sind. (*Von nun an stört ein ständiges Hintergrundsrauschen die Informationsübermittlung.*)
08:42	TH:	(*nach unverständlichen Worten*) Höhe nur noch 8 km. Navigator spricht wieder an, aber absurde Zahlen.
08:43	NW:	Nochmals eine turbulente, aber dünne Wolkenschicht. Lästig, diese Vereisungen am linken Bordfenster.
08:43	TH:	Ich versuche, die Fensterheizung zu verstärken. Da,

		wieder ein Durchblick. Ich sehe ein zackenförmiges Gebirge.
08:44	NW:	Eigenartige Lichterscheinungen zur Rechten. Es müssen Eiskristalle sein.
08:45	TH:	Ungeheuerlich: Vor uns ein gigantischer Regenbogen! Totales Fluoreszieren ringsum. Hinter uns reißen die Wolken oben auf. Ich kann es kaum glauben: Die Sonne strahlt direkt von hinten herein!
08:47	NW:	(*nach heftiger Lärmentwicklung*) Nein, das kann doch nicht sein: Ich sehe im Rückbildschirm den Planeten Saturn. Siehst du ihn auch?
08:47	TH:	Vorsicht, da vorn ein großes Dunkelgewölk. Kannst du ausweichen? (*unverständliche Worte, überdeckt von Lärm*)
08:52	TH:	Höhe 2800 m. Navigator spielt wieder verrückt!
08:53	NW:	Siehst du das zerklüftete Gebirge vor uns? Dunkelrot, mit enormen Schneegipfeln. Wie eine Riesensäge. Links davon ein Krater.
08:53	TH:	Methanschwaden. Fürchterliches Irrlichtern. Wo sind wir?
08:48	NW:	(*nach starker Lärmentwicklung*) Ich kann nicht tiefer hinunter, solange wir nicht sicher sind, bei OMEGA zu sein. Gleite jetzt wieder ganz flach.
08:50	TH:	Wieder der tiefrote Berg. Was ist dahinter?
08:50	NW:	Der Krater! Es ist der Krater! OMEGA!
08:51	TH:	Hoffentlich der richtige! Geh tiefer.
08:54	NW:	Lästig, diese Eisschauer aus Äthan. Extremes Farbenspiel auf unserer Seite, wie auf einem Trip. Ich sehe wieder gar nicht mehr nach vorn.
08:56	TH:	Da, der Eiskrater. Er ist riesig, viel zu groß. Unser Krater muss kleiner sein. Wo sind wir?
08:57	NW:	Wir überfliegen jetzt den Kraterrand. Unglaubliche Eisstrukturen. Messerscharf. Sieht wie ein titanisches Schloss aus Eis aus.
08:57	TH:	(*nach unverständlichen Worten*) Da vorne, wieder tiefrot, an der Kraterwand. Ein Vulkan, Dampfentwicklung. Geh näher. Vielleicht sind wir doch richtig. (*Jetzt setzt ein Sturmgeheul ein, das die Sätze zu Wortfetzen zerreißt.*)
08:58	TH:	Fremdartiges gleißendes Licht! Woher…

08:58	NW:	Der Vulkan. Heiße Quellen dampfen ... Ein turmhoher Geysir unter uns ... Da ist etwas! Da sind Strukturen an seinem Fuß ... immens. Unglaublich!
08:59	TH:	Riesenhafte Strukturen ... wirken organisch. Mein Gott, wie titanische Pilzformationen! Das kann doch nicht sein!
08:59	NW:	Das ist Leben! Es pulsiert ... Lichteffekte! – Es lebt!
09:00	TH:	Spürst du es auch! ... Es lebt! Es denkt! Ich kann seine Träume spüren!

(Der Zeitmesser der ELPÍS setzt aus. Die folgenden drei Minuten sind von den Empfangsdaten der Hermes her zurückgerechnet. Das Sturmgeheul hat abrupt aufgehört; es wird ruhig, nur noch ein stilles, sanftes Sausen. Die letzten Wortfetzen sind völlig klar, aber unzusammenhängend.)

09:01	TH:	Kontakt! Etwas nimmt Kontakt mit uns auf ...
09:01	NW:	Wir werden empfangen! Sympathie, Wärme ... Etwas Gutes, unendlich Gutes ...
09:02	TH:	Ich spüre seine Träume ... Es träumt vom All ... Das All ... es ist Eines! ... Das ganze All – es lebt... es atmet, es ist lebendig!
09:03	NW:	Die Freunde von ORPHEUS und CHARON ...! ... Ich kann sie spüren ... Sie sind hier, geborgen ... Auch wir ... Mit ihnen zusammen – GERETTET! GERETTET! GERETTET!
09:04		(*Abbruch der Verbindung*)

DIE WICHTIGSTEN ABKÜRZUNGEN UND AKRONYME

ARGOS	*Arrayed Reflector Geometry for Optical Studies*, ein Großteleskop auf HTM
CHARON	*Carrier for Humans And Retrieval of Objects in Nature*, ein Raupenfahrzeug auf der Oberfläche des Saturnmondes Titan
EDEN	*Experimental Division for Ecology and Nutrition*, die Biozone des Raumschiffs
ELPÍS	*Emergency Lander and Prospector for Icemoon Studies*, ein bemanntes Landegerät, ursprünglich für den Saturnmond Japetus vorgesehen
HTM	*Human Transfer Module* alias **H**ermes **T**ris**M**égistos, das Mutterschiff der HERMES-Mission.
IASA	*International Aeronautical and Space Administration*
KGH	Krater der Guten Hoffnung, der Landeort von ORPHEUS auf Titan
NW	Niek van der Wielen, ein Physiker aus Amsterdam
ODYSSEUS	*Orbiting Device for Yearlong Saturnian System Exploration and Unrestrained Studies*, ein unbemanntes Aufklärungsraumschiff
ORPHEUS	*Orbiting Radar Platform and Habitat for Excursions to Unknown Satellites*, das Landegerät der Titanfahrer
PAN	*Penetrating Automatic Navigator*, eine unbemannte Ringsonde
SETI	*Search for Extraterrestrial Intelligence*, ein Fachgebiet der Astronomie
SMART	*Self-Maneuvering Automatic Robot-Transporter*, einfache, unbemannte Nachschub-Fähren
TH	Thomas Haubensak, ein Theologe und Religionswissenschaftler aus Berlin
WZ	Weltzeit oder *Greenwich Mean Time*

ANMERKUNGEN

1 J.I. LUNINE/R.D. LORENZ/W.K. HARTMANN, Some Speculations on Titans's Past, Present and Future, Planetary and Space Science, Bd. 46 (1998) 1099–1107.

2 »Auf dem Mond überkam mich kristallklar das Gefühl der unermesslichen Macht Gottes. Auf dem Mond fühlte ich die überwältigende Präsenz Gottes. Ich spürte seinen Geist so nah, wie ich es nie auf Erden spürte, ganz nah, es war umwerfend«: James Irwin (Apollo 15), vgl. W.T. KÜSTENMACHER, Reisen zum Mond, Unterfischbach: Koval 1997, 96–98.

3 Der Film basiert auf dem Science-fiction-Roman von A.C. CLARKE, 2001: Odyssee im Weltraum (1968), dt. Übs. München: Heyne 1971 (= Köln: vgs 1996).

4 Die Information über Große Weiße Flecken wurde u.a. entnommen aus A. SANCHEZ-LAVEGA/E. BATTANER, The Nature of Saturn's Atmospheric Great White Spots, Astronomy and Astrophysics 185 (1987) 315–326, sowie A. SANCHEZ-LAVEGA et al., The Great White Spot and Disturbances in Saturn's Equatorial Atmosphere During 1990, Nature 353 (1991) 397–401.

5 Das Konzept der Selbstorganisation stammt aus der Biologie, Chemie und Systemtheorie: M. EIGEN/R. WINKLER, Das Spiel: Naturgesetze steuern den Zufall, München: Piper [5]1983; I. PRIGOGINE, Vom Sein zum Werden, dt. Übs. München: Piper 1979; E. JANTSCH, Die Selbstorganisation des Universums, dt. Übs. München: Hanser 1979; H. HAKEN, Erfolgsgeheimnisse der Natur, Stuttgart: DVA 1981.

6 HESIOD, Werke 109–119 (Zitat); PLATON, Politikos 272a/b; LUKIAN, Saturnalia 7. 20; rhet. praec. 8. Zu Kronos als altem Erntegott vgl. G. BAUDY, Art. Kronos, in: Der Neue Pauly, Bd. 6 (1999) 864–870.

7 Für die frühen Christen ist der auferstandene Jesus gleichsam der erste Gipfel eines gewaltigen unterseeischen Kontinents, der aus dem Ozean der gegenwärtigen Welt aufzutauchen im Begriff ist: A. SCHWEITZER, Die Mystik des Apostels Paulus, Tübingen [2]1954, 113.

8 JUSTIN, 1. Apologie 60; vgl. PLATON, Timaios 36b/c; zum Ganzen H. RAHNER, Griechische Mythen in christlicher Deutung, Zürich: Rhein 1957, 73–100.

9 Neues: 2. Korinther 5,18; vgl. Jesaja 43,18f; 65,17. – Achter Tag: Barnabasbrief 15,8f; JUSTIN, Dialog 138,1; zum Hintergrund vgl. J. MOLTMANN, Gott in der Schöpfung, München: Chr. Kaiser 1985, 279–298. Ein molekularbiologisches Lehrbuch nimmt das Sujet auf: H.F. JUDSON, The Eighth Day of Creation. Expanded Edition, New York: Cold Spring 1996.

10 Perserkönig: Jesaja 41,1–7; 45,1–6; Esra 1,1f; neuer Auszug: Jesaja 40,3–5; 42,9f; 43,14–21; 48,6f.20f.

11 TACITUS, Historien 5,2.4; TIBULL 1,3:18.

12 Matthäus 7,16–20; 12,33; Lukas 6,44.

13 HESIOD, Theogonie 137ff; 459ff. Daneben steht die Überlieferung, dass er Herrscher des sagenhaften Goldenen Zeitalters war, worin die Menschen

wie die Götter lebten und der Tod lediglich ein Schlaf war, HESIOD, Werke 109–126.

[14] HESIOD, Werke 169–173; vgl. PINDAR, Olympische Oden 2,70–74.

[15] A. SANCHEZ-LAVEGA et al., Temporal Behavior of Cloud Morphologies and Motions in Saturn's Atmosphere, Journal of Geophysical Research Bd. 98 (1993) 18857–18872.

[16] Die arithmetische Komplexität ist ein genau definierter Begriff der Informationstheorie und ein Maß für die Information, die nötig ist, um eine Zahlenreihe zu reproduzieren. Reihen von gleichen oder sich wiederholenden Zahlen haben kleine Komplexität. Am größten ist die benötigte Information – und damit auch die arithmetische Komplexität – in einer Reihe von Zufallszahlen, die sich nie wiederholen. Arithmetische Komplexität geht nicht mit Ordnung einher, im Gegenteil: Eine regelmäßige Zahlenreihe ist nicht komplex. Was die Mathematik einfach und logisch zu definieren weiß, bereitet in den Naturwissenschaften mehr Mühe. In der Physik nennt man allgemein ein System komplex, das aus mehreren, stark wechselwirkenden Teilen besteht oder aus anderen Gründen viele Freiheitsgrade hat. Es braucht daher viel Information und eine große Zahl von Gleichungen, um sein Verhalten zu beschreiben. Symmetrie verringert die Komplexität. Das Universum war früher einfacher und hat seither durch Strukturbildung an *physikalischer Komplexität* immens zugenommen.

[17] Die eintönige Alltagsatmosphäre von Saturn lässt sich mit wenigen Parametern beschreiben. Das wird hier als einfaches System bezeichnet, obwohl es aus vielen Teilen besteht und bei genauerem Hinsehen thermische Fluktuationen aufweist. Das chaotische Wogen der Schwankungen interessiert im Allgemeinen nicht. Eintönigkeit bedeutet Symmetrie der Himmelsrichtungen. Sie wird z.B. durch einen Wirbelsturm gebrochen. Die neue Struktur ist komplexer als die frühere Eintönigkeit. Allerdings ist dieses Verständnis der physikalischen Komplexität von der Perspektive abhängig: von der Information, die zur gewünschten Erklärungstiefe wichtig ist.

[18] Zum Hintergrund s. G. PICHT, Der Gott der Philosophen, in: DERS., Wahrheit, Vernunft, Verantwortung, Stuttgart: Klett 1969, 229–251.

[19] »Komplex« im Sinn der Strukturforschung heißt nicht »kompliziert« oder »unordentlich«. Komplexität ist geradezu das Gegenteil von Chaos und beschreibt, wie einfache Grundgesetze ein ordnungstiftendes Beziehungsnetz aufbauen können. Auf dieser höheren Sprachebene kann man dann von »komplexer Ordnung« oder »geordneter Komplexität« sprechen.

[20] PLATON, Theaitetos 155d; ARISTOTELES, Metaphysik 1: 982b12.

[21] PERATEN bei HIPPOLYT, Refutatio 5,16:2f.

[22] R. KLIBANSKY/E. PANOWSKY/F. SAXL, Saturn und Melancholie, dt. Übs. Frankfurt a. M.: Suhrkamp 1994, 15; 235–245; 309–315.

[23] Der Zufallsfolge von Zahlen entspricht in der Wärmelehre die thermische Bewegung von Teilchen. In der Physik wird demgemäß für die benötigte Informationsmenge ein der arithmetischen Komplexität analoges Maß ver-

wendet: die *Entropie*. Sie entspricht dem Anteil der Energie, die ein System in Form ungeordneter Wärmebewegung enthält und misst die Unordnung des Systems. Die Entropie hat eine sehr wichtige Eigenschaft: Nach dem Zweiten Hauptsatz der Thermodynamik kann sie nur gleich bleiben oder zunehmen. Wenn lokal ein geordnetes System entsteht, muss das auf Kosten vermehrter Entropie in der Umgebung gehen. Der »Entropiepreis« besteht in deren Aufwärmung und in den ungeordneten Turbulenzen des wegströmenden Gases. Die neue Ordnung muss mit Unordnung im weiteren Umfeld erkauft werden. Eine ansteigende Entropie bedeutet, dass immer weniger Energie für neue Strukturen zur Verfügung steht.

24 Vgl. R. RIEDL, Die Strategie der Genesis, München: Piper [3]1984.

25 Leben Adams und Evas 13–16; Koran, Sure 7,11–18; 15,26–43.

26 Matthäus 27,45–54; Petrusevangelium 15–22.

27 Vgl. Markus 10,45; 14,24; Matthäus 20,28; 26,28; Lukas 22,19f; Johannes 1,29; Römer 3,25f; 4,25; 5,8f; 8,3.32; 1. Korinther 11,24; 15,3; 2. Korinther 5,21; Galater 1,4; Hebräer 10,12 u.ö.; 1. Petrus 2,24; 3,18; 1. Johannes 2,2; 4,10; Offenbarung 1,5.

28 Vgl. Sprüche 8,22–31; Sirach 24,1–22; Weisheit 7,22–8,1.

29 Kolosser 1,15–20. Vgl. zu Christus als »Schöpfungsmittler« auch Johannes 1,1–14; 1. Korinther 8,6; Hebräer 1,2f; ferner Offenbarung 3,14; Kolosser 3,11b; Epheser 1,23b; dazu H. WEDER, in: J. AUDRETSCH/H. WEDER/M. HUPPENBAUER, Kosmologie und Kreativität. Theologie und Naturwissenschaft im Dialog, Leipzig: Evang. Verl.-Anst. 1999, 60–66; 72–79.

30 Orphisches Fragment 21a (= PS.-ARISTOTELES, de mundo 7: 401a28–401b7). – Zur Diskussion mit dem modernen Pantheismus s. J. POLKINGHORNE, Science and Providence, London: SPCK 1989, 18–35.

31 Vgl. Psalm 148; Daniel 3,51–90 (griechisch); Offenbarung 5,13.

32 Offenbarung 22,13; vgl. 1,17f.

33 Kritisch hierzu M. HUPPENBAUER, Schöpfung – kein Blick aufs Ganze, sondern Wahrnehmen des Einzelnen, in: Evang. Akademie Baden (Hg.), Der Schöpfung auf der Spur, Karlsruhe 1999, 63–83.

34 Zum Hintergrund s. G. PICHT, in G. PICHT/E. RUDOLPH (Hg.), Theologie – was ist das?, Stuttgart: Kreuz 1977, 134–137; A.M.K. MÜLLER, Die präparierte Zeit, Stuttgart: Radius [2]1973.

35 HERAKLIT, Fragment 53.

36 Thomasevangelium 77.

37 C.R.C. ALLBERRY (Hg.), A Manichaean Psalm-Book, II, Stuttgart: Kohlhammer 1938, 54f (Psalm 246,25–30).

38 H.J. POLOTSKY/A. BÖHLIG (Hg.), Kephalaia. 1. Hälfte, Stuttgart: Kohlhammer 1940, 177,16–19 (Kap. 72); I. GARDNER (Übs.), The Kephalaia of the Teacher, Leiden: Brill 1995, 187.

39 Römer 8,18–22.

40 Slawische Henochapokalypse 58f.

41 Der B-Ring ist der dichteste und prominenteste der drei Hauptringe Saturns.

Siehe dazu T. GEHRELS/M.S. MATTHEWS (Hg.), Saturn, Univ. Tuscon: Arizona Press, 1984.

42 Dazu J. POLKINGHORNE, An Gott glauben im Zeitalter der Naturwissenschaften, dt. Übs. Gütersloh: Gütersloher Verlagshaus 2000.

43 I.G. BARBOUR, Religion and Science, San Francisco: Harper 1997, 77–105.

44 J. AUDOUZE/G. ISRAËL, The Cambridge Atlas of Astronomy, Cambridge: Cambridge Univ. Press 1994, 208–209.

45 F. VILAS/S.M. LARSON/K.R. STOCKSTILL/M.J. GAFFEY, Unraveling the Zebra: Dark Material Composition of Iapetus, Icarus 124 (1996) 262–267.

46 Zu allem Folgenden s. H. WEDER, in: AUDRETSCH/WEDER/HUPPENBAUER 1999 (oben Anm. 29) 54–60; DERS., Mythos und Metapher, in: B. JASPERT (Hg.), Bibel und Mythos, Göttingen: Vandenhoeck 1991, 38–73; G. PICHT, Kunst und Mythos, Stuttgart: Klett 1986, 523–530.

47 1. Johannes 1,5; vgl. Psalm 27,1; 36,10; von Jesus Christus: Johannes 1,5; 8,12; 9,5; 12,46; sowie das Höhlengleichnis PLATONS (Staat 516b; 517c).

48 Scholia in Dionys. perieg. 64,14.

49 O. SEEL, Antike Entdeckerfahrten, Zürich: Artemis 1961, 5–8.

50 PLINIUS, nat. hist. 4,95; JOH. LYDOS, mens. 3,1.

51 PLUTARCH, def. orac. 18: 419/20; fac. orb. lun. 26: 941e–942b; vgl. ARISTOTELES bei TERTULLIAN, de anima 46,10.

52 KLIBANSKY/PANOFSKY/SAXL 1994 (oben Anm. 22) 232f; 245.

53 Vgl. J. GUITTON/G. u. I. BOGDANOV, Gott und die Wissenschaft, dt. Übs. München: Artemis 1993, 134f.

54 R. OMNÈS, The Interpretation of Quantum Mechanics, Princeton: Princeton Univ. Press 1994.

55 Zur Diskussion B. KANITSCHEIDER, Von der mechanistischen Welt zum kreativen Universum, Darmstadt: Wissensch. Buchges. 1993, 105–120.

56 Gemäß modernen Interpretationen der Quantenmechanik hebt mit jeder Beobachtung eine dekohärente »Geschichte« des Universums an. Im Verzweigungsbaum aller möglicher Vorgänge wird somit ein Prozess Wirklichkeit; vgl. M. GELL-MANN, Das Quark und der Jaguar, dt. Übs. München: Piper 1994, 205–233.

57 I.J.R. AITCHISON, Nothing is Plenty, Contemporary Physics Bd. 26 (1985) 333–392.

58 Der amerikanische Chemiker Robert Mulliken fand 1925 eine kleine Verschiebung der Spektrallinien von Bormonoxid, deren Energie offenbar von »nirgends« her kam. Bereits zwei Jahre später konnte Werner Heisenberg diese Energie des Vakuums mit der neuen Quantenmechanik erklären.

59 W.T. GRANDY, JR., Relativistic Quantum Mechanics of Leptons and Fields, Dordrecht: Kluwer, 1991, 206ff.

60 A. RIESS et al., BVRI Light Curves for 22 Type I A Supernovae, Astronomical Journal 177 (1999) 707–724, und S. PERLMUTTER et al., Measurements of Omega and Lambda from 42 High-Redshift Supernovae, Astrophysical Journal 517 (1999) 565–586.

[61] W. JAMES, Die Vielfalt religiöser Erfahrung, dt. Übs. Olten: Walter 1979, 234f; 466f; 477f; bes. der Text 504; DERS., Das pluralistische Universum, dt. Übs. Leipzig: Kröner 1914, 185–189.

[62] Naturphilosophie und Ontologie als »Gigantenschlacht wegen ihrer Uneinigkeit untereinander über das Sein«: PLATON, Sophistes 246a.

[63] HERAKLIT, Fragment 91; 49a.

[64] Enuma Elisch; HOMER, Ilias 14, 201.246; THALES, Fragment 3.

[65] Vgl. CHR. LINK, Die Welt als Gleichnis, München: Chr. Kaiser ²1982.

[66] Matthäus 6,25–34; Lukas 12,22–31; vgl. Matthäus 10,29–31; Lukas 12,6f.

[67] E. DELLIAN (Hg.), S. Clarke. Der Briefwechsel mit G.W. Leibniz von 1715/1716, Hamburg: Meiner 1990; V. SCHÜLLER (Hg.), Der Leibniz-Clarke Briefwechsel, Berlin: Akademie 1991; A. KOYRÉ, Von der geschlossenen Welt zum unendlichen Universum, dt. Übs. Frankfurt a. M.: Suhrkamp 1980, 211–249.

[68] Vgl. z.B. F. CAPRA, Das Tao der Physik, dt. Übs. Bern: Scherz ²1984. Dazu S. RESTIVO, The Social Relations of Physics, Mysticism, and Mathematics, Dordrecht: Reidel 1983, 1–156.

[69] ARISTOTELES, Fragment 196 (= PORPHYRIOS, Vita Pyth. 41); CLEMENS, Stromata 5,50:1.

[70] PERATEN bei HIPPOLYT, Refutatio 5,14:1.

[71] J.W.v. GOETHE, Faust. Zweiter Teil, Schlussgesang des *Chorus mysticus*.

[72] S.J. PEALE, Origin and Evolution of the Natural Satellites, Annual Reviews of Astronomy and Astrophysics 1999, 371.

[73] J.I. LUNINE/W.C. TITTEMORE, Origins of Outer-planet Satellites, in: E.H. LEVY/J.I. LUNINE (Hg.), Protostars and Planets III, Tuscon: University of Arizona Press 1993, 1149–1176.

[74] Die Möglichkeit, dass das Universum aus einer Vakuumsfluktuation entstand, wurde seit den 1950er Jahren verschiedentlich diskutiert. E.P. TRYON hat diese Idee erstmals ausformuliert in: Is the Universe a Vacuum Fluctuation?, Nature 246 (1973) 396; um den Tunneleffekt erweitert wurde sie durch A. VILENKIN in: Creation of the Universe from Nothing, Phys. Rev. Lett. 117B (1982) 25.

[75] A.H. GUTH, Die Geburt des Kosmos aus dem Nichts: Die Theorie des inflationären Universums, dt. Übs. München: Droemer 1999, 1–10.

[76] J.D. COLDITZ, Kosmos als Schöpfung, Regensburg: S. Roderer 1994, 161ff.

[77] 2. Makkabäer 7,28; Weisheit 11,17; Hebräer 11,3. – PLATON, Timaios 47e–52d.

[78] I. PRIGOGINE/I. STENGERS, Das Paradox der Zeit, dt. Übs. München: Piper 1993, 295ff.

[79] Eine andere Version des Grundgedankens der Entstehung aus dem Vakuum, die aber nicht vor den Nullpunkt der Zeit hinausgreift und ohne die Singularität und Voraussetzungen über das Vakuum auskommt, publizierten J. HARTLE und ST.W. HAWKING in: Wave Function of the Universe, Phys. Rev. D 28 (1983) 2960.

[80] Repräsentativ AUGUSTIN, Bekenntnisse 11,12:14ff.

[81] Siehe die Diskussion zwischen W.L. CRAIG und A. GRÜNBAUM in: Philosophia naturalis 31 (1994) 217–249.

[82] HARTLE/HAWKING 1983 (oben Anm. 79) 2960–2975.

[83] Ganz auf dieser Linie P. DAVIES, Die Unsterblichkeit der Zeit, dt. Übs. Bern: Scherz 1995; auch D. BOHM, Die implizite Ordnung, dt. Übs. München: Dianus-Trikont 1985, 267–275.

[84] Genesis 1,1–5; Jesaja 45,6f; vgl. 2. Makkabäer 7,28.

[85] Römer 4,17; 1. Korinther 1,28; 2. Korinther 4,6; 4,16; M. LUTHER, Kleiner Katechismus (in: Die Bekenntnisschriften der evangelisch-lutherischen Kirche, Göttingen: Vandenhoeck [11]1992, 510f). Zu Schöpfung und Rechtfertigung vgl. U.H.J. KÖRTNER, Solange die Erde steht, Hannover: Luth. Verlagshaus 1997, 44–51.

[86] PLATON, Politikos 268d–271a.

[87] Dazu CHR. LINK, Schöpfung, Bd. 2, Gütersloh: Gütersloher Verlagshaus 1991, 594f.

[88] Vgl. K. LØGSTRUP, Schöpfung und Vernichtung, dt. Übers. Tübingen: Mohr 1990; auch G. THEISSEN, Der Schatten des Galiläers, München: Chr. Kaiser [13]1993, 232f; 241.

[89] Zum Hintergrund vgl. W. PANNENBERG, Systematische Theologie, Bd. 2, Göttingen: Vandenhoeck 1991, 50–63; 86–92.

[90] So z.B. B. KANITSCHEIDER, Im Innern der Natur, Darmstadt: Wiss. Buchgesellschaft 1996, 171.

[91] Dazu E. JÜNGEL, Das Entstehen von Neuem, in: DERS., Wertlose Wahrheit, München: Chr. Kaiser 1990, 132–150.

[92] Lukas 24,39f; Johannes 20,20. 25. 27.

[93] »Christ ist erstanden«, Osterlied aus dem 12. Jahrhundert.

[94] I. PRIGOGINE, Vom Sein zum Werden, dt. Übs. München: Piper 1979, 213ff.

[95] KRITIAS, Fragment 3.

[96] J.G. CRAMER, The Transactional Interpretation of Quantum Mechanics, Reviews of Modern Physics, Vol. 58 (1986) 647.

[97] Vgl. AUGUSTIN, civ. 7,19; M. POHLENZ, Art. Kronos, in: A.F. PAULY/G. WISSOWA, Real-Encyclopädie der classischen Alterthumswissenschaft, Bd. 11/2 (1922) 1993–1998.

[98] Zum Folgenden: HESIOD, Theogonie 453–500; MACROBIUS, Saturnalia 1,8:7–12; CORNUTUS, nat. deor. 6,20–7,5; JOH. LYDOS, mens. 1,1; VARRO bei AUGUSTIN, civ. 7,19; PROKLOS, in remp. 2,61:22; CICERO, nat. deor. 2,64.

[99] Sogar der lateinische Name Saturnus ließ sich mit dem unersättlichen Verschlingen der Zeit assoziieren, vgl. CICERO, nat. deor. 2,64: »Saturn wurde er genannt, weil er sich an Jahren sättigt *(saturaretur annis)*. Die Dichter behaupten ja, dass er immer wieder seine Kinder verschlungen habe.«

[100] OVID, Metamorphosen 15,234–236.

[101] A. EINSTEIN, Mein Weltbild, Frankfurt a. M.: Ullstein 1970, 18.

[102] Der Satz wird Niels Bohr zugeschrieben.

103 A. EINSTEIN/H. u. M. BORN, Briefwechsel 1916-1955, München: Nymphenburger 1969, 204; 118; 266f; dazu W. HEISENBERG, Der Teil und das Ganze, München: dtv 1983, 99.

104 EIGEN/WINKLER 1983 (oben Anm. 5).

105 Sprüche 8,30f. – Zu theologischen Perspektiven der ›Spieltheorie‹ vgl. PICHT/RUDOLPH 1977 (oben Anm. 34) 503–508.

106 Psalm 19,2.

107 PLATON bei PLUTARCH, Tischgespräche 8,2: 718c: »Immerzu treibt der Gott Geometrie.«

108 Zitiert nach M. JAMMER, Einstein und die Religion, Konstanz: Universitätsverlag 1995, 71 (Brief vom 21.3.1955).

109 G. PICHT, Theorie und Meditation, in: DERS., Hier und Jetzt. Philosophieren nach Auschwitz und Hiroshima, I, Stuttgart: Klett 1980, 391–406

110 M. ELIADE, Kosmos und Geschichte. Der Mythos der ewigen Wiederkehr, Düsseldorf: Diederichs 1953.

111 Matthäus 13,44–46; 18,23–35; 20,1–16; Lukas 16,1–8; 14,15–24.

112 Lukas 12,39–46; Matthäus 24,43–51 (vgl. 1. Thessalonicher 5,2; Offenbarung 3,3; 2. Petrus 3,10); Lukas 12,13–21; 17,26–37.

113 Genesis 6,5–7; 8,21f; vgl. 1. Samuel 15,11.35; dazu K. LÖNING/E. ZENGER, Als Anfang schuf Gott. Biblische Schöpfungstheologien, Düsseldorf: Patmos 1997, 167–173.

114 Exodus 33,18–23.

115 C.F. V. WEIZSÄCKER, Die Einheit der Natur, München: Hanser 1971, 365; vgl. 273–275. Vgl. ferner PRIGOGINE/STENGERS 1993 (oben Anm. 78).

116 Klassisch: BOETHIUS, Consolatio philosophiae 5,6:4.

117 L. BORGARELLI/E. IM/W.T.K. JOHNSON/L. SCIALANGA, The Microwave Sensing in the Cassini Mission: the Radar, Planetary and Space Science, Bd. 46 (1998) 1245–1256.

118 Arbeiten über Supergravitation und allgemeine vereinheitlichte Theorien erschienen bereits in den 1970er Jahren. Große Fortschritte, aber noch kein Abschluss wurde in den 1980er Jahren erreicht. Eine repräsentative, allgemein verständliche Zusammenfassung veröffentlichte S. WEINBERG, Der Traum von der Einheit des Universums, dt. Übs. München: C. Bertelsmann 1993.

119 J. WISDOM/S.J. PEALE/F. MIGNARD, The Chaotic Rotation of Hyperion, Icarus, Bd. 58 (1984) 137–152.

120 Nach Jacques Laskar, Bureau des Longitudes (Paris), 1989.

121 Übersichtsartikel zu Chaos in der Quantenmechanik von E.J. HELLER/S. TOMSOVIC, Postmodern Quantum Mechanics, Physics Today, Juli 1993, 38–46.

122 Siehe Seiten 18–39 und 84–108.

123 W.K. HARTMANN, Small Worlds: Patterns and Relationships, in: J.K. BEATTY et al. (Hg.), The New Solar System, Cambridge: Cambridge Univ. Press. 1999, 316–320.

[124] Übersichtsartikel von P.D. SPUDIS, The Moon, in: J.K. BEATTY et al. (Hg.), The New Solar System, Cambridge: Cambridge Univ. Press. 1999, 136–138.

[125] C.F. v. WEIZSÄCKER, Wege in der Gefahr, München: Hanser 1976, 238f; Der Garten des Menschlichen, Frankfurt a. M.: Fischer 1980, 62–65.

[126] ST. J. GOULD, Zufall Mensch, dt. Übs. München: dtv 1994, 11f; 44–52.

[127] Vgl. dazu G. GURDJIEFF, All und Alles, I: Beelzebubs Erzählungen für seinen Enkel, dt. Übs. Innsbruck: Palme 1950, 87ff; 798ff; A. PEACOCKE, Gottes Wirken in der Welt, dt. Übs. Mainz: M. Grünewald 1998, 126–128. Vgl. auch F. HOYLE, Kosmische Katastrophen und der Ursprung der Religion, Frankfurt a. M.: Insel 1997.

[128] M. LUTHER 1524, nach dem lateinischen *media vita in morte sumus*.

[129] N.C. WICKRAMASINGHE/F. HOYLE, Die Lebenswolke, dt. Übs. Frankfurt a. M.: Umschau 1979.

[130] ORIGENES, Johanneskommentar 1,31:216–219; de principiis 4,4:4.

[131] Johannes 18,38.

[132] PLUTARCH, quaest. Rom. 11: 266e/f; GELLIUS, Noctes Atticae 12,11:7.

[133] Joel 3,1–5; Apostelgeschichte 2,1–12.

[134] Apostelgeschichte 26,26 (»das alles hat sich ja nicht in irgendeinem Winkel zugetragen«); anders der Christengegner CELSUS im 2. Jahrhundert (ORIGENES, gegen Celsus 6,78).

[135] Vgl. ST. J. GOULD, Die Entdeckung der Tiefenzeit, dt. Übs. München: Hanser 1990, 13–38.

[136] Psalm 148; Daniel 3,51–90 (griechisch).

[137] PROKLOS, De sacrificio et magia; vgl. comm. in Timaeum 1,212:29–213:7 (unter Berufung auf THEODOR VON ASINE, = test. 7).

[138] Vgl. PICHT/RUDOLPH 1977 (oben Anm. 34) 252; 512.

[139] B. PASCAL, Pensées, Fragment 206.

[140] J. FORD, in: P. DAVIES (Hg.), The New Physics, Cambridge: Cambridge Univ. Press. 1989, 365–372; I. PRIGOGINE, Die Gesetze des Chaos, dt. Übs. Frankfurt a. M.: Campus 1995, 83–88.

[141] Die Schrödinger-Gleichung ist die Grundformel der Quantenmechanik. Sie beschreibt die wahrscheinliche Entwicklung eines Systems in Raum und Zeit.

[142] P. JORDAN, Die weltanschauliche Bedeutung der modernen Physik, in: H.-P. DÜRR (Hg.), Physik und Transzendenz, Bern: Scherz 1986, 224–226; vgl. DERS., Der Naturwissenschaftler vor der religiösen Frage, Oldenburg: Stalling 1963, 346–356.

[143] Vgl. HOMER, Odyssee 4,561–569 mit HESIOD, Werke 167–173; PINDAR, Olympische Oden 2,61–80; Fragmente 129–134.

[144] Vgl. 1. Korinther 13,9–12.

[145] Vgl. Johannes 1,3f; Kolosser 1,16f; Hebräer 1,3; oben Seite 42.

[146] A. DILLARD, Der freie Fall der Spottdrossel, dt. Übs. Stuttgart: Klett 1996, 11; 94f; vgl. 17f; 75; 182ff; 248ff.

[147] Genesis 1,25; vgl. 1,3.10.12.18.21.31.

148 Hiob 38,39–39,30; 40,15–41,26; vgl. Psalm 104. Dazu vgl. LÖNING/ZENGER 1997 (oben Anm. 113), 45–48 (unter Berufung auf O. KEEL).

149 Mayas: W. CORDAN (Übs.), Popol Vuh, Düsseldorf 1973, 31–37. – Bibel: Genesis 2,18–24; 6,5-7.

150 In der christlichen Theologiegeschichte spielte die Lehre von Gottes »Selbstentäußerung« vor dem 19. Jh. nur eine marginale Rolle (an ihrem Ursprung steht eine Aussage über Christus, Philipper 2,6f.). Abgesehen von der amerikanischen Prozesstheologie (dazu J.B. COBB/D.R. GRIFFIN, Prozess-Theologie, dt. Übers. Göttingen: Vandenhoeck 1979, 40–61) hat v.a. der jüdische Philosoph Hans Jonas den Gedanken als eine Antwort auf die Theodizeefrage gedeutet: Bereits die Weltschöpfung erscheint als Folge einer totalen Selbstpreisgabe Gottes. Gott griff in Auschwitz nicht deshalb nicht ein, weil er nicht wollte, sondern weil er nicht konnte (Gedanken über Gott, Frankfurt a. M.: Suhrkamp 1992, 33–37)!

151 Vgl. VERGIL, Aeneis 8, 319–323; MINUCIUS FELIX, Octavius 23,9–13; FIRMICUS MATERNUS, Err. prof. 12,8; KLIBANSKY/PANOFSKY/SAXL 1994 (oben Anm. 22) 213; 246f.

152 Bibelzitate: Josua 10,12–14; Psalm 23,4; Markus 15,33f.

153 F. CRICK, Was die Seele wirklich ist, dt. Übs. München: Artemis und Winkler 1994.

154 Bibelzitate: Psalm 104,29–30 (von Lebewesen [!]); vgl. Jesaja 34,4; 51,6; Psalm 102,26–28; Hebräer 1,10-12. – Matthäus 28,20. Vgl. zum Thema W. DIETRICH/CHR. LINK, Die dunklen Seiten Gottes, Bd. 2, Neukirchen: Neukirchener 2000.

155 Psalm 93,1.

156 B. CARTER in: M.S. LONGAIR (Hg.), Confrontation of Cosmological Theory with Observational Data, Dordrecht: Reidel 1974.

157 Eine finale Tendenz würde bedeuten, dass das Universum die Eigenschaft hat, zu einem gewissen Zeitpunkt Leben zuzulassen. Dieses umstrittene Postulat ist auch unter dem Namen »Starkes Anthropisches Prinzip« bekannt. (vgl. auch J. BARROW/F. TIPLER, The Anthropic Cosmological Principle, Oxford: Oxford University Press 1986, 294).

158 Vgl. PEACOCKE 1998 (oben Anm. 127) 109–116.

159 R. DAWKINS, Der blinde Uhrmacher, dt. Übs. München: dtv 1990.

160 P. DAVIES, Gott und die Physik, dt. Übs. München: Goldmann 1986; DERS., Der Plan Gottes, dt. Übs. Frankfurt a. M.: Insel 1996; F.J. TIPLER, Die Physik der Unsterblichkeit, dt. Übs. München: Piper 1994

161 Lukas 15,17-24; vgl. auch Johannes 12,32; 2. Korinther 5,20.

162 Vgl. Römer 8,23; 2.Korinther 1,21; 5,5; Epheser 1,13f.

163 Für alles Folgende siehe R. LEAKEY/R. LEWIN, Die sechste Auslöschung, dt. Übs. Frankfurt a. M.: S. Fischer 1996.

164 R. LEAKEY/R. LEWIN, Der Ursprung des Menschen, dt. Übs. Frankfurt a. M.: S. Fischer 1993, 11f.

165 Umfassende Reflexion bei G. PICHT, Ist Humanökologie möglich?, in: C.

EISENBART (Hg.), Humanökologie und Frieden, Stuttgart: Klett 1979, 109–122.

[166] A. SCHWEITZER, Ehrfurcht vor dem Leben, in: DERS., Straßburger Predigten (hg. v. U. Neuenschwander), München: C.H. Beck, 1966, 135–142.

[167] Vgl. JAMES 1979 (oben Anm. 61) 337–340; G. THEISSEN, Biblischer Glaube in evolutionärer Sicht, München: Chr. Kaiser 1984, 114ff.

[168] Für alles Folgende s. C.F. VON WEIZSÄCKER, Wahrnehmung der Neuzeit, München: Hanser 1984, 19–35 (mit zwei Texten von G. PICHT).

[169] Genesis 3,5.22.

[170] Genesis 11,1–9.

[171] Sprüche 16,18.

[172] Offenbarung 14,8; 18,1–24 von Babylon.

[173] Bei der Orphik handelt es sich um eine (ursprünglich schamanistische) religiöse Bewegung des alten Griechenlands, die sich in Privatkulten organisierte und von Orakelpriestern verbreitet wurde. Als ihr mythischer Stifter galt Orpheus. Zum Mythos vgl. Orphische Fragmente 34, 35, 207, 208, 210, 214, 224 und bes. 220 (OYMPIODOR, Comm. in Phaed. 1,3); NONNOS, Dionysiaka 6, 155–175.

[174] Ein in manchen Einzelelementen bereits früh bezeugter Mythos erzählt, dass sich Zeus nach dem Erringen der Weltherrschaft mit seiner eigenen Tochter Persephone in Gestalt einer Schlange vereinigte. Aus dieser Verbindung ging Dionysos, der Gott des Weins und der Ekstase, hervor. Zeus setzte ihn vor den Göttern als ihren jungen König auf seinen Thron. Da lockten die finsteren Titanen, von Neid getrieben, den kindlichen Gott mit Spielzeugen aus dem Palast, zerrissen ihn in sieben Teile und verzehrten ihn. Athene aber, die Göttin der Einsicht und der Künste, konnte sein noch lebendes Herz retten. Voller Zorn erschlug Zeus darauf die Titanen mit seinem Blitz. Aus dem Ruß, der sich aus den Dämpfen ihrer Leiber niederschlug, wurden die Menschen gebildet. Aus dem Herz des getöteten Knaben erschuf Zeus einen »neuen Dionysos« als Retter der fluchbeladenen Menschheit.

[175] K. KERÉNYI, Prometheus. Die menschliche Existenz in griechischer Deutung, Reinbek: Rowohlt 1959.

[176] Kreuzigung: LUKIAN, Prometheus 1ff.

[177] AISCHYLOS, Prometheus 907-927; PINDAR, Isthmische Oden 8,31-35; APOLLODOR, Bibliothek 3,169.

[178] Dazu F.W. TAYLOR/A. COUSTENIS, Titan in the Solar System, Planetary and Space Science, Bd.46 (1998) 1085–1097.

[179] Die Existenz von Binnenmeeren oder Seen auf der Titanoberfläche ist nicht gesichert. Vgl. T. OWEN, Titan, in: J.K. BEATTY et al. 1999 (oben Anm. 123) 283. Infolge der kleineren Dichte und Zähflüssigkeit von Methan sowie der kleineren Schwerkraft auf Titan sind bei gleicher Windstärke dreimal größere Wellen als auf der Erde zu erwarten (G.G. ORI et al,. Planetary and Space Science, Bd. 46 [1998] 1417).

[180] Lukas 13,28; Matthäus 8,12; 13,42.50; 22,13; 24,51; 25,30, hier allerdings

nicht infolge von Kälte, sondern von Schmerz.

181 Zur Entwicklung der Sonne und des Universums vgl. z.B. A. BENZ, Die Zukunft des Universums: Zufall, Chaos, Gott?, Düsseldorf: Patmos [3]1998, 176ff.

182 Über die Zukunft der fernen biologischen Entwicklung hat sich F. DYSON Gedanken gemacht in: Time Without End: Physics and Biology in an Open Universe, Rev. Mod. Phys., Vol. 51 (1979) 447.

183 Zum gesamten Thema siehe jetzt J. POLKINGHORNE / M. WELKER (Hg.), The End of the World and the End of God. Science and Theology on Eschatology, Harrisburg: Trinity Press 2000.

184 Jesaja 13,10; 34,4; Ezechiel 32,7f; Joel 3,4; 4,15, Markus 13,24 (Matthäus 24,29; Lukas 21,25f); 2.Petrus 3,10; Offenbarung 6,12–14; 8,12; 16,8f; 20,11; 21,1.

185 4. Esra 14,50.

186 Offenbarung 21,1–22,5; vgl. Jesaja 65,17; 65,25; 66,22.

187 Nach Lukas 17,20f.

188 Markus 13,33–35; 14,34.38; Matthäus 24,37–44; 25,13; 26,38.41; Lukas 12,35–40; 17,26–37; 21,36; vgl. 1. Thessalonicher 5,2–8; Offenbarung 3,3; 16,15; Apostelgeschichte 20,31; 1. Korinther 16,13; Kolosser 4,2; 1. Petrus 5,8.

189 Beim Mithraskult handelt es sich um eine antike, v. a. unter Soldaten und Beamten verbreitete Mysterienreligion.

190 PHILON VON BYBLOS bei EUSEB, praeparatio evangelica 1,10:36/37.

191 HESIOD, Theogonie 729–743.

192 Äthiopische Henochapokalypse 18,10–21,10.

193 Zitate aus: Oden Salomons 42. Vgl. 1. Petrus 3,19f; Matthäus 12,40; Apostelgeschichte 2,24; Offenbarung 1,18; Petrusevangelium 41f; Nikodemusevangelium 17–27.

194 Zitat aus einem orphischen Goldblättchen (harmonisierter Text), in einem Grab Unteritaliens (ca. 4. Jahrhundert v. Chr.) gefunden.

195 HERAKLIT, Fragment 60.

NAMEN- UND SACHVERZEICHNIS